JIANCHA JIGUAN SHUJIYUAN
SULU ZHIYE NENGLI PEIXUN JIAOCHENG

检察机关书记员速录职业能力培训教程

寇 森/著

中国检察出版社

图书在版编目（CIP）数据

检察机关书记员速录职业能力培训教程/寇森著．—北京：中国检察出版社，2016.8

ISBN 978-7-5102-1726-5

Ⅰ.①检… Ⅱ.①寇… Ⅲ.①检察机关-书记员-文字处理-中国-技术培训-教材 Ⅳ.①D926.3②TP391.1

中国版本图书馆 CIP 数据核字（2016）第 201611 号

检察机关书记员速录职业能力培训教程

寇　森　著

出版发行：中国检察出版社
社　　址：北京市石景山区香山南路 111 号（100144）
网　　址：中国检察出版社（www.zgjccbs.com）
编辑电话：(010)68658769
发行电话：(010)88954291　88953175　68686531
(010)68650015　68650016
经　　销：新华书店
印　　刷：北京朝阳印刷厂有限责任公司
开　　本：710 mm×960 mm　16 开
印　　张：22.25
字　　数：407 千字
版　　次：2016 年 8 月第一版　2016 年 8 月第一次印刷
书　　号：ISBN 978-7-5102-1726-5
定　　价：68.00 元

检察版图书，版权所有，侵权必究
如遇图书印装质量问题本社负责调换

内容简介

我们知道，手写记录每分钟不超过二三十个汉字，再快就潦草得难以认读了，而通常的语音速度一般在每分钟 120～160 个汉字之间，这就造成了语音速度与记录速度相互脱节的矛盾。计算机速录技能的应用解决了这一矛盾。

《检察机关书记员速录职业能力培训教程》与用户见面了，它解决了我国检察机关、公安机关讯问（询问）笔录速度与语音速度不相适应的矛盾，填补了书记员快速录入职业能力培训的空白，配合了 2015 年 7 月 29 日国务院颁布的《中华人民共和国职业分类大典（2015 年版）》中新增"书记员"职业的发展规划，促进了书记员向职业化、标准化方向迈进的步伐。

本教程以书记员的语音信息采集为核心，系统介绍了计算机速录原理和学习方法，重点突出了实训技巧。在良好的指法基础条件下，经过 130 个课时的培训，一般都能达到每分钟录入 120～160 个汉字，基本上能够满足检察机关、公安机关和纪检监察部门讯问（询问）实时笔录的需要。此后，在工作实践中，录入速度会越来越快，一两年后，可达到高级速录师每分钟录入 200 多个汉字的职业能力水平。

本教程在介绍速录原理和方法的实训基础上同步介绍了同音字、多音字的应用，以及姓氏用字和冷僻地名用字的应用。书记员在掌握速录技能的同时，可同时掌握一千多个汉字的应用。

在模拟实训速录案例的选取上，本教程以连续式的问答口语题材作为提速训练素材，目的是锻炼书记员口语录入的能力。

书记员作为法律工作者之一，记录时的一字之差可能导致当事人的权益受到损害，因此，将速录技术贯穿于整个汉语言文字的应用是本教程的一大特色，相信每一位本教程和相关软件的使用者在学习和实践中都能感悟到其语言和速录应用的精深之处。

本教程可作为检察机关书记员、公安机关预审笔录人员和内勤人员、纪检监察部门工作人员、政法院校学生以及拟从事书记员工作的社会青年学习和掌握速录技能的教材。本教程配有双文速录软件，需要者可与中国检察出版社联系，也可与培训技术支持单位联系。

目　录

第一章　检察机关书记员的职业能力与职业能力建设 ⋯⋯⋯⋯⋯⋯⋯⋯ 1
　第一节　书记员的职业能力概述 ⋯⋯⋯⋯⋯⋯⋯⋯⋯⋯⋯⋯⋯⋯⋯⋯ 1
　　一、书记员在侦讯中的角色分工 ⋯⋯⋯⋯⋯⋯⋯⋯⋯⋯⋯⋯⋯⋯⋯ 2
　　二、书记员的基本职业能力 ⋯⋯⋯⋯⋯⋯⋯⋯⋯⋯⋯⋯⋯⋯⋯⋯⋯ 2
　　三、书记员讯问录入稿的制作 ⋯⋯⋯⋯⋯⋯⋯⋯⋯⋯⋯⋯⋯⋯⋯⋯ 3
　　四、讯问（询问）录入案例 ⋯⋯⋯⋯⋯⋯⋯⋯⋯⋯⋯⋯⋯⋯⋯⋯⋯ 7
　第二节　书记员应当具备的职业素质 ⋯⋯⋯⋯⋯⋯⋯⋯⋯⋯⋯⋯⋯⋯ 11
　　一、文化素质 ⋯⋯⋯⋯⋯⋯⋯⋯⋯⋯⋯⋯⋯⋯⋯⋯⋯⋯⋯⋯⋯⋯ 11
　　二、心理素质 ⋯⋯⋯⋯⋯⋯⋯⋯⋯⋯⋯⋯⋯⋯⋯⋯⋯⋯⋯⋯⋯⋯ 12
　　三、速度素质 ⋯⋯⋯⋯⋯⋯⋯⋯⋯⋯⋯⋯⋯⋯⋯⋯⋯⋯⋯⋯⋯⋯ 12

第二章　计算机速录的学习与应用 ⋯⋯⋯⋯⋯⋯⋯⋯⋯⋯⋯⋯⋯⋯⋯ 15
　第一节　如何掌握速录技术 ⋯⋯⋯⋯⋯⋯⋯⋯⋯⋯⋯⋯⋯⋯⋯⋯⋯ 15
　　一、要有正确的指法基础，做到盲打 ⋯⋯⋯⋯⋯⋯⋯⋯⋯⋯⋯⋯⋯ 15
　　二、要听打、看打相结合 ⋯⋯⋯⋯⋯⋯⋯⋯⋯⋯⋯⋯⋯⋯⋯⋯⋯ 16
　　三、增强文化知识积累，扩大知识面 ⋯⋯⋯⋯⋯⋯⋯⋯⋯⋯⋯⋯⋯ 17
　第二节　书记员的语言文字应用能力 ⋯⋯⋯⋯⋯⋯⋯⋯⋯⋯⋯⋯⋯⋯ 17
　　一、语音基本知识 ⋯⋯⋯⋯⋯⋯⋯⋯⋯⋯⋯⋯⋯⋯⋯⋯⋯⋯⋯⋯ 17
　　二、语义基本知识 ⋯⋯⋯⋯⋯⋯⋯⋯⋯⋯⋯⋯⋯⋯⋯⋯⋯⋯⋯⋯ 21
　第三节　计算机基础知识 ⋯⋯⋯⋯⋯⋯⋯⋯⋯⋯⋯⋯⋯⋯⋯⋯⋯⋯ 24
　　一、计算机硬件系统 ⋯⋯⋯⋯⋯⋯⋯⋯⋯⋯⋯⋯⋯⋯⋯⋯⋯⋯⋯ 24
　　二、计算机软件系统 ⋯⋯⋯⋯⋯⋯⋯⋯⋯⋯⋯⋯⋯⋯⋯⋯⋯⋯⋯ 25
　　三、有关双文速录软件的专业版本 ⋯⋯⋯⋯⋯⋯⋯⋯⋯⋯⋯⋯⋯⋯ 26
　　四、双文速录软件的运行环境及硬件要求 ⋯⋯⋯⋯⋯⋯⋯⋯⋯⋯⋯ 26
　　五、打印机的使用与维护 ⋯⋯⋯⋯⋯⋯⋯⋯⋯⋯⋯⋯⋯⋯⋯⋯⋯ 26

第三章　计算机速录基础 ⋯⋯⋯⋯⋯⋯⋯⋯⋯⋯⋯⋯⋯⋯⋯⋯⋯⋯⋯ 27
　第一节　普通输入法与双文速录软件的比较 ⋯⋯⋯⋯⋯⋯⋯⋯⋯⋯⋯ 28
　第二节　如何掌握双文速录技术 ⋯⋯⋯⋯⋯⋯⋯⋯⋯⋯⋯⋯⋯⋯⋯ 29

第三节　双文速录基础 …………………………………………… 30
　一、键位与手指的分工 …………………………………………… 30
　二、键位中的字母读音与指法训练 ……………………………… 31
第四章　双文速录的拼音 ………………………………………… 41
　第一节　读音首字母是"A"的字词 ……………………………… 41
　　一、"a、ac、av、al"音的字词 ………………………………… 41
　　二、"as、asc、asv、asl"音的字词 …………………………… 42
　　三、"ah、ahc、ahv、ahl、ak、akc、akv、akl"音的字词 …… 42
　　四、"ab、abc、abv、abl"音的字词 …………………………… 43
　　五、前后字母没有拼音关系的常用词 ………………………… 44
　第二节　读音首字母是"E"的字词 ……………………………… 45
　　一、"e、ec、ev、el"音的字词 ………………………………… 45
　　二、"en、enc、env、enl, er、erc、erv、erl, ew、ewc、ewv、
　　　　ewl"音的字词 …………………………………………… 46
　　三、前后字母没有拼音关系的常用词 ………………………… 47
　第三节　读音首字母是"I"的字词 ……………………………… 48
　　一、"i、ic、iv、il"音的字词 ………………………………… 48
　　二、"iw、iwc、iwv、iwl"音的字词 …………………………… 49
　　三、"in、inc、inv、inl"音的字词 …………………………… 50
　　四、"ig、igc、igv、igl、ie、iec、iev、iel"音的字词 ……… 51
　　五、"iy、iyc、iyv、iyl"音的字词 …………………………… 52
　　六、"ib、ibc、ibv、ibl, ik、ikc、ikv、ikl"音的字词 ……… 52
　　七、"ih、ihc、ihv、ihl"音的字词 …………………………… 53
　　八、"ia、iac、iav、ial"音的字词 …………………………… 54
　　九、前后字母没有拼音关系的常用词 ………………………… 55
　第四节　读音首字母是"U"的字词 ……………………………… 56
　　一、"u、uc、uv、ul"音的字词 ………………………………… 56
　　二、"ua、uac、uav、ual、us、usc、usv、usl"音的字词 …… 57
　　三、"uh、uhc、uhv、uhl、uk、ukc、ukv、ukl"音的字词 …… 58
　　四、"ut、utc、utv、utl"音的字词 …………………………… 59
　　五、"un、unc、unv、unl, uy、uyc、uyv、uyl, ue、uec、uev、
　　　　uel"音的字词 …………………………………………… 60
　　六、前后字母没有拼音关系的常用词 ………………………… 61

第五节　读音首字母是"O"的字词 …………………………… 62
一、"o、oc、ov、ol"音的字词 ………………………… 62
二、"on、onc、onv、onl, oe、oec、oev、oel"音的字词 …… 63
三、"oh、ohc、ohv、ohl"音的字词 …………………… 64
四、前后字母没有拼音关系的常用词 ……………………… 64

第六节　读音首字母是"B"的字词 …………………………… 66
一、辅音字母"b"及其四声的同音字 …………………… 66
二、拼音"ba"及其四声的同音字 ………………………… 67
三、拼音"bi"及其四声的同音字 ………………………… 68
四、拼音"bu"及其四声的同音字 ………………………… 70
五、拼音"bs"及其四声的同音字 ………………………… 71
六、拼音"bh"及其四声的同音字 ………………………… 71
七、拼音"bk"及其四声的同音字 ………………………… 72
八、拼音"bb"及其四声的同音字 ………………………… 73
九、拼音"bt"及其四声的同音字 ………………………… 74
十、拼音"bn"及其四声的同音字 ………………………… 75
十一、拼音"by"及其四声的同音字 ……………………… 75
十二、辅音与双字母拼音元音的拼音 ……………………… 76
十三、前后字母没有拼音关系的常用词 …………………… 79

第七节　读音首字母是"p"的字词 …………………………… 80
一、辅音字母"p"及其四声的同音字词 ………………… 80
二、"pa、pac、pal"音的字词 …………………………… 81
三、"ps、psc、psv、psl"音的字词 ……………………… 81
四、"ph、phc、phv、phl"音的字词 ……………………… 81
五、"pk、pkc、pkv、pkl"音的字词 ……………………… 82
六、"pb、pbc、pbv、pbl"音的字词 ……………………… 82
七、"pt、ptc、ptl"音的字词 …………………………… 83
八、"pn、pnc、pnv、pnl"音的字词 ……………………… 83
九、"py、pyc、pyv、pyl"音的字词 ……………………… 83
十、"pi、pic、piv、pil"音的字词 ……………………… 84
十一、"pz、pzc、pzv、pzl"音的字词 …………………… 84
十二、"px、pxc、pxv、pxl"音的字词 …………………… 85
十三、"pf、pfv"音的字词 ………………………………… 85
十四、"pm、pmc、pmv、pml"音的字词 …………………… 85

3

十五、"pe、pec"音的字词 …………………………………… 86

十六、"pw、pu、puc、puv、pul"音的字词 ………………… 86

十七、前后字母没有拼音关系的常用词 ……………………… 86

第八节　读音首字母是"M"的字词 ……………………………… 87

一、"m、mc、mv、ml"音的字词 …………………………… 87

二、"ma、mac、mav、mal"音的字词 ……………………… 88

三、"ms、msc、msv、msl"音的字词 ……………………… 88

四、"mh、mhc、mhv、mhl"音的字词 ……………………… 89

五、"mk、mkc、mkv"音的字词 …………………………… 89

六、"mb、mbc、mbv、mbl"音的字词 ……………………… 89

七、"mt、mtc、mtv、mtl"音的字词 ………………………… 90

八、"mn、mnc、mnl"音的字词 …………………………… 90

九、"my、myc、myv、myl"音的字词 ……………………… 90

十、"mi、mic、miv、mil"音的字词 ………………………… 91

十一、"mw、mwc、mwv"音的字词 ………………………… 91

十二、"mu、muc、muv、mul"音的字词 …………………… 92

十三、辅音与双字母拼音元音的拼音 ………………………… 92

十四、前后字母没有拼音关系的常用词 ……………………… 94

第九节　读音首字母是"F"的字词 ……………………………… 95

一、"f、fc、fv、fl"音的字词 ……………………………… 95

二、"fa、fac、fav、fal"音的字词 ………………………… 95

三、"fh、fhc、fhv、fhl"音的字词 ………………………… 96

四、"fk、fkc、fkv、fkl"音的字词 ………………………… 96

五、"ft、ftc、ftv、ftl"音的字词 …………………………… 96

六、"fn、fnc、fnv、fnl"音的字词 ………………………… 97

七、"fy、fyc、fyv、fyl"音的字词 ………………………… 97

八、"fw、fwc、fwv、fwl"音的字词 ………………………… 98

九、"fu、fuc、fuv、ful"音的字词 ………………………… 98

十、前后字母没有拼音关系的常用词 ………………………… 99

第十节　读音首字母是"D"的字词 ……………………………… 99

一、"d、dc、dv、dl"音的字词 ……………………………… 99

二、"da、dac、dav、dal"音的字词 ………………………… 100

三、"ds、dsc、dsv、dsl"音的字词 ………………………… 100

四、"dh、dhc、dhv、dhl"音的字词 ………………………… 101

五、"dk、dkc、dkv、dkl"音的字词 …… 101

六、"db、dbc、dbv、dbl"音的字词 …… 102

七、"dn、dnc、dnv、dnl"音的字词 …… 102

八、"dy、dyc、dyv、dyl"音的字词 …… 103

九、"di、dic、div、dil"音的字词 …… 103

十、"dz、dzc、dzv、dzl"音的字词 …… 104

十一、"dx、dxc、dxv、dxl"音的字词 …… 104

十二、"df、dfc"音的字词 …… 104

十三、"de、dec、dev、del"音的字词 …… 105

十四、"dq、dqc、dqv、dql"音的字词 …… 105

十五、"dg、dgc、dgv、dgl"音的字词 …… 106

十六、"dw、dwc、dwv、dwl"音的字词 …… 106

十七、"du、duc、duv、dul"音的字词 …… 107

十八、"dr、drc、drv、drl"音的字词 …… 107

十九、"dj、djc、djv、djl"音的字词 …… 108

二十、"dd、ddc、ddv、ddl"音的字词 …… 108

二十一、"dp、dpc、dpv、dpl"音的字词 …… 108

二十二、前后字母没有拼音关系的常用词 …… 109

第十一节 读音首字母是"T"的字词 …… 109

一、"t、tc、tv、tl"音的字词 …… 109

二、"ta、tac、tav、tal"音的字词 …… 110

三、"ts、tsc、tsv、tsl"音的字词 …… 110

四、"th、thc、thv、thl"音的字词 …… 111

五、"tk、tkc、tkv、tkl"音的字词 …… 111

六、"tb、tbc、tbv、tbl"音的字词 …… 111

七、"tg、tgc、tgv、tgl"音的字词 …… 112

八、"ti、tic、tiv、til"音的字词 …… 112

九、"tw、twc、twv、twl"音的字词 …… 113

十、"tu、tuc、tuv、tul"音的字词 …… 113

十一、"ty、tyc、tyv、tyl"音的字词 …… 114

十二、"(ih = z) tz、tzc、tzv、tzl"音的字词 …… 114

十三、"(ib = x) tx、txc、txv、txl"音的字词 …… 115

十四、"(ie = f) tf、tfc、tfv、tfl"音的字词 …… 115

十五、"(iy = e) te、tec、tev、tel"音的字词 …… 115

十六、"（uh＝r）tr、trc、trv、trl"音的字词·················· 116

十七、"（ut＝j）tj、tjc、tjv、tjl，（un＝d）td、tdc、tdv、tdl"
音的字词 ·· 116

十八、"（ue＝p）tp、tpc、tpv、tpl"音的字词 ················ 117

十九、前后字母没有拼音关系的常用词 ····························· 118

第十二节　读音首字母是"N"的字词 ··································· 118

一、"n、nc、nv、nl"音的字词 ····································· 118

二、"na、nac、nav、nal"音的字词 ······························· 119

三、"ns、nsc、nsv、nsl、nh、nhc、nhv、nhl"音的字词 ········ 119

四、"nk、nkc、nkv、nkl、nb、nbc、nbv、nbl"音的字词 ······· 120

五、"ni、nic、niv、nil、nz、nzc、nzv、nzl"音的字词 ········ 120

六、"ng、ngc、ngv、ngl、nu、nuc、nuv、nul"音的字词 ······· 121

七、"no、noc、nov、nol、nt、ntc、ntv、ntl、nn、nnc、nnv、
nnl"音的字词 ··· 122

八、"（ib＝x）nx、nxc、nxv、nxl，（oe＝r）nr、nrc、nrv、nrl，
（ie＝f）nf、nfc、nfv、nfl，（iy＝e）ne、nec、nev、nel，
（iw＝q）nq、nqc、nqv、nql，（ue＝p）np、npc、npv、npl"
音的字词 ·· 122

九、"nd、ndc、ndv、ndl、nj、njc、njv、njl、nm、nmc、nmv、
nml、ny、nyc、nyv、nyl、nw、nwc、nwv、nwl"音的字词 ······ 123

第十三节　读音首字母是"L"的字词 ··································· 124

一、"l、lc、lv、ll"音的字词 ·· 124

二、"la、lac、lav、lal"音的字词 ···································· 125

三、"ls、lsc、lsv、lsl、lh、lhc、lhv、lhl"音的字词 ············ 125

四、"lk、lkc、lkv、lkl、lb、lbc、lbv、lbl"音的字词 ··········· 126

五、"lt、ltc、ltv、ltl、ly、lyc、lyv、lyl"音的字词 ············· 127

六、"li、lic、liv、lil"音的字词 ···································· 127

七、"ln、lnc、lnv、lnl，（ih＝z）lz、lzc、lzv、lzl"音的字词 ······· 128

八、"（iy＝j）lj、ljc、ljv、ljl，（ie＝f）lf、lfc、lfv、lfl"音的
字词 ·· 129

九、"（ib＝x）lx、lxc、lxv、lxl"音的字词 ······················· 129

十、"（in＝m）lm、lmc、lmv、lml"音的字词 ····················· 130

十一、"（iw＝q）lq、lqc、lqv、lql，（iy＝e）le、lec、lev、lel"
音的字词 ·· 130

十二、"lw、lwc、lwv、lwl, lg、lgc、lgv、lgl" 音的字词 ………… 131

十三、"lu、luc、luv、lul" 音的字词 ……………………………… 132

十四、"lo、loc、lov、lol" 音的字词 ……………………………… 133

十五、"lr、lrc、lrv、lrl" 音的字词 ………………………………… 133

十六、"（ue＝p）lp、lpc、lpv、lpl,（un＝d）ld、ldc、ldv、ldl" 音的字词 ………………………………………………………… 134

第十四节　读音首字母是"G"的字词 ……………………………… 135

一、"g、gc、gv、gl" 音的字词 …………………………………… 135

二、"ga、gac、gav、gal" 音的字词 ……………………………… 136

三、"gs、gsc、gsv、gsl, gh、ghc、ghv、ghl" 音的字词 ………… 136

四、"gk、gkc、gkv、gkl, gb、gbc、gbv、gbl" 音的字词 ………… 137

五、"gt、gtc、gtv、gtl, gn、gnc、gnv、gnl" 音的字词 ………… 138

六、"gy、gyc、gyv、gyl, gg、ggc、ggv、ggl, gw、gwc、gwv、gwl" 音的字词 ………………………………………………… 139

七、"gu、guc、guv、gul" 音的字词 ……………………………… 139

八、"gf、gfc、gfv、gfl, gm、gmc、gmv、gml" 音的字词 ………… 140

九、"（uh＝r）gr、grc、grv、grl,（uk＝i）gi、gic、giv、gil" 音的字词 ……………………………………………………… 141

十、"（ut＝j）gj、gjc、gjv、gjl,（un＝d）gd、gdc、gdv、gdl" 音的字词 ……………………………………………………… 142

十一、"（ue＝p）gp、gpc、gpv、gpl" 音的字词 ………………… 142

十二、前后字母没有拼音关系的常用词 …………………………… 143

第十五节　读音首字母是"K"的字词 ……………………………… 143

一、"k、kc、kv、kl" 音的字词 …………………………………… 143

二、"ka、kac、kav、kal, ks、ksc、ksv、ksl" 音的字词 ………… 144

三、"kh、khc、khv、khl, kk、kkc、kkv、kkl" 音的字词 ………… 145

四、"kb、kbc、kbv、kbl, kt、ktc、ktv、ktl, kn、knc、knv、knl, ky、kyc、kyv、kyl" 音的字词 …………………………… 146

五、"kg、kgc、kgv、kgl, kw、kwc、kwv、kwl" 音的字词 ………… 146

六、"ku、kuc、kuv、kul,（ua＝f）kf、kfc、kfv、kfl,（us＝m）km、kmc、kmv、kml" 音的字词 …………………………… 147

七、"（uh＝r）kr、krc、krv、krl,（uk＝i）ki、kic、kiv、kil,（ut＝j）kj、kjc、kjv、kjl" 音的字词 ………………………… 148

八、"（un＝d）kd、kdc、kdv、kdl,（ue＝p）kp、kpc、kpv、
kpl"音的字词 ··· 149

九、前后字母没有拼音关系的常用词 ·· 149

第十六节　读音首字母是"H"的字词 ··· 150

一、"h、hc、hv、hl"音的字词 ··· 150

二、"ha、hac、hav、hal、hs、hsc、hsv、hsl"音的字词 ················· 151

三、"hh、hhc、hhv、hhl、hk、hkc、hkv、hkl"音的字词 ·············· 152

四、"hb、hbc、hbv、hbl、ht、htc、htv、htl、hn、hnc、hnv、
hnl"音的字词 ··· 152

五、"hy、hyc、hyv、hyl、hg、hgc、hgv、hgl"音的字词 ··············· 153

六、"hw、hwc、hwv、hwl"音的字词 ·· 154

七、"hu、huc、huv、hul"音的字词 ··· 154

八、"（ua＝f）hf、hfc、hfv、hfl,（us＝m）hm、hmc、hmv、
hml"音的字词 ··· 155

九、"（uh＝r）hr、hrc、hrv、hrl,（uk＝i）hi、hic、hiv、hil"
音的字词 ·· 156

十、"（ut＝j）hj、hjc、hjv、hjl,（un＝d）hd、hdc、hdv、hdl,
（ue＝p）hp、hpc、hpv、hpl"音的字词 ·································· 156

十一、前后字母没有拼音关系的常用词 ·· 157

第十七节　读音首字母是"J"的字词 ··· 158

一、"j、jc、jv、jl"音的字词 ·· 158

二、"jn、jnc、jnv、jnl"音的字词 ·· 159

三、"（ih＝z）jz、jzc、jzv、jzl"音的字词 ···································· 160

四、"（ik＝j）jj、jjc、jjv、jjl,（ib＝x）jx、jxc、jxv、jxl"音的
字词 ·· 160

五、"（ie＝f）jf、jfc、jfv、jfl"音的字词 ······································· 162

六、"（in＝m）jm、jmc、jmv、jml,（iy＝e）je、jec、jev、jel"
音的字词 ·· 162

七、"（ig＝k）jk、jkc、jkv、jkl,（iw＝q）jq、jqc、jqv、jql"
音的字词 ·· 163

八、"jo、joc、jov、jol"音的字词 ·· 164

九、"（oh＝h）jh、jhc、jhv、jhl,（oe＝r）jr、jrc、jrv、jrl"音
的字词 ·· 165

十、"（on＝d）jd、jdc、jdv、jdl"音的字词 ·································· 166

十一、前后字母没有拼音关系的常用词 ································· 166
第十八节　读音首字母是"Q"的字词 ································· 167
　一、"q、qc、qv、ql"音的字词 ···································· 167
　二、"（ia＝n）qn、qnc、qnv、qnl,（ih＝z）qz、qzc、qzv、qzl"
　　　音的字词 ··· 168
　三、"（ik＝j）qj、qjc、qjv、qjl,（ib＝x）qx、qxc、qxv、qxl"
　　　音的字词 ··· 169
　四、"（ie＝f）qf、qfc、qfv、qfl,（in＝m）qm、qmc、qmv、
　　　qml"音的字词 ·· 170
　五、"（iy＝e）qe、qec、qev、qel,（ig＝k）qk、qkc、qkv、
　　　qkl,（iw＝q）qq、qqc、qqv、qql"音的字词 ················ 170
　六、"qo、qoc、qov、qol,（oh＝h）qh、qhc、qhv、qhl"音的
　　　字词 ··· 171
　七、"（oe＝r）qr、qrc、qrv、qrl,（on＝d）qd、qdc、qdv、qdl"
　　　音的字词 ··· 172
　八、前后字母没有拼音关系的常用词 ································· 172
第十九节　读音首字母是"X"的字词 ································· 173
　一、"x、xc、xv、xl"音的字词 ···································· 173
　二、"xo、xoc、xov、xol"音的字词 ································· 174
　三、"（on＝d）xd、xdc、xdv、xdl,（oe＝r）xr、xrc、xrv、xrl"
　　　音的字词 ··· 175
　四、"（oh＝h）xh、xhc、xhv、xhl,（iw＝q）xq、xqc、xqv、
　　　xql"音的字词 ·· 176
　五、"（ig＝k）xk、xkc、xkv、xkl,（iy＝e）xe、xec、xev、xel"
　　　音的字词 ··· 176
　六、"（in＝m）xm、xmc、xmv、xml,（ie＝f）xf、xfc、xfv、xfl"
　　　音的字词 ··· 177
　七、"（ib＝x）xx、xxc、xxv、xxl,（ik＝j）xj、xjc、xjv、xjl"
　　　音的字词 ··· 178
　八、"（ih＝z）xz、xzc、xzv、xzl,（ia＝n）xn、xnc、xnv、xnl"
　　　音的字词 ··· 179
　九、前后字母没有拼音关系的常用词 ································· 180
第二十节　读音首字母是"Z"的字词 ································· 181
　一、"z、zc、zv、zl"音的字词 ···································· 181

二、"za、zac、zav、zal, zs、zsc、zsv、zsl"音的字词 …………… 181

三、"zu、zuc、zuv、zul,（uh = r）zr、zrc、zrv、zrl,（ut = j）
zj、zjc、zjv、zjl"音的字词 …………………………………… 182

四、"（un = d）zd、zdc、zdv、zdl,（ue = p）zp、zpc、zpv、zpl"
音的字词 ……………………………………………………………… 183

五、"（ew = w）zw、zwc、zwv、zwl,（eg = g）zg、zgc、zgv、zgl"
音的字词 ……………………………………………………………… 184

六、"（ey = y）zy、zyc、zyv、zyl,（et = t）zt、ztc、ztv、ztl, ze、
zec、zev、zel"音的字词 …………………………………………… 184

七、"（ak = k）zk、zkc、zkv、zkl,（ab = b）zb、zbc、zbv、zbl,
（ah = h）zh、zhc、zhv、zhl, zn、znc、znv、znl"音的字词 …… 185

八、前后字母没有拼音关系的常用词 ……………………………………… 186

第二十一节　读音首字母是"C"的字词 …………………………………… 186

一、"c、cc、cv、cl"音的字词 ……………………………………… 186

二、"ca、cac、cav、cal、cs、csc、csv、csl、ch、chc、chv、
chl"音的字词 ………………………………………………………… 187

三、"ck、ckc、ckv、ckl、cb、cbc、cbv、cbl、ce、cec、cev、
cel"音的字词 ………………………………………………………… 188

四、"cn、cnc、cnv、cnl、cy、cyc、cyv、cyl、cw、cwc、cwv、
cwl"音的字词 ………………………………………………………… 189

五、"cg、cgc、cgv、cgl、cu、cuc、cuv、cul、cr、crc、crv、
crl"音的字词 ………………………………………………………… 190

六、"（ut = j）cj、cjc、cjv、cjl,（un = d）cd、cdc、cdv、cdl,
（ue = p）cp、cpc、cpv、cpl"音的字词 ……………………… 190

七、前后字母没有拼音关系的常用词 ……………………………………… 191

第二十二节　读音首字母是"S"的字词 …………………………………… 192

一、"s、sc、sv、sl"音的字词 ……………………………………… 192

二、"sa、sac、sav、sal、ss、ssc、ssv、ssl、sh、shc、shv、shl"
音的字词 ……………………………………………………………… 193

三、"sk、skc、skv、skl、sb、sbc、sbv、sbl、se、sec、sev、sel"
音的字词 ……………………………………………………………… 194

四、"sn、sy、sg、sgc、sgv、sgl"音的字词 …………………… 194

五、"sw、swc、swv、swl、su、suc、suv、sul"音的字词 ……… 195

六、"（ut＝j）sj、sjc、sjv、sjl，（un＝d）sd、sdc、sdv、sdl，
（ue＝p）sp、spc、spv、spl，（uh＝r）sr、src、srv、srl"
音的字词 ··· 196

七、前后字母没有拼音关系的常用词 ································· 197

第二十三节　读音首字母是"Y"的字词 ································· 198

一、"y、yc、yv、yl"音的字词 ····································· 198

二、"ya、yac、yav、yal"音的字词 ································· 199

三、"yu、yuc、yuv、yul、yw、ywc、ywv、ywl"音的字词 ········ 199

四、"yg、ygc、ygv、ygl、yy、yyc、yyv、yyl"音的字词 ········· 200

五、"yn、ync、ynv、ynl、ye、yec、yev、yel"音的字词 ········· 201

六、"yb、ybc、ybv、ybl、yk、ykc、ykv、ykl"音的字词 ········· 202

七、"yh、yhc、yhv、yhl、ys、ysc、ysv、ysl"音的字词 ········· 203

八、"（ue＝p）yp、ypc、ypv、ypl，（un＝d）yd、ydc、ydv、
ydl，（ut＝j）yj、yjc、yjv、yjl"音的字词 ·················· 203

九、"（uk＝i）yi、yic、yiv、yil，（uh＝r）yr、yrc、yrv、yrl，
（ua＝f）yf、yfc、yfv、yfl、ym、ymc、ymv、yml"音的字词 ········ 204

十、前后字母没有拼音关系的常用词 ································· 205

第二十四节　读音首字母是"V"的字词 ································· 206

一、"v、vc、vv、vl"音的字词 ····································· 206

二、"va、vac、vav、val、vs、vsc、vsv、vsl"音的字词 ········· 207

三、"vh、vhc、vhv、vhl、vk、vkc、vkv、vkl"音的字词 ········· 208

四、"vb、vbc、vbv、vbl、ve、vec、vev、vel，vn、vnc、
vnv、vnl"音的字词 ··· 209

五、"vy、vyc、vyv、vyl、vg、vgc、vgv、vgl"音的字词 ········· 210

六、"vw、vwc、vwv、vwl、vu、vuc、vuv、vul"音的字词 ········ 211

七、"（us＝m）vm、vmc、vmv、vml，（uh＝r）vr、vrc、vrv、
vrl，（uk＝i）vi、vic、viv、vil"音的字词 ·················· 212

八、"（ut＝j）vj、vjc、vjv、vjl，（un＝d）vd、vdc、vdv、vdl，
（ue＝p）vp、vpc、vpv、vpl、vf"音的字词 ·················· 213

九、前后字母没有拼音关系的常用词 ································· 214

第二十五节　读音首字母是"W"的字词 ································· 214

一、"w、wc、wv、wl"音的字词 ····································· 214

二、"wa、wac、wav、wal、ws、wsc、wsv、wsl、wh、whc、whv、
whl"音的字词 ··· 215

11

三、"wk、wkc、wkv、wkl、wb、wbc、wbv、wbl"音的字词 ………… 217

四、"we、wec、wev、wel、wn、wnc、wnv、wnl"音的字词 ………… 218

五、"wy、wyc、wyv、wyl、ww、wwc、wwv、wwl，（ua＝f）wf、wfc、wfv、wfl"音的字词 …………………………………………… 219

六、"wu、wuc、wuv、wul，（us＝m）wm、wmc、wmv、wml"音的字词 ………………………………………………………………… 219

七、"（uk＝i）wi、wic、wiv、wil，（uh＝r）wr、wrc、wrv、wrl，（ut＝j）wj、wjc、wjv、wjl，（un＝d）wd、wdc、wdv、wdl，（ue＝p）wp、wpc、wpv、wpl"音的字词 ……………………… 220

八、前后字母没有拼音关系的常用词 ……………………………… 221

第二十六节 读音首字母是"R"的字词 ……………………………… 222

一、"rl、rh、rhc、rhv、rhl、rk、rkc、rkv、rkl"音的字词 ………… 222

二、"rb、rbc、rbv、rbl、re、rec、rev、rel、rn、rnc、rnv、rnl"音的字词 ……………………………………………………………… 223

三、"ry、ryc、ryv、ryl、rg、rgc、rgv、rgl、rw、rwc、rwv、rwl"音的字词 ……………………………………………………………… 224

四、"ru、ruc、ruv、rul，（uh＝r）rr、rrc、rrv、rrl，（ut＝j）rj、rjc、rjv、rjl，（un＝d）rdl、（ue＝p）rp、rpc、rpv、rpl"音的字词 …………………………………………………………… 224

五、前后字母没有拼音关系的常用词 ……………………………… 226

第五章 提速训练知识 ………………………………………………… 227

第一节 掌握高频字、常用词和常用单字的序位 ……………………… 227

第二节 掌握缩略词和非缩略词的输入要领 …………………………… 228

一、缩略语与缩略键 ………………………………………………… 228

二、非缩略词的应用 ………………………………………………… 229

第三节 培养听下句记上句、听懂再记的习惯 ………………………… 230

第四节 自造词 ………………………………………………………… 231

第五节 汉字查字识字法 ……………………………………………… 231

一、查字识字的作用 ………………………………………………… 232

二、查字识字方法 …………………………………………………… 232

第六章 综合训练 ……………………………………………………… 234

综合训练一 …………………………………………………………… 234

综合训练二 …………………………………………………………… 237

综合练习三 …………………………………………………………… 239

综合练习四……………………………………………………… 241
综合练习五……………………………………………………… 244
综合练习六……………………………………………………… 245
综合练习七……………………………………………………… 248

第七章　提速训练中的实训案例……………………………… 252
实训案例 1 ……………………………………………………… 252
实训案例 2 ……………………………………………………… 254
实训案例 3 ……………………………………………………… 255
实训案例 4 ……………………………………………………… 257
实训案例 5 ……………………………………………………… 258
实训案例 6 ……………………………………………………… 260
实训案例 7 ……………………………………………………… 262
实训案例 8 ……………………………………………………… 264
实训案例 9 ……………………………………………………… 266
实训案例 10 …………………………………………………… 268

附录 1　汉字同音字字汇 ……………………………………… 271
附录 2　常用多音字字汇 ……………………………………… 322

第一章　检察机关书记员的职业能力与职业能力建设

书记员工作遍布于我国的检察机关、法院系统、仲裁系统、公安预审系统和纪检监察部门。其职业特征是在掌握与本职业相关的法律知识、侦讯知识、保密知识和职业道德外，更重要的是要掌握与语音同步录入的计算机速录知识和技能。而计算机速录技能又是一门应用语言文字和计算机技术的多边缘学科技能。

2015年7月29日，国务院颁布了《中华人民共和国职业分类大典（2015年版）》。在新颁布的《中华人民共和国职业分类大典（2015年版）》中正式分列了"书记员"职业，这标志着我国书记员职业从此将走向与国际接轨的规范化、标准化和职业化道路。

然而，"书记员职业有一定的专业性，非经长期培训与磨练不能适应工作需要，而过去师傅带徒弟的传统很难形成统一的专业性特质和职业技能"。[①] 这就要求我们从分析书记员的职业能力入手，进而制定书记员的职业能力培训规范和书记员的职业能力鉴定标准，以此提高书记员的职业能力，逐步完善和实现书记员的职业化进程。

第一节　书记员的职业能力概述

书记员的工作贯穿于整个侦讯、审判工作，是侦讯、审判工作中不可或缺的重要角色之一。书记员工作不同于侦查人员具有以讯问为目标的工作单一性，而是负责从立案、讯问到结案整个侦讯过程的语音信息采集和卷宗装订、归档等文本文件的整理这样一个全过程。简言之，一个合格的、职业化的书记员必须具备语音信息和肢体语言信息实时采集能力，能够在侦讯过程中完整、真实地将侦讯中的口语语言实时生成书面语言。

---

① 杨凯：《书记员和法官助理职业技能培训教程》，人民法院出版社2010年版，第136页。

一、书记员在侦讯中的角色分工

无论是检察机关还是公安机关在进行案件的侦查讯问过程中，侦讯人员一般分为二人一组或三人一组。二人一组的，主要由主审检察员（侦察员）、书记员或助审检察员、书记员组成；三人一组的，主要由主审检察员、助审检察员和书记员组成。

（一）主审检察员（侦查员）

主审检察员（侦查员）是在案件侦讯过程中负责讯问犯罪嫌疑人的讯问人员。一般由资历或级别较高的检察官（侦查员）担任，人数为一人。

（二）助审检察员

助审检察员是在案件侦讯过程中协助主审检察员讯问犯罪嫌疑人的检察官，人数为一人或二人。

（三）书记员

书记员是在案件侦讯过程中专门负责主审检察员（侦查员）、助审检察员讯问犯罪嫌疑人的语音信息采集并实时生成电子文本文件和书面语的录入（笔录）人员，人数为一人。

二、书记员的基本职业能力

书记员的基本职业能力综合体现在：

（一）使用计算机进行文字录入每分钟不低于160个汉字

由于手写汉字笔录缓慢而给犯罪嫌疑人留下谎供的现象会造成案件的反复以及讯问时间的延长。实践证明，没有讲稿的讲话速度一般在120～180个汉字/每分钟，书记员能够达到每分钟录入160个汉字以上，基本上就能满足侦讯过程中的语音信息与肢体语言信息并列采集的任务。

而要达到每分钟录入160个汉字以上，必须使用速录软件或经过专门的速录培训才能实现语音信息采集与肢体语言信息采集并列的快速录入能力。

（二）语音信息采集与肢体语言信息采集并行录入

在案件侦讯过程中，检察官（侦查员）面对的是形形色色的犯罪嫌疑人。有的犯罪嫌疑人存在畏罪、侥幸、抵触、悲观或绝望等各种心理，这些心理直接影响着犯罪嫌疑人的供述情绪。因此，书记员在侦讯过程中要对犯罪嫌疑人的肢体语言，如头部姿势、面部表情和脸色以及有无痉挛现象，嘴唇的动作、吞咽动作、瞳孔反应、目光接触、坐姿、腿和手臂的动作等进行录入，并以括号的形式将这些肢体语言括在其中，与语音信息采集同步录入于讯问文字中，从而为检察官（侦查员）提供分析犯罪嫌疑人有无谎供现象，为研究、判断犯罪嫌疑人的心理活动寻找突破口。

（三）具备相应的专业知识

书记员是法律工作者之一。书记员必须精通与本职工作相关的法律知识、术语、保密知识，具有讯问过程中的逻辑思维能力，具备书记员的职业道德和爱岗敬业精神。

（四）具备一定的语言文字应用能力

书记员从事的工作是语音信息采集和法律文本的生成，其职业能力主要体现在对语言文字的应用水平和与口头语言以及肢体语言同步录入的速度能力上。因为每个书记员所面对的都是将声音语言实时生成书面语言的要求，这就要求书记员对每个汉字的字义，包括对多音字、词，同音字、词的理解，特别是对于姓名、冷僻的地名用字准确应用。

（五）遇到严重的方言怎么办

在案件侦讯的起始阶段，书记员须了解犯罪嫌疑人有无严重的方言现象。

如果犯罪嫌疑人不会讲普通话而使用某些地域方言时，则会让不懂地域方言的书记员"无话可录"而影响讯问。因此，事先了解犯罪嫌疑人有无普通话障碍，以便让领导安排懂地域方言的书记员记录。

（六）讯问场地

书记员应事先了解讯问场地有无电源。一般情况下应选择有电源的讯问场地，这是因为在不充电的条件下，功能好的笔记本电脑能连续工作四五个小时，老旧的笔记本电脑只能工作半个多小时。前者能在休息期间充电，而后者必须随时充电，并且还有现场打印录入稿以便签字和摁手印要求。

三、书记员讯问录入稿的制作

讯问录入稿（笔录）的制作是书记员工作的主要职业技能之一，是书记员能否准确、完整采集语音信息和肢体语言信息的重要职业能力和考评内容。

计算机的应用普及以及汉字快速录入方法软件的发明，改变了以往的手写记录方式。

我们知道，手写汉字每分钟不超过二三十个汉字，再快就潦草得难以认读了。手写速记可以解决人们的讲话速度与记录速度不相适应的矛盾，但是，手写速记符号不是文字，得不到社会公认，速记符号只有记录者自己或同行能认读。况且要把速记符号整理成可供阅读的具有法律约束力的文稿，还得通过汉字录入方法来实现。

（一）讯问笔录的结构和内容

讯问笔录是叙述性的法律文书，对于它的结构和内容，《刑事诉讼法》和《公安机关办理刑事案件程序规定》都做了规范性的要求，符合法律形式的讯问笔录，才具有合法性。

讯问笔录由首部、正文和尾部三部分构成。

1. 首部

要求侦查人员按照文书的基本格式要求进行填写，具体包括：

（1）文书的名称，即"讯问笔录"标题（第　　次）；

（2）讯问开始和结束的时间（具体为＿＿＿年＿＿月＿＿日＿＿时＿＿分）；

（3）讯问地点；

（4）侦查（检察）人员和书记员的基本情况（包括姓名和单位）。

讯问人员的姓名，必须由参加讯问的侦查（检察）人员亲笔签署，以示负责，不能由书记员代签。

2. 正文

这是文书制作的核心部分，采用问答的形式记载整个讯问的基本情况，主要包括：

（1）第一次讯问时，要问清记明犯罪嫌疑人的基本情况，包括姓名、曾用名、化名、年龄或出生年月日、民族、籍贯、文化程度、现住址、工作单位、职务与职业、家庭情况、社会经历、是否受过刑事处罚和行政处分等情况。在续讯中若上述问题已经查清则可以不必再问；

（2）记载介绍侦查人员身份及出示证件的事项；

（3）记载出示《犯罪嫌疑人诉讼权利义务告知书》及犯罪嫌疑人阅读的情况；

（4）全面、准确地记载犯罪嫌疑人关于犯罪事实的供述和辩解，包括犯罪的时间、地点、动机、手段、情节、后果以及与犯罪有关的人和事等，尤其是能说明案件性质的关键情节、有关的证据、有明显矛盾的地方等要准确清楚地记录下来。如果犯罪嫌疑人做无罪辩解，要注意记清其陈述的理由和依据。同时应将犯罪嫌疑人的认罪态度和情绪表现记录下来。

3. 尾部

尾部内容是讯问笔录中涉及法定程序最多的一部分，必须严格依法操作。根据《刑事诉讼法》第 95 条规定，讯问笔录应当交犯罪嫌疑人核对，对于没有阅读能力的，应当向他宣读。讯问笔录经犯罪嫌疑人核对无误后，在笔录的末尾由犯罪嫌疑人签明对笔录的意见："以上笔录我看过（或向我宣读过），和我说的相符。"并在笔录逐页末尾右下角签名（盖章）或摁手印。如果记录有遗漏或者差错，应当允许犯罪嫌疑人补充或者改正，并在补充改正的文字上摁手印。犯罪嫌疑人拒绝签署意见、签名（盖章）或摁手印的，不得强制，记录人员应当在笔录上注明。有翻译人员和法定代理人参加的，也应签名。要求捺指印的，一律用右手食指全指摁印。[①]

（二）讯问笔录录入的要求

1. 讯问犯罪嫌疑人采取一问一答形式，采用第一人称录入。

2. 侦讯录入过程中，要做到耳听、录入（手记）、眼观犯罪嫌疑人的神态动作、头脑思考等同步进行。

3. 对于案件的重要情节，如讯问犯罪嫌疑人所涉及的犯罪行为目的、人物姓名、时间、地点（地理名称）、手段、经过、后果以及涉及的物品及物品类型和名称、专业名词等，都要在录入时将犯罪嫌疑人对此的语言全貌保留下来。对于犯罪嫌疑人在供述中的矛盾点、思想变化情况和行为表现都应在讯问笔录的文字中体现出来，使得讯问录入内容与讯问过程同步一致。

4. 刑事案件的录入主要围绕如下几个方面进行：犯罪主体、主观方面、犯罪手段、犯罪情节、犯罪对象、共同犯罪情况、团伙犯罪案件的分工情况、转化型抢劫案的细节等。

5. 民事行政申诉案件不同于刑事案件，民事行政申诉案件"对于记录哪些内容，书记员要事先与承办案件的检察官充分沟通，明确询问重点和笔录（录入）要点；书记员还要掌握相关的法律知识，一些案件仅从书面材料中不一定能发现问题，有些问题是在询问过程中新发现的，对于这些问题书记员应当能够根据自己所学的法律知识判断其重要性，重点加以记录"。[②]

民事行政申诉案件的录入主要围绕案件的性质展开：

（1）买卖合同纠纷，主要记录合同订立情况、合同履行情况、纠纷产生的原因、诉讼情况等。

（2）商品房买卖合同纠纷，主要记录合同订立情况、合同履行情况、纠

[①] 参见侯英奇：《侦查讯问》，中国检察出版社 2010 年版，第 83～84 页。
[②] 项明主编：《检察机关书记员实务培训简明教程》，中国检察出版社 2010 年版，第 96 页。

纷产生的原因、诉讼情况、房屋状况等。

（3）人身损害赔偿纠纷，主要记录侵权行为、诉讼情况、受害人当前情况等。

（4）劳动争议，主要记录劳动关系、劳动合同履行和争议的发生、仲裁和诉讼情况、当前状况等。

（5）邻居关系纠纷，主要记录纠纷起因、诉讼情况、当前不动产状况等。

（6）行政申诉案件，主要记录行政主体、诉讼情况、具体行政行为是否改变、其他情况等。

6. 言谈录入主要是指报案、控告、举报、接受刑事赔偿申请、自首、调查、询问、讨论案件、验明正身等语音信息采集的文字录入。

言谈录入也要按照"首部、正文、尾部"的构成格式进行。首部是在标题下方的固定格式中依次填写报案、控告、举报笔录制作的时间、地点，报案、控告、举报事由，接谈人和记录人的姓名，以及报案人、控告人、举报人的基本情况，包括姓名、性别、年龄、工作单位和职务、家庭住址、联系电话等内容。

"正文是报案、控告、举报笔录最重要的部分，一般应包括下列内容：一是向报案人、控告人、举报人明示检察人员的身份，出示相关证件和证明文件；二是明确告报案人、控告人、举报人应当实事求是地反映问题，如果是捏造事实、伪造证据、诬告陷害他人等行为应负相应的法律责任；三是记明接待人员与报案人、控告人、举报人谈话的全过程，重点记明每一事实或事件发生的时间、地点、有关人员、经过、举报动机和目的、手段、结果及其关系等。对于当场提供证人和证据情况的，应当记明物证、书证的名称、数量，以及证人或知情人的姓名、性别、工作单位、职务和住址等；四是笔录临近结束时，应记明报案人、控告人、举报人对谈话内容是否有补充、修改，应详细记明补充、更正的内容，直至报案人、控告人、举报人没有补充、更正的内容为止；五是要将报案人、控告人、举报人与被报案人、被控告人、被举报人之间的关系记录清楚，同时也要将报案人、控告人、举报人的请求事项记录清楚；六是在笔录的最后部分，应记明陈述是否属实的提问，并记明报案人、控告人、举报人的回答。"①

尾部是对报案人、控告人、举报人实施语音信息采集完毕，报案人、控告人、举报人在对文稿阅读后在录入稿的最后一行亲笔注明"以上笔录是已看过，和我讲得相符"字样，用右手食指在签名处摁指印，填写年月日；检察官和书记员分别在录入稿末尾亲笔签名，填写年月日。

---

① 项明主编：《检察机关书记员实务培训简明教程》，中国检察出版社2010年版，第42~43页。

四、讯问（询问）录入案例

讯问录入案例是书记员在讯问、询问、调查、接案等案件中的文字录入（笔录）制式格式。其中包括将语音信息采集和肢体语言采集的文字录入字数分配在每分钟，以此要求书记员的记录速度必须与语言同步。

（一）讯问犯罪嫌疑人笔录录入稿格式

木兰秋狝市人民检察院
讯问犯罪嫌疑人笔录

（第 1 次）

时间：2016 年 3 月 3 日 9 时 0 分至 3 日 9 时 30 分
地点：木兰秋狝市检察院第一讯问室
讯问人：徐铁　　　　书记员：葛红安
犯罪嫌疑人：施黑鼠　曾用名：陶彦　别名：无　性别：男
年龄：32 岁　1985 年 1 月 19 日出生　属相：牛
家庭出身：工人　本人成分：干部　民族：汉族　文化程度：大学专科
籍贯：河南省濮阳市　住址：河北省木兰秋狝市九区山湾子小区 12 号
工作单位、职务、级别：现任木兰秋狝市供热公司副经理
参加何党派、团体及所任职务：中共党员 中国供热协会会员
何时何地受过何种法律处分：无
家庭成员及经济状况：父亲：施勇武　母亲：甄唯楠　妻子：吴晶申
女儿：施梅雨
家庭经济状况一般

问：我们是木兰秋狝市人民检察院公诉科的工作人员（出示工作证），希望你能够实事求是地回答提问，隐匿罪证或故意作伪证要负相应的法律责任，你听清楚了吗？
答：听清楚了。
问：你因涉嫌渎职罪，于 2015 年 12 月 12 日被我院依法立案侦查（出示《犯罪嫌疑人权利义务告知书》，看后请签字）。
答：我已经看过（在《犯罪嫌疑人权利义务告知书》上签字）。
问：讲一下你的工作简历。
答：2008 年 7 月大学毕业后，我被分配到供热公司工作，负责管道维护和检修。第二年我被提拔当了科长，再后来又被提拔为副经理。

问：你是否有犯罪行为？

答：没有。

问：你从韩某某手中拿的 5 万元钱是什么钱？

答：（用手擦了一下额头的汗）我，我是借他的。

问：借他的？那你为什么没给他打借条？这是其一；其二，韩某某不给你这 5 万元，你就不给他供暖，这是为什么？

答：（眼睛直视讯问人）啊！你们都知道了？那我就说真话，请求宽大处理。2014 年 5 月，我花了 22 万元买了一辆"红旗"牌轿车，其中有一半是银行贷款。12 月中旬，银行让我还贷款，可是我手中没钱，就把韩某某所住的小区暖气给停了。韩某某是该小区的负责人，他打电话找我，问是什么原因停暖气。我就谎称供暖管道年久失修漏水，需要 5 万元资金更新管道，让他先垫付上，待供暖公司的会计出差回来还给他。就这样，韩某某立即给我送来 3 万元。我说不够，他说再去筹集，第二天上午他又给我送来 2 万元，并要求我给他写个借条，我说三两天就还给他，不用打借条。3 个小时以后暖气恢复正常供应。此后，韩某某时不时的就来找我要钱，我都以各种理由推拖，反正我也没有给他打借条，他打官司也没有证据。

问：你停暖气的具体日期和时间与恢复供暖的日期和时间。

答：是 2014 年 12 月 17 日上午 9 点停暖，2014 年 12 月 18 日 12 点恢复供暖的。

问：韩某某给你第一次送款的时间、地点和第二次送款的时间、地点。

答：韩某某第一次给我送款的时间是 2014 年 12 月 17 日上午 11 点，在我办公室给我的；第二次是 2014 年 12 月 18 日上午 9 点在我办公室给我的。

问：你刚才说你们会计出差回来还款，会计是何时回来的？

答：会计根本没出差，那是我搪塞的话。

问：你知道你这是一种什么犯罪行为吗？

答：不知道。

问：你还有其他涉嫌犯罪的行为吗？

答：没有。

问：你还有什么要补充的吗？

答：没有。

问：你以上所做的供述是否属实？

> 答：完全属实。
>
> 问：你认真核对电子稿，核对无误后在打印文本上签字，要求修改的地方要如实说明（把笔记本电脑移到犯罪嫌疑人面前，犯罪嫌疑人阅读电子录入稿）。
>
> 答：（10分钟后）我已经看过，和我讲的相符。
>
> 问：（连接打印机打印录入稿、装订）需要你逐页签字。
>
> 犯罪嫌疑人：（签字、摁手印）
2016年3月3日
>
> 检察官：签名
书记员：签名
2016年3月3日

上述讯问的速录稿是1343个汉字，以每分钟录入160个汉字计算，应该是在8分24秒内录入完，加上犯罪嫌疑人阅读、文稿打印、装订、签字的时间，30分钟左右即可完成工作任务。

（二）询问笔录录入稿格式

>

木兰秋狝市人民检察院

询　问　笔　录
>
>
> （第1次）
>
> 时间：2016年5月5日　　　地点：木兰秋狝市三区朝阳地社区办公室
>
> 询问人：文昊　　　　　　　记员：陆德剑
>
> 被询问人姓名：樊世铎　性别：男　年龄：49岁　民族：满族
>
> 工作单位、职务：木兰秋狝市朝阳地社区主任
>
> 住址及联系电话：木兰秋狝市三区朝阳地社区8号楼1单元402室 13900000000
>
> 与犯罪嫌疑人关系：与刘可启是儿女亲家关系
>
> 问：我们是木兰秋狝市人民检察院起诉科的工作人员（出示工作证），今天找你核实相关问题，请你配合，希望你能实事求是地回答提问，故意作伪证或隐匿罪证应负法律责任，你听清楚了吗？
>
> 答：听清楚了，我会如实回答你的提问。
>
> 问：（出示《证人权利义务告知书》）看后请签字。

答：好的。（阅读《证人权利义务告知书》并签字和摁手印）

问：请讲一下你的工作简历。

答：我大学毕业后在木兰秋狝市的棋盘山林业局工作，后来又调到塞北林场当场长，现在是木兰秋狝市朝阳地社区主任。

问：你是否认识刘可启？

答：认识，我们是儿女亲家。

问：你与刘可启是否有经济往来？

答：有经济往来。

问：你知道刘可启因为贪污公款而被检察机关逮捕的事吗？

答：听说了。

问：是什么时候？怎么听说的？

答：是他的儿子打电话给我说的。

问：刘可启说他给过你一笔 30 万元的现金，是什么时候在哪里给你的？

答：（低头想了想）大概是去年中秋节的前一天晚上，他开车送到我家的。

问：他给你说明这笔款的来源了吗？

答：没有，只是说他手头上有一笔用不着的现金，让我先用着。

问：这笔款你用了吗？

答：没用，我把它存进银行了。

问：你还有什么要补充的吗？

答：没有。

问：你以上讲的是否属实？

答：完全属实。

问：你阅读一下（把笔记本电脑移送到证人面前），如无遗漏，请看后在打印稿上签字。

答：好。（开始阅读电子稿，看完后）没有遗漏的地方。

问：（打印录入稿）请签字、摁手印。

证人亲笔写：（以上笔录我已看过，和我讲的一样）

证人：签字、摁手印

2016 年 5 月 5 日

检察官：签名

书记员：签名

2016 年 5 月 5 日

上述询问录入稿是750字。从询问被询问人到被询问人阅读（包括宣读），再到打印出正式文稿和签字、摁手印等过程，大约需要20~25分钟。

第二节　书记员应当具备的职业素质

基于书记员的职业能力要求，书记员在掌握速录技能方面必须具备如下素质。

一、文化素质

文化素质是指每个人在处理与自然和社会的关系中应该具备的知识、价值观和实践能力等多种因素整合而成的相对稳定的内在品质的具体表现，它与道德修养、健康素质和科学观点构成一体，影响着创新意识和创新能力等多方面因素。

文化素质与书记员的工作质量密切相关。一定的文化素质，决定着书记员工作质量的高低，一定的速录能力与工作经验会促进文化素质的提升。

基于汉字表意和同音字、同音词较多的特点，书记员的文化素质还要体现出语言文字的应用水平，具体如下：

（一）听音辨字

在普通话的基础上，听到汉语语音，书记员能即刻反应出字母对应的汉字的字和词以及缩略应用方法。

（二）精简语句

被讯问人的讲话有时重复啰嗦，有时说半截话，如果全部记录下来，其文稿阅读时会让人感觉累；如果不全部记下来，表达意义又不全面。此时，精简其语句就成为最佳途径。

（三）补充语义

在讯问犯罪嫌疑人的录入过程中，有些话在口语环境中能够听得明白，在书面环境中则显得别扭，因此，修辞和补充语意是十分必要的。补充语义的词汇可用括号标识，以示非讲话人的语义。但在有些情况下，如犯罪嫌疑人的作案情节供述，则必须"原汁原味"，不能擅自补充语义。

（四）顺句分段

要合理理顺句子中各成分之间的关系，合理划分段落，避免句子成分之间矛盾和"一文一段"。

（五）用准标点

对标点符号能够正确选用，不能"一逗到底"；能正确使用各类序数和数词。

二、心理素质

心理素质通常是一个人对外界压力所产生的承受力，承受力的强弱直接影响到心理素质。

良好的心理素质可以使人精神集中，如闹市无人、心绪宁静和处变不惊，能够面对"压力"和"障碍"，具有排除困难的勇气和信心。

计算机速录技能的心理素质体现在实操基础上。我们在学习速录的过程中，怕测试、怕实践是心理素质弱的集中表现。克服心理素质弱的方法，就是要树立对掌握速录技能的渴望，增强信心，要具有专一精神和平常心态，以适应测试和实践，以此提高和养成良好的心理素质。

三、速度素质

速度素质应该包括大脑的反应速度、手指的动作速度和工作效率。

大脑的反应速度是指从接收语音信息到作出手指反应的过程的速度；手指动作的速度是指人体快速完成击键频率的动作的速度；工作效率是指在一定时间内持续工作的能力。这三者之间既有联系，又有区别，特别是在内部机制方面，更具有差异性。前者着重表现在神经活动方面，后者则着重表现在肌肉活动方面。概括地说，速录技能是脑力劳动与体力劳动双重结合的劳动技能。

实践结果表明，影响速度素质的因素不仅有上述三个方面，同时还有下列影响因素。

（一）影响反应速度的因素

第一，由于听、视觉（感受器官）的敏感程度不同，反应速度也就不尽相同。听、视觉越敏感，越能缩短对各种信息的接收时间。听、视觉的敏感程度在很大程度上要受注意力集中程度和疲劳程度的制约。速录人员长时间地进行速度练习或长时间地进行速录，其视、听觉就会疲劳，反应就会延长。第二，影响反应速度的因素与大脑中枢神经系统机能有关。中枢系统兴奋度高时，对信号的反应就缩短，中枢系统疲劳时，对信号的反应则延长。但是，随着动作技能的日益成熟，反应时间就会明显缩短。第三，肌纤维（效应器官）的放松与紧张也与此有关，肌肉放松时比紧张时对信息的接收反应时间要缩短70％左右。此外，肌肉疲劳时对信息的接收反应时间明显延长。

上述分析结果说明，注意力集中程度与疲劳程度对反应速度有相当大的影响。

（二）影响手指动作速度和工作效率的因素

手指动作速度与工作效率的共同特点是人体通过系统部位和快速活动形式，在最短的单位时间内完成动作。由于人体肌肉活动的形式与质量受到形态、生理、心理、力学、技术等方面的影响，手指动作的速度和工作效率的速度也直接受到其影响。首先是手指的形态。手指的形态对动作速度和工作速度的影响，主要在于手指的长度。人与人之间在其他条件相等的情况下，手指长度与该部位的动作速度成正比。手指越长，该部位的动作速度就越快。人体手指的运动形式是手指绕关节轴的转动。指尖离轴心的距离越远，动作速度就越快。其次是神经活动过程的灵活性。人体部位各种形式的快速运动都是神经中枢活动高度协调的表现。只有做到手指、耳和神经中枢的高度协调一致，才能确保快速运动时，迅速地调动所有必要的肌肉协作参与活动，并抑制对抗肌的消极影响，发挥出最高速度。另外，神经活动过程的灵活性不仅影响肌肉的猛烈收缩，也影响肌肉的充分放松。书记员或速录师在速录时，如果能充分放松肌肉，就能较长时间地维持高速运动。

中枢神经系统兴奋与抑制转换的持续时间和转换的速度快慢有关。转换速度越快，转换持续时间越短。在进行高速度运动时，中枢神经的疲劳度也就上升得越快，直至使动作完全停止。所以，在速录达到最高速度时，要考虑中枢神经的特点，持续时间不能过长。否则就会适得其反。

力量与技术因素也是影响手指动作速度和工作效率速度的重要因素。从力学公式可以知道，力等于质量与加速度的乘积，力量是引起加速的原因，力量越大，则加速度也越大，加速度越大，动作速度就越快。此力学原理在速录过程中往往表现为相对力量，即肌肉在动作中克服键盘阻力的力量越大，产生的收缩速度越快，其动作速度也就越快。

另外，手指的动作速度和工作效率速度往往也要受到技术的影响，书记员的速录速度在很大程度上取决于完善的技术动作。动作的幅度、手指距键盘距离的长短、动作时间、动作的角度及部位等均与速度的快慢有密切关系。良好的指法基础，合理、有效的技术可以有效快速地完成动作，并能使动作的完成更省力、更协调。

事实上，每分钟录入220个汉字以上的高速度书记员和速录师不是每个人都能达到的，其必须具备相应的生理机能和多方面素质，正所谓"三分天赋（生理机能），七分努力（综合素质）"。

第二章　计算机速录的学习与应用

　　使用计算机将语音信息实时生成书面语的速录能力不是简单意义上的打字员，而是要具有将口语语言和肢体语言同步转换成为可供阅读的电子文本文件或书面语的能力。这就要求速录人员不仅要掌握与语音同步的文字录入速度，还要具备一定的专业知识、综合素质和文化修养。原则上，速录人员的职业分类主要是秘书人员、书记员、高级速录师。按照目前的速录师国家职业资格标准，秘书人员除了必须掌握的专业知识外，还要具备速录能力且应该达到初级速录师（140个汉字/每分钟）标准；书记员除了必须掌握的法律和专业知识外，还应该达到速录师（180个汉字/每分钟）标准；高级速录师（每小时薪酬200~400元人民币）必须达到220个汉字/每分钟的标准。

　　我国虽然于2015年7月制定颁布了"书记员"职业，但是，"书记员职业资格标准"和"书记员职业资格考评鉴定标准"还没有制定出来。2010年，教育部虽然将计算机速录列入了诸如"办公室文员"、"客户信息服务"、"法律事务"、"社区法律服务"等专业的必修课，包括"速录秘书"和"计算机速录"两个以培养专门速录秘书和专门高级速录师人才为主的专业，但其速录课时安排、教学计划和培养目标等都没有规范、系统、合理的专业课设置标准。时至今日，能够胜任速录秘书、书记员和从事各种商务会议录入的高级速录师仍然是社会紧缺人才。

　　计算机速录没有深奥的理论，但它却与学习者的刻苦学习精神、语言文字应用能力、个人意志、性格等息息相关。怎样才能成为一名合格的书记员呢？

第一节　如何掌握速录技术

一、要有正确的指法基础，做到盲打

　　正确的指法有助于各手指间的协调，能够分工有序，张弛有度，节奏和谐。

所谓"盲打",是指在击键时不看键盘而能正确、迅速地击键。"盲打"主要是培养手对键盘的感觉,将手锻炼得像眼睛一样精确,用思维控制双手。良好习惯的养成应该从盲打开始,用感觉去打。

没有接触过计算机键盘的学习者,一定要按照教师的指导,从字母的发音到十个手指对键盘字母的对应以及十个手指与键位的分工,做到清晰明确,击键准确快速。要不急不躁地对双手小指和无名指进行多次重复练习,使之达到与中指、食指同样灵活的程度时为止。

已经有一定指法基础但不标准者,一定要按照教师的指导,克服不规范、不标准的指法操作行为。具备良好的指法,是长时间录入而不疲倦的基础。

二、要听打、看打相结合

在提升速度的实训过程中,要听打、看打同时进行。听打,要达到听到语音能够迅速反应出与键盘字母所对应的高频字、常用词、三字和四字的缩略词以及五字以上句子的缩略形式。明确词汇中哪些是缩略词,哪些是非缩略词。看打,要看着文稿,以句子中的高频字、缩略词和非缩略词为单位,连续快速输入,切忌以单字的形式输入,或为了某个高频字的应用而忽略了对缩略语的应用。如"我们不能在一得之功、一孔之见上做文章"这句话,"我们不能"是常用词;"在上"是高频字,"一得之功、一孔之见、做文章"是缩略语,而有的录入者则将"一得之功、一孔之见"的"一"用高频字的形式录入,后面的字只能一个单字一个单字地输入了;"做文章"的缩略词是三键,而有的录入者则把"做"和"文章"分开录入,这样既影响了录入速度,又不利于理解词汇的语意成分。

听打、看打相结合是实训过程中不断提高录入速度的重要方式,其方法是:选择一篇文章后,先看打,将文章词汇中的高频字、常用词和各种缩略短语、句子熟悉(或划出标记)看打两三遍后,再进行听打。在达到规定的速度要求时开始换新的文稿。长期练习,不仅能够增加新的词汇知识,而且会对词库中的缩略词汇有所了解和掌握,有利于今后的工作实践。

看打训练切忌看屏幕打或边打边改。看打训练的目的是锻炼速录的速度,培养快速录入的感觉。出现错误的同音字、词,是因为对字、词的序位掌握不准确或击打字母有误所致,因此,在打完一篇文稿统一纠正错误时,要将错误的字、词反复击打到熟练程度为止。

听打训练是一个由慢到快、步步登高的过程。先听音,后击键;要放松,不要紧张,努力做到三句合一。所谓三句合一,就是手上打一句,脑子记一句,耳朵听一句,克服听音即打的被动速录方法。只有反复、不断地进行听打练习，才能使大脑的记忆性、生理的稳定性、耳朵的专注性、手指的准确性四者相结合，形成有条不紊的机能统一体。

进行速度综合训练时，应该不断更换生文稿或生录音，并将一些新出现的常用短语或单词，通过"自造词"方式进行反复练习，直至打熟为止。经过不断地练习生材料，积累速录技巧，准确率和速度就会慢慢提高。实践证明，练习的生文稿（录音）越多，积累的速录技巧、经验越多，速录生文稿的准确率就会提高，速度也就更快。

三、增强文化知识积累，扩大知识面

书记员在讯问过程中所接触和记录的语料范围大致都局限于本系统、本行业，有一定的固定术语、词汇和模式，因而在积累专业术语和单词时有一定的优势。而专门从事各种商务会议的高级速录师是以服务于社会各行业为宗旨的，其语料范围基本上是包罗万象。因此，高级别的速录人员不仅要有一门速录"绝技"，手、脑的反应速度要快，更需要雄厚的文学功底和丰富的各类专业知识的积累。

书记员不仅仅是单纯的语音信息采集，更要有一定的专业理解能力和归纳整理能力。书记员在讯问过程中，有的犯罪嫌疑人讲话东一句、西一句，逻辑性很差，有的人口语啰嗦，有的人时不时地说出几个外语单词来，有的在某些专业领域的专业术语很强等。这些都需要书记员在不断地工作实践中逐步积累文化知识，扩大知识面。

第二节 书记员的语言文字应用能力

书记员的语言文字应用能力与讯问（笔录）稿的质量成正比。

语言文字的应用能力包括两个方面：一方面是要掌握语音基本知识，另一方面是要掌握语意基本知识。前者是普通话的语音体系，后者是语音体系的载体——文字体系。普通话的语音体系包括：元音、辅音、声调、拼音、音素、语素、词性、单词和词汇等；方块汉字的文字体系包括：字的形态、读音，同音字的不同字义，同音词的不同词义，多音字的用法等。

一、语音基本知识

语音基本知识包括元音、辅音、声调、拼音、词性、单词和词汇等。

（一）元音

元音发音时气流较弱，发音器官各部位保持均衡的紧张状态，声带颤动、音质响亮，可唱、可延长，在口腔、咽头不受阻碍。

元音分为三类：

1. 单元音的读音

单元音由一个字母组成：a（阿） e（娥） i（一） u（乌） o（吁）

2. 双字母元音的读音

双字母元音是单元音字母在前，后面分别加一个辅音字母构成。

（1）开口呼双字母元音

从发音口形上看，单元音"a、e"以及由单元音"a、e"构成的双字母元音都是开口呼元音（用括号内的汉语拼音标示读音）。如：

a（a） ab（ao） ah（an） ak（ang） as（ai）
e（e） en（en） er（er） ey（eng） eg（ong） ew（ou） et（ei）

（2）齐齿呼双字母元音

从发音口形上看，单元音"i"以及由单元音"i"构成的双字母元音都是齐齿呼元音（括号内为汉语拼音的读音）。如：

i（yi） ia（ya） ie（ye） ih（yan） ib（yao） ik（yang）
iw（you） in（yin） ig（yong） iy（ying）

（3）合口呼双字母元音

从发音口形上看，单元音"u"以及由单元音"u"构成的双字母元音都是合口呼元音（括号内为汉语拼音的读音）。如：

u（wu） ua（wa） ue（wo） us（wai） uh（wan） uk（wang）
un（wun） ut（wei） uy（weng）

（4）撮口呼双字母元音

从发音不正口形上看，单元音"o"和以及由单元音"o"构成的双字母元音都是撮口呼元音（括号内汉语拼音的读音）。如：

o（yu） oe（yue） oh（yuan） on（yun）

（二）辅音

辅音又叫声母或子音。辅音发音时气流较强且短促，大致有七种发音形态。

1. 双唇音 b、p、m

b：双唇紧闭，口腔充满气息，猛开双唇，使气流爆发而出。

p：发音部位与"b"一样，气流用力喷出，声带不振动。

m：双唇紧闭，软腭、小舌下垂，气流从鼻腔出来，声带振动。

2. 唇齿音 f

上齿接触下唇，气流从中间摩擦而初，声带不振动。

3. 舌尖中音 d、t、n、l

d：舌尖顶上齿龈，口腔充满气息，猛把舌尖移下，使气流爆发而出（不送气），声带不振动。

t：舌尖顶上齿龈，口腔充满气息，猛把舌尖移下，使气流爆发而出（送气），声带不振动。

n：舌尖顶上齿龈，软腭、小舌下垂，鼻腔打开，声带振动（鼻音）。

l：舌尖顶上齿龈，比"n"稍后，气流从舌前部两边出来，声带振动。

4. 舌根音 g、k、h

g：舌根顶住软腭，猛使舌根离开软腭（不送气），使气流爆发而出，声带不振动。

k：发音部位与"g"一样，气流从口腔中爆发而出时要送气，声带不振动。

h：舌根接近软腭，气流从中间摩擦而出，声带不振动。

5. 舌面音 j、q、x

j：舌面前部贴近硬腭，舌尖顶下齿背，气流从舌面前部与硬腭之间爆发摩擦而出。声带不送气、不振动。

q：发音部位与"j"一样，要尽量送气，声带不振动。

x：舌面前部与硬腭相近，气流从舌面前部与硬腭间摩擦而出，声带不振动。

6. 舌尖前音 z、c、s

z：发音时舌尖平伸顶上齿背，舌尖稍微移开，让气流从口腔所留的空隙间摩擦而出，不送气，声带不振动。

c：发音部位与"z"一样，但要送气，声带不振动。

s：舌尖接近下齿背，气流从舌面中缝与上齿中间摩擦而出，声带不振动。

7. 舌尖后音 y（读 zh）、v（读 ch）、w（读 sh）、r

y：舌尖上卷顶住硬腭，气流从舌尖与硬腭间爆发摩擦而出，不送气，声带不振动。

v：发音部位与"y"一样，但要送气，声带不振动。

w：舌尖上卷接近硬腭，气流从舌尖与硬腭间爆发摩擦而出，声带不振动。

r：发音部位与"w"一样，但不是清擦音，而是浊音，声带不振动。

（三）拼音

拼音是指元音与辅音拼音（也包括单元音与单元音的拼音）的语素单位。不分四声的语素（音节）单位有 400 多个，分四声（含轻声）的语素单位有 1200 多个。

（四）声调

汉语普通话与英语的比较特点是，汉语语音有 5 个声调，英语只有轻音和重音。

在汉语拼音方案中，为拼音标调的符号是一种特制的符号，这种符号极不利于计算机的键盘输入。因此，我们制定了用辅音字母"c、v、l"分别代表普通话二、三、四声声调的方法。轻声和一声默认、不标调。

（五）音素

音素是语言中最小的语音单位，音素既是能够独立应用的语素单位，也是构成语素的基本结构单位。

音素有两种：一种是实音素，另一种是虚音素。元音字母、辅音字母和拼音都是实音素；声调字母、表示卷舌动作的"r"都是虚音素，如 ivjl（以及）、ablwul（奥数）、davbav（打靶）、mtchfr（梅花儿）这几个词，其中"ivjc"一词"i"后面的"v"、"j"以及"c"是表示三声和二声声调的虚音素，"ab"和"wu"后面的"l"是表示四声声调的虚音素，"da"和"ba"后面的"v"是表示声调的虚音素，"mt"后面的"c"是表示声调的虚音素、"hf"后面的"r"则是表示卷舌动作的虚音素。虚音素是为实音素发音调值服务的表现形式。

（六）语素

独立应用的元音、辅音、拼音以及元音、辅音、拼音后面附加的虚音素都是语素单位。

语素单位有单音素语素单位、双音素语素单位、三音素语素单位和四音素语素单位。单音素语素单位，如 l（了）、b（波）、a（阿）；双音素语素单位，如 ie（掖）、ba（八）、mi（眯）；三音素语素单位，如 puv（普）、vav（袜）、ial（亚）；四音素语素单位，如 pncr（盆儿）、gdlr（棍儿）、twcr（头儿）。

语素是构成句子和词汇的基础材料，是能够独立应用的音节单位。语素有单语素词、双语素词、三语素词、四语素词和多语素词。根据统计数据，普通话的单语素词主要是词汇中的介词、连词、助词、代词、姓氏、名词等，如将、把、你、和、我、他、李、满、牛、羊等，单语素词约占普通话词汇的10%；普通话的双语素词（包括单词和短语）约占词汇的50%，如气球、比赛、人民、洗碗、唱歌等；普通话的三音节词（单词和短语）约占词汇的6%，如原子能、含羞草、法兰西、懒洋洋等；普通话的四语素单词（包括成语、单词和短语）约占词汇量的30%，如卧薪尝胆、恼羞成怒、死去活来、刑事犯罪等；普通话中五语素和五语素以上的词约占词汇的1%，如刑事诉讼法、英吉利海峡、中华人民共和国等。

了解和掌握词汇中的语素单位，是掌握速录技能的有效方式之一。使用拼音文字是以语素段为连写单位的，汉字的书写则是一个字挨一个字的。如"我国的书记员队伍正处于转型期"这句话，我国、队伍、处于这三个单词是双语素词，的、正这二个字是单语素词，书记员、转型期这二个单词和短语是三语素词。速录的输入就是以语素段为输入单位附加数字键进行选项的，如ug、d、wjo2、du5、y2、vo、yxq3。

二、语义基本知识

拉丁字母拼音文字只有26个字母，人们只要学会元音、辅音、拼写规则和记忆单词就能满足听说读写的需要了。方块汉字则不然，人们必须掌握五六千个汉字才能满足工作和学习的需要。

方块汉字是普通话的物质形式和语音载体，每个汉字都蕴含着读音、结构和语义成分。语意基本知识包括汉字的形态结构及读音、同音字的不同字义、同音词的不同词义、多音字的用法等。

（一）汉字的形态结构

汉字的形态结构具体分为两个部分：一部分是部件体系，另一部分是合体字体系。部件体系又分为根部件（一笔写成的，有8种）、虚部件（两个笔画以上构成的偏旁部首和半边字，有156个[①]）、实部件（即汉字的独体字和成体字，有330多个）三种；合体字有两三万个，常用的合体字也有七八千个。所有合体字就是通过这500多个部件的反复组合构成的。例如，下列"huc（胡湖醐蝴糊葫瑚猢煳弧狐壶核鹄囫斛）"同音合体字的构成部件分别是：一、氵、古、犭、艹、牛、冂、口、十、古、月、弓、瓜、士、业、木、亥、米、口、火、勿、鸟、虫、用、角、酉，在这些部件中，"一（读'横'）"是根部件，"氵（读'水'）、冖（读'秃'）、犭（读'犬'）、艹（读'草'）、

[①] 参见寇淼：《中华汉字速成教程》，语文出版社2013年版，第1~3页。

21

牛（读'告'）、冂（读'框'）、十（读'王'）"是虚部件，"古、月、弓、瓜、士、业、木、亥、米、口、火、勿、鸟、虫、用、角、酉"是实部件。

如何快速掌握汉字的写法和读音呢？我们从《中华汉字速成教程》中找到了答案。如上述"huc（胡）"音的16个常用同音字，其记忆规则是：古－月＝胡（姓"胡"的胡）、氵－古－月＝湖（"湖泊"的湖）、酉－古－月＝醐（"醍醐灌顶"的醐）、虫－古－月＝蝴（"蝴蝶"的蝴）、米－古－月＝糊（"糊涂"的糊）、艹－古－月＝葫（"葫芦"的葫）、口－古－月＝瑚（"珊瑚"的瑚）、犭－古－月＝猢（"猢狲"的猢）、火－古－月＝煳（"煳锅"的煳）、弓－瓜＝弧（"弧线"的弧）、犭－瓜＝狐（"狐狸"的狐）、士－冖－业＝壶（"茶壶"的壶）、木－亥＝核［"枣核儿"的核（又读"hc"）］、牛－口－鸟＝鹄（"鸿鹄之志"的鹄）、冂－勿－一＝囫（"囫囵吞枣"的囫）、角－斗＝斛（古代量词"斛"）。

（二）语素与汉字

普通话语素单位与汉字的对应与汉字的应用数量有关。如"GB－13000.1"字符集中的20902个汉字中有1321个语素有对应的汉字；"GB－2312"字符集中的6763个汉字中有1200多个音素有对应的汉字，有200多个语素没有对应的汉字。

普通话的语素大约有1390多个，其中有1321个语素（见附录1）有对应的汉字，有近100个语素没有对应的汉字。如"bia"音及其四声都没有对应的汉字，而有些方言经常用到这些音和词。如"biabia几个嘴巴，打得他脸上火辣辣的"。速录时，因为"bia－bia"这个词没有对应的汉字，遇到这种情况时，书记员们就要用近义拟声词"啪啪"来取而代之。再如，"dai"音的四声同音字中，一、三、四声都有对应的汉字"呆（有6个同音字）、歹（有3个同音字）、待（有46个同音字）"，而二声表示鼓点儿的拟声词"dsc"音就没有对应的汉字。遇到这种情况时，书记员可用双文速录的拉丁中文录入。如"她双手模仿着打镲和打鼓的动作，口里说道：'锵－锵－锵'，'dsc－dsc－dsc'，双脚迈着快速的小步绕圈儿"。犯罪嫌疑人或当事人在最终的打印稿上签字前，书记员可以将双文速录的拉丁中文改为汉语拼音，以示与法定注音字母并列，并具有法律效力。

同音不同形是汉字作为描述事物载体的有效方式之一。但同音字的数量多，其构造亦无规律可循。因此，抄写同音字所组成的单词或短语，是记忆和理解同音字的有效手段。如"il（亿）"音的常用同音字就有45个：亿忆艺亦逸义议刘易毅懿意役异抑译驿绎诣谊益缢屹肆裔翌羿癔殪翼弈奕轶疫弋邑昳呓臆薏勖燊崞殪镱。连续抄写用这些同音字组成的单词和短语，就会牢记和使用这些词和词组。如亿万 艺术 亦步亦趋 议论 刈除 毅力 懿旨 异常 驿站 抑郁 屹立不倒 肄业 翌日清晨 癔病 轶闻轶事 弋阳县 呓语 薏苡 殪虎 崞庄 昳丽 容易 安逸 主义 回忆 意义 奴役 翻译 演绎 造诣 友谊 利益 自缢身亡 后裔 后羿射日 白翳 羽翼 博弈 神采奕奕 瘟疫 城邑 主观臆断 金属－镱 人名－勖、燊。

（三）同音字（见附录1汉字同音字字汇）、词的正确选用

汉字的同音字虽多，但通过以单词和短语的形式搭配则使音同义不同的同音字所具备的表意功能特别突出，同音字词的选项也明显减少。如上述"毅力"一词的同音词就有4条：（1）毅力；（2）屹立；（3）疫疠；（4）昳丽。

有些同音词比较常用，有些同音词并不常用，如（1）公式；（2）公事；（3）攻势；（4）宫室；（5）工事；（6）公示。在这六条同音词中，"公式、公示"比较常用，"公式"用空格键上屏，"公示"则在缩略词中。还有一些常用单字，如"中、将、时"等，使用几次就能记住序位。

同音字、词的正确选项既与书记员的语言文字应用能力有关，也与书记员对词库的掌握有关。特别是对高频字、常用词的序位熟练程度将直接影响速录速度。

书记员在速录实践中对姓名、地名的应用较多，而这些姓名、地名都是词库中不可能面面俱到的，这有可能造成大量翻页。如"郭勖先生是拐步楼乡拐步楼村人"。"郭勖"二字都得从同音字中选项，而"拐步楼"三字也得从三个读音中去选项。

有时，书记员可以用自造词方法将一些人名、地名造入词库中。

（四）多音字（见附录2常用多音字字汇）

汉字的同音字可以在组单词和短语时得到瓦解，它们通过组合的单词、短语在词汇中扮演着各种表意角色。一字多音的多音字应用也不例外。在不同的词汇环境中，一字多音的多音字在单词和短语里是有固定语素位置的。如"和"字就有六个读音：

和（读"hc"）和平 我和你

和（读"hl"）一唱一和 随声附和

和（读"huc"）和牌 开和

和（读"hpc"）和面 和泥

和（读"hpl"）和麻酱 和稀泥 这件衣服洗了两和还这么脏

和（读"hp"）热和 暖和 软和 搅和 掺和

从上述举例可以看出，多音字的应用是在语素环境下构成的。譬如，"调查"和"调解"、"浑身解数"和"解决方案"中的"调、解"就是多音字，一般情况下是不会读错的。

第三节　计算机基础知识

书记员应掌握计算机的基础知识和操作使用能力。计算机的基础知识也就是计算机的操作系统知识和应用系统知识，计算机的操作系统和应用系统分别由硬件系统和软件系统两大部分组成。

一、计算机硬件系统

硬件是指组成计算机的各种物理设备，也就是那些看得见、摸得着的实际物理设备，它包括计算机的主机和外部设备。硬件具体由五大功能部件组成，即运算器、控制器、存储器、输入设备和输出设备。这五大部分相互配合，协同工作。其简单工作原理为，首先由输入设备接受外界信息（程序和数据），控制器发出指令将数据送入（内）存储器，然后向（内）存储器发出取指令命令。在取指令命令下，程序指令逐条送入控制器。控制器对指令进行译码，并根据指令的操作要求，向存储器和运算器发出存数、取数命令和运算命令，经过运算器计算并把计算结果存入存储器内。最后在控制器发出的取数和输出命令的作用下，通过输出设备输出计算结果。

（一）运算器

运算器又称算术逻辑单元（Arithmetic Logic Unit，ALU）。它是计算机对数据进行加工处理的部件，包括算术运算和逻辑运算。

（二）控制器

控制器负责从存储器中取出指令，并对指令进行译码。根据指令的要求，按时间的先后顺序，负责向其他各部件发出控制信号，保证各部件协调一致地工作，一步一步地完成各种操作。控制器主要由指令寄存器、译码器、程序计数器、操作控制器等组成。

硬件系统的核心是中央处理器（Central Processing Unit，CPU）。它主要由控制器、运算器等组成，并采用大规模集成电路工艺制成芯片，又称微处理器芯片。

（三）存储器

存储器是计算机记忆和暂存数据的部件。计算机中的全部信息，包括原始的输入数据、经过初步加工的中间数据以及最后处理完成的有用信息都存放在存储器中，指挥计算机运行的各种程序，即规定对输入数据如何进行加工处理的一系列指令也都存放在存储器中。存储器分为内存储器（内存）和外存储器（外存）两种。

（四）输入设备

输入设备是往计算机输入信息的设备。它是重要的人机接口，负责将输入的信息（包括数据和指令）转换成计算机能识别的二进制代码，送入存储器保存。

（五）输出设备

输出设备是输出计算机处理结果的设备。在大多数情况下，它将计算机处理的结果转换成便于人们识别的形式。

二、计算机软件系统

计算机软件系统包括系统软件和应用软件两大类。

（一）系统软件

系统软件是指控制和协调计算机及其外部设备，支持应用软件开发和运行的软件。其主要的功能是进行调度、监控和维护系统等。系统软件是用户和裸机的接口，主要是操作系统软件，如 DOS、Windows98、Windows2000、Windows nt、Windows xp、Linux、Netware 等。

（二）应用软件

应用软件是用户为解决实际问题而编制的计算机应用程序及其有关资料。应用软件主要有以下几种：

1. 各种语言的处理程序，如低级语言、高级语言、编译程序、解释程序等。
2. 各种服务性程序，如机器的调试、故障检查和诊断程序、杀毒程序等。
3. 各种数据库管理系统，如 SQL Sever、Oracle、Informix、Foxpro 等。
4. 用于科学计算方面的数学计算软件包、系统软件包。
5. 文字处理软件包（如 Office2000）。
6. 图像处理软件包（如 Photoshop、动画处理软件）。

7. 各种账务管理软件、税务管理软件、工业控制软件、辅助教育等专用软件。

（三）硬件和软件的关系

1. 硬件和软件是相辅相成的，硬件是计算机的物质基础，没有了硬件就无所谓计算机了。

2. 软件是计算机的灵魂，没有了软件，计算机的存在就毫无价值。

硬件系统的发展给软件系统提供了良好的开发环境，而软件系统的发展又给硬件系统提出了新的要求。

三、有关双文速录软件的专业版本

双文速录软件的应用版本贯穿于汉语言文字应用的全部体系中。已开发并应用于培训市场的专业版软件有：适宜于公、检、法、司、纪检监察和仲裁系统书记员的"书记员专业版"，面向秘书的"秘书专业版"，面向医药卫生系统的"医学专业版"，面向化工系统的"化工专业版"。

双文速录各专业版软件又分为"UK版"和"注册网络版"，有"双文速录练习软件"辅助进行指法训练和提速。

四、双文速录软件的运行环境及硬件要求

（一）系统环境

操作系统：Windows98、Windows2000、Windows nt、Windows xp、Vista、Win7/8

（二）硬件要求

CPU：主频1000MHz及以上；
内存：128MB（最好256MB以上）；
硬盘：100MB以上剩余空间；
光驱：普通光驱即可。

五、打印机的使用与维护

除了掌握计算机的操作和应用能力外，使用打印机打印文稿和维护、保养打印机设备也是书记员需要具备的职业能力之一。

第三章　计算机速录基础

计算机速录（又称计算机中文速记）是使用计算机将语音信息实时采集并生成电子文本文件或书面语言的技能。

计算机速录职业起始于 20 世纪 90 年代末期，在此之前，人们使用一种速记符号将语言信息实时生成书面语言。用速记符号记录口语语言，其记录与整理的时间比是1∶4或1∶5。另外，速记符号只有书写者自己能认读，不具备公众的通用性。因此，从手写速记向计算机速录过渡是计算机信息技术的必然产物。计算机速录的发明和应用可以直接将口语实时生成可供阅读的书面语言，这从根本上解决了人们的口语速度与记录速度不相适应的矛盾。1997 年和 1999 年，最高人民法院曾两次下文在法院系统推广计算机速录技术，要求法院系统书记员掌握计算机速录技能，以解决庭审时的口语速度与记录速度不相适应的矛盾。此后，2003 年，原劳动部颁布了《速录师职业标准》，自此，从事商务会议每小时收费 200 元至 400 元的高薪职位——高级速录师职业正式诞生。2007 年，计算机速录技术作为"教育部普通高等教育'十一五'国家级规划教材"正式进入了大学课堂。2009 年，教育部在"法律事务""社区法律服务""书记官""秘书"等专业中设置了计算机速录课程，并专门开设了"速录秘书"、"计算机速录"二个专业列入新开设的招生专业目录，以满足国家机关、企事业单位对掌握速录技术人才的需求。

2015 年 7 月，国务院公布了《中华人民共和国职业分类大典》，增加了"书记员"职业，标志着书记员职业从此步入专业化、职业化持证上岗的规范化轨道。

计算机速录技能是应用语言文字和计算机技术的多边缘学科技能，是书记员、秘书必须掌握的职业技能之一。一个合格的书记员和秘书不仅要具备将口语同步记录的速录能力，更要有听懂、理解语音信息源语义（字义）的能力，能准确使用汉语中的多音字、同音字词。即使在所采集的语音信息中有领导或当事人误读汉字发音的现象，书记员和秘书也应有甄别的能力，并予以实时纠正。

我们在这本《检察机关书记员速录职业能力培训教程》中介绍的是我国

应用最广、易学易用、具有自主知识产权的双文速录软件。在介绍如何学习和掌握双文速录技术时，同步介绍了如何掌握同音汉字、多音汉字以及冷僻的地名用字等汉语言文字应用知识。

第一节　普通输入法与双文速录软件的比较

应用最早的输入法有：五笔字型、微软拼音、智能 ABC、音形码、双拼等；现在应用最普及的有：搜狗拼音输入法、拼音输入法、五笔字型等。这些汉字输入方法只解决了汉字从计算机中通过编码形式输出汉字的问题，却没有解决与语音同步录入的速度问题。

例如，以五笔字型为代表的"字型"输入法是以汉字的基本结构为拆分规则进行编码的输入法，这种输入法适合对书面语文本文件的看录，而不适合对口语的听录。因为口语是声音，从接收声音到反应汉字字形需要一个映射路径，遇到不会写的汉字怎么录入呢？如听到"沆瀣一气""身陷囹圄"这样的词组时，对"沆瀣""囹圄"两个词的构字形态若不能实时映射时，如何才能让这些字显现出来呢？并且，录入瞬间即逝的口语是不允许有思索时间的。因为稍加思考而录入一个字或一个词但漏掉整句话的五笔字型输入法就是"形码"的代表作。

再如，以微软拼音和搜狗拼音为代表的"拼音"类输入法，其原理是建立在汉语拼音方案基础上的。它符合了记录语音的技术特点，但无法实现口语速度与录入速度同步的速录技术要求。这是受汉语拼音的语素段长、计算机键盘上因没有声调标识而需要大量翻页选同音字、"I"、"U"、"O"、"V"四个字母不能作为缩略首字母的技术特征所决定的。

从上述列举的两种具有代表性的汉字输入法来看，它们都不能满足完整记录口语的技术要求，即使有个别人能达到与语音同步的速录技术，但由于劳动强度非常大而不能持续工作 3 个小时以上。

我们知道，汉语拼音方案是为汉字注音和拼写外来音译词的方案，存在语素段长、计算机键盘上没有声调标识、拼写规律性不强，以及 26 个拉丁字母中有 4 个字母不能作为缩略首字母的缺陷和弊端。直接用汉语拼音方案开发的各类输入法都存在输入速度慢、同音字词翻页和选项多的问题。

双文速录软件是在汉语拼音方案的基础上对汉语拼音方案进行了优化，形成能与汉字单词对应的拉丁中文。所谓"双文"，就是汉字中文和拉丁中文，汉字中文就是方块象形汉字，拉丁中文就是用 26 个拉丁字母拼写汉语的字母文字体系。所谓"双文速录",就是使用计算机标准键盘输入 1~6 个拉丁字母,瞬间输出 1~5 个或十几个方块汉字的方法。其原理贯穿于拼音文字体系大写字母所代表的缩略语规则中,采取了将汉语的高频字、常用词以及三个字、四个字、五个字和五个字以上的单词、词组、成语、短语、术语、句子以读音缩略首字母的形式对应于计算机键盘的字母键位上,用";"键作为缩略上屏键。这一技术解决了口语的讲话速度与使用计算机键盘的记录速度不相适应的矛盾,实现了语音信息的发音速度与实时的语音信息采集全面同步的速录目标,为速录师职业发展和书记员、秘书职业能力的普遍提升提供了技术平台,为广大文职工作者掌握速录技术铺平了道路。

双文速录早在 2007 年 4 月就已经通过了国家中文信息处理产品质量监督检验中心的综合测查,给出了测试报告(NO – ZX – WRJ07071)。该测试报告显示:双文速录的字词混合输入平均码长 = 总键数/总字数 = 1.52 键。由此可见,经过标准的计算机指法训练后,一般情况下,人人都能达到 300~400 键次/分钟的录入速度,也就是说,使用双文速录软件,在经过专业培训后,人人都能达到 160~260 字/分钟的速录速度。在没有文稿的前提下,人们的讲话速度大约是 120~180 字/分钟,中央电视台新闻联播的语音速度是 240 字/分钟以上。而 260 字以上的速度,无论是演讲者还是录入者都不能持久。使用搜狗拼音输入法的用户普遍明白,40~120 字/分钟的录入速度几乎是人人都能达到的,但想突破 120 字/分钟的录入速度就有困难了。例如,"篇章""沉重"两个单词,用"搜狗"是"pianzhang""chenzhong",分别需要击 9 键次,用"双文速录"是"pzyk"和"vy",只需要 4 键次和 2.5 键次。另外,双文速录有一整套的单词、短语、成语、术语、句子的缩略规则和方法,其录入速度上不封顶,只要人们能够达到的语音速度,高级的双文速录师就能一字不落、音落字现、语毕稿出。

第二节 如何掌握双文速录技术

无听力障碍,十个手指健康,头脑反应灵敏,有高中或高中毕业以上的汉语言文字应用能力,掌握正确的指法,盲打 240 键/分钟以上,是具备学习和掌握双文速录技术的必要条件。

具备正确的指法基础,首先,要进行指法训练。指法训练是一个非常枯燥的过程,但非苦练不得要领。指法训练要有正确的坐姿,也就是上身要挺直,稍偏于键盘左方,全身重心置于椅子上,两手自然放松,已方便手指击键。座椅、键盘（显示器）的高度要匹配适度，眼睛与显示器的距离一般保持在25～35cm，两脚平放在地面上。其次，十个手指分工要明确，切忌贪图一时的方便而忽略小指、无名指的训练和使用，要逐步养成盲打习惯。所谓"盲打"，不是闭上眼睛打，而是眼睛不看键盘，双手十个手指就能准确击打与语音相对应的字母键位和符号键位。在进行盲打训练时，手指击键如弹琴，不可用力过大，听起来要有"咔嚓、咔嚓"悦耳的节奏感。如果击键有"吭、吭"的沉闷声音，或用手指"戳"，则表示击键方式有误，应加以纠正，直至符合标准。

在实现盲打，每分钟击键频率达到240键次以上后，就可以开始学习和使用双文速录软件进行文字录入了。在录入时，眼睛直视显示器的双文速录对话框，听完两三个单词（短语）或一句话后再开始录入，这样就能养成听一句话，记一句话的习惯。

双文速录的学习和应用是一个由慢到快、循序渐进的过程。实践证明，有良好的指法基础，盲打字母在240键次/分钟以上，经过一个月（150～160课时）时间的专门培训，几乎人人都能达到120～160字/分钟的录入速度，基本上能够满足调查、庭审、审讯等方面的语音信息采集工作。再经过几个月的工作实践，录入速度将会达到约200字/分钟的能力。

另外，准确应用汉字也是每一个书记员必须认真面对的课题。书记员的主要工作是语音信息采集，而且是具有法律效力的，一字之差就可能导致当事人的合法权益受到侵害。因此，我们将学习速录技能与掌握汉语汉字中的多音字、同音字、姓氏及地名用字并列起来，目的是让书记员、秘书工作者既要掌握速录技能，又要提高语言文字的应用水平，以便更好地服务于本职工作。

第三节 双文速录基础

一、键位与手指的分工

十个手指在计算机键盘上有着明确的分工：左手食指负责"4、5、R、T、F、G、V、B"8个键位，中指负责"3、E、D、C"4个键位，无名指负责"2、W、S、X"4个键位，小指负责"1、Q、A、Z"及其左边的所有键位；右手食指负责"6、7、Y、U、H、J、N、M"8个键位，中指负责"8、I、K、,"4个键位，无名指负责"9、O、L、."4个键位，小指负责"0、P、;、/"及其右边的所有键位。

不击键时，双手食指要放在基准键上。基准键（F、J 键）上各有一小小的横杠，击键时，双手以基准键为中心，十指分工进行击键。手指与键位分工见图 3-1。

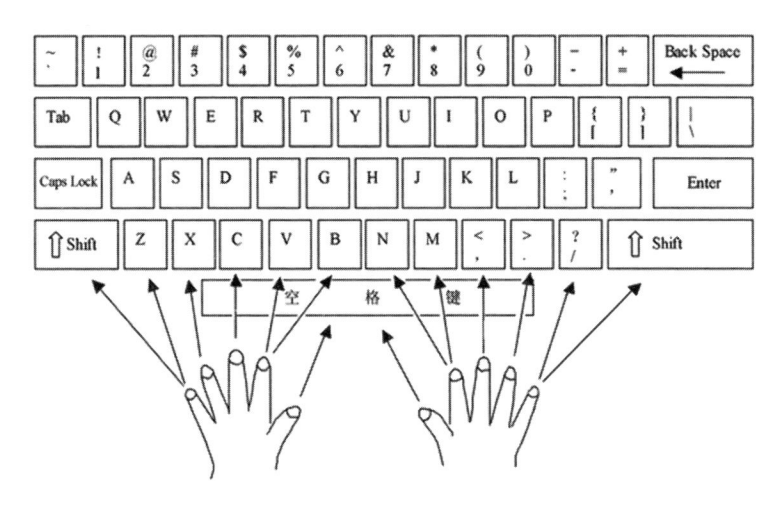

图 3-1 手指与键位分工

二、键位中的字母读音与指法训练

计算机键盘上的 26 个拉丁字母键位构成了汉语普通话的辅音、元音、拼音音节和声调，汉语普通话的 1300 多个语音中所包含和对应的两万多个方块汉字就是通过敲击辅音、元音、拼音字母再现的。我们的学习也就从辅音、声调、元音、拼音和缩略法以及辅音、声调、元音、拼音与十个手指的对应开始。

（一）辅音（声母）发音与键位

辅音依元音而存在，辅音与元音配合产生音节，组成多样化的语言。辅音发音直接、短促，元音发音长而响亮。

辅音在汉语拼音方案中称声母，元音称韵母。辅音字母有 21 个，在 21 个辅音字母中，"y、v、w"取代了汉语拼音方案的双声母"zh、ch、sh"，也就是"y、v、w"读"zhi、chi、shi"，这样，21 个辅音字母都成了单一字母，它们对应于计算机键盘的键位和读音就是：b（玻）、p（坡）、m（摸）、f（佛）、d（得）、t（特）、n（讷）、l（勒）、g（哥）、k（科）、h（喝）、j（基）、q（欺）、x（希）、z（资）、c（雌）、s（思）、y（知）、v（蚩）、w（诗）、r（日）。

辅音键位图（键盘上的 26 个字母键位，其中的 21 个辅音键位标有汉字读音）见图 3-2。

图 3-2 辅音键位

21 个辅音字母用到了十个手指，练习时要严格按照分工击键，达到击键准确，边读边打 240 键/分钟以上。也可以使用双文速录训练软件进行读音与指法的对应训练。

（二）声调

辅音字母"c、v、l"既是辅音"雌、蚩、勒"的读音，又是拼音的"二、三、四"声声调字母。也就是说，"c、v、l"三个辅音字母在其他字母的前面或独立应用时读"雌、蚩、勒"，在本身后面或其他字母的后面就是公用的二、三、四声的声调字母。

辅音字母"c"在本身的后面加上二声声调字母"c"就是"cc（词）"音及"词"音的所有同音字，加上三声声调字母"v"就是"cv（此）"音及"此"音的所有同音字，加上四声声调字母"l"就是"cl（次）"音及"次"音的所有同音字。

辅音字母"v"的后面加上二声声调字母"c"就是"vc（迟）"音及"迟"音的所有同音字，加上三声声调字母"v"就是"vv（尺）"音及"尺"音的所有同音字，加上四声声调字母"l"就是"vl（赤）"音及"赤"音的所有同音字。

辅音字母"l"的后面加上四声声调字母"l"就是"ll（乐）"音及"乐"音的所有同音字；在其他字母后面也是如此，如辅音字母"g"的后面加上二声声调"c"就是"gc（格）"音及"格"音的所有同音字，加上三声声调就是"gv（葛）"音及"葛"音的所有同音字，加上四声声调就是"gl（各）"音及"各"音的所有同音字。

一声和轻声不标调。如 dcw（得失）、wcq（时期）、pcp（婆婆）。

声调键位见图 3-3。

图 3-3　声调键位

（三）隔音号

隔音号是为防止两个音节之间的读音发生混淆现象而设的符号。有隔音号的单词和词语表示前后音节之间应读两个音，其键位是右手小指分工的"'"键。如 w'z（师资）、s'j（司机）、w'g（诗歌）y'vc（支持）。

由于汉语拼音方案在辅音（声母）后边附加的"i、u、o、e"字母上的标调作用直接代替了隔音号，而双文速录用字母"c、v、l"取代了用于标调的字母和标调符号，这样就必须用隔音号来确定前后的音节，以免音节读音发生混淆。事实上，隔音号"'"键位相当于在汉语拼音方案声母后边用于标调的字母"i、u、o、e"上面标调。

隔音号一般用于前边的读音没有声调字母，而后边的字母又能与前边的字母拼音，或后面读音的首字母恰恰是声调字母的情况下。一般来说，只要是前边的读音没有声调字母的，都应加隔音号。如 x'bc（稀薄）、j'yl（机智）等。

综上所述，双文速录的拼音字母音节与汉字一样是可以对应阅读的，我们把它称为双文。

1. 辅音音节录入练习

将下列辅音音节边读边打，直至用 2 分钟打完为止：

b bc bv bl p pc pv pl m mc mv ml f fc d dc dv dl t tl n nl l ll g gc gv gl k kc kv kl h hc hv hl j jc jv jl q qc qv ql x xc xv xl z zc zv zl c cc cv cl s sv sl y yc yv yl v vc vv vl w wc wv wl r rl

rl r wl wv wc w vl vv vc v yl yv yc y sl sv s cl cv cc c zl zv zc z xl xv xc x ql qv qc q jl jv jc j hl hv hc h kl kv kc k gl gv gc g ll l nl n tl t dl dv dc d fc f ml mv mc m pl pv pc p bl bv bc b

q qc qv ql p pc pv pl z zc zv zl m mc mv ml g gc gv gl h hc hv hl w wc wv wl l ll x xc xv xl y yc yv yl s sv sl j jc jv jl c cc cv cl k kc kv kl t tl n dc dv dl v vc vv vl b bc bv bl f fc r rl nl

33

f fc j jl jv jc q p qc pc qv pv ql pl z l zl ll zv rl r w m wl ml wv mv wc mc g x gl xl gv x v gc xc h c hc cc hl cl cv hv d n dc dv dl v b bl vl vv bv vc bc y l yl ll yv s yc sv k d kv dc kc nl dl kl

2. 辅音音节附加标点符号录入练习

录入下列辅音音节附加标点符号，边读边打，直至用 1 分钟打完为止（"，"读"逗"、"。"读"句"、"；"读"分"、"'"读"引"、"［］"读"括"、"、"读"顿"、"／"读"杠"、"？"读"问"）：

p ［ 、］、 pc pl ；'，。／ q ；w；r、s，s，z，x；cc vv，；。，' mc 。／ qv；、、wc wv wl 。z zv；zl 。zc／］［ q ql；qv、qc q pl；？、h，hl 。hc；hv rl ' d ［ 、］ dc y v w r yc vc wc wv vv yv yl，vl 。wl yv、vv；wv；j w／ kl ql ll，bc 。；，［ 、gv gl／ gc m n，b v c 。x ' s；k，j 。n kc kl kv m q mc qc mv qv ml ql

3. 辅音词语（单词）录入练习

将下列辅音词语（单词）边读边打，直至在 3 分钟内听录完为止：

bcb　b'b　bcvl　bcqv　bcz　bcmc　bcll　bckl　blh　b'jc　bcwl　pcp plgc　pcxc　plwv　mlml　mlql　mlrl　mljc　dcy　dcw　tlwv　tljc　nlhc　llh gcmc　g'dc　gchc　gljc　g'yl　gcvv　gcwl　glzl　glz　g'cc　klbc　k'jl klql　kvx　kvxv　kcz　kvsv　kvwl　hcz　hcc　hcwl　hcwc　hcrl　j's　j'pl jlml　j'dc　jcgc　jvgl　j'kv　jckv　jvhc　j'jc　jljc　j'ql　jlqc　j'x　j' yl　jvy　j'vl　j'wv　jvwc　jlw　jlwl　jlwv　j'z　jcz　jvz　jlzl　jvcl　jlsl jvsv　jvrl　jlrl　qlpl　q'ml　qctl　qcjl　qlj　qcxc　qczv　qcz　qccl　qlsv qcyl　qcwc　qvwc　qvwv　qlwl　x'bc　x'dc　x'kl　xcj　x'qc　x'xl xlyl　xvwl　x'yv　zlgv　zlcv　zls　zlyl　zvwc　z'g　zljv　zlxc　clj　cvcl ccxv　cvyl　cly　clrl　s'j　slyl　slg　slxv　slwc　y'vc　y'w　ycrl　ycdc ycl　ycz　yccv　ylsv　v'h　vvz　vlzl　vlzv　vlrl　wcpl　wcml　wcfc　wvdc w'g　wckl　wlhc　wcj　wcjl　wcq　wlql　wcyl　wcyv　wcw　wcwc　wlwl w'z　w'cc　wlsv　wcsl　wcrl　rlwc　x'rl　rlz　rljl　rlq　rlyl　wljl　q'z

4. 词语（单词）录入练习

将下列词语（单词）练习到在 2 分钟内听录完为止：

日志　日期　日记　日子　昔日　日食　时日　十四　誓死　诗词　师资 逝世　实时　实施　食指　实质　士气　时期　实际　时机　适合　世纪 时刻　诗歌　使得　石佛　石磨　识破　赤日　赤子　赤字　尺子　吃喝 致死　值此　侄子　值了　值得　值日　知识　支持　四十　四喜　四哥 四至　司机　自此　自私　自制　子时　资格　自己　自习　刺激　此次

慈禧	此致	次之	次日	自个	锡纸	喜事	细致	嬉戏	稀奇	袭击
稀客	稀薄	西德	气势	奇特	奇迹	契机	奇袭	棋子	旗子	妻子
其次	气死	旗帜	其实	启示	起始	期末	气魄	忌日	几日	挤死
祭祀	几次	寄自	虮子	集资	机子	即使	积极	济急	机器	祭旗
鸡西	机智	几只	鸡翅	鸡屎	几时	技师	记事	几何	即可	饥渴
几个	及格	积德	寂寞	击破	缉私	何日	核实	合适	歌词	刻薄
可惜	科技	客气	可喜	壳子	渴死	可视	合资	核磁	个子	各自
隔阂	格式	格尺	搁置	各级	哥德	隔膜	乐和	讷河	伯伯	饽饽
驳斥	博士	勃起	脖子	薄膜	伯乐	博客	薄荷	波及	婆婆	破格
婆媳	迫使	默默	默契	末日	莫及	得知	得失	特使	特级

（四）元音

元音发音响亮、可唱、可延长。

元音就是汉语拼音方案的韵母。元音有单字母元音、双字母元音和拼音元音三种。

1. 单字母元音

单字母元音就是由一个字母构成的元音，有5个："a、e、i、u、o"。其中，"i"代表汉语拼音的"yi、y、i"的用法和读音，"u"代表汉语拼音的"wu、w、u"的用法和读音，"o"代表汉语拼音的"yu、ü"的用法和读音。左手小指分工"A"的键位，左手中指分工"E"的键位；右手食指分工"U"的键位，右手中指分工"I"的键位，右手无名指分工"O"的键位。具体见图3-4所示的单元音字母键盘分布。

图3-4 单元音字母键盘分布

（1）边读边打下列单元音音节（或使用"双文速录"训练软件），要求在1分钟内听录完。

a ac av al；e ec ev el，i ic iv il。u uc uv／ul o oc ov ol、ol ov oc o ul uv uc u〔il iv ic i'el ev ec e；al av ac a，ou e ai。u a I oe 'ac oc ec uc ic？：av ev iv uv ov，al el il ul ol。a e i u o；ou i e a、ac ec ic／uc oc：ov iv uv ev av，。al el il ul ol；ov uc oc ic ：il ol el 、a〔ec uv ，；、

（2）使用双文速录软件将下列拉丁中文词语读准、打熟，练习到在2分钟内听录完为止：

a'ic　a'g　j'el　elsv　qvec　elyl　elil　icgl　dcil　tlil　llil　glil
klil　kvic　ilk　hcil　ivjc　icql　ivx　jlil　qcil　qvil　ilqv　ilql　xvi　zlil　ilzv
ccil　iccl　ils　ilyl　ylic　icyl　vcic　ilvv　ilw　wlic　ivwl　ilwl　rlil　icrl
u'pc　ucdc　tlu　g'uv　kvul　hcul　u'j　j'ul　qvuv　uvql　ucx　xcuv
ulz　cvul　u's　ucs　uvsv　ucy　ycul　uvyv　ulyl　ucvv　ucwl　wlul　wcul
w'ul　kloc　j'oc　qcoc　oczv　occl　svoc　yloc　ocwl　oviv　ovi　ovil
jloc　jlov　u'jl　i'w

（3）使用双文速录软件将下列汉字中文词语读准、打熟，练习到在90秒内听录完为止：

语义	雨衣	予以	于是	至于	无耻	无视	事物	食物	失误	课余
基于	鲫鱼	寄予	其余	鱼子	鱼刺	死鱼	物质	五指	职务	无知
捂死	无私	钨丝	此物	物资	习武	无锡	日益	一日	巫婆	无德
特务	歌舞	可恶	何物	乌鸡	污迹	机务	起舞	武器	轶事	已是
适宜	意识	医师	一尺	迟疑	一致	质疑	意志	意思	一次	词义
义子	可以	一棵	合意	以及	仪器	乙烯	记忆	起义	歧义	一起
意气	洗衣	字义	刻意	各异	乐意	特意	得意	一个	恶意	遏制
企鹅	饿死	饥饿	阿哥	阿姨						

2. 双字母元音

双字母元音有两种：一种是单元音与单元音拼音的双字母元音；另一种是单元音字母后面加上一个辅音字母。双字母元音的读音（括号内为汉语拼音方案）与汉语拼音对照表见表3-1：

表3-1　双字母元音读音与汉语拼音对照表

元音	i	u	o
a	ia（ya、ia）	ua（wa、ua）	
e	ie（ye、ie）	ue（wo、o、uo）	oe（yue、üe）
as		us（wai、uai）	
ab	ib（yao、iao）		
ah	ih（yan、ian）	uh（wan、uan）	oh（yuan、üan）
ak	ik（yang、iang）	uk（wang、uang）	

续表

元音	i	u	o
en	in（yin、in）	un（wen、un）	on（yun、ün）
et		ut（wei、uei）	
ew	iw（you、iou）		
ey	iy（ying、ing）	uy（weng、ueng）	
eg	ig（yong、iong）		
er			

其中，"en、er"两个双元音结构上与汉语拼音方案相同，其他的双元音字母在组合结构上均与汉语拼音方案不同，这是受双文速录的应用效果所决定的。双字母元音键位见图 3-5。

图 3-5　双字母元音键位

请将下列词语读准、打熟：

iapl qlia iaz iaci x'ial asia iez yciel wliel qviel wliev iecie y'iel zluev ielue uavtl uacua oeljl oelwc asjc xvasl aslx ccasl ahyl ylah bcasl hcasv ylasl ahlwl j'akc ercz endc uciel ielz ablahl ewlql x'ew

埃及　恩德　激昂　喜爱　爱惜　慈爱　安置　治安　博爱　和蔼　至爱
按时　儿子　压迫　气压　鸭子　西亚　哎呀　椰子　职业　事业　无业
叶子　企业　视野　爷爷　枝叶　自我　腋窝　瓦特　娃娃　月季　傲岸
怄气　西欧

（五）高频字和常用词

1. 高频字

汉字高频字是指普通话中出现频率较高的助词、介词、连词等单个汉字。应用方法是：击该字读音的缩略首字母，该字就依次序排列在首字母读音的数

37

字键位上。

制定高频字的目的是减少击键频率，如"不（bul）"字，按照正常的击键频率是3键，再加上用空格键上屏，该字需要击3.5键才能上屏；用高频字处理方式则需要1.5键，排在后面的高频字则需2键（用数字键）。高频字详见表3－2：

表3－2　高频字表

字母	1	2	3	4	5	6	7	8	9	0	备注
B	不	把	被	并	比	表	本	部	波	拨	9和0为"B"音同音字
P	颇	怕	排	跑	朋	鹏	泼	坡	钋	酸	1、7至0为"P"音同音字
M	没	米	秒	每	吗	忙	马	明	面	摸	9和0为"M"音同音字
F	非	分	副	富	福	凡	范	奉	否	放	"F"音没有汉字
D	的	但	对	到	大	地	答	等	点	得	1、6、0是"D"音同音字
T	他	她	同	台	条	趟	太	头	忒	土	"T"音没有同音字
N	你	能	年	男	女	那	南	您	宁	呢	0是"N"音同音字
L	了	来	李	里	乱	类	老	两	辆	龙	1是"L"音同音字
G	个	给	过	更	共	国	桂	哥	歌	割	8至0是"G"音同音字
K	可	看	口	课	块	棵	颗	科	柯	珂	6至0是"K"音同音字
H	和	或	还	后	化	好	会	红	很	喝	0是"H"音同音字
J	就	即	叫	暨	击	饥	鸡	激	积	基	5至0是"J"音同音字
Q	请	却	且	去	前	全	其	七	期	戚	8至0是"Q"音同音字
X	下	小	向	性	想	型	奚	希	熙	西	7至0是"X"音同音字
Z	在	再	则	最	做	罪	兹	訾	资	姿	7至0是"Z"音同音字
C	从	才	曾	次	错	促	草	呲	珋	趾	8至0是"C"音同音字
S	所	岁	算	扫	司	思	斯	丝	锶	嘶	5至0是"S"音同音字
Y	这	正	指	者	之	只	支	芝	枝	知	5至0是"Y"音同音字
V	成	处	差	产	船	长	场	吃	痴	蚩	8至0是"V"音同音字
W	是	上	谁	说	受	水	事	诗	师	施	7至0是"W"音同音字
R	人	如	日	让	仍	任	然	荣	瑞	柔	"R"音没有汉字
A	按	案	爱	艾	敖	矮	啊	阿	锕	吖	6至0是"A"音同音字

续表

字母	1	2	3	4	5	6	7	8	9	0	备注
E	而	二	鄂	饿	尔	耳	儿	贰	屙	婀	９０是"E"音同音字
I	一	也	要	有	又	由	用	依	衣	壹	8至0是"I"音同音字
U	我	为	问	位	王	万	外	邬	屋	乌	8至0是"U"音同音字
O	于	与	月	元	原	於	淤	吁	迂	纡	6至0是"O"音同音字

下列句子大部分是用高频字组成的，请读准、打熟（带下划线的，只打每个字读音的首字母击";"键即可）；要注意词汇中哪些是单字输入，哪些是双字输入。

王明是我哥哥，他比我大5岁，但他比我矮一尺。

范桂芝阿姨和她的男人马国富同年、同月、同日生，她和他一起对诗歌的词义实施分类。

有指示说，上午9点5分45秒集合，请按指示给予支持。

3只鸡一直在跑。此时，来了一男一女，男的个子矮矮的，女的个子则细高。男的叫敖鹏，女的叫艾爱熙。

12个人排成一排，前面的人"一二一、一二一"地叫，后面的人则"你二姨、你二姨"地大叫。还有几个人口里"气死、起始、旗子、妻子"地大叫，乱得很。

老李问老奚："<u>希特勒</u>骂人吗？"老奚："<u>希特勒</u>是谁啊？"

小訾这几日正处在寂寞之时，她把一元纸币全给了一位叫邬朋的司机。

你从哪里来？要到哪里去？看看，再算算，扫一扫，就全知悉了。

最好的也是最大的，但却不是让人最爱的，你并不知这是何物？其实，我也不知。

一台机器分成了四台被放在一条船上，有人说，这很可疑，但并不可怕。

十四是十四，四十刈四十。可以不可口，想想下课后。没是也没非，错的颇可恶。

有一老者，耳大，是鄂南人，才从西安过来，曾去过一趟<u>莫斯科</u>。

向前或向后，向西或向南，凡事要有一致性。

施瑞红说："你所说的，正是我所要的。"

我于2015年11月9日破了一个大案，与我一同破这个大案的还有原大案处的同志。

马荣福老师和王坡老师为了格式化，特意把植物分类制成了一个表。

阿荣问阿思："有正司机和副司机之说吗?"阿思："你说呢?"阿荣："我要是知道就不问您了。"

2. 常用词

据统计，在汉语的词汇中，单音词占16%左右，两字词占60%以上，三字词占10%左右，四字词占13%左右，五字及五字以上的词不足2%。依据统计数据和汉语词汇的组词特点，我们将使用频率较高的近200个单字介词、连词、助词等都设计成了高频字（见高频字表），将使用频率较高的5581条两字词设计为常用词。

常用词是指汉语词汇中出现频率较高的由两个字组成的双音节词。应用方法是：输入双音节词每个字读音的首字母，该词依次序排列在数字键位上。如"必要"一词，击"必"字读音的缩略首字母"B"和"要"字读音的缩略首字母"I"后，"必要、不要、不用、榜样、毕业、半夜、报应、表扬"这八个常用双音节词就排列在1、2、3、4、5、6、7、8数字键位上，其后排列的则是"bi"音的同音字。如：

	1	2	3	4	5	6	7	8	9
BI	必要	不要	不用	榜样	毕业	半夜	报应	表扬	逼

在前后两个字母能够相拼而组成单字的情况下，缩略首字母相同的两字常用词依次排在前面的数字上，单字则排在后面的数字上。

第四章　双文速录的拼音*

双文速录的拼音是指辅音与元音的拼音。26个拉丁字母，每个字母就是一个单元，每个单元又以前后两个字母能够相拼或独立成为语素作为小结，每小结以常用词序位和汉字录入部分、同音字组词默写部分、地名用字及解释等部分组成。

第一节　读音首字母是"A"的字词

一、"a、ac、av、al"音的字词

读音是"a、ac、av、al"的汉字字词有"啊、阿"两个字，"啊"的四声都有读音，"阿"的二声没有读音；缩略首字母是"a"的高频字在高频字表中。

	1	2	3	4	5	6	7	8	9
AC	暗藏	挨次	爱财	挨呲	按此	啊	嘎		
AV	爱称	暗处	鹌鹑	哀愁	安插	黯沉	啊	阿	
AL	案例	按理	暗恋	爱恋	安乐	癌瘤	爱怜	哀怜	啊

吖（a）：吖啶，有机化合物。

锕（a）：金属元素，有放射性。

腌（a）：腌臜（za）。又读"ih"：腌腊、腌菜。

阿（a）：如阿爸、阿妹、<u>阿富汗</u>。又读"e"：如阿胶、<u>阿谀逢迎</u>、刚正不阿。

啊呀　腌臜　阿哥　<u>阿拉伯</u>　他暗藏利器　这是她的爱称

案例与案例分析　有癌瘤病的人令人哀怜，得癌瘤病的人要求<u>安乐死</u>

---

* 第四章加有下划线词汇为该部分缩略词。

鹌鹑生的蛋叫鹌鹑蛋　暗恋不是在暗处爱恋，而是在心中爱恋
爱财和爱财如命性质不同　他因过分哀愁挨呲了　按理分析你是有错误的
你是他安插的内奸

阿姨腌的咸菜特别好吃，她会熬制阿胶呢。但她最近的心情有些腌臜，由于她的丈夫长期从事金属元素——锕的研究工作，受到放射性影响而患上了癌瘤。

二、"as、asc、asv、asl"音的字词

	1	2	3	4	5	6	7	8	9	0
AS	暗算	哀思	奥赛	唉	哎	挨	埃	锕	捱	哀

锕（as）：金属元素，有放射性。
挨（as）：靠近，如挨边儿、挨个儿。又读"asc"：如挨饿、挨揍、挨到天亮。
唉（as）：叹词，如唉，听见了；唉，马上去。又读"asl"：叹词，如唉，真可惜呀！
嗳（asv）：叹词，否定或不同意，如嗳，你哪能这么说呢！嗳，这就错了。
砹（asl）：非金属元素，有放射性。
艾（asl）：姓氏；又读"il"：自怨自艾。

哎呀　哀悼　埃及　挨近　尘埃　唉声叹气　皑皑　癌症　皑皑白雪
癌症患者　矮小　和蔼　雾霭　烟霭　艾绒　艾蒿　爱护　碍事　障碍
狭隘　林深路隘　比赛　赛事　木排　雾霾　爱戴　前台
暗算他人的人自己也不会有好下场　寄托我们的哀思
奥赛是奥林匹克大赛的缩写名称
艾和平先生是研究金属元素——锕和非金属元素——砹的专家，他的妻子担心锕的放射性会影响丈夫的身体，就整天唉声叹气的。艾先生知道后对她说："嗳，你哪能这样呢！我们从事这种工作是有特殊保护的。"

三、"ah、ahc、ahv、ahl、ak、akc、akv、akl"音的字词

"ah、ahc、ahv、ahl"四个读音都有汉字；"ak、akc、akv、akl"四个读音中，"akv"音没有汉字。

	1	2	3	4	5	6	7	8	9	0
AH	爱好	爱护	懊悔	暗号	爱河	安	谙	氨	鞍	庵
AK	安康	案款	爱哭	拗口	暗扣	哀哭	肮	舡		

埯（ahv）：挖小坑点种，如埯瓜、埯豆、埯几棵黄瓜。

唵（ahv）：大把地往嘴里塞食物，如他大口大口地唵米饭。叹词，如唵？你在说什么？佛教咒语用字。

铵（ahv）：无机化合物，如铵根、铵盐。

安心　安置　安危　安慰　桉树　氨水　氨气　庵堂　鹌鹑　鮟鱇（kk）
鞍山　深谙　深谙此道　俺们　俺娘　岸边　西岸　南岸　北岸　东岸
按着　按照　胺类　苯胺　案件　案子　暗箭　暗藏　黯淡　肮脏　昂首
昂扬　激昂　盎然　盎司　春意盎然　悍然　喊话　寒气　抗击　肩扛
芒种　芬芳　帮派　旁人

这是我的爱好　祝你们身体安康　案款上缴国库　佛心爱护万物
他懊悔的竟然哀哭起来　他们接头的暗号是"暗扣"
被两性的爱河所淹没　方言真拗口

安老师说："清明前后埯瓜种豆。"说完，就开始大口大口地唵米饭，噎得直打嗝儿。

四、"ab、abc、abv、abl"音的字词

	1	2	3	4	5	6	7	8	9	0
AB	岸边	敖包	挨边	癌变	鳌拜	安保	奥博	安倍	熬	凹

嶅（abc）：多小石的山或用于地名，如嶅阴，在山东省。

廒（abc）：廒仓；也用于地名，西公廒，在辽宁省。

螯（abc）：螃蟹等节肢动物的第一对足，呈钳状，用来取食或自卫，如螯足。

媪（abv）：妇女，如乳媪、老媪。

岙（abl）：地名用字，松岙、薛岙、富岙都在浙江省。

坳（abl）：低洼的地方，如坳洼、塘坳。山间的平地，如山坳。

拗（abl）：拗口，如拗口令。又读"nql"：拗不过。

隞（abl）：地名用字，隞村，在河南省。

骜（abl）：没有驯服的马，如桀骜不驯（形容傲慢）。

鏊（abl）：鏊子，一种铁制的烙饼器具。

43

凹陷　凹面　凹凸不平　熬菜　煎熬　敖包　遨游　嗷嗷叫　西公廒
藏獒　翱翔　鏖战　鳌足　鳌拜　独占鳌头　嗷嗷待哺　棉袄　皮袄
松岙　山坳　骄傲　深奥　鏊子　抝口　澳洲　懊悔　慕村　奥秘
桀骜不驯　山包　饱饭　煲饭　快跑　祈祷　乞讨　大脑　不老　山高
参考　真好　水饺　手巧

敖书记住在滦河岸边的敖包里，负责某部门的安保工作。一次，他去辽宁西公廒出差，在公路边看见一位老媪正在用鏊子烙饼，这种饼的名称叫"烙糕"。他第一次见到这种食品，就买了一个吃起来，其香无比。就想顺便到山东鳌阴、浙江松岙、薛岙、富岙等地转转，看看那里都有些什么食品。

日本首相安倍很崇拜鳌拜，就想利用奥博期间来中国拜谒鳌拜墓。

五、前后字母没有拼音关系的常用词

	1	2	3	4	5	6	7	8	9	0
AA	暗暗	矮矮	嗷嗷	傲岸						
AD	安定	爱戴	黯淡	哀悼	奥迪	挨打	安顿	案牍		
AE	挨饿									
AF	安抚	案发	安分	案犯	挨罚	爱抚	安放	暗访		
AG	爱国	昂贵	挨个	傲骨	鞍钢	暗沟				
AI	安逸	阿姨	熬夜	案由	暗夜	爱意	碍眼	暗影	遨游	昂扬
AJ	安静	案件	暗箭	案卷	安检	挨近	爱家	暗礁	暗间	按揭
AM	傲慢	奥秘	奥妙	按摩	澳门	哀鸣	挨骂	暧昧	爱慕	爱美
AN	安宁	懊恼	按钮	爱女						
AO	奥运	按语	按月	哀怨	碍于	澳元	暗语	案语	安于	
AP	安排	挨批	爱拼	矮胖	安培					
AQ	安全	爱情	按期	案情	傲气	哀求	矮墙	暗器		
AR	爱人	安然	盎然	黯然	昂然	矮人	傲然	傲人		
AT	IT业	哀叹	熬汤	案头	凹凸	哀痛	癌痛	爱听	暗探	昂头
AU	安危	安慰	安稳	案外	爱玩	傲物	坳洼			
AW	按时	暗示	按说	碍事	爱上	哀伤	挨说	爱说	安神	暗杀
AX	爱心	爱惜	暗想	翱翔	矮小	安闲	安详	暗箱	凹陷	
AY	按照	安装	安置	暗中	癌症	澳洲	按住	熬制	鏖战	熬粥
AZ	案子	暗自	肮脏	挨揍	矮子	爱子	安葬	按组	鳌子	

开奥迪的司机挨打了　安定方能安逸　爱国才有傲骨　鞍钢的东部有暗沟

安排安检得安宁	安慰爱人安全行	爱情爱上爱抚事	按语暗语义不同
按摩奥妙有奥秘	挨骂懊恼自哀鸣	暗夜碍眼防暗箭	矮胖挨批诉哀怨
安于傲慢无爱意	案子案由看案卷	昂扬遨游防暗礁	癌症哀伤又哀叹
矮人矮小有爱心	暗中暗杀且鏖战	安详安闲须安静	挨近暧昧防暗探
按揭爱家无按钮	傲人傲气不傲然	爱听爱说更爱子	澳门爱慕新澳元
按月按期不按组	矮墙暗器藏暗间	矮子挨揍坳洼里	暗示凹凸将凹陷
昂头奥运人爱美	熬汤熬粥心安然	碍于哀求暗自想	按时安置心胸宽
案头案外案情有	傲物爱拼亦黯然	安培物理 IT 业	爱玩翱翔飞蓝天
癌痛安危无碍事	安稳安装春盎然	按照澳洲安神法	按住肮脏看人间

我的父亲个子矮矮的,我暗暗下定决心一定长个傲岸的高个子,超过父亲。

孩子的母亲没有奶水,挨饿的孩子嗷嗷直叫。

案发后,案犯挨罚了,受害家属得到了安抚,不安分的人也得到了警告。

通过暗访,恐怖分子安放的炸弹被我们爱戴的排雷战士排除了,被疏散的群众得到了安置。

她挨个地看,最后拿了个最昂贵的戒指。

阿姨的爱女最近双眼皮周围有一圈暗影,她说是在查案件时熬夜造成的。

黯淡的夜灯下几个人低头哀悼刚刚离世的死者。

第二节　读音首字母是"E"的字词

一、"e、ec、ev、el"音的字词

"e、ec、ev、el"四个读音都有汉字;缩略首字母是"e"的高频字在高频字表中。

	1	2	3	4	5	6	7	8	9	0
EC	恩赐	二次	二层	鹅	俄	额	娥	讹	锇	哦
EV	讹传	而成	恶臭	耳沉	二成	耳传	耳垂	恶	婀	枙
EL	恶劣	耳聋	恶狼	二老	二流	二楼	鄂	饿	愕	苊

屙（e）：屙屎、屙尿。

莪（ec）：莪蒿、莪术（yuc）,都是多年生草本植物。

涐（ec）：地名用字,向涐,在四川省。

锇（ec）：金属元素。

恶（ev）：恶心；又读"el"：如恶意、恶毒、十恶不赦；还读"ul"：如可恶、厌恶、深恶痛绝。

苊（el）：有机化合物。

鄂（el）：湖北省的简称；姓氏。

堨（el）：地名用字，富堨，在安徽省。

噁（el）：如二噁英，有机化合物。

婀娜	东阿县	阿谀奉承	婀娜多姿	讹诈	俄而	俄国	莪蒿	莪术
蛾子	额头	鹅毛	巍峨	吟哦	向涐	宫娥	娇娥	巍巍峨峨	扼杀
厄运	遏制	愕然	噩梦	噩耗	鳄鱼	硬腭	软腭	上颚	下颚	惊愕
花萼	饥饿	阻遏	富堨	白垩纪	二噁英	怒不可遏	感谢上帝的恩赐

这是不真实的讹传　经过肠胃消化而成的粪便恶臭

耳聋和耳沉的词义有二成的差异　在二楼的二层　俄罗斯已沦为二流国家

恶狼的恶劣本质

她家住在二层，我已经去过两次。

据耳传二老不仅耳沉，耳垂还特大。

鄂女士出生于四川向涐。有一次，她误食了莪蒿和莪术后感到很恶心，她就咨询安徽富堨的伙伴何小姐是怎么回事。

二、"en、enc、env、enl，er、erc、erv、erl，ew、ewc、ewv、ewl"音的字词

"en、enc、env、enl"四个读音中，"enc"音没有汉字，"env"音有一个"艮"字；"er、erc、erv、erl"四个读音中，"er"音没有汉字；"ew、ewc、ewv、ewl"四个读音都有汉字。

	1	2	3	4	5	6	7	8	9	0
EN	儿女	儿男	婀娜	恶念	二年	鄂南	恩	蒽	奀	煴
ER	偶然	恩人	恶人	愕然	二人	俄日	二日	讹人	殴辱	
EW	而是	扼杀	儿时	二审	二十	二是	二手	扼守	恩师	殴式

蒽（en）：有机化合物。

陑（erc）：地名用字，雷陑，在福建省。

铒（erv）：金属元素。

迩（erv）：近，如迩来、闻名遐迩、行远自迩。

区（ew）：姓氏；又读"qo"：如区别、区间、自治区。
恩情　感恩　恩断义绝　摁倒　摁手印儿　而且　儿童　因而　少儿
偶尔　木耳　遐迩　诱饵　洱海　二哥　贰心　贰拾万元　讴歌　瓯江
欧洲　殴打　海鸥　呕吐　偶然　莲藕　沤肥　沤粪　怄气　收尸　偏食
偏瘦　扁舟　首席　一双儿女都二十

区先生是我的恩师，他和我都是福建雷陼人，我们住在同一小区里。他是研究金属元素——"铒"和有机化合物——"蒽"的闻名遐迩的物理学专家，他说：二手二人听二审，二日二百加二年。若见婀娜动恶念，定罪恶人不愕然。二是儿时扼杀事，偶然无知不审判。讹人殴辱遭天谴，不恋私情好儿男。恶人善人冰与火，瓜豆结果种天然。建筑而是欧式好，俄日领土有争端。

三、前后字母没有拼音关系的常用词

132 条单词 264 字，在 80 秒内听录完为止。

	1	2	3	4	5	6	7	8	9	0
EA	恩爱	欧安								
EB	耳边	恶报	恶霸	耳部	耳鼻	耳背	二百			
ED	殴打	额定	额度	耳朵	恶毒	恩德	恩典	恩待	殴斗	摁倒
EE	偶尔	俄而	欧俄	俄欧						
EF	而非	偶发	阿附	二分	耳风	耳房	藕粉	偶犯	沤肥	沤粪
EG	恶果	俄国	儿歌	二哥	恶棍	耳光	耳根	恩公	耳垢	耳鼓
EH	恶化	噩耗	而后	尔后	二婚	二号	偶合	恩惠	二环	耳环
EI	而已	而言	而应	而又	欧亚	欧阳	恶言			
EJ	而今	耳机	恶疾	二级	阿胶	瓯江				
EK	儿科	耳科	耳孔	耳廓						
EM	欧美	欧盟	俄美	噩梦	耳目	耳麦	耳膜	耳鸣	欧姆	鸸鹋
EO	欧元	鳄鱼	恩怨	厄运	俄语	耳语	二月	恩遇	偶遇	
EP	耳旁	耳畔								
EQ	而且	恩情	怄气	额前	恶气					
ES	饿死	扼死	儿孙	恶俗	耳塞					
ET	儿童	呕吐	额头	恶徒						
EU	额外	而外	俄文	耳闻	二位	二维	欧文			
EX	恶性	儿戏	偶像	恶习	恶心	儿媳	二线	二心	耳性	耳穴
EY	欧洲	遏制	遏止	讹诈	二者	二战	恩准			

47

EZ　儿子　恩泽　遏阻

恶霸定有恶报　恩爱获得恩典　欧亚欧洲欧安　耳朵不离耳边
耳科耳廓耳孔　欧美欧盟欧元　俄国俄文俄语　二维二者二线
欧俄俄欧俄而　恶性恶习恶言　欧阳欧姆欧文　耳穴耳旁耳畔
耳部耳鼻耳背　额外额头额前　遏制遏止讹诈　二号二婚耳环
恶棍恶毒恶果　额定额度二战　儿媳儿戏儿科　偶发藕粉偶犯
偶尔殴斗殴打　恩待恩德而言　而后而应而已　二分二级二环
而且偶遇俄美　恩公恩惠恩怨　耳根耳鼓耳垢　而非而今而又
恩泽恩准恩情　耳风耳光尔后　恶徒恶化恶疾　二位二心相斗
耳膜耳鸣耳麦　怄气饿死体瘦　儿童儿子儿歌　呕吐恶心难救
耳闻耳塞耳语　偶像而外不求　噩梦噩耗厄运　鳄鱼遏阻儿孙

第三节　读音首字母是"I"的字词

一、"i、ic、iv、il"音的字词

"i、ic、iv、il"四个读音都有汉字；缩略首字母是"i"的高频字在高频字表中。

要注意副词"以、已"在词汇中的准确用法。

	1	2	3	4	5	6	7	8	9	0
IC	因此	一次	依次	野菜	野草	烟草	隐藏	宜	怡	咦
IV	严惩	遗产	养成	延长	遗传	应酬	有偿	已	以	乙
IL	以来	议论	忧虑	有利	压力	医疗	依赖	亿	亦	逸

黟（i）：黟县，在安徽省。

铱（i）：金属元素。

洢（i）：洢水，在湖南省。

噫（i）：叹词，如噫，发这么多东西！

嶷（ic）：九嶷山，在湖南省。

饴（ic）：泛指糖浆或某些软脂的糖果，如玉米饴、甘之如饴。

宧（ic）：地名用字，杨宧村，在江苏省。

钇（iv）：金属元素。

峄（il）：峄山镇，在山东省；峄庄，在山东省。
薏（il）：薏苡（iv），多年生草本植物。
奕（il）：姓氏；神采奕奕。
镱（il）：金属元素。

依靠　伊朗　医德　黟县　衣领　壹万　涟漪　作揖　铱金笔　仪表
宜人　贻害　胰腺　姨妈　移动　遗憾　疑难　彝族　沂水县　逶迤
盱眙县　夷为平地　怡然自得　颐和山庄　乙方　已经　以后　蚁穴
倚仗　椅子　旖旎（niv）　薏苡　老矣　马尾箥　风光旖旎　屹立
议题　刈草　艺术　义卖　亿万　乂民　异性　抑制　呓语　驿站　轶事
疫情　益鸟　翌日　肆业　毅力　薏苡　瘗虎　臆造　虉草　癔症　懿旨
双翼　自缢　蜥蜴　友谊　安逸　华裔　示意　后羿　博弈　演绎　城邑
现役　音译　游弋　简易　造诣　司马懿　溢美之词　熠熠生辉
主观臆断　因此，宜饭前服药　只有一次的机会　依次列队而行
野菜的营养价值很高　已隐藏了多年
黟县正在为"黟"字申报非物质文化遗产呢　要严惩肇事者
养成准确应用同音字和多音字的习惯　又延长半年　天天有应酬
以地域而言　严重依赖沂水的灌溉作用　他忧虑能否登上九嶷山
医疗机构有不许收红包的压力有利于患者
他去江苏杨宦村采访以来饱受人们的议论
山东峄山镇一年存款60亿元，亦不知是真是假？
遗传是有基因的，查遗传基因是有偿的。
野草的价值是防风固沙，为食草动物提供食物。
烟草的价值就是制造烟雾破坏环境。

二、"iw、iwc、iwv、iwl"音的字词

	1	2	3	4	5	6	7	8	9	0
IW	有时	优势	以上	要事	有事	掩饰	用手	优	忧	哟

哟（iw）：叹词，很是惊讶，如哟，提前了！
繇（iwc）：钟繇，三国时期魏国的书法家。
蝤（iwc）：蝤蛑（mwc），即梭子蟹，生活在海洋中；又读"qqc"：蝤蛴（qc），是林木害虫。
柚（iwc）：柚木，一种木质坚硬的落叶乔木；又读"iwl"：如柚子。
铕（iwv）：金属元素。

黝（iwv）：黝黑、黑黝黝。
祐（iwl）：地名用字，吉祐，在广东省。
优质　攸关　忧虑　幽默　悠扬　哎哟　哎呦　尤物　邮件　犹豫　油料
莜麦　莸花　蚰蜒　鱿鱼　游泳　蝣蜉　正猷　湿疣　贫铀弹　友爱
莠子　有时　良莠不分　子午卯酉　幼儿　佑护　柚子　囿于　诱导
釉浆　黄鼬　毛蚴　皮球　篮球　足球　气球　舅舅　不休　不朽　丢人
丢弃　害羞　谬误　执拗　洋流

钟繇是古代魏国人，他的业余爱好是到海洋中捕捉蝣蜉，到森林中捕捉蟠蛴，久而久之，他的脸色被阳光的紫外线晒得黝黑。他的舅妈带着一筐柚子从广东省吉祐来看他，一见面，他的舅妈就嚷嚷道："哎哟哟！你的脸是涂了釉浆不成？黑黝黝的像个非洲人。"

尤先生用手把麦克风拉到自己跟前说："大家不要掩饰自己的主张，有事的可以请假回家，有要事的马上就可以离开这里。我们这个团队是有优势的，有时虽有一盘散沙现象，但关键时刻还是能够团结一心的。以上就是我的发言。"

三、"in、inc、inv、inl"音的字词

	1	2	3	4	5	6	7	8	9	0
IN	以内	业内	疑难	养女	殷	荫	因	阴	茵	音

潆（in）：地名用字，潆溜，在天津市。
喑（in）：嗓子哑不能发声，如喑不能言、万马齐喑。
铟（in）：金属元素。
洇（in）：洇湿、洇了一片；墨水把笔记本给洇透了。
崟（inc）：地名用字，枚崟，在江西省。
鄞（inc）：地名用字，鄞县、鄞州区，都在浙江省。
吲（inv）：吲哚（dpv），有机化合物。
饮（inv）：餐饮、冷饮、自斟自饮；又读"inl"：如饮马、饮牛。
茚（inl）：有机化合物。

因为　阴云　茵草　音响　洇纸　姻缘　氤氲（on）　殷勤　喑哑
愔愔　吟诗　银行　淫乱　寅时　鄞州　夤夜　无垠　牙龈　引导　饮食
隐瞒　吲哚　烟瘾　蚯蚓　尹校长　印证　印尼　饮羊　地窨子　赵匡胤
封妻荫子　矜持　弹琴　信心　饮食　引用　民众　亲民　鬓角　两鬓
人品　金银　卖淫　三年以内　业内精英　如有疑难请让我的养女回答

寇正胤与王荫权是同班同学，他们上课时不小心把墨水瓶碰倒了，墨水把书、笔记本全都洇透了，两个小朋友很懊恼。

尹先生是天津市澱溜人，他与浙江省鄞县的殷茵女士都是研究有机化合物——"吲哚"和"茚"的专家。有一次，二人去江西省枕釜旅游，在餐饮店里看见一位印尼男士在饮羊。

四、"ig、igc、igv、igl、ie、iec、iev、iel"音的字词

	1	2	3	4	5	6	7	8	9	0
IG	应该	有关	严格	勇敢	用功	英国	阳光	壅	雍	拥
IE	因而	亚欧	婴儿	英俄	诱饵	有恩	印俄	印欧	耶	掖

埇（igv）：地名用字，埇桥区，在安徽省。
鯒（ig）：鯒鱼，鱼名，也叫胖头鱼。
邕（ig）：邕江、邕宁县，都在广西省。
佣（ig）：佣工、雇佣；又读"igl"：如佣金。
耶（ie）：耶稣；又读"iec"：如是耶？非耶？
靥（iel）：酒窝，如笑靥、酒靥。

拥护　痈疽（jo）　佣人　邕江　庸俗　雍和宫　臃肿　永别　甬道
咏叹　泳装　勇气　埇桥　涌现　踊跃　蚕蛹　怂恿　陶俑　用力　佣金
掖藏　耶稣　椰子　喧住　喧死　伽倻琴　因噎废食　耶鲁大学　爷们儿
揶揄（oc）　野外　冶金　妖冶　叶子　页面　业余　夜色　液体
谒见　腋窝　拜谒　笑靥　哽咽　张某烨　曳光弹　憋闷　撒弃　大跌
饕餮　镊子　列祖列宗　借机　切实　谢幕　灭火　灭火器　痈疽　穷困
熊猫　窘况　印度是印欧语系国家　英俄关系比印俄关系紧张
亚欧板块构造　娃娃鱼的叫声与婴儿的啼哭声差不多

他有恩于我，因而我要报答他。有关银耳的食用方法，你应该一清二楚才对。

严格的培训和自身的用功，造就了他勇敢、顽强的内在气质。

英国有一家名叫"阳光工程"的教育机构。

叶绽雯是广西邕宁县人，从小生活在邕江江畔，上高中时随父母迁移到安徽埇桥区定居。

五、"iy、iyc、iyv、iyl"音的字词

	1	2	3	4	5	6	7	8	9	0
IY	严重	一种	依照	研制	优质	亚洲	一直	应	英	鹰

应（iy）：姓氏；应该、应允、罪有应得；又读"ijl"：如应声、反应、应用、应运而生。

潆（iyc）：地名用字，潆溪，在四川省。

嬴（iyc）：姓氏。

鎣（iyc）：华（hfl）鎣山，山名，在四川东部和重庆交界处。

溁（iyc）：地名用字，溁湾，在湖南省；溁溪，在四川省。

荥（iyc）：地名用字，荥经县，在四川省；又读"xyc"：如荥阳市，在河南省。

颍（iyv）：地名用字，颍河、颍上县，都在河南省。

英俊　应当　婴儿　罂粟　樱桃　鹦鹉　鹰隼　荣膺　玉瑛　老鹰　雄鹰
迎接　迎宾　营长　营地　荧屏　盈余　萤火虫　萦绕　楹联　蝇子
输赢　晶莹　新颖　阴影　颍河　瘦肿　映照　应对　硬件　滕女　兵种
乒乓　名人　钉子　亭子　宁可　衣领　惊悸　惊恐　京都　京东　请示
私情　星空　行刑　醒目

亚洲的世界第一是什么？人口多。

一家研制多年刚刚进入市场的优质产品，还没等收回研发成本，一模一样的盗版产品就铺天盖地地倾泻而来。在中国，这个问题是多么严重！

一种进步的力量正在潜移默化地渗透到社会的肌肤中。

应筱红出生于四川荥经县，后随父母移居河南荥阳市。她大学毕业后，考察了小说《红岩》描述的当年华鎣山游击队驻地；到河南颍上县考察了职业教育与地方经济发展的衔接程度。她与一直跟随着她的好友——嬴颖同学一同考察了四川潆溪和溁溪两个镇的社会现象。

六、"ib、ibc、ibv、ibl，ik、ikc、ikv、ikl"音的字词

	1	2	3	4	5	6	7	8	9	0
IB	一边	一般	以便	英镑	摇摆	医保	隐蔽	邀	腰	幺
IK	依靠	遥控	严酷	游客	夜空	眼看	鞅	央	殃	秧

约（ib）：动词，如约一斤瓜子儿；又读"oe"，如大约、公约、约定。
要（ib）：要挟、要求；又读"ibl"：如纲要、要事、提要。
铫、姚（ibc）：姓氏。
猺（ibc）：黄猺，又名黄喉貂；青猺，又名果子狸，都是哺乳动物。
垚（ibc）：地名用字，炭垚坪，在山西省。
曜（ibl）：太阳、月亮和金、木、水、火、土五星称为七曜。
勒儿（ibl）：指靴子或袜子超过踝骨以上的部分，如高勒儿、短勒儿。
垟（ikc）：地名用字，垟溪、上垟，都在浙江省。

幺女　吆喝　夭折　妖魔　要求　腰围　邀请　吆五喝六　逃之夭夭
爻卦　尧舜　窑洞　谣言　摇篮　徭役　遥远　鳐鱼　琼瑶　黄猺　杳渺
咬牙　舀水　窈窕　杳无音信　窈窕淑女　药物　要闻　疟子　钥匙
耀眼　鹞鹰　七曜　高勒儿　标兵　彪炳　嫖妓　描摹　刁民　屌样
调离　答帚　鸟巢　瞭望　鸳鸯　育秧　中央　遭殃　泱泱　商鞅
泱泱大国　扬手　羊角　阳台　杨树　佯攻　洋葱　徜徉　溃疡　仰面
养生　氧气　痒痒　仰面朝天　无恙　打烊　牛鞅　荡漾　怏怏不乐
娘子　良心　江河　强敌　香味　酿造　踉跄　伎俩　严酷的现实
实施遥控计划　旅游收入光依靠游客是不够的

蒋先生邀请了姚处长到家里做客，同时商量一下单位医保的事。他约了半斤瓜子、半斤黄猺肉、半斤青猺肉、大约一斤羊肉，花了三十英镑。随后，他又打电话给山西炭垚坪的姜五星女士和浙江垟溪的江七曜女士一同来陪酒，以便陪好姚处长。姜、江二位女士如约而至，她们彼此都很美丽，噘着的小嘴与深深的笑靥表现出唐代仕女的遗风。她们脱掉高勒儿皮靴，一边一个坐在姚处长的左右。

眼看就要冬至了。北方的夜空，繁星被冻得直眨眼睛，大地被凛冽的寒风肆虐着，动物们都隐蔽了起来，只有挺立的苍松摇摆着与"呜呜"（注：u'u）呼啸的寒风伴舞。

七、"ih、ihc、ihv、ihl"音的字词

	1	2	3	4	5	6	7	8	9	0
IH	以后	拥护	遗憾	疑惑	银行	养护	淫秽	鄢	烟	焉

鄢（ih）：姓氏；鄢陵县，在河南省。
漹（ih）：地名用字，漹城，在四川省。
崦（ih）：崦嵫（z），山名，在甘肃省；古代又指日落的地方，如日

薄崦。

咽（ih）：咽喉、咽头；又读"ihl"：吞咽、细嚼慢咽；还读"iel"：呜咽。

殷（ih）：殷红（暗红色）；又读"in"：姓氏。

燕（ih）：姓氏，燕赵大地；又读"ihl"：燕子、海燕。

芫（ihc）：芫荽（sj），草本植物，又名"香菜"。

澙（ihv）：地名用字，店澙，在山东省。

棪（ihv）：地名用字，棪树村，在福建省。

沇（ihv）：地名用字，沇河，在河南省。

谳（ihl）：定谳（审判定罪）。

晏（ihl）：姓氏；晏安、晏居、海内晏如、河清海晏。

岈（ihl）：地名用字，岈口，在浙江省。

恹恹 殷红 胭脂 烟盒 崦嵫（z） 阉割 淹没 腌渍 湮灭
腌咸菜 鄢陵 嫣然 燕国 恹恹欲睡 心不在焉 嫣然一笑 兖州
俨然 衍生 掩盖 鼹鼠 眼镜 演变 演艺 梦魇 郾城县 奄奄一息
偃旗息鼓 延续 严密 芫荽 言论 岩洞 炎热 沿用 研制 盐碱
铅山 阎王 筵席 颜色 屋檐 蜿蜒 赝品 厌烦 砚台 艳遇 宴会
验证 谚语 焰火 唁电 堰塞湖 大雁 小燕 张某焱 边疆 篇章
冬眠 巅峰 添补 年迈 联手 奸污 谦让 先人 光纤 上千 汉奸
上联 勿念 稻田 发电以后我们都要拥护他

遗憾的是我们至今仍在疑惑中 淫秽视频的制造者靠缺德来养护自己

晏院长是河南鄢陵县人，他和鄢审判长共同审理棪树村人燕老三奸污幼女案。负责记录的是书记员刘焱焱同志。燕老三在庭审过程中提出要吃芫荽的请求，被鄢审判长拒绝。

闫禹是四川漹城镇人，他跟随母亲去浙江岈口的舅舅家探亲。舅舅博学多才，他在寝室的墙上用多音字写了一首诗，诗曰：咽喉吞咽听呜咽，折腾折尺折本钱。殷朝纣王殷红血，自古燕赵看飞燕。

八、"ia、iac、iav、ial"音的字词

	1	2	3	4	5	6	7	8	9	0
IA	议案	要案	阴暗	沿岸	延安	友爱	呀	鸭	压	丫

压（ia）：压迫、压榨、压强；又读"ial"：如压根儿（作副词用）。

垭（ia）：两山之间可以通行的狭窄地方；地名用字，凉风垭，在贵州省；

黄桷（jrc）垭，在重庆市。
    埡（iac）：地名用字，洛河埡、北埡，都在山东省。
    玡（iac）：地名用字，琅玡山，山东、安徽都有这个山的名称。
    猚（iac）：地名用字，猚川，在贵州省。
    氩（ial）：气体元素。
    揠（ial）：揠苗助长。
    砑（ial）：地名用字，石砑，在重庆市。

姻娅	惊讶	倾轧	石砑	东南亚	氩弧焊	揠苗助长	哑巴	雅致
聋哑	文雅	牙膏	伢崽	蚜虫	衙门	悬崖	天涯	萌芽	崦岈山
琅玡山	丫头	压制	押金	鸭子	乌鸦	五桠果	哥儿俩	假的	嫁衣
家园	掐断	掐死	恰好	瞎编	匣子	立夏	积压	假牙	峡谷	大侠
下雨	吓倒	恐吓

阎凤娇是地理课的老师，她在阐述"ia、iac、ial"音的汉字与中国的地名时说："山东省和安徽省各有一个琅玡山，琅玡山很险峻；河北省有一个狼牙山，狼牙山有'五壮士'的故事；石砑在重庆，北埡在山东。从贵州省的凉风垭到重庆市的黄桷垭有300多公里；从贵州省的猚川到山东省的洛河埡大约有两千多公里。这些地名对我们来说，有的是很熟悉，有的则是很陌生的名词。"

教社会课的游老师说："政协的议案很多，公安局的要案不少，黑帮们的阴暗事则层出不穷，延安的延河沿岸传说着很多很多的有关友爱的故事。"

九、前后字母没有拼音关系的常用词

将下列138条单词读准，在90秒内听录完。

	1	2	3	4	5	6	7	8	9	0
ID	一定	应当	优点	赢得	印度	喑电	异地	应得	医德	一代
IF	乙方	用法	依法	引发	研发	应付	艳福	依附	亚非
II	应用	一样	意义	拥有	友谊	营养	营业	游泳	演绎	医药
IJ	已经	研究	意见	依据	永久	眼睛	眼镜	应急	严禁	严谨
IM	阴谋	隐瞒	以免	优美	严密	阴霾	仰慕	银幕	英美	勇猛
IO	由于	永远	遥远	优越	用于	演员	业余	英语	谚语	囿于
IP	鹰派	诱骗	样品	压迫	赝品	银牌	影片	应聘	用品
IQ	要求	一切	一起	引起	引擎	邀请	宴请	以前	氧气	延期
IR	有人	用人	依然	引人	涌入	羊肉	炎热	俨然	萦绕	游人

55

IS	因素	意思	严肃	颜色	庸俗	隐私	移送	要素	银色	有损
IT	用途	沿途	液体	液态	议题	一条	依托	意图	摇头	阳台
IU	因为	业务	以外	以为	延误	疑问	以往	意外	英文	游玩
IX	一些	影响	有些	也许	以下	邮箱	营销	要挟	阴险	印象
IZ	营造	用作	有罪	引资	蚁族	验资	演奏	硬座	悠哉	遗赠

　　有人要求鹰派利用乙方　　一定要应用已经掌握的技术
　　由于他的阴谋没有得逞　　你说的用法应当研究
　　他隐瞒了诱骗真相却依然装模作样的与以前一样
　　真善美是人类永远的追求　　用人之长就是优点　　英美两国的通用语言是英语
　　研发的意义是为了拥有核心技术　　医药产品与医德医术同等重要
　　眼睛近视要配制近视眼镜　　印度赢得了世界信息产业界的好评
　　航班延误了　　以下是我的意见，请将意见发到我的邮箱。经常要挟别人的人一定是阴险之人
　　营造引资、验资的气氛　　检察院一般都是作有罪辩护的客体　　坐在硬座上听演奏

　　依法依附找依据　　应得应付难应急　　银幕一代真勇猛　　异地啎电送延期
　　业余演员颇优越　　一起邀请谈议题　　友谊永久如营养　　严禁游泳炎热气
　　营业严谨摆样品　　以免意见被演绎　　一切赝品皆俨然　　仰慕优美却严密
　　阴霾因素查要素　　游人摇头不欢喜　　因为银牌太遥远　　囿于谚语不彻底
　　引入用品拍影片　　液态用于变液体　　应聘宴请吃羊肉　　引起压迫隐私露
　　沿途业务作引擎　　涌入氧气有要求　　意图意思无意外　　依托阳台展歌喉
　　有损严肃音萦绕　　蚁族悠哉没中秋　　庸俗引发亚非热　　也许颜色引害羞
　　银色用途以为少　　移送演戏不深究　　一条以外无疑问　　用作营销被没收
　　有些英文印象浅　　以往游玩影响休

第四节　读音首字母是"U"的字词

一、"u、uc、uv、ul"音的字词

　　"u、uc、uv、ul"四个读音都有汉字；缩略首字母是"u"的高频字在高频字表中。

	1	2	3	4	5	6	7	8	9	0
UC	为此	窝藏	午餐	晚餐	未曾	吴	无	吾	毋	唔
UV	完成	无偿	无耻	往常	维持	围场	五	武	伍	午
UL	为了	无论	未来	网络	威力	紊乱	勿	务	雾	物

邬（u）：姓氏。

毋（uc）：不要或不可以，如<u>少安毋燥</u>、<u>宁缺毋滥</u>。

峿（uc）：山名用字，峿山，在山东省。

浯（uc）：浯河，在山东省。

芴（ul）：有机化合物。

焐（ul）：焐手、焐脚、焐被窝儿。

婺（ul）：地名用字，<u>婺源县</u>，在江西省。

鹜（ul）：鸭子，如<u>趋之若鹜</u>。

钨丝	乌鸦	污泥	<u>巫婆</u>	呜咽	诬陷	屋檐	<u>邬科长</u>	吾辈	吴江
峿山	浯河	梧桐	蜈蚣	鼯鼠	午休	仵作	忤逆	妩媚	武装
侮辱	捂着	舞蹈	鹦鹉	东坞	廊庑	船坞	突兀	可恶	醒悟
会晤	勿要	痦子	务必	机凳	物资	痦子	误事	焐手	靰鞡
雾气	<u>趋之若鹜</u>	<u>戊戌变法</u>	<u>好高鹜远</u>

邬委员两眉之间长了个痦子。他在江西婺源县下过乡，也到过山东峿山搞过调查，曾在浯河河畔捕捉过鼯鼠和蜈蚣。最近，他买了一双靰鞡，说是要到东北的深山老林去体验冬天。

吴姗对武浩然说："午餐过后是晚餐，未来网络威力宽。往常维持不紊乱，天寒焐手吾吴姗。未曾完成无偿事，为了围场有秋狝。无论何时有雾物，为此常有雾霾天。"

二、"ua、uac、uav、ual，us、usc、usv、usl"音的字词

"ua、uac、uav、ual"四个读音都有汉字；"us、usc、usv、usl"四个读音中，"usc"音没有汉字。

	1	2	3	4	5	6	7	8	9	0
UA	晚安	文案	无碍	万安	文安	瓮安	挖	哇	洼	娲
US	无私	网速	未遂	物色	外孙	尾随	瓦斯	歪	呙	呙

呱（ua）：地名用字，呱底，在山西省。

窊（ua）：地名用字，东窊、<u>薛家窊</u>，都在山西省。

瓸（ua）：地名用字，王子瓸、朱家瓸，都在陕西省。
瓦（uav）：瓦房、瓦砾、土崩瓦解；又读"ual"：瓦刀、瓦瓦（uav）。
腽（ual）：腽肭兽，即海狗。
崴（usv）：名词，崴子、海参崴；动词，崴脚，脚崴了。

挖掘　洼地　女娲　青蛙　哇哈　娃子　娃娃　瓦器　佤族　袜子　瓦刀
歪曲　歪斜　歪瓜裂枣　腽肭兽　歪打正着　崴泥　外衣　外事　外科
外壳　外务　外界　室外　格外　号外　瓜葛　西瓜　冬瓜　丝瓜　夸赞
夸奖　胯骨　梅花　白花　红花　花白　花卉　抓捕　爪子　玩耍
晚上的问候语是"晚安"　　心底无私的人能干大事业　　网速的快慢
他负责文案　政变未遂　瓦斯是一种有毒气体　物色几个行动无碍的人
尾随着他的外孙

一位六七岁的小男孩在用铁锹笨拙地挖蚯蚓，不远处一个有水的洼地里忽然传来"呱呱"的青蛙鸣叫声。小男孩脱掉鞋子和袜子，双手拉着挽到膝盖的裤脚儿寻声去找，找到后，碗口大的一只癞蛤蟆吓得他"哇哇"大哭起来。小男孩的父亲正在不远处的房子上瓦（ual）瓦，此时，他从房子上跳下来，一边跑一边说："娃子，不要怕！爸爸来了！娃子，不要怕！爸爸来了！"

武老师说："'万安、文安、瓮安'都是我国的县级行政单位，'瓯底、东窊、薛家窊'是山西省的乡镇名称；'王子瓸、朱家瓸'是陕西省的乡镇名称。"

三、"uh、uhc、uhv、uhl，uk、ukc、ukv、ukl"音的字词

	1	2	3	4	5	6	7	8	9	0
UH	文化	维护	挽回	晚会	危害	往后	弯	湾	剜	蜿
UK	顽抗	唯恐	挖苦	外壳	文科	外科	汪	尪	尩	尪

剜（uh）：剜去、剜野菜、剜肉补疮。
菀（uhv）：紫菀，多年生草本植物。
椀（uhv）：橡椀，橡树果实的外壳。
绾（uhv）：绾扣儿、把头发绾起来、绾了一个中国结。
卐、卍（uhl）：吉祥如意，是佛教标识符。
尪（uk）：中医医学名词，尪痹，即胸、脊等部位骨骼弯曲的病症。

弯曲　剜菜　海湾　蜿蜒　豌豆　玩赏　顽固　芄兰　纨绔　丸药　完美
甲烷　宛如　挽联　莞尔　晚霞　惋惜　婉言　绾扣儿　皖南　碗口
胃脘　莞尔一笑　婉言谢绝　千万　手腕　瓜蔓　汪洋　尪痹　亡命

王牌　联网　冤枉　欺罔　来往　迷惘　魍魉　贪赃枉法　置若罔闻
惘然若失　魑魅魍魉　妄图　忘却　旺盛　拜望　端庄　短波　短板
断裂　短缺　暖气　暖流　卵子　管道　款待　缓刑　欢乐　钻缝　编纂
氽汤　篡位　酸菜　蒜头　专政　专心　转头　撰写　传播　栓剂　软梯
涮锅　文化是一个概念　维护知识产权　要挽回因挖苦造成的危害
中秋晚会现在开始　还在顽抗，真是勇士啊　唯恐文科考试不及格
文字是语言的物质外壳　据说往后的外科手术都用激光了
一位头上绾着鬢髻的姑娘，她脖子上戴着象征吉祥的"卍乐"字符，左胳膊挎着竹篮，右手拿着一把带把（bal）的弯刀，很专心地蹲在初春的麦田里剜苣荬菜。

四、"ut、utc、utv、utl"音的字词

	1	2	3	4	5	6	7	8	9	0
UT	问题	舞台	妄图	委托	稳妥	无题	巍	薇	威	危

煨（ut）：煨一壶酒、煨白薯、煨牛肉、煨鸡汤。
崴（utc）：地名用字，崴家湾，在四川省。
涠（utc）：涠洲，岛名，在广西省北海市南部海域。
洈（utc）：洈水，在湖北省。
溈（utc）：溈水，在湖南省，是湘江的支流。
洧（utv）：地名用字，洧川，在河南省。
隗（utv）：姓氏。
硙（utl）：地名用字，水硙，在陕西省。
碨（utl）：地名用字，碨峪，在陕西省。
尉（utl）：尉官、上尉；又读"ol"：尉迟，复姓；尉犁，地名，在新疆。
蔚（utl）：蔚蓝、蔚然成风、云蒸霞蔚；姓氏；又读"ol"：蔚县，在河北省。

威望　危害　逶迤　偎依　葳蕤（rjc）　微妙　煨白薯　巍峨　鳁鱼
蔷薇　违章　围场　桅杆　唯一　帷幕　维护　韦女士　潍坊市
惟妙惟肖　伪造　苇席　伟大　尾骨　纬度　鲔鱼　委托　娓娓　猥亵
枯萎　推诿　阳痿　鳚鱼　卫士　渭河　为何　未来　畏惧　味道　位置
胃液　所谓　刺猬　蔚蓝　尉官　慰劳　喂食　富贵　桂花　桧树　贵人
亏欠　葵花　无愧　灰白　回头　悔恨　烩面　追击　赘述
吹牛有多少问题要解决　心愈善舞台宽　无题就是没有标题　越来越稳妥

尉迟先生是个尉官，目前正在新疆的尉犁服兵役，他委托我去陕西省的碾峪镇看望他的表姐魏薇卿。

隗小妹是四川隗家湾人，她对我们说："洈水是湘江的支流，涠洲是一个不大的小岛，而水硙镇、碾峪乡都在陕西。"

五、"un、unc、unv、unl，uy、uyc、uyv、uyl，ue、uec、uev、uel"音的字词

"un、unc、unv、unl"四个音有汉字；"uy、uyc、uyl"三个音有汉字，"uyv"音没有汉字；"ue、uec、uev、uel"四个音都有汉字。

	1	2	3	4	5	6	7	8	9	0
UN	未能	万能	无能	无奈	往年	温暖	温	瘟	鳁	瑥
UY	完整	网址	网站	外债	武装	位置	翁	嗡	鹟	蝾
UE	巍峨	玩偶	万恶	忘恩	我饿	窝	踒	喔	涡	噢

榅 (un)：榅桲 (P)，落叶灌木或小乔木，果实可食用。
阌 (unc)：地名用字，阌乡，在河南省。
璺 (unl)：玻璃、陶瓷等器物上的裂纹。
鎓 (uy)：有机化合物，如鎓盐、鎓离子。
踒 (ue)：肢体因为猛烈弯折而使筋骨受伤，如手踒了、脚踒了、踒脖颈儿了。
肟 (uel)：有机化合物。
碨 (uel)：砸实地基或打桩的工具，如石碨、打碨、铁碨。

温度	榅桲	瘟疫	蕰草	鳁鲸	纹理	文明	闻名	蚊蝇	阌乡	汶川
问责	裂璺	璺痕	盾牌	吞没	吞吐	囤积	褪套	抡刀	伦理	人伦
论证	论据	滚滚	棍棒	昏迷	昏暗	婚事	魂魄	准备	准入	老翁
嗡嗡声	渝江	信天鹟	酒瓮	瓮安县	蕹菜	倭寇	涡流	窝案	蜗牛
踒脚	莴苣	喔喔叫	老挝	齷齪	斡旋	沃土	卧室	握手	渥太华
渥巴锡	渥润	运筹帷幄	黄幄	滚蛋	坤表	昏迷	准时	春耕	顺心
盾牌	扩充	豁达	说法	弱项	蝈蝈	大国	小国	国体	果木	果园
水果	过世	过量	过滤	扩充	扩印	扩张	豁唇	大火	祸患	活塞

未能让国家领土完整　巍峨的昆仑山　网站的网址
不是万能的而是无能的　玩偶注定是被人玩弄的是无奈的
往年这时候还很温暖　国家的外债由人民偿还吗
武装的概念是有杀人武器的组织或集团吗　位置有变化

万恶的骗子脚崴了　忘恩的人手蹂了

六、前后字母没有拼音关系的常用词

将下列150条单词读准打熟，在2分钟内听录完。

	1	2	3	4	5	6	7	8	9	0
UB	务必	稳步	完毕	外表	外部	外宾	外币	外边	外包	外办
UD	稳定	温度	外地	网点	我党	完蛋	伟大	晚点	晚到	唯独
UF	无法	违法	违反	晚饭	往返	午饭	万分	王法	枉费	网费
UG	我国	外国	顽固	外观	完工	诬告	污垢	网购	文稿	围攻
UI	唯一	无疑	网页	网友	文艺	外因	万一	万亿	午夜	晚宴
UJ	外交	外界	文件	忘记	危急	我军	武警	物价	挽救	晚间
UM	我们	文明	诬蔑	外贸	完美	雾霾	外面	玩命	网民	文秘
UO	委员	万元	外语	乌云	无语	文员	无缘	外援	婉约	违约
UP	文凭	物品	外派	顽皮	卧铺	外聘	玩牌	王牌	委派	委培
UQ	完全	顽强	外企	武器	误区	委屈	无穷	无情	歪曲	忘却
UR	围绕	污染	宛如	温柔	侮辱	外人	微软	往日	为人	委任
UU	慰问	往往	忘我	文物	无谓	玩完	万物	委婉	文武	维稳
UW	完善	无数	晚上	往上	旺盛	污水	外商	完事	往事	为首
UX	危险	无限	威胁	猥亵	外形	玩笑	妄想	诬陷	外泄	维修
UZ	物资	文字	外在	外资	无罪	蚊子	稳坐	问罪	问责	伪造

外宾外表有外币　　外办外边搞外包　　网友完工设网页　　外界外因大外交
外部温度外地事　　顽固完蛋悔诬告　　我党务必求稳定　　文件完毕加文稿
晚点晚到没午饭　　晚饭晚宴唯独好　　无法稳步有危急　　网点网费谈无聊
我国无疑真伟大　　网购万亿成绩骄　　违反违法没王法　　万一往返心枉费
物价忘记贴岗标　　我军王牌有武警　　午夜围攻劫匪逃　　外观污垢万分险
挽救玩命网民瞧　　文艺文明乌云下　　外国外语外聘少　　外面雾霾真污染
我们晚间不能跑　　外贸委员我唯一　　诬蔑伪造判无期　　文凭完美谁无缘
婉约文秘乃文员　　违约问责又问罪　　无语物品增外援　　委派外企来慰问
顽皮玩牌定玩完　　宛如温柔遭侮辱　　玩笑猥亵花万元　　外派委培坐卧铺
忘却委屈保文物　　无情歪曲入误区　　完全围绕维稳需　　无穷往事业为首
危险武器在须臾　　为人顽强勿忘我　　宛如委婉温柔居　　外商微软生万物
完善文字页无数　　外形往往无外人　　委任文武寻帮助　　污辱无谓再诬陷
污水威胁物资库　　外在外泄撤外资　　旺盛无限松柏树　　作无罪辩护

61

他往日都是晚上搞维修　　往上一步一步地缓行　　蚊子稳坐在他的帽子上

第五节　读音首字母是"O"的字词

一、"o、oc、ov、ol"音的字词

"o、oc、ov、ol"四个读音的字词；缩略首字母是"o"的高频字在高频字表。

	1	2	3	4	5	6	7	8	9	0
OC	预测	蕴藏	鱼刺	与此	云层	余	俞	瑜	鱼	渝
OV	远程	愚蠢	远处	原创	原处	予	禹	宇	雨	羽
OL	舆论	原来	原理	原料	预料	欲	玉	毓	聿	煜

欤（oc）：古代汉语中表示疑问或反问的语气助词，常用于句尾。
邘（oc）：地名用字，邘邰（tsc），在河南省。
舁（oc）：地名用字，西南舁，在山西省。
敔（ov）：地名用字，敔山，在江苏省。
郚（ov）：地名用字，郚古城，在山东省。
与（ov）：连词，如母与女、生与死、与人为善；又读"ol"：与会、参与。
鬻（ol）：鬻画、鬻文为生、卖官鬻爵。
鸲（ol）：鸲（qoc）鹆，鸟名，也叫"八哥儿"。
蓣（ol）：薯蓣，草本植物，又名"山药"。
熨（ol）：熨帖；又读"onl"：电熨斗、熨衣服。
棫（ol）：地名用字，棫朴，在广东省。

迂腐　　淤泥　　墙隅　　茱萸　　阿谀　　犰狳　　吹竽　　番禺　　鲤鱼　　须臾　　瘐孟
阿谀奉承　　滥竽充数　　负隅顽抗　　逾墙而逃　　忠贞不渝　　尔虞我诈　　赋予
岛屿　　图圄　　苍庾　　龃（jov）龉　　伛偻（lov）　　宇宙　　羽毛　　雨露
语言　　禹城市　　信誉　　富裕　　比喻　　上谕　　犹豫　　丘鹬　　李某煜　　王毓某
张某聿　　家喻户晓　　御驾亲征　　钟灵毓秀　　鹬蚌相争　　鬼蜮伎俩　　芋头
吁请　　郁冈　　育种　　浴室　　预算　　域名　　欲望　　尉迟　　遇难　　御用　　寓所
愈合　　蔚县　　淯河　　鬼蜮　　于是　　余额　　娱乐　　渔船　　逾期　　愉快　　榆树
愚昧　　舆论　　揶（iec）揄　　觊（jl）觎　　觎　　丰腴　　你的预测比较准确

62

这里蕴藏着多种矿藏　云层越来越厚　实施了远程的精确打击
这是个愚蠢的家伙
这是一部原创，请放回书架原处。我预料这次舆论的动向比原来预料的更可怕
这种原理更省原料　娱乐场所的娱乐器械
于毓敏是广东棫朴人，她最近被调到山东郚古城镇当镇长。
俞老师站在远处比划着，然后拉着他的学生卢煜辉的手说："走，咱们回邘郏去。"
禹城市的禹作敏先生在江苏敔山做薯蓣的生意，逐渐成了大老板。

二、"on、onc、onv、onl，oe、oec、oev、oel" 音的字词

"on、onc、onv、onl" 四个读音的字词；"oe、oec、oev、oel" 四个读音中，"oec" 音没有汉字，"oev" 音有"哕"1个字。

	1	2	3	4	5	6	7	8	9	0
ON	遇难	云南	越南	月内	酝酿	允诺	晕	氲	缊	熅
OE	余额	鱼饵	悦耳	援俄	月娥	约	曰	戉		

晕（on）：头晕、晕倒、晕头转向；又读"onl"：晕车、眩晕、红晕。
郧（onc）：地名用字，郧县，在湖北省。
筼（onc）：地名用字，筼筜（dk），在福建省。
涢（onc）：涢水，在湖北省，是汉江的支流。
沄（onc）：地名用字，河沄，在山西省。
员（onl）：姓氏；又读"ohc"：成员、雇员。
恽（onl）：姓氏。
栎（oel）：地名用字，栎阳，在陕西省。
钺（oel）：古代形状像大斧的兵器。
渝（oel）：地名用字，渝岭下，在安徽省。

晕倒　氤（in）氲　云朵　匀称（vnl）　芸豆　郧县　涢水
筼筜（dk）　纷纭　耕耘　允许　陨石　殒命　狁（xihv）　狁　孕育
运行　员女士　恽先生　郓城县　酝酿　晕船　愠色　韵律　蕴含　熨烫
军事　军师　军火　菌类　细菌　峻岭　俊俏　俊美　群体　人群　勋章
功勋　熏陶　旬刊　搜寻　寻觅　约定　约好　制约　子曰诗云　干哕
哕吐　月亮　乐器　岳父　粤语　锁钥　检阅　喜悦　飞跃　跨越　疟疾
虐待　肆虐　掠夺　掠影　绝食　绝世　噘嘴　觉悟　绝密　决绝　扁鹊
喜鹊　瘸子　学子　血管　遇难人数已上升到170余人

云南的东南部与越南接壤　他允诺在三个月内完成　一场风暴正在酝酿中　余额已经不足　悦耳的歌声

云月娥是湖北郧县人，后来迁到福建赟笃定居，并在那里与山西河沄的恽满仓先生结婚。婚后，二人徒步到陕西栎阳、湖南岳阳、安徽渝岭下等地旅游。

三、"oh、ohc、ohv、ohl"音的字词

	1	2	3	4	5	6	7	8	9	0
OH	与会	遇害	约会	怨恨	远海	远航	冤	渊	鸳	鸯

鸢（oh）：纸鸢（风筝）、<u>鸢飞鱼跃</u>。
浉（oh）：地名用字，浉市，在湖北省。
芫（ohc）：芫花，落叶灌木；又读"ihc"：芫荽（即香菜）。
媛（ohc）：婵媛；又读"ohl"：名媛、名媛淑女。

鸳鸯　冤枉　渊博　箢箕（j）　浉市　园林　元首　芫　员工　原始
圆圈　鼋龟　援助　缘分　猿猴　源泉　辕门　羱羊　蜿蜒　姜嫄　北塬
东塬　沅江区　垣曲县　袁州区　怨气　院长　苑囿　垸子　愿望　名媛
苑先生　捐赠　婵娟　卷烟　倦意　圆圈　源泉　泉水　全员　劝架
犬牙　宣布　宣誓

袁老板从湖北浉市出差回到青岛，他的妻子苑婵娟正在家里与别人约会被他<u>抓个正着</u>。他从此怨恨妻子。一次，他随船队去远海远航，目的地是非洲的好望角。待他远航回来回到家时，他的妻子已在家里遇害有半个月了。公安还没有破案，袁老板<u>大哭一场</u>，随口说道："空中飞纸鸢，与会说闲言。人间婵娟美，鸳鸯不存单。名媛淑女秀，圆规画圆圈。"说罢，就要<u>跳楼自杀</u>，被邻居们劝止。

四、前后字母没有拼音关系的常用词

将下列186条单词读准打熟，练习到在140秒内听录完。

	1	2	3	4	5	6	7	8	9	0
OA		预案	冤案	原案	云安	远安	云霭			
OB		预备	阅兵	渊博	原本	原版	愚笨	月饼	援兵	远比	院部
OD		运动	遇到	月底	约定	原定	远大	元旦	约旦	愚钝	晕倒
OF		月份	预防	与否	远方	运费	迂腐	缘	远非	远赴	孕妇
OG		原告	预告	预感	越过	越轨	员工	约稿	月光	缘故	晕高

OI	原因	愿意	运用	运营	约有	越野	予以	云烟	岳阳	原样
OJ	预计	遇见	预见	约见	远景	越加	原籍	远见	预警	原件
OK	愉快	余款	月刊	越快	远看	圆孔	远客			
OM	圆满	预谋	愚昧	域名	月末	玉米	郁闷	羽毛	裕民	原貌
OO	逾越	愉悦	孕育	预约	源于	远远	圆圆	元月	越狱	渊源
OP	原判	月票	约聘	乐谱	圆盘	原配				
OQ	预期	逾期	运气	园区	源泉	元气	约请	月球	冤屈	冤情
OR	与人	鱼肉	余热	猿人	渔人	余人	跃然	圆润	羽绒	
OS	预算	预赛	运送	雨伞	运算	月色	元素	原诉	院所	
OT	源头	鱼塘	远途	雨天	月坛	乐团	远眺	云梯	云团	云头
OU	愿望	欲望	语委	冤枉	约为	越位	原文	原委	原物	院外
OW	于是	约束	运输	遇上	原始	瘀伤	元首	援手	远山	陨石
OX	允许	运行	预先	原先	月薪	元凶	元勋	瘀血	越想	院校
OY	援助	运转	约占	预知	余震	乐章	原装	园长	圆柱	院长
OZ	原则	运作	原子	源自	运载	月租	远在	远走	院子	

预案原案是冤案　　云安远安都是县　　远眺云霭遮远景　　预感越轨有渊源
预备阅兵援兵到　　原本渊博在原版　　愚笨迂腐皆缘故　　冤屈冤情有源泉
孕妇晕倒住院部　　月饼远比玉米甜　　原定运动先约定　　月底元旦转圆盘
远赴约旦志远大　　遇到愚钝躲远远　　预告远方多运费　　原告预计找原配
远看远客有远见　　月份月末无月光　　预算雨天准与否　　远非员工怕晕高
愿意预防设预警　　遇见源头缘分到　　约稿运营查原因　　越野越过山原貌
岳阳云烟伴云团　　园区原样景跃然　　愉快运用予以赏　　与人乐谱登月刊
预谋愚昧凿圆孔　　约有院长来约见　　元凶元月思越狱　　月球月色月圆圆
预见余款运送走　　越位越快越加优　　源于域名运气好　　逾越原判郁闷愁
孕育元气很愉悦　　逾期月票施援千　　遇上云头头雨伞　　源自院校祝美满
允许援助忙运输　　元首元勋奏乐章　　原则约束道原委　　源自原始诉愿望
运行运转又运作　　圆柱原物是原装　　预期语委不作为　　原诉瘀血还瘀伤
预知原子能运载　　预先月薪是欲望　　260余人　这里有预赛的元素
原文是这样描述的　　远在异国他乡　　月租六千多块
月坛有一个闻名遐迩的乐团　　远途的乘客请往里走
你算一下这个鱼塘面积多大　　被冤枉的人约占30%　　院外看远山

第六节　读音首字母是"B"的字词

辅音字母"b"与元音"a、i、u、ab、ak、ah、as、en、et、ey"有拼音关系。其中，双元音字母"ab、ak、ah、as、en、et、ey"在与辅音拼音时，须将前面的单元音字母"a、e"省略去，直接用后面的辅音字母取代。如 bbz（包子）、bblyv（报纸）、yvbb（纸包）、yvbt（纸杯）、bilbkv（臂膀）、bhlwl（办事）、j'bhl（羁绊）、svbhv（死板）、bscrl（白日）、bscyv（白纸）、w'bsl（失败）、bnvwl（本市）、bslw（拜师）、bnxc（奔袭）、btbb（背包）、z'bnv（资本）、bnvyl（本质）、bnvil（本意）、ccbt（慈悲）、byljc（蹦极）。

一、辅音字母"b"及其四声的同音字

（一）"b"音同音字、短语和单词的输入

输入"b"音后，对话框中的1至8显示的是缩略首字母是"b"读音的高频字（详见高频字字表），9、0显示的是缩略首字母是"b"读音的同音字，其他缩略首字母是"b"读音的同音字须翻页。

	1	2	3	4	5	6	7	8	9	0
B	不	把	被	并	比	表	本	部	波	拨

砵（b）：地名用字，麻地砵，在内蒙古；东砵，在广东省。
嶓（b）：地名用字，嶓溪，在陕西省。
蕃（b）：土蕃，古国名。
哱（b）：地名用字，西哱罗寨，在山东省。

拨付　波浪　玻璃　菠菜　播音　衣钵　饽饽　东砵　土蕃　嶓溪
西哱罗寨

（二）"bc"音同音字、短语和单词的输入

输入"bc"音后，对话框中的1至7显示的是缩略首字母是"b、c"读音的常用词，8至0是"bc"音同音字，其他"bc"音的同音字则须翻页，如下所示：

	1	2	3	4	5	6	7	8	9	0
BC	彼此	保存	不错	本次	白菜	悲惨	鞭策	薄	博	铂

帛（bc）：丝织品的通称，如布帛、帛书。
铂（bc）：金属元素，如铂金。
栟（bc）：地名用字，栟罗台，在河北省。
伯父　驳斥　泊头　勃发　亳州　脖颈儿　舶来品　鹁鸪　渤海　搏斗
鲍鱼　苞箔　胳膊　喷薄　磅礴

（三）"bv"音同音字、短语和单词的输入

输入"bv"音后，对话框中的1至8显示的是读音首字母是"b、v"的常用词，9和0是"bv"音同音字，如下所示：

	1	2	3	4	5	6	7	8	9	0
BV	保持	补偿	变成	办成	八成	补充	别处	秉承	簸	跛

跛子　簸簸（bl）　箕（j）

（四）"bl"音同音字、短语和单词的输入

输入"bl"音后，对话框中的1至9显示的是读音首字母是"b、l"音的常用词，0是"bl"音同音字，如下所示：

	1	2	3	4	5	6	7	8	9	0
BL	不论	辩论	悖论	濒临	保留	不利	暴露	暴力	巴黎	擘

檗木　薄荷　簸箕　擘肌分理　巨擘

将下列句子练习若干遍，直至达到听完一句话再开始录入并能听下句记上句时为止：

一本小说比一部电视剧好看。
菠菜比饽饽好吃得很，但彼此都来源于蟠溪。
不论是檗木还是柏木，八成都长在陡坡上。
跛子昂头簸簸箕，有人提出并补偿他，说这是对他有利的事。
泊头市和栟罗台都在河北省，这两个地方不产布帛；亳州产布帛，也产玻璃。
包场是给补偿的，补偿物有铂、薄荷、鹁鸪和白菜，并能办理衣钵的发放。

二、拼音"ba"及其四声的同音字

（一）"ba"音同音字、短语和单词的输入

输入"ba"音后，对话框中的1至6显示的是缩略首字母是"b、a"读

音的常用词，7至0显示的是缩略首字母"ba"读音的同音字。其他缩略首字母是"ba"读音的同音字须翻页，如下所示：

	1	2	3	4	5	6	7	8	9	0
BA	不安	备案	办案	报案	保安	本案	八	捌	吧	巴

朳（ba）：地名用字，构朳，在陕西省。
岜（ba）：地名用字，岜蒙，在广西壮族自治区；岜饶，在贵州省。
虷（ba）：地名用字，虷蛸（wb），在辽宁省。
扒（ba）：扒拉、扒皮；又读"pac"：扒手（指小偷儿）。
粑（ba）：饼类食品，如绿豆粑、糍粑。

捌十　巴士　扒开　吧台　笆斗　岜蒙　虷蛸　鲃鱼　疤痕　构朳　喇叭　篱笆

（二）"bac、bav、bal"音同音字、短语和单词的输入

钯（bav）：金属元素。
把持　靶场　打靶
灞（bal）：灞河；灞桥，在陕西省中部。

水坝　爸爸　耙地　罢休　霸占　灞河
跋涉　拔高　拔苗助长　跋山涉水

将下列句子练习若干遍，直至达到听完一句话再开始录入并能听下句记上句时为止：

一个扒手霸占了靶场，此事已备案。同时，还有八个保安找他办案。
构朳在陕西省，岜蒙在广西省。前者有灞河水坝，后者产笆斗。
李丽的爸爸胳膊上有疤痕，他爱吃糍粑、爱耙地，去年到了辽宁省的虷蛸居住。
八十辆巴士开向贵州省的岜饶，有捌拾人在巴士上开了吧台。

三、拼音"bi"及其四声的同音字

（一）"bi"音同音字、短语和单词的输入

输入"bi"音后，对话框中的1至8显示的是缩略首字母是"b、i"读音的常用词，9至0是"bi"音的同音字。如下所示：

	1	2	3	4	5	6	7	8	9	0
BI	必要	不要	不用	榜样	毕业	半夜	报应	表扬	逼	屄

（二）"bic"音同音字、词的输入

荸（bic）：多年生草本植物，如荸荠。

（三）"biv"音同音字、短语和单词的输入

吡（biv）：有机化合物，吡啶（de）、吡咯（lpl）、吡吡。
沘（biv）：沘江，在云南省西北部；沘水，在安徽省西部。
芘（biv）：有机化合物。
妣（biv）：去世的母亲，先妣，如丧考妣。

（四）"bil"音同音字、词的输入

埤（bil）：地名用字，五埤，在浙江省。
苾（bil）：地名用字，苾村，在山东省。
哔（bil）：地名用字，哈哔嘎乡，在河北省。
荜（bil）：多年生藤本植物，荜拨。
铋（bil）：金属元素。
秘（bil）：用于译音，秘鲁（南美洲国家）；又读"mil"：秘密、秘而不宣。
萆（bil）：多年生藤本植物，萆薢（xfl）。
箅（bil）：用荆条、竹子、树枝等编成的篱笆或其他遮拦物，蓬门筚户、蓬筚生辉。
跸（bil）：帝王出行的车驾或禁止行人通行，驻跸、扈跸、警跸。
滗（bil）：挡住容器中的渣滓或泡着的东西，把液体倒出来，如把汤药滗出来，把汤滗干净。
濞（bil）：地名用字，漾濞，在云南省。
薜（bil）：常绿藤本植物，薜荔，又叫"木莲"。
箅（bil）：带有空隙能起间隔作用的片状器具，如铁箅子、竹箅子、炉箅子。
襞（bil）：人体内部器官上的褶皱，胃襞、阴道襞。

匕首	比照	彼此	秕子	秕糠	鄙视	笔试	卑鄙	钢笔	币值	必要
毕生	闭合	五埤	包庇	苾村	哈哔嘎乡	沘阳县	荜拨	惩前毖后
哔叽	陛下	阶陛	毙命	秘鲁	萆薢	敝人	奴婢	蓬筚生辉
刚愎自用	蓖麻	驻跸	麻痹	滗汤	裨益	辟邪	碧绿	隐蔽	箅子
篦子	弊病	薜荔	壁画	避难	漾濞	臂力	璧玉

将下列句子练习若干遍，直至达到听完一句话再开始录入并能听下句记上句时为止：

必要的是榜样，不用又不要的是带匕首的歹徒。

云南省的漾濞产一种竹箅子，煲汤时，厨师就用细细的竹箅子把沫子滗出去。

荜蕟、薜荔和荜拨都是藤本植物，产于浙江省的五垒和山东省的苾村。

"芘"和"吡"都是有机化合物，秘鲁的秘密就是居民们所住的房子都是蓬门筚户。

"铋"是金属元素，荸荠是一种可吃的植物。

四、拼音"bu"及其四声的同音字

（一）"bu"音同音字、短语和单词的输入

输入"bu"音后，对话框中的1至9显示的是缩略首字母是"b、u"读音的常用词，0显示的是缩略首字母是"bu"读音的同音字，其他缩略首字母是"bu"读音的同音字须翻页。如下所示：

	1	2	3	4	5	6	7	8	9	0
BU	把握	并未	包围	部委	办完	濒危	北纬	傍晚	病危	铈

（二）"buc"音中只有一个"醭"字

"buc"音中只有一个"醭"字，如酱油有醭了、咸菜生醭了。

（三）"buv"音同音字、短语和单词的输入

堡（buv）：（有围墙的村镇）地名用字，吴堡县，在陕西省；柴沟堡，在河北省。又读"bbv"：堡垒、碉堡；"puv"：十里堡、七里堡。

（四）"bul"音同音字、短语和单词的输入

埗（bul）：地名用字，高埗，在广东省；深水埗，在香港。

埔（bul）：地名用字，大埔、埔县，在广东省；又读"puv"：柬埔寨。

钚（bul）：核原料，金属元素。

簿（bul）：地名用字，蓁（yn）簿，在浙江省。

卟吩　补课　捕捉　哺育　吴堡　布告　不能　步兵　部长　账簿　外埠
恐怖　高埗　深水埗　大埔　蓁簿　柬埔寨

将下列句子练习若干遍，直至达到听完一句话再开始录入并能听下句记上句时为止：

陕西省的吴堡县、东南亚的柬埔寨和浙江省的蓁簿都有核原料"钚"。

并未把握好补课技能，哥哥为此而烦恼，有时还很恐怖。

部长是部委的首长，账簿是财务人员的记账工具。

五、拼音"bs"及其四声的同音字

（一）"bs、bsc"音同音字、短语和单词的输入

"bs、bsc"两个音中只有"掰、白"两个字。输入"bs"音后，对话框中的1至9显示的是缩略首字母是"b、s"读音的常用词。如下所示：

	1	2	3	4	5	6	7	8	9	0
BS	比赛	伴随	败诉	白色	不算	闭塞	本色	背诵	白送	掰

掰开　掰开揉碎　黑白　白日做梦

（二）"bsv"音多音字与同音字的输入

伯（bsv）：丈夫的哥哥，大伯子；又读"bc"：伯父、伯乐。

大伯子　捌佰　柏树　摆设

（三）"bsl"音同音字、词的输入

败坏　拜年　稗子　稗官野史

将下列句子练习若干遍，直至达到听完一句话再开始录入并能听下句记上句时为止：

妈妈说我的伯父是她的大伯子。我记得伯父在自行车比赛中一直保持第一。

她对他掰开揉碎地做工作，但他就是不分黑白地独断专行，结果败诉了。

小弟把掰开的馒头放在白色的抹布上，他自言自语地说："我这是摆设食物吗？"

六、拼音"bh"及其四声的同音字

（一）"bh"音同音字、短语和单词的输入

输入"bh"音后，对话框中的1至8显示的是缩略首字母是"b、h"读音的常用词，9和0显示的是缩略首字母是"bh"读音的同音字，其他缩略首字母是"bh"读音的同音字须翻页。如下所示：

	1	2	3	4	5	6	7	8	9	0
BH	变化	变坏	保护	办好	不会	包含	辩护	背后	班	般

71

瘢（bh）：一种留在皮肤上的疤痕，如刀瘢、烧瘢、瘢痕。

班级　般配　颁布　瘢痕　扳手　搬动　扳机　斑纹

（二）"bhv"音同音字、短语和单词的输入

畈（bhv）：地名用字，畈大，在江西省。

阪（bhv）：地名用字，大阪，在日本。

钣（bhv）：金属板材，如钢钣、钣金工、铝合金钣。

版图　木板

（三）"bhl"音同音字、短语和单词的输入

溿（bhl）：地名用字，源溿，在江西省。

梆（bhl）：成段大块的木柴，如木梆子、劈木梆子。

办公　半路　伴舞　拌匀　绊倒　梆子　源溿　打扮

将下列句子练习若干遍，直至达到听完一句话再开始录入并能听下句记上句时为止：

江西省的畈大有变化，且变化很大。这里的斑纹钢钣和铝合金钣都是优质的。

江西省的源溿产一种木梆子，这种木梆子一般都供应给了日本国的大阪。

搬动扳手搂扳机，绊倒舞伴一对一。木板版图烧瘢有，变坏不好彼此离。

七、拼音"bk"及其四声的同音字

（一）"bk"音同音字、短语和单词的输入

输入"bk"音后，对话框中的 1 至 7 显示的是缩略首字母是"b、k"读音的常用词，8 至 0 显示的是缩略首字母是"bk"读音的同音字，其他缩略首字母是"bk"读音的同音字须翻页。如下所示：

	1	2	3	4	5	6	7	8	9	0
BK	包括	避开	崩溃	博客	报刊	本科	被控	帮	邦	浜

互帮　梆子　洋泾浜　沙家浜

（二）"bkv"音同音字、词的输入

肩膀　膀（pk）肿　膀（pkc）胱

（三）"bkl"音同音字、短语和单词的输入

塝（bkl）：田边沟渠或土埂的边，塝田；也用于地名，张塝，在湖北省。

蒡（bkl）：二年生草本植物，牛蒡。

蚌壳　傍晚　塝田　英镑　地磅　诽谤　木棒　磅（pkc）礴　鹬蚌相争

将下列句子练习若干遍，直至达到听完一句话再开始录入并能听下句记上句时为止：

新四军在沙家浜打击了敌人，敌人很快就崩溃了。

湖北省的张塝有一位诗人，他说："报刊诽谤木棒打，傍晚蚌壳在塝田。臂膀膀肿膀胱大，英镑能买好木炭。"

八、拼音"bb"及其四声的同音字

（一）"bb"音同音字、短语和单词的输入

输入"bb"音后，对话框中的1至9显示的是缩略首字母是"b、b"读音的常用词，0显示的是缩略首字母是"bb"读音的同音字，其他缩略首字母是"bb"读音的同音字须翻页。如下所示：

1	2	3	4	5	6	7	8	9	0
BB	并不	不变	不便	颁布	遍布	被捕	版本	弊病	卑鄙	包

枹（bb）：枹树，落叶乔木，又叫"小橡树"。

龅（bb）：凸出在嘴唇外门牙，如龅牙、大龅牙。

包办　苞米　头孢　同胞　剥开　剥花生　剥（b）削　煲饭　褒奖

（二）"bbc"音有两个同音字

其中"薄"是多音字，如冰雹、薄薄的。

（三）"bbv"音同音字、短语和单词的输入

饱饭　宝贝　保卫　堡垒　褓被　老鸨　永葆青春

（四）"bbl"音同音字、短语和单词的输入

瀑（bbl）：瀑河，在河北省；又读"pul"：瀑布。

刨（bbl）：刨冰、刨花、刨床；又读"pbc"：刨除、刨坑、刨根问底。

报纸　抱歉　鲍鱼　暴雨　瀑河　曝光　爆炸　猎豹　豹子胆　趵突泉

将下列句子练习若干遍，直至达到听完一句话再开始录入并能听下句记上句时为止：

李龙是大龅牙，他喜爱煲饭、种植枹树。多少年来，他的喜爱和脾气一直不变。

鄂熙龙是本科毕业生，他刚吃饱饭，不便做俯卧撑运动，就改为攻堡垒游戏。

保卫拿褓被，褓被中遍布宝贝，原来宝贝是苞米。
<u>河北省</u>的瀑河有一处瀑布，每遇到暴雨，鲍鱼就沿着瀑河逆流而上。
报纸包括包食物，爆炸刨坑为保护。济南遍布<u>趵突泉</u>，<u>骑虎难下豹上树</u>。

九、拼音"bt"及其四声的同音字

（一）"bt"音同音字、短语和单词的输入

输入"bt"音后，对话框中的 1 至 8 显示的是缩略首字母是"b、t"读音的常用词，9 和 0 显示的是缩略首字母是"bt"读音的同音字，其他缩略首字母是"bt"读音的同音字须翻页。如下所示：

1	2	3	4	5	6	7	8	9	0
BT 不同	摆脱	表态	不提	拜托	半天	变态	白条	杯	呗

椑（bt）：地名用字，椑木，在四川省。

举杯　自卑　背包　悲伤　碑文　椑木　悲天悯人　不卑不亢

（二）"btv"音只有一个"北"字

北极　北非　北欧　北部　西北　漠北

（三）"btl"音同音字、短语和单词的输入

钡（btl）：金属元素，钡盐、钡餐、硫酸钡。

碚（btl）：地名用字，北碚，在重庆市区。

蓓（btl）：未开放的花骨朵儿，蓓蕾（ltv）。

焙（btl）：用微火烘烤，如焙茶、焙药、焙干。

褙（btl）：把布或纸一层一层地粘起来，袼褙、裱褙。

贝壳　狈狈　后背　被迫　晚辈　疲惫　焙干　烘焙　蓓蕾　北碚区　鐾刀

将下列句子练习若干遍，直至达到听完一句话再开始录入并能听下句记上句时为止。

袼褙须烘焙，举杯祝晚辈。蓓蕾花骨朵，背包<u>硫酸钡</u>。表态问补贴，摆脱重石碑。

不提被迫事，悲伤且疲惫。悲天悯人者，读书不狼狈。北碚<u>重庆市</u>，备战后墓碑。

十、拼音"bn"及其四声的同音字

（一）"bn"音同音字、短语和单词的输入

输入"bn"音后，对话框中的 1 至 8 显示的是缩略首字母"b、n"读音的常用词，9 和 0 显示的是缩略首字母是"bn"读音的同音字，其他缩略首字母是"bn"读音的同音字须翻页。如下所示：

	1	2	3	4	5	6	7	8	9	0
BN	不能	并能	本能	不难	别扭	半年	摆弄	便能	奔	锛

栟（bn）：地名用字，栟茶，在江苏省。
贲（bn）：胃与食管相连的部分，贲门。
锛（bn）：削平木料的工具，锛子；遇到坚韧的材料使刀刃出现缺口，刀锛了。

奔跑　贲门　栟茶　锛子　锛平

（二）"bnv、bnl"音同音字、短语和单词的输入

"bnv"音有"本、苯、畚"三个同音字；"bnl"音有"笨、奔、俹、捹"4 个常用同音字。

俹（bnl）：地名用字，俹城，在河北省。

本事　木本　草本　苯胺　苯毒　奔走　奔走相告　笨重　笨嘴拙舌
笨手笨脚

将下列句子练习若干遍，直至达到听完一句话再开始录入并能听下句记上句时为止：

江苏省的栟茶，有一位会使用锛子的木工，他与河北省俹城的任师傅是同行。

本市市政府颁布了不能在木市奔跑的法律规定，很多人为此奔走相告。
最不难做的是人的本能。有本事和没本事各有利弊。

十一、拼音"by"及其四声的同音字

（一）"by"音同音字、短语和单词的输入

输入"by"音后，对话框中的 1 至 9 显示的是缩略首字母是"b、y"读音的常用词，0 显示的是缩略首字母是"by"读音的同音字。也就是说，"Y"在字母前面读辅音"只"，在字母的后面读双元音"鞍"，如下所示：

	1	2	3	4	5	6	7	8	9	0
BY	标准	保证	帮助	保障	本质	爆炸	部长	贬值	表彰	嘣

嘣（by）：拟声词，心"嘣嘣"直跳。

绷紧　崩溃　绷（byv）着个脸　绷（byl）直　绷硬

（二）"byc、byv、byl"音同音字、短语和单词的输入

"byc"音有一个"甭"字；"byv"音有"绷、琫"两个同音字，"绷"是多音字；"byl"音同音字较多。

水泵　钢镚儿　蹦高　迸发　蚌埠　绷脆　蹦蹦跳跳　水泵的标准
保证迸发出来　保证站得绷直　五分钢镚儿　妹妹一蹦一跳的

十二、辅音与双字母拼音元音的拼音

双字母拼音元音就是单字母元音"i、u、o"与单字母元音和双字母元音的拼音。如"ih、ib、ie、in、iy、iw、ik、ia、ig；oe、on、oh；uh、uk、ue、un、ua、ut、us"共19个。这19个双字母拼音元音作为独立的语素单位应用时用法不变，与辅音拼音时，均改为一个字母，具体见图4-1。

图4-1　辅音与双字母拼音元音的拼音键位

图中所示的"in、us"均合用辅音字母"m"；"un、on"均合用辅音字母"d"；"oe、uh"均合用辅音字母"r"；"ie、ua"均合用辅音字母"f"；"ik、ut"均合用辅音字母"j"；"ig"用辅音字母"k"；"ia"用辅音字母"n"；"oh"用辅音字母"h"；"iw"用辅音字母"q"；"iy"用字母"e"；"ih"用辅音字母"z"；"ib"用辅音字母"x"；"uk"用单元音字母"i"；"ue"用辅音字母"p"。例如，"秋季"要拼成"qqjl"而不是"qiwjl"；"姐姐"要拼成"jfvjf"而不是"jievjie"；"将军"要拼成"jjjd"而不是"jikjon"。这种双拼法可以减少击键频率，是提高速录速度的有效手段之一。

每个读音经过几十遍的输入训练就能熟练掌握并能轻松应用。

（一）"bz"音同音字、短语和单词的输入

输入"bz"音后，对话框中1至8显示的是读音首字母"b、z"音的常

用词，9 和 0 是"bz"音的同音字。也就是说，"Z"在字母的前面读辅音"资"，在字母的后面读双元音"烟"，如下表所示：

	1	2	3	4	5	6	7	8	9	0
BZ	不再	不足	编造	宝藏	暴躁	别再	倍增	闭嘴	边	编

萹（bz）：一年生草本植物，萹蓄，又叫"扁竹"。
碥（bzv）：地名用字，碥头溪乡，在陕西省。
卞（bzl）：姓氏。
弁（bzl）：过去对士兵或差役的称呼，如马弁、差弁。
汴（bzl）：河南省开封市的别称，如汴、汴梁、汴京。

边境	萹蓄	编辑	蝙蝠	鯿鱼	鞭挞	痛砭时弊	砭人骨髓	干煸豆角
贬低	扁圆	匾额	碥头溪乡	变动	便捷	苄基	马弁	差弁	汴梁
遍布	辨别	辫子	答辩	分辨	梳辫子			

将下列句子练习若干遍，直至达到听完一句话再开始录入并能听下句记上句时为止：

我和你分别后就不在报社当编辑了，而是与一位姓卞的女士共同编纂词典。

去陕西省碥头溪乡旅游，据说那里有好看的蝙蝠和鯿鱼。

美景不在了，就和我的童年不在了一样。

（二）"bx"音有三个声调的同音字

输入"bx"音后，对话框中 1 至 8 显示的是缩略首字母是"b、x"读音的常用词，9 和 0 显示的是缩略首字母是"bx"读音的同音字，其他缩略首字母是"bx"读音的同音字须翻页。也就是说，"X"在字母的前面读辅音"希"，在字母的后面读双元音"腰"，如下所示：

	1	2	3	4	5	6	7	8	9	0
BX	必须	必需	表现	不行	不想	百姓	保险	部下	标	彪

蔍（bx）：多年生草本植物，蔍草。
藨（bx）：地名用字，藨草沟，在湖北省。
脿（bxv）：地名用字，法脿，在云南省。
摽（bxl）：紧紧捆住或用胳膊紧紧钩住，如用铁丝摽上、几个人摽着走路。
鳔（bxl）：鱼体内用于升降运动的气囊，也指用鱼鳔和猪皮等熬制的胶，如鳔胶、鱼鳔。

  标志 彪炳 膘情 肥膘 狂飙 飙风 飞镖 保镖 蔍草 濂草沟

  分道扬镳 表达 婊子 褾褙 装裱 法膑 摽上 摽着 鳔胶 鱼鳔

  将下列句子练习若干遍，直至达到听完一句话再开始录入并能听下句记上句时为止：

  湖北省的濂草沟适合养马。有从云南省法膑来的保镖，他骑在黑白相间的肥膘大马上，也不用鞍鞯，两腿摽在马肚子上开始练习在飞奔的马上甩飞镖。

  肖老师爱箫，表现得也很潇洒。他会使用飞镖，但褾褙技术不行，夫妻不和，最近刚与妻子分道扬镳。现在，自己过着独身生活。

  （三）"bf"音同音字、短语和单词的输入

  输入"bf"音后，对话框中1至9显示的是缩略首字母是"b、f"读音的常用词，0显示的是缩略字母是"bf"读音的同音字。也就是说，"f"在字母的前面读辅音"佛"，在字母的后面读双元音"耶"，如下所示：

    1 2 3 4 5 6 7 8 9 0

  BF 部分 办法 颁发 并非 报复 报废 爆发 北方 包袱 鳖

  蹩（bfc）：脚因伸到空隙而扭伤，如脚脖子蹩伤了，蹩脚。

  别（bfc）：分别、永别；姓氏；又读"bfl"：别扭、别扭劲。

  瘪三 憋气 憋闷 鳖甲 蹩脚 分别 瘪（bfv）谷 别扭

  绑匪说："我姓别，叫别彪，生于2001年9月。曾因报复打人而蹩伤了脚，现在正在治疗。我当绑匪，并非出于无奈，而是感到好玩儿"。当听到法庭要判他有罪时，他如同泄气的皮球，一下就瘪谷了。

  （四）"bm"音同音字、短语和单词的输入

  输入"bm"音后，对话框中1至7显示的是缩略首字母是"b、m"读音的常用词，8至0显示的是缩略首字母是"bm"读音的同音字。也就是说，"m"在字母的前面读辅音"摸"，在字母的后面读双元音"因"，如下所示：

    1 2 3 4 5 6 7 8 9 0

  BM 避免 部门 表面 表明 闭幕 保姆 北美 斌 彬 宾

  邠（bm）：地名用字，邠州村，在江苏省。

  来宾 海滨 文质彬彬 傧相 缤纷 濒临

  鬓角 髌骨 殡葬 摒弃 孙膑 两鬓 出殡 连鬓胡子 耳鬓厮磨

  朱斌和史彬是一对很要好的同事。朱斌是连鬓胡子，成天一副彬彬有礼的

样子；史彬的鬓角很大，是个小白脸，在江苏省邻州村是有名的才子。有位叫孙膑的同事去世了，出殡的那天，他们一起参加了孙膑的葬礼。

（五）"be"音同音字、短语和单词的输入

输入"be"音后，对话框中 1 至 7 显示的是缩略首字母是"b、e"读音的常用词，8 至 0 显示的是缩略首字母是"be"读音的同音字。

	1	2	3	4	5	6	7	8	9	0
BE	北欧	报恩	波恩	保额	不饿	匾额	碑额	兵	冰	槟

槟（be）：槟榔；又读"bm"：槟子。
邴（bev）：姓氏。

冰山　冰山一角　兵器　兵器工业　丙方　秉承　饼干　屏退　禀告　刀柄　彪炳　彪炳史册　摒除　病变　并且

读准、打熟下列词汇中的单词，达到听下句记上句时为止：

槟子的又一名字叫槟榔。相对而言，槟榔的又一名字叫槟子。

士兵禀告邴首长："丙方饼干有病变，冰山兵器有把柄，请屏退他人共同登冰山。"

雨打芭蕉真寂寞，如丧考妣。黑红铅笔描扮相，树立榜样。装备刨床看卜卦，冰山一角。搬迁柏林点百货，思路相悖。辩论绑架找绑匪，摒弃帮凶。加倍努力建邦交，来宾宝贵。

沘江吡啶无斑点，表面无痕。煸锅炒菜要精致，避免油烟。这部分那部分只是一小部分。

十三、前后字母没有拼音关系的常用词

没有拼音关系的常用词就是前后两个字母之间没有拼音关系，常用词后面没有排列的单字和单字同音字。如下所示：

	1	2	3	4	5	6	7	8	9	0
BD	不但	不断	报到	部队	表达	办到	不对	不得	比对	变动
BG	被告	报告	不过	悲观	变更	白宫	逼供	把关	宾馆	倍感
BJ	比较	毕竟	北京	不仅	不久	本届	表决	背景	悲剧	报警
BO	本月	北约	便于	抱怨	边缘	暴雨	比喻	本院	白云	不愿
BP	被迫	被骗	奔跑	别怕	不怕	帮派	摆平	被判	背叛	鞭炮
BQ	并且	霸权	表情	抱歉	不去	病情	搬迁	版权	本钱	摒弃

| BR | 不然 | 必然 | 别人 | 比如 | 不如 | 包容 | 薄弱 | 本人 | 不让 | 辨认 |
| BW | 表示 | 办事 | 不少 | 本身 | 本市 | 本事 | 保释 | 保守 | 笔试 | 部署 |

不但不报导还不能再抱怨,我表达了悲观的看法。不断地报道,让被告有了抱歉的表示。不得对报告的内容进行篡改,不过可以修改。不怕奔跑,就怕逃跑;不怕不去,就怕非去。比较一下便于在办事时把关,否则会被边缘化,不然别人怎么会知道呢?他背叛了人民,因此被判了十年<u>有期徒刑</u>。不经比对,如何辨认版权?被告的帮派思想和悲观情绪很严重。

第七节　读音首字母是"p"的字词

一、辅音字母"p"及其四声的同音字词

(一)"p"音字词

钋(p):金属元素。

陡坡　湖泊　活泼　偏颇

(二)"pc"音字词

输入"pc"音后,对话框中1至7是读音首字母"pc"的常用词:

| | 1 | 2 | 3 | 4 | 5 | 6 | 7 | 8 | 9 | 0 |
| PC | 评测 | 拼凑 | 碰瓷 | 仆从 | 配餐 | 批次 | 破财 | 婆 | 鄱 | 繁 |

繁(pc):姓氏;又读"fhc":繁荣、繁花。

鄱阳　鄱阳湖　婆婆　繁先生

(三)"pv"音字词

| | 1 | 2 | 3 | 4 | 5 | 6 | 7 | 8 | 9 | 0 |
| PV | 排除 | 排斥 | 平常 | 赔偿 | 刨除 | 判处 | 破产 | 排查 | 嫖娼 | 偏差 |

钷(pv):金属元素。

笸箩　叵测　居心叵测

(四)"pl"音字词

| | 1 | 2 | 3 | 4 | 5 | 6 | 7 | 8 | 9 | 0 |
| PL | 评论 | 披露 | 漂亮 | 排列 | 频率 | 疲劳 | 评理 | 破例 | 破 | 迫 |

琥珀　突破　糟粕　魂魄　强迫　朴树

将下列句子练习若干遍，直至达到听下句记上句时为止：

有评论说，琥珀、笸箩都是远古时期的产物，但现在用起来还很方便，也很漂亮。

繁先生颇怕评测费事，就跑到繁花似锦的鄱阳湖边找人帮忙。他走了三天，累得一副失魂落魄的样子。

二、"pa、pac、pal"音的字词

	1	2	3	4	5	6	7	8	9	0
PA	平安	破案	拍案	偏爱	判案	皮袄	趴	葩	啪	芭

耙（pac）：耙子、倒打一耙；又读"bal"：耙地。

趴下　啪啪　奇葩　爬行　扒手　琵琶　枇杷　竹笸子　铁笸子　手帕　害怕

他偏爱破案　她用耙子耙地　妹妹弹琵琶　哥哥吃枇杷　他趴在地上"啪啪"地拍打土地

三、"ps、psc、psv、psl"音的字词

	1	2	3	4	5	6	7	8	9	0
PS	朴素	破碎	破损	派送	菩萨	配送	盘算	陪送	怕死	拍

迫（psv）：迫击炮；又读"pl"：迫使、逼迫、迫不得已。
蒎（psl）：有机化合物，蒎烯。

徘徊　俳句　排队　牌匾　党派　澎湃　哌嗪　蒎烯

师长给士兵派送了迫击炮，迫使士兵排队试射。
她很朴素，但偏爱俳句和牌匾设计。

四、"ph、phc、phv、phl"音的字词

	1	2	3	4	5	6	7	8	9	0
PH	配合	破坏	平衡	彷徨	破获	徘徊	陪护	潘	攀	番

胖（phc）：<u>心宽体胖</u>；又读"pkl"：胖墩儿、肥胖、胖娃娃。

泮（phl）：姓氏。
襻（phl）：用布系成的纽扣儿，纽襻；用针线缝合，襻上几针。
攀登　番禺　潘多拉　涅槃　盘问　磐石　蹒跚　蟠龙　一爿厂　盼望
判案　河畔　袢（qn）袢

潘老师是番禺人，他和年过花甲的泮老师配合及帮助法官判案，有的当事人衣服扣子要掉，他们就帮忙襻上几针。有时，他们也站在大街上询问迈步蹒跚的人，问他们需不需要帮助。久而久之，人们给他们送了一个美名"俩好人"。

五、"pk、pkc、pkv、pkl"音的字词

	1	2	3	4	5	6	7	8	9	0
PK	贫困	抛开	赔款	片刻	跑开	普快	票款	凭空	乓	滂

逄、庞（pkc）：姓氏。
滂沱　膀肿　乒乓球　滂沱大雨　庞大　彷徨　旁听　膀胱　磅礴　螃蟹　耪地

庞女士爱打乒乓球，逄先生喜爱庭审时旁听。他们有一个共同的爱好，那就是吃螃蟹、耪地、研究20世纪60年代的贫困和甲午战争的赔款等问题。

六、"pb、pbc、pbv、pbl"音的字词

	1	2	3	4	5	6	7	8	9	0
PB	普遍	旁边	配备	陪伴	跑步	瀑布	批捕	派兵	赔本	抛

泡（pb）：豆泡、泡子、一泡屎；又读"pbl"：泡影、起泡、泡汤、软磨硬泡。
跑（pbc）：兽类用足刨地，跑槽；虎跑泉，在杭州市。又读"pbv"：跑步、跑生意。
抛弃　水泡　尿（sj）脬　一泡屎　一泡尿　刨除　咆哮　狍子　庖厨　炮制　匏瓜　旗袍　庖丁解牛　炮火　疱疹　泡茶

"膀胱的又一称呼叫尿脬。"逄女士一边陪伴着她的丈夫散步，一边对旁边的泮局长说。泮局长手里拿着一本《庖丁解牛》的书，指着不远处咆哮的狍子说："对的，对的。"

82

七、"pt、ptc、ptl"音的字词

	1	2	3	4	5	6	7	8	9	0
PT	普通	陪同	配套	平台	葡萄	碰头	旁听	平坦	呸	醅

呸（pt）：表示怒斥或鄙夷，呸！本来是醅酒你却说是红酒。
锫（ptc）：金属元素。
胚胎　醅酒　陪伴　培养　赔偿　裴先生　丰沛　敬佩　支配　鞍辔
凤冠霞帔　按辔徐行

我陪同骑马按辔徐行的首长参观刚购买的配套的葡萄研究平台。陪同的还有研究胚胎的裴先生，研究金属元素——锫的庞老师。这时，一位凤冠霞帔的女士笑着朝我们拍手。

八、"pn、pnc、pnv、pnl"音的字词

	1	2	3	4	5	6	7	8	9	0
PN	贫农	叛逆	泡妞	婆娘	皮囊	陪你	凭你	骗你	谝能	喷

喷（pn）：喷射、喷嚏；又读"pnl"：喷香。
湓（pnc）：地名用字，湓城，在江西省。
盆地　花盆

九、"py、pyc、pyv、pyl"音的字词

	1	2	3	4	5	6	7	8	9	0
PY	批准	品质	配置	品种	破绽	陪着	牌照	凭证	嘭	砰

芃（pyc）：人名用字。
㵽（pyc）：地名用字，普㵽，在云南省。
抨击　烹饪　怦然心动　"嘭嘭"的敲门声　硼砂　澎湃　篷车　膨胀
蟛蜞　蓬松　朋友　彭水　鲲鹏　大棚　碰壁　椪柑

陈芃是云南省普㵽人，她蓬松着头发，与从江西省湓城来的男友站在篷车上，手里拿着批准结婚的凭证，大声说道："我的男朋友叫彭鹏，是从事烹饪技术的，他做的饭菜喷香。"

83

十、"pi、pic、piv、pil"音的字词

	1	2	3	4	5	6	7	8	9	0
PI	培养	朋友	便宜	聘用	平庸	碰硬	拼音	飘扬	批	铍

邳（pi）：地名用字，邳县、邳州市。
劈（pi）：劈开、劈头盖脸；又读"piv"：劈叉、一劈两半、劈白菜帮子。
陂（pic）：地名用字，黄陂，在湖北省。
铍（pic）：金属元素，铍青铜、铍铝合金。
芘（piv）：有机化合物。
否（piv）：否极泰来、藏否人物；又读"fwv"：否定、否决。
淠（pil）：淠河，发源于安徽省中西部，是淮河的支流。
睥（pil）：斜着眼睛看：睥睨权贵。

霹雳　噼哩啪啦　劈柴　砒霜　披露　纰漏　批准　曹丕　砖坯　毗邻
枇杷　琵琶　皮毛　蚍蜉　疲劳　啤酒　脾脏　貔貅　鼙鼓　郫县　邳江
熊罴　痞子　癖好　匹夫　劈两半　否极泰来　譬如　僻静　媲美　辟谣
睥睨　淠河　屁股

"朋友培养朋友，以备聘用。"来自安徽省淠河河畔的李邳对我们说。李邳睥睨权贵，爱研究铍青铜，他的脾脏健康，喜爱喝啤酒，时不时的就去湖北省黄陂区旅游，看那里有没有貔貅和熊罴。从来不怕疲劳的他有时也去郫县买鼙鼓，看小孩儿光着屁股在邳江游泳。

十一、"pz、pzc、pzv、pzl"音的字词

	1	2	3	4	5	6	7	8	9	0
PZ	牌子	骗子	赔罪	陪葬	贫嘴	撇嘴	骗走	篇	偏	翩

片（pz）：照片儿、影片儿；又读"pzl"：片面、药片一片、片瓦无存。
骈（pzc）：姓氏；骈句、骈文。
楩（pzc）：楩树；地名用字，楩树岔，在福建省。

篇幅　翩然　犏牛　偏僻　扁舟　片子　翩翩起舞　便宜　骈拇

骈老师是福建省楩树岔人，他在一篇文章中描述了骗子的可耻，这个骗子后来找到了骈老师，并向他赔罪。

十二、"px、pxc、pxv、pxl"音的字词

	1	2	3	4	5	6	7	8	9	0
PX	培训	判刑	排序	品行	谱写	盘旋	排泄	普选	评选	飘

漂（px）：漂移、漂流、漂浮；又读"pxv"：漂白、漂染；还读"pxl"：漂亮。

朴（pxc）：姓氏；又读"p"：朴刀；还读"pl"：朴树、厚朴；亦读"puv"：朴素、朴实。

殍（pxv）：饿殍遍野。

瞟（pxv）：极短的时间内偷看，如她瞟了他一眼。

螵蛸　飘扬　缥缈　漂泊　剽窃　迎风飘扬　虚无缥缈　漂漂亮亮　嫖客　水瓢　朴女士　锅碗瓢盆　票据　嘌呤　漂亮　骠勇

（注意分词）漂白漂亮水上漂，朴氏朴实产朴刀。瓢瓜判刑分两半，排序培训买通票。

十三、"pf、pfv"音的字词

	1	2	3	4	5	6	7	8	9	0
PF	佩服	批复	频繁	排放	篇幅	平凡	批发	票房	评分	氕

氕（pf）：化学元素。

撇（pf）：撇弃、撇开、撇沫；又读"pfv"：撇嘴、两撇胡子、撇出去。

瞥见　惊鸿一瞥

十四、"pm、pmc、pmv、pml"音的字词

	1	2	3	4	5	6	7	8	9	0
PM	片面	拼命	排名	泡沫	碰面	媲美	破灭	拍卖	拼	拚

拼音　姘头　拼死拼活　姘居关系　频繁　嫔妃　颦眉　贫穷　东施效颦　聘用　牝马

频繁姘居至贫穷，撇嘴瞥见一惊鸿。东施效颦模仿样，片面佩服献笑容。

十五、"pe、pec"音的字词

	1	2	3	4	5	6	7	8	9	0
PE	配偶	票额	配额	乒	娉	俜	粤	湾	砯	聥

乒乓　娉婷　娉婷而至　评论　平面　苹果　凭证　屏障　瓶颈　鲆鱼
浮萍　草坪

十六、"pw、pu、puc、puv、pul"音的字词

	1	2	3	4	5	6	7	8	9	0
PW	批示	平时	怕事	爬山	陪审	攀升	抛售	评审	碰上	剖
PU	盼望	评为	平稳	品位	评委	聘为	排污	骗我	扑	铺

仆（pu）：仆倒、前仆后继；又读"puc"：姓氏；仆人、奴仆、人民公仆。

莆（puc）：地名用字，莆田市；姓氏。

镤（puc）：金属元素。

镨（puv）：金属元素。

扑打　铺垫　噗哧　仆倒　粥潽出来了　菩萨　匍匐　葡萄　璞玉
濮阳市　蒲扇　仆从　胸脯　返璞归真　苗圃　黄埔　菜谱　普通　浦东
溥仪　鸭蹼　脚蹼　药铺　瀑布　曝晒　十里堡

仆玉珂住在莆田市，莆桂鸽住在河南省的濮阳市。仆玉珂是金属元素"镤"和"镨"的研究者，他经常坐在带有铺垫的蒲团上默念菩萨谒；莆桂鸽有黄埔军校的纪念章，他经常把它悬挂在胸脯前招摇过市。

十七、前后字母没有拼音关系的常用词

	1	2	3	4	5	6	7	8	9	0
PD	判断	平等	碰到	排队	攀登	庞大	铺垫	浦东	平淡	偏低
PG	评估	品格	旁观	破格	偏高	批改	排骨	派给	苹果	骗供
PJ	平均	评价	判决	平静	凭借	普及	嫖妓	票据	偏见	骗局
PO	平原	培育	偏远	评语	评阅	番禺	批语	批阅	迫于	派员
PP	批评	品牌	批判	偏僻	判赔	匹配	频频	陪陪	评判	偏偏

PQ	迫切	聘请	抛弃	碰巧	贫穷	撇弃	脾气	派遣	剽窃	骗取
PR	譬如	骗人	平日	聘任	旁人	盘绕	疲软	烹饪	胖人	派人

听到对<u>自己</u>不利的<u>判决</u>，她很<u>平静</u>。她评估并判断着这个判决对<u>自己</u> <u>品牌产品</u>的影响，例如，<u>是否</u> <u>应该</u> <u>聘请</u>律师？<u>是否</u> <u>培育</u>新的<u>团队</u>？总之，<u>应该</u>以批判的态度评估自己，<u>抛弃</u> <u>平日</u>的主观臆断，大胆<u>聘任</u> <u>专业人员</u>来<u>管理</u> <u>蒸蒸日上</u>的<u>企业</u>。

一支庞大的购物团队在浦东大厦排队购物；你如何评价"骗供"和"骗取"的词义？

她迫于压力频频回婆家，目的是陪陪老人，而老人的脾气又偏偏不让她陪，她很疲惫。

第八节　读音首字母是"M"的字词

一、"m、mc、mv、ml"音的字词

"m、mc、mv、ml"四个读音都有汉字；缩略首字母是"m"的高频字在高频字表中。

	1	2	3	4	5	6	7	8	9	0
MC	每次	没错	摩擦	磨蹭	盲从	买菜	名次	名词	模	谟
MV	名称	冒充	免除	漫长	亩产	牧场	买车	门窗	冒出	抹
ML	面临	美丽	勉励	命令	目录	谬论	迷恋	每辆	莫	墨

呒（mc）：方言，"没有"的意思，如呒啥。

嗨（mc）：表示疑问的叹词，如嗨，我手机放哪儿了？又读"ml"：表示答应或赞赏的叹词。

无（mc）：佛教用语，南（na）无、南无阿（e）弥陀佛；又读"uc"：无力、无法无天。

麽（mc）：姓氏。

磨（mc）：磨蹭、磨练、<u>摩拳擦掌</u>；又读"ml"：磨坊、有钱能使鬼推磨。

万（ml）及万俟（qc）：复姓；又读"uhl"：万岁、<u>千山万水</u>。

脉（ml）：脉脉、<u>脉脉含情</u>；又读"msl"：脉搏、把脉。

87

馍馍　摹本　模范　摩擦　磨损　蘑菇　魔鬼　嬷嬷　角膜　承谟　沉默
油墨　寂寞　荒漠　粮秣　泡沫　脉脉　罚没　期末　抹墙　茉莉　陌生
莫非　蓦然　万俟　马来貘　美洲貘　厉兵秣马　蓦然回首

读准、打熟上述列举词汇以及下列单词和词汇（听懂两三个单词后再开始录入）：

模范　魔方　模仿　摩擦　膜拜　魔窟　摹刻　描摹　抹掉　茉莉　墨水
默哀　蓦然　漠视　末日　磨面

每隔5秒亮灯一次可以吗？

在商场排队付费时，碰巧碰到了李明，他拿着一面旗，在离我五米远的地方被迎面驶来的汽车撞倒了。

每辆小轿车没有命令不许亮灯，不错，一亮灯就暴露了。

吃美餐搞摩擦膜拜美丽，问名称思描摹漠视摹本。会冒充非模特骗人剽窃，正面临夜漫长监禁生活。脉脉把脉万俟摩拳擦掌，人人歌颂南无阿弥陀佛。

二、"ma、mac、mav、mal"音的字词

	1	2	3	4	5	6	7	8	9	0
MA	母爱	命案	默哀	忙啊	明暗	妈	吗	嘛	摩	抹

抹（ma）：抹布、抹桌子；又读"mv"：抹粉、抹杀、一抹彩霞；还读"ml"：抹墙、拐弯抹角。

摩（ma）：摩挲（sa）；又读"mc"：按摩、观摩、摩天大楼、摩拳擦掌。

吗（mac）：吗事、干吗；又读"ma"：头还疼吗？到家了吗？还读"mav"：吗啡。

蚂（mav）：蚂蚁、蚂蟥；又读"mal"：蚂蚱。

读准、打熟上述列例词汇和下列单词和词汇（听懂两三个单词后再开始录入，逐步养成记话的能力）：

妈妈　摩挲　抹布　因母爱闹出的命案　你妈和我妈一同用抹布抹桌子
麻痹　干吗　蛤蟆　密码　猛犸　骗马　玛瑙　蚂蟥　骂人　蚂蚱

三、"ms、msc、msv、msl"音的字词

	1	2	3	4	5	6	7	8	9	0
MS	摸索	慢速	面色	暮色	门锁	谋私	貌似	美色	媚俗	谋算

雾霾　掩埋　买方　苣荬菜　年迈　小麦　专卖　动脉　慢速比快速更安全　在雾霾中摸索着前进

四、"mh、mhc、mhv、mhl"音的字词

	1	2	3	4	5	6	7	8	9	0
MH	美好	美化	模糊	描绘	幕后	蛮横	谋害	谋划	迷惑	嫚

嫚（mh）：指女孩子。
颟（mh）：颟顸（hh），形容做事糊涂马虎。
埋（mhc）：埋怨、落埋怨；又读"msc"：埋没、埋伏。

蛮干　蔓菁（je）　馒头　埋怨　鳗鲡　隐瞒　欺上瞒下　满意　螨虫　谩骂　幔帐　慢车　傲慢　蔓延　弥漫　轻歌曼舞　山花烂漫
大嫚一手拿着馒头，一手开门锁，头上还戴着有帽徽的帽子。二嫚则在一旁埋怨她做事慢。

五、"mk、mkc、mkv"音的字词

	1	2	3	4	5	6	7	8	9	0
MK	模块	门口	没空	面孔	铭刻	魔窟	门槛	没看	煤矿	命苦

牤（mk）：牤牛（即公牛）。

盲目　邙山　杧果　茫然　忙碌　硭硝　牤牛　流氓　锋芒毕露　大海茫茫　莽撞　蟒蛇　鲁莽
一头牤牛看见一条蟒蛇，牤牛鲁莽地向蟒蛇走过去，蟒蛇急忙向长满杧果的邙山爬去。

六、"mb、mbc、mbv、mbl"音的字词

	1	2	3	4	5	6	7	8	9	0
MB	目标	明白	弥补	麻痹	民办	没变	瞒报	毛病	蒙蔽	猫

茆（mbc）：姓氏。
泖（mbv）：地名用字，泖港镇，在上海市。
鄚（mbl）：地名用字，鄚州，在河北省。

公猫　小猫　抛锚　时髦　斑蝥　蟊贼　牦牛　茅草　矛盾　毛线　铆钉
卯榫（sdv）　子午卯酉　茂盛　冒犯　贸易　耄耋（dfc）　帽子　貌美
广袤　耄耋之年　有明确的目标　我并不明白是蟊贼偷牦牛
茆大嫂出生于上海市泖港镇，今年 23 岁，她与出生于河北省鄚州的毛红波是大学同班同学。

七、"mt、mtc、mtv、mtl"音的字词

	1	2	3	4	5	6	7	8	9	0
MT	每天	明天	媒体	面谈	面条	免谈	买通	煤炭	矛头	命题

没（mtc）：没事、没有、没去；又读"ml"：没落、没齿不忘。
渼（mtv）：地名用字，小水渼，在云南省。

玫瑰　枚举　眉目　梅花　煤炭　霉烂　酶菌　画鹛　门楣　美国　每天
镁合金　镁光灯　梦寐　联袂　明媚　冒昧　表妹　鬼魅　梦寐以求
联袂出场　拾金不昧　阳光明媚　魑魅魍魉
我的表妹住在云南省的小水渼，她眉清目秀，很腼腆，每天都要与媒体见面　面谈一些有关霉菌的用途

八、"mn、mnc、mnl"音的字词

	1	2	3	4	5	6	7	8	9	0
MN	每年	明年	模拟	美女	母女	猫腻	磨难	卖弄	没能	们

闷（mn）：闷热、闷声闷气；又读"mnl"：郁闷、烦闷、闷闷不乐。
们（mnc）：图们江；又读"mn"（轻声）：你们、我们、他们、人们。
钔（mnc）：金属元素。
开门　扪心自问　门当户对　焖饭　解闷　愤懑
每年的此时，美女们都很郁闷，明年也不例外。

九、"my、myc、myv、myl"音的字词

	1	2	3	4	5	6	7	8	9	0
MY	民主	民政	民众	某种	每种	蒙中	美洲	明智	免职	蒙

蒙（my）：发蒙、蒙骗、蒙头转向；又读"myc"：启蒙、蒙冤、承蒙、

姓氏；还读"myv"：内蒙古、蒙古包。

甍（myc）：屋脊，如雕甍、碧瓦朱甍。

勐（myl）：用于小块平地的地名用字：勐海县、勐腊县，都在云南省。

牛虻　联盟　柠檬　雕甍　萌芽　朦胧　碧瓦朱甍　勇猛　内蒙

蚱（yal）　蜢　锰钢　懵懂　懵懵懂懂　懵然无知　孟子　梦境

从某种方式上看，民主都是一种进步，民众对民主和民政有不同认识。

十、"mi、mic、miv、mil"音的字词

	1	2	3	4	5	6	7	8	9	0
MI	没有	满意	美意	美英	贸易	漫游	蔓延	没用	眯	咪

眯（mi）：眯缝、眯着眼睛；又读"mic"：眯眼。

靡（mic）：靡费、奢靡、靡靡之音；又读"miv"：风靡、披靡、风靡全球。

糜（mic）：糜烂；姓氏；又读"mtc"：糜子。

洣（miv）：洣水，发源于湖南省东部，流入湘江。

脒（miv）：有机化合物。

弭（miv）：姓氏；消弭、弭平。

汨（mil）：汨罗江，发源于江西省，流入湖南省。

泌（mil）：分泌、泌尿科；又读"bil"：泌阳县，在河南省。

宓（mil）：姓氏；又读"fuc"：姓氏。

弥补　迷失　眯眼　猕猴　谜语　糜烂　麋鹿　靡费　甲醚　乙醚　米面
咪唑（zpl）　洣水　所向披靡　秘密　密封　蜜蜂　泌尿　觅食　嘧啶
蜜月　幂函数　静谧　口蜜腹剑　秘而不宣　静谧和谐

没有你的美意，就没有我的满意。2015年的美英贸易额翻了一番。弥科长和宓书记都是河南省泌阳县人，他们二人考察了发源于江西省的汨罗江。

十一、"mw、mwc、mwv"音的字词

	1	2	3	4	5	6	7	8	9	0
MW	马上	没事	秘书	蒙受	谋杀	茂盛	面试	蔑视	民事	哞

哞（mw）：牛叫的声音。

牟（mwc）：牟定县，姓氏；又读"mul"：地名用字，牟平，在山东省；

中牟，在河南省。

阴谋　凝眸　绸缪　明眸皓齿　未雨绸缪　马上就没事了
面试时要面授机宜
秘书说："每个开门市的都必须去面试，否则不予颁发执照。"

十二、"mu、muc、muv、mul"音的字词

1	2	3	4	5	6	7	8	9	0
MU	每位	每晚	灭亡	美味	门卫	谬误	没完	末尾	迷雾	名望

模（muc）：模子、模具、模样儿、装模作样；又读"mc"：模范、劳模、楷模。

氆（muc）：氆子，西藏出产的一种羊毛织品。

钼（mul）：金属元素。

牡丹　拇指　母亲　保姆　一亩　沐浴　苜蓿　目标　牧民　募捐　幕僚
睦邻　慕名　暮色　墓葬　肃穆　仫佬族　如沐春风　庄严肃穆
睦邻友好　朝思暮想

每位保姆都带着她们做的氆子到牧民家里拜访。
牧民们不喜欢沐浴，但却喜爱苜蓿，因为苜蓿能够饲养牛羊。

十三、辅音与双字母拼音元音的拼音

（一）辅音"m"与双字母元音"ih"

辅音"m"与双字母元音"ih"拼音（ih = z）；在"mz、mzc、mzv、mzl"的四个读音中，"mz"音没有汉字，因此，"mz"音全部设置了常用词。

1	2	3	4	5	6	7	8	9	0
MZ	满足	满族	民族	名字	麻醉	蟊贼	帽子	蒙族	埋葬	慢走

绵软　棉花　睡眠　连绵不断　棉纺织厂　沉湎　加冕　分娩　勉励　沔水　免职　缅怀　腼腆　渑池县

问：你叫什么名字？答：弭萍。问：什么民族？答：蒙族。问：文化？答：大专。问：年龄？答22岁。问：从事何种职业？答：埋葬专制者和腐败分子。问：我们今天谈到这，你慢走。

（二）辅音"m"与双字母元音"ib"

辅音"m"与双字母元音"ib"拼音（ib = x）；"mx、mxc、mxv、mxl"

四个读音都有汉字。

	1	2	3	4	5	6	7	8	9	0
MX	明显	某些	迷信	梦想	面向	明星	冒险	默许	描写	喵

喵（mx）：猫的叫声，如喵~喵。

淼（mxv）：用于人名或地名，如淼泉，在江苏省。

缪（mxl）：姓氏；又读"mwc"：绸缪、未雨绸缪。

瞄准　描述　苗木　藐视　渺小　秒针　缥缈　烟波浩渺　美妙　寺庙

缪处长对张淼说："很明显，如果没有你的默许这几个人是不会来的，你不能藐视那些明星。"

（三）辅音"m"与双字母元音"ie"

辅音"m"与双字母元音"ie"拼音（ie = f）；在"mf、mfc、mfv、mfl"四个读音中，"mfc、mfv"两个读音没有汉字。

	1	2	3	4	5	6	7	8	9	0
MF	麻烦	模范	美方	免费	模仿	冒犯	民愤	买房	卖房	咩

咩（mf）：羊的叫声，咩~咩。

乜（mf）：乜斜、醉眼乜斜；又读"nfl"：姓氏。

乜斜　诬蔑　消灭　竹篾　苇篾

王淼是美方的商务代表，她一边乜斜着眼，一边模仿羊"咩咩"地叫。

有一位因污蔑他人而惹上麻烦的人让李淼森为他做免费的辩护律师，其目的是因为李淼森是道德模范。

（四）辅音"m"与双字母元音"in"

辅音"m"与双字母元音"in"拼音（in = m）；在"mm、mmc、mmv、mml"四个读音中，"mml"音没有汉字。

	1	2	3	4	5	6	7	8	9	0
MM	秘密	美满	美梦	密码	买卖	麻木	冒昧	慢慢	茂名	盲目

芪（mmc）：庄稼生长期较长，成熟期较晚，如芪玉米、芪高粱。

闵（mmv）：姓氏；闵行区。

湣（mmv）：宋湣公、鲁湣公，都是春秋战国时期的国君。

岷山　民众　抿嘴　泯灭　闽江　悯恤　敏捷　黾勉　器皿　怜悯

抿嘴一笑　良心未泯

美梦的秘密　美满幸福生活　茂名是广东省的一个市　<u>芪</u>玉米和<u>芪</u>高粱都是<u>成熟期较晚的植物</u>

岷春雨是岷山人，能破保险箱密码，慢慢就有了偷窃行为，最后，美梦破碎了，买卖也没了。

（五）辅音"m"与双字母元音"iy"

辅音"m"与双字母元音"iy"拼音（iy = e）；"me、mec、mev、mel"四个读音都有汉字。

	1	2	3	4	5	6	7	8	9	0
ME	美欧	名额	面额	满额	美俄	木耳	木偶	摩尔	密尔	麦蛾

洺（mec）：地名用字，洺河，在河北省南部。

酩（mev）：酩酊、酩酊大醉。

茗茶　鸣叫　明亮　名字　冥想　铭记　瞑目　螟虫　<u>座右铭</u>　<u>死不瞑目</u>　苦思冥想

（六）辅音"m"与双字母元音"iw"

辅音"m"与双字母元音"iw"拼音（iw = q）；在"mq、mqc、mqv、mql"4个读音中，只有"mql"音有汉字。

	1	2	3	4	5	6	7	8	9	0
MQ	目前	面前	明确	勉强	母亲	默契	密切	盲区	民企	谋求

王春森的母亲生于河北省的洺河岸边，她有一个很好听的名字，叫吴谬论。手机在这里是个盲区，没有信号，这里也没有民企，人们勉强着靠<u>种植作</u><u>物</u>生活。

美俄之间的关系比美欧之间的矛盾大，交流上也不默契，他们目前都制定了明确的外交方向，各使馆也都增配了<u>外交人员</u>的名额。摆在美俄面前的，要不就和，要不就战。

十四、前后字母没有拼音关系的常用词

	1	2	3	4	5	6	7	8	9	0
MD	目的	矛盾	面对	每当	密度	埋单	没到	满地	名单	免得
MG	美国	每个	美观	民工	蛮干	曼谷	盟国	蒙古	敏感	玫瑰
MJ	面积	秘诀	迈进	妙计	民间	墨镜	民警	敏捷	媒介	募捐

MO	美元	每月	名誉	命运	满员	埋怨	美誉	冒雨	忙于	免于
MP	名牌	门票	买票	每批	门牌	名片	冒牌	蒙骗	没谱	苗圃
MR	每人	每日	美日	敏锐	默认	骂人	贸然	迷人	没人	明日

我们的目的是面对矛盾要解决矛盾，而不是激起矛盾。

每月检查门牌一次到每日检查一次。

美元是美国的货币，也是世界通用的货币。

蒙古的盟国在曼谷开了一个有关美日同盟的会，其间有几个外交官戴着墨镜，先是互相递名片，后来又互相埋怨，再后来就骂人了。

第九节　读音首字母是"F"的字词

一、"f、fc、fv、fl"音的字词

"f、fc、fv、fl"四个读音中，只有"fc"音有汉字；缩略首字母是"f"的高频字在高频字表中。

	1	2	3	4	5	6	7	8	9	0
FC	服从	发财	犯错	讽刺	副词	方才	饭菜	风采	分寸	佛
FV	非常	付出	发出	范畴	房产	发愁	反常	复查	废除	扶持
FL	法律	泛滥	分类	奋力	翻脸	分量	非礼	费力	俘虏	辅路

佛祖　佛门　有分寸　没风采　饭菜香　是副词　讽刺他　莫犯错
早发财　须服从　非常大　已付出　要扶持　发出的　范畴内　很反常
有分量　很费力　走辅路　非礼我　正在发愁　买房产　学法律

二、"fa、fac、fav、fal"音的字词

	1	2	3	4	5	6	7	8	9	0
FA	方案	翻案	犯案	妨碍	父爱	肺癌	发案	法案	发	酸

堡（fac）：地名用字，榆堡、堡头，都在北京市；落（lbl）堡，在河北省。

发（fal）：头发、理发；又读"fa"：发挥、发展、发誓。

缺乏　砍伐　刑罚　榆堡　军阀　木筏　乏力　伐木　罚金　堡头　阀门

筏子　砝码　法律　珐琅　定方案　报方案　要翻案　犯案了　妨碍了
少父爱　肺癌患者　新法案　用法器理发可以吗？

三、"fh、fhc、fhv、fhl"音的字词

　　　　　　1　　2　　3　　4　　5　　6　　7　　8　　9　　0
FH　符合　发挥　访华　繁华　反悔　贩黄　峰会　翻　帆　藩

蕃（fh）：番茄、三番两次；又读"ph"：番禺，在广东省。
钒（fhc）：金属元素，钒催化剂。
畈（fhl）：地名用字，马畈，在河南省；白水畈，在湖北省。
帆船　番茄　幡旗　藩篱　翻身　翻箱倒柜　肆武绥藩　扛幡　一帆风顺
白矾　麻烦　平凡　樊城区　烦琐　樊笼　频繁　凡是　烦恼　明矾石
反对　返回　逆反　折返　范文　犯罪　饭菜　泛滥　贩卖　梵语
梵蒂冈　商贩　广泛　米饭　战犯　模范　符合要求　三次访华
能够发挥　繁华的城市

四、"fk、fkc、fkv、fkl"音的字词

　　　　　　1　　2　　3　　4　　5　　6　　7　　8　　9　　0
FK　反馈　放开　分开　罚款　反恐　疯狂　反抗　防空　方　芳

邡（fk）：地名用字，什（wc）邡，在四川省。
钫（fk）：金属元素。
舫（fk）：地名用字，舫（zv）舫口，在河北省。
坊（fk）：街坊、功德坊、贞节坊；又读"fkc"：油坊、作坊、染坊。
鲂（fkc）：鲂鱼。
芳香　方向　什邡市　街坊　作坊　妨碍　房间　防卫　鲂鱼　脂肪
油坊　不妨　楼房　严防　纺织　访问　仿真　舫舟　游舫　模仿
拜访　棉纺厂　放开我　反馈给　分开后　被罚款　方芳是防空主任

五、"ft、ftc、ftv、ftl"音的字词

　　　　　　1　　2　　3　　4　　5　　6　　7　　8　　9　　0
FT　法庭　访谈　反贪　反弹　沸腾　发帖　饭桶　附图　飞　霏

朏（ftv）：地名用字，朏头，在福建省。
镄（ftl）：金属元素。

芳菲　咖啡　是非　嫔妃　高飞　心扉　绯闻　蜚声　王妃　蜚声海内外
敞开心扉　淝水　淝水之战　肥胖　诽谤　匪徒　菲薄　翡翠　悱恻
榧树　蜚蠊　左肺　狒狒　作废　免费　狂吠　痱子　肺脏　沸腾
鸡鸣狗吠　扬汤止沸　法庭宣布　访谈开始　王飞是反贪部门的
王霏是法庭的访谈记者

六、"fn、fnc、fnv、fnl"音的字词

	1	2	3	4	5	6	7	8	9	0
FN	妇女	愤怒	发怒	烦恼	方能	房奴	芬	纷	玢	酚

酚（fn）：有机化合物。
分（fn）：分割、分析、分界；又读"fnl"：分量。
鼢（fnc）：鼢鼠，也叫"盲鼠"或"地羊"。
坋（fnl）：地名用字，古坋、长坋，都在福建省；石坋，在广东省。

芬芳　吩咐　纷争　氛围　甲酚　气氛　缤纷　焚烧　坟墓　汾酒　鼢鼠
上坟　自焚　份额　奋斗　愤怒　粪肥　忿忿　古坋　长坋　非分之想
奋笔疾书　愤怒的妇女们　发怒的房奴们　谷芬为他们烦恼

七、"fy、fyc、fyv、fyl"音的字词

	1	2	3	4	5	6	7	8	9	0
FY	发展	防止	方针	法治	分钟	繁重	峰	丰	锋	风

封（fy）：地名用字，封源止，在河北省。
酆（fy）：酆都城（传说中的阴间）；姓氏。
沣（fy）：沣水，渭河的支流。
砜（fy）：有机化合物。
浲（fyc）：地名用字，杨家浲、田浲，都在湖北省。
缝（fyc）：缝补、缝合；又读"fyl"：缝隙、裂缝。

枫叶　封锁　风格　丰收　疯狂　峰峦　烽火　锋利　蜂蜜　烽烟　刀锋
山峰　密封　蜜蜂　刮风　冯局　棋逢对手　逢某某　缝纫　讽刺　唪经
奉命　俸禄　凤凰　牙缝　裂缝　天衣无缝　李云峰跑了3分钟

97

高锋住在鄺都城　冯司长有一把锋利的匕首　繁重的劳动
只有发展才有未来　防止风沙

八、"fw、fwc、fwv、fwl"音的字词

"fw、fwc、fwv、fwl"读音中，只有"fwv"音有汉字

	1	2	3	4	5	6	7	8	9	0
FW	发生	方式	凡是	腐蚀	防守	分手	发射	丰收	辐射	放手

否（fwv）：否定、否决；又读"piv"：否极泰来。

九、"fu、fuc、fuv、ful"音的字词

	1	2	3	4	5	6	7	8	9	0
FU	范围	服务	分为	氛围	访问	发文	防卫	肥沃	法网	夫

呋（fu）：有机化合物：呋喃，呋喃西林。
砆（fu）：地名用字，砆石，在湖南省。
苵（fuc）：地名用字，苵兰岩，在山西省。
苻（fuc）：姓氏。
氟（fuc）：气体元素，如氟石、氟化钙。
洑（fuc）：地名用字，洑东，在江苏省。
垺（fuc）：地名用字，南仁垺，在天津。
涪（fuc）：涪陵、涪江，分别在四川省和重庆市。
脯（fuv）：果脯、肉脯；又读"puc"：胸脯。

夫妻　肤色　砆石　麸皮　跌坐　石跌　孵化　敷药　麦麸　入不敷出
伏击　凫水　扶手　芙蓉　拂尘　服从　茯苓　俘虏　浮桥　符号　涪陵
幅度　辐射　福分　仿佛　洑东　氟石　苵兰岩　南仁垺　匍匐前进
自愧弗如　浮光掠影　深孚众望　安抚　台甫　板斧　政府　梨脯　肺腑
防腐　釜山　俯冲　辅助　讣告　付出　负责　妇女　附近　阜新　驸马
赴宴　复活　副职　赋予　富强　腹泻　蝮蛇　覆没　馥郁　师傅　吩咐

到底发生了什么　这是一种方式　凡是错误的就要改正　分手的时候
烦事不少啊　丰收的季节　范围不大　服务方式不同　分为上下两部分
访问了她们　具体防卫　肥沃的土地

十、前后字母没有拼音关系的常用词

	1	2	3	4	5	6	7	8	9	0
FB	发表	方便	分别	腐败	发布	反驳	封闭	分布	诽谤	副本
FD	反对	否定	奋斗	法定	饭店	繁多	贩毒	房贷	辅导	负担
FE	反而	份额	封二	愤而	飞蛾	浮额	浮沤			
FF	方法	丰富	反复	犯法	仿佛	反腐	防范	防腐	非法	夫妇
FG	法规	法官	法国	覆盖	发光	翻供	犯规	奉告	放过	富贵
FI	反应	反映	费用	发扬	发言	繁衍	枫叶	防疫	敷衍	抚养
FJ	发觉	放假	否决	风景	房价	分局	费劲	附加	附件	附近
FM	方面	发明	繁忙	分明	父母	法盲	反面	贩卖	坟墓	奉命
FO	法院	发育	飞跃	赋予	贩运	防御	分院	飞跃	抚育	富裕
FP	分配	发票	废品	扶贫	奉陪	反扑	封皮	放屁	飞跑	肥胖
FQ	发起	放弃	分歧	奋起	奉劝	分清	废弃	富强	父亲	付清
FR	否认	繁荣	法人	烦人	犯人	放任	愤然	废人	赴任	富饶
FS	放松	发送	分散	封锁	繁琐	风俗	奉送	放肆	粉碎	复苏
FX	发现	风险	方向	奉献	发泄	反响	奉行	防线	放心	腐朽
FZ	负责	否则	复杂	犯罪	放纵	法则	副总	房租	繁杂	仿造

发表了几篇论文　为了方便行人　分别受到处分　腐败是亡国之兆
发布了反腐败信息　反对不等于否定　封闭的方法防腐不一定有效果
法院的法官设立分院　分局就在附近　不否认有分歧
负责带队的人发现走错了方向　复杂的心态　发送短信时
我国奉行的是军事防御政策　扶贫资金的分配问题　富饶的土地
法国的法定节日
奉告法盲犯人们不要贩毒，那可是犯死罪啊！

第十节　读音首字母是"D"的字词

一、"d、dc、dv、dl"音的字词

"d、dc、dv、dl"四个读音中，"dv、dl"两个音没有汉字；"d"音的高频字详见高频字表。

99

	1	2	3	4	5	6	7	8	9	0
DC	对此	多次	对策	档次	独裁	敦促	督促	得	德	锝
DV	调查	到处	多处	堵车	动车	达成	当成	得逞	打车	到场
DL	道路	掂量	道理	大量	到来	代理	对立	锻炼	独立	带领

锝（dc）：金属元素。

得（dc）：得到、<u>志在必得</u>。又读"d"：用在单音节动词后面，表示可能，如说得好、拿得动；用在动词或形容词的后面具有补充说明作用，如穿得挺朴素。还读"dtv"：要比赛了，我得认真准备；用于方言读"dl"，得瑟。

德行　公德　到处搞调查　到处堵车　没有对策　敦促独裁者实施改革　对立的双方达成了和解

二、"da、dac、dav、dal"音的字词

	1	2	3	4	5	6	7	8	9	0
DA	答案	大案	档案	对岸	堤岸	登岸	搭	哒	嗒	奋

哒（da）：<u>有机化合物</u>，哒嗪，是嘧啶的同分异构体。

嗒（da）：拟声词，如机枪"嗒嗒嗒"地响个不停。

垯（da）：圪（g）垯。

跶（da）：蹦跶。

瘩（da）：疙瘩、疙瘩汤。

沓（dac）：量词，一沓钞票、一沓纸；又读"tal"：<u>杂沓错落</u>、<u>纷至沓来</u>。

趷（dac）：地名用字，趷石，在广东省。

答（dac）：问答、答复、<u>答非所问</u>；又读"da"：答应、答理。

打（dac）：量词，某些东西12个叫一打，如一打毛巾；又读"dav"：打击、打假。

奋拉　搭配　褡裢　哒嗪　妲己　趷石　答题　瘩背　三沓钞票
三打水饺　鞑靼　鞑靼斯坦　查档案有了答案　这是全市的一个大案
对岸有几个孩子在蹦跶　登岸后　宽阔的道路　代理产品

三、"ds、dsc、dsv、dsl"音的字词

"ds、dsc、dsv、dsl"读音的字词中"dsc"音没有汉字。

	1	2	3	4	5	6	7	8	9	0
DS	打算	大赛	大肆	得瑟	第三	第四	打死	大蒜	呆	呔

埭（dsl）：地名用字，埭湾，在江苏省。
岱（dsl）：泰山的简称：岱岳、岱宗、岱山县。
埭（dsl）：堵水的土坝或地名，如埭头镇，在福建省；钟埭，在浙江省。

呆傻　待会儿　待（dsl）命　等待　歹徒　逮住　傣族　逮（dsl）捕
代表　大夫　大（dal）头　埭湾　岱岳　玳瑁　带领　贷方　待命
怠慢　袋装　黛眉　粉黛　<u>林黛玉</u>　<u>埭头镇</u>　<u>严惩不贷</u>　<u>包装袋</u>
<u>死伤殆尽</u>　<u>拖泥带水</u>

戴县长是江苏埭湾人，他带领一个考察团考察了岱岳和福建的埭头镇。他打算把岱宗的大蒜移植到浙江的钟埭，把岱山县的登山大赛照搬到傣族居住的云南。有些官员说他是"得瑟"，他听后<u>不屑一顾</u>地<u>撇撇嘴</u>，继续按部就班地实施他的<u>工作计划</u>。

四、"dh、dhc、dhv、dhl"音的字词

"dh、dhc、dhv、dhl"四个读音中"dhc"音没有汉字

	1	2	3	4	5	6	7	8	9	0
DH	电话	大会	都会	夺回	导航	捣毁	懂行	单	丹	儋

儋（dh）：地名用字，儋州市、儋县，在海南省。
聃（dh）：老聃，即老子，我国春秋时期的哲学家。
菡（dhl）：菡（hhl）萏，即荷花。
啖（dhl）：吃或用利益引诱，如啖饭、啖啜、日啖米饭一大桶、以利啖之。

丹砂　担任　单位　眈眈　<u>虎视眈眈</u>　<u>郸城县</u>　<u>邯郸市</u>　老聃　弹力
<u>殚精竭虑</u>　<u>儋州市</u>　重担　胆量　掸子　黄疸　<u>黄疸病</u>　掸桌子　旦夕
但是　诞辰　啖肉　淡季　弹丸　氮肥　鸡蛋　<u>肆无忌惮</u>　<u>天高云淡</u>
当然　上当（dkl）　裤裆　<u>开裆裤</u>　电话通知开大会　种植养殖他都会
王丹对捣毁制假窝点很懂行　航海必须有用于导航的<u>导航系统</u>
夺回一个<u>弹丸之地</u>　老子的名字叫李聃，又叫老聃

五、"dk、dkc、dkv、dkl"音的字词

"dk、dkc、dkv、dkl"四个读音中"dkc"音没有汉字。

	1	2	3	4	5	6	7	8	9	0
DK	贷款	打开	大款	夺魁	对抗	抵抗	多亏	当	铛	裆

砀（dkl）：地名用字，砀山县，在安徽省。
莨（dkl）：莨（lkl）䓭，多年生草本植物。

党派　挡驾　档案　当铺　当真　砀山　荡漾　莨䓭　跌宕　跌宕起伏
多亏进行了抵抗　不用贷款了
几位大款打开电脑准备夺魁
"莨䓭"和"浪荡"音同义不同，前者是名词，后者是形容词。

六、"db、dbc、dbv、dbl" 音的字词

	1	2	3	4	5	6	7	8	9	0
DB	代表	盗版	赌博	打败	逮捕	对比	担保	倒闭	躲避	刀

氘（db）：化学元素。
叨（db）：叨唠、叨叨；又读"dbc"：叨咕、叨叨咕咕；还读"tb"：叨教。
捯（dbc）：捯线、捯腾。

刀刃　叨唠　导电　岛屿　捣乱　倒手　祷告　蹈袭　直捣敌巢
手舞足蹈　倒买倒卖　迟到　强盗　哀悼　正道　水稻　稻草　到底
盗匪　悼念　道路　倒车　逮捕了几个强盗和赌博的赌徒
打败了别人不代表自己的胜利　对方提出了担保意见
抄袭就是盗版，盗版被打击后就倒闭了。

七、"dn、dnc、dnv、dnl" 音的字词

"dn、dnc、dnv、dnl"四个读音中"dn、dnc、dnv"三个读音没有汉字，但"dnv"音中的"n"在辅音后面又读"ia"，"dnv"音只有一个汉字"嗲"。

	1	2	3	4	5	6	7	8	9	0
DN	电脑	都能	当年	党内	对内	端倪	悼念	惦念	多年	刁难

拗（dnl）：用力猛地一拗：绳子拗断了，铁丝拗直了。
嗲（dnv）：撒娇的声音或姿态，如发嗲，嗲声嗲气。
她声音发嗲地对他说："看在多年夫妻的分上，一定要买最好的电脑。"

我很惦念你 党内的问题属于内部矛盾，有对内的处理方式。这么粗的铁丝都能拃直了，尼龙绳肯定就能拃断了。

八、"dy、dyc、dyv、dyl"音的字词

"dy、dyc、dyv、dyl"四个读音中"dyc"音没有汉字。

	1	2	3	4	5	6	7	8	9	0
DY	导致	大致	多种	端正	地震	渎职	抵制	赌注	灯	登

噔（dy）：拟声词，如她心里"咯噔"一下，他"噔噔"地跑上楼去。

澄（dyl）：用容器使液体里的泥或渣沉淀，如澄清、澄一澄；又读"vyc"：澄清事实。

磴（dyl）：上下山路或陡坡的石头台阶，如磴道、共有988磴台阶。

灯泡　登山　蹬腿　咯噔　等待　戥子　凳子　邓州　澄清　瞪眼　磴道
马镫　登上马镫骑上马

九、"di、dic、div、dil"音的字词

	1	2	3	4	5	6	7	8	9	0
DI	第一	答应	都有	对应	动摇	导游	动用	抵押	电影	低

镝（di）：金属元素。

觌（dic）：地名用字，孙觌，在江苏省。

荻（dic）：多年生草本植物。

莳（dil）：地名用字，莳茨塘，在湖南省。

棣（dil）：棣棠，落叶灌木。

地（dil）：地方、地理；又读"d"：助词，用在状语后，主要修饰动词、形容词，如顺利地完成任务、天色渐渐地黑了。

碲（dil）：非金属元素。

低头　堤坝　提防　滴水　启迪　洗涤　仇敌　鸣笛　孙觌　狄更斯
嘀咕　嫡亲　涤除　宝坻县　官邸　府邸　抵制　诋毁　年底　砥砺
砥石　其平如砥　弟弟　帝国　递交　第一　谛听　棣棠　缔约　莳茨塘
并蒂莲　瓜熟蒂落　得了第一　已经答应　都有一份　彼此对应
他动摇了　另收导游费　动用大笔公款　不用抵押就能贷款
电影与电视不同之处在于哪里？
每个人都有一颗爱心就好了。

十、"dz、dzc、dzv、dzl"音的字词

"dz、dzc、dzv、dzl"四个读音中"dzc"音没有汉字。

	1	2	3	4	5	6	7	8	9	0
DZ	电子	当作	打造	独自	党组	动作	带走	短暂	调走	滇

坅（dzl）：地名用字，蒋坅，在江苏省。
癜（dzl）：皮肤出现白斑或紫斑的皮肤病，白癜风、紫癜。
掂量 滇红 滇剧 颠倒 巅峰 癫狂 疯疯癫癫 高山之巅 连跑带颠
掂量再三 典籍 点头 碘酒 踮脚 踮起脚尖 碘化钾 点点滴滴
开国大典 草甸 供电 蒋坅 书店 鞋垫 海淀 祭奠 佛殿 蓝靛
紫癜 佃户 玷污 惦记 淀粉 短暂的停留 被带走调查
带走和调走的词义差异很大 这个动作被当作流氓行为
电子产品全部都是智能的 蒋坅不仅是地名，也是人名

十一、"dx、dxc、dxv、dxl"音的字词

"dx、dxc、dxv、dxl"四个读音中，"dxc"音没有汉字。

	1	2	3	4	5	6	7	8	9	0
DX	大学	典型	大小	底薪	大型	底线	多谢	短信	兑现	刁

汈（dx）：地名用字，汈汊，在湖北省。
鲷（dx）：鲷鱼，真鲷、黑鲷、白鲷。
鸢（dxl）：地名用字，鸢沟，在青海省。
铫（dxl）：烧水、煎药用的器具，铫子。
刁民 叼着 汈汊 鲷鱼 凋零 碉堡 雕刻 雕梁画栋 屌样 吊桥
钓鱼 鸢沟 调查 调情 掉换 钌铞儿 铫子 国不分大小
做事要有底线 交流要多发短信 承诺一定兑现
湖北的汈汊是典型的出才子的地方，这里每年有上百人考入世界一类大学，这些大学生毕业后的底薪都很高。

十二、"df、dfc"音的字词

	1	2	3	4	5	6	7	8	9	0
DF	地方	对方	答复	提防	担负	对付	大夫	大风	颠覆	爹

楪（dfc）：地名用字，楪村，在广东省。
爹娘　跌跤　谍报　喋血　楪村　叠加　碟子　蝶鱼　牒文　通牒　光碟
重叠　间谍　耄耋　喋喋不休　耄耋之年　肯定有对不住的地方
对方一再要求　请给予答复　提防对手　担负起养育孩子的重任　好对付
不好对付　刁先生买了一只雕一直由他爹给养着　大风刮得天昏地暗
颠覆了传统

十三、"de、dec、dev、del"音的字词

"de、dec、dev、del"四个读音中"dec"音没有汉字。

	1	2	3	4	5	6	7	8	9	0
DE	第二	大额	定额	东欧	大二	等额	斗殴	丁	玎	疔

町（de）：地名用字，畹（uhv）町市，在云南省。
钉（de）：钉子、钉锤、钉马掌；又读"del"：钉钉子、钉死。
茊（del）：地名用字，茄茊乡，在台湾。

园丁　伶仃　畹町　铁钉　疔疮　叮嘱　盯梢　盯住　<u>孤苦伶仃</u>　他的脚
上长了一个疔　酩酊大醉　鼎力　<u>大名鼎鼎</u>　顶峰　<u>顶天立地</u>　订单　定金
锭子　吡啶　光腚　露腚　嘧啶　钢锭
丁玎小姐是云南畹町市人，她虽然是个女孩，但会钉马掌，全市武术大赛
获得第二，她能让斗殴的人和平相处。最近，她与大二的几位东欧同学去台湾
茄茊乡旅游。

十四、"dq、dqc、dqv、dql"音的字词

"dq、dqc、dqv、dql"四个读音中，只有"dq"音有两个汉字。

	1	2	3	4	5	6	7	8	9	0
DQ	当前	地区	的确	夺取	盗窃	道歉	短缺	赌气	斗气	丢

铥（dq）：金属元素。
丢弃　<u>丢三落四</u>　地区的差异性　当前的工作重点　的确很必要
不开斗气车　他赌气走了　这里的物资特别短缺　夺取了政权　盗窃物资
要求你道歉　盗窃的事是丢人的事，也是犯罪的事。

十五、"dg、dgc、dgv、dgl"音的字词

"dg、dgc、dgv、dgl"四个读音中"dgc"音没有汉字。

	1	2	3	4	5	6	7	8	9	0
DG	大概	打工	多个	带给	对过	夺冠	躲过	订购	东	冬

崠（dg）：地名用字，崠坑，在江西省；崠王，在广西省；崠庄，在河南省。

氡（dg）：气体元素，固体氡和气体氡。

鵆（dg）：鵆鸟，黑鵆、斑鵆。

峒（dgl）：地名用字，麻峒，在广西省；儒峒，在广东省；又读"tgc"：地名用字，峒冢，在湖北省。

峝（dgl）：地名用字，峝中，在广西省；又读"tgc"：崆峝。

东方　冬天　崠坑　崠庄　鵆鸟　董事会　董女士　懂得　动静　冻冰
侗族　栋梁　洞穴　恫吓　胴体　峝中　麻峒　儒峒　蛋白胨
大概有二十多个人　我在广西麻峒打工　他躲过了一劫
我住在他家的对过，每天都能听到他们"咚咚"的敲门声。
崠坑成了旅游景点，这带给我们许多好处。

十六、"dw、dwc、dwv、dwl"音的字词

	1	2	3	4	5	6	7	8	9	0
DW	都是	但是	多少	当时	多数	顿时	对手	电视	都	兜

哾（dwc）：动词，哾搂。

钭（dwv）：地名用字，钭家山，在甘肃省。

斗（dwv）：量词，10升为1斗，10斗为1石（dhl）；姓氏；又读"dwl"：斗争。

都是　首都　裤兜　兜售　哾搂　抖擞　陡峭　蝌蚪　颤抖　很陡
钭家山　豆角儿　逗乐　牛痘　种痘　鼻窦炎　这里满山都是宝
你穿的衣服有多少个兜？都先生自己都不知道自己的出生地
多数人喜欢看电影而不喜欢看电视
对手可以变成朋友，朋友也可以变成对手　他当时就傻眼了

十七、"du、duc、duv、dul"音的字词

	1	2	3	4	5	6	7	8	9	0
DU	单位	地位	党委	对外	队伍	到位	动物	定位	都	嘟

椟（duc）：木匣，买椟还珠。

肚（duv）：动物的胃，如牛肚儿、羊肚儿；又读"dul"：肚子、肚子饿了。

蠹（dul）：蠹虫；流水不腐，户枢不蠹。

度（dul）：度假、制度；又读"dpc"：忖度、审时度势、以己度人。

都市　督促　嘟着嘴　嘟嘟响　毒害　独特　渎职　读书　牛犊　案牍　黩武　髑髅（lwc）　买椟还珠　连篇累牍　老牛舐犊（wl）　犊　穷兵黩武　鳏（gr）寡孤独　肚丝　笃信　堵车　目睹　小肚鸡肠　情爱甚笃　观者如堵　睹物思人　聚众赌博　杜绝　妒忌　渡船　镀金　硬度　穷兵黩武　人也是动物

我们单位有党组，也有党委，地位明确，定位明确，是一支政治上的干部队伍。

十八、"dr、drc、drv、drl"音的字词

"dr、drc、drv、drl"四个读音中"drc"的读音没有汉字。

	1	2	3	4	5	6	7	8	9	0
DR	当然	担任	打扰	点燃	敌人	动人	打人	到任	调任	端

墩（drl）：面积较大且平坦的地区，多用于地名，如中墩，在福建；黄墩，在江西。

簖（drl）：用竹子或苇子编制而成的用于插在水里捕捉鱼、蟹的器具，如蟹簖、鱼簖。

端庄　端端正正　短语　短兵相接　段落　断裂　椴树　锻炼　煅烧　缎子　绸缎　断续　绫罗绸缎　断章取义

点燃了消灭敌人的怒火　我刚到任打扰您了　打人不对是犯法的行为

动人的故事

段主席今天调任省人大担任委员长职务了。

自从担任了组长，当然就有脾气了。

十九、"dj、djc、djv、djl"音的字词

"dj、djc、djv、djl"四个读音中，"djc"音没有汉字，"djv"音有"頢"字。

	1	2	3	4	5	6	7	8	9	0
DJ	大家	大局	打击	多久	大舅	倒酒	赌具	到家	登记	堆

堆放　队员　对应　兑换　大舅给外甥倒酒
大家把赌具集中到一起然后开始登记　从大局出发

二十、"dd、ddc、ddv、ddl"音的字词

"dd、ddc、ddv、ddl"四个读音中"ddc"音没有汉字。

	1	2	3	4	5	6	7	8	9	0
DD	等等	达到	得到	到底	等待	对等	地点	吨	敦	蹲

蹾（dd）：重重地放下或摔倒，如这一蹾，整个西瓜就碎了；摔了个屁蹾，疼得她龇牙咧嘴的。
砘（ddl）：播种后用来压实松土的石礅子，如砘子、石砘。
蹲着　蹲守　敦促　吨位　菜墩　木墩　热镦　冷镦　屁蹾　打盹儿
趸售　趸货　粮食囤　囤（tdc）　积　混沌　炖菜　清炖　迟钝　钝器
盾牌　顿时　停顿　砘子　遁迹　逃遁　矛盾　等等我　不对等　短短的
得到的是　还没有达到目的　你到底想咋样　你等待着我回来
短短几个月过去了　25吨重

二十一、"dp、dpc、dpv、dpl"音的字词

	1	2	3	4	5	6	7	8	9	0
DP	打破	搭配	大批	毒品	党派	弹片	多	剟	咄	掇

剟（dp）：刺或击，如用针在纸上剟了一幅图；菜板上剟着一把刀。
铎（dpc）：古代宣布政令或有战事时使用的响器，如金铎、银铎。
驮（dpl）：驮子；又读"tpc"：驮运、驮着。
哆嗦　咄咄　多少　剟眼儿　掇拾　拾掇　撺掇　剟着　咄咄逼人
争夺　踱步　金铎　银铎　揣度　巧取豪夺　门垛　垛口　躲避　花朵

108

跺脚　惰性　堕落　舵手　剁碎　剁菜　董占铎先生会剜花
打破了党派之间的竞争　大批失业人员　毒品是有害的　贩卖毒品被判刑
他把自己手指剁掉一截

二十二、前后字母没有拼音关系的常用词

	1	2	3	4	5	6	7	8	9	0
DM	多么	对面	当面	点明	东盟	倒霉	对门	动漫	地面	对吗
DO	对于	大约	等于	但愿	党员	队员	待遇	多余	地域	低于
DT	代替	独特	地铁	倒退	得体	动态	对头	带头	低碳	歹徒

他是多么愚蠢啊　对面有一座山　有事要当面说清　还没有完全点明
东盟十加一会议　他自认倒霉对吗　把地面进攻作成动漫
但愿所有队员都不掉队　党员的待遇就是起带头作用
对于歹徒只能实施制裁　地铁属于低炭环保和低炭产业　大约有30多吨
独特的地理位置是任何地域所代替不了的　复古就等于历史的倒退
他说话、做事都很得体　动态与速度关联

第十一节　读音首字母是"T"的字词

一、"t、tc、tv、tl"音的字词

"t、tc、tv、tl"四个读音中只有"tl"音有汉字，以读音首字母"t"作为缩略字母的高频字，详见缩略高频字表。

	1	2	3	4	5	6	7	8	9	0
TC	题材	天才	特此	探测	套餐	贪财	推辞	台词	跳槽	推测
TV	提出	提倡	通常	突出	统筹	坦诚	推迟	退出	投产	推出
TL	脱离	讨论	条例	谈论	韬略	逃离	铁路	贪婪	特	铽

铽（tl）：金属元素。
独特　忐忑　他特贪婪　她特有志气　她推测他是天才
大家一同讨论他贪财的手段　脱离了台词他还真讲不出什么内容来
谁提出了建铁路是战略韬略　请大家认真讨论讨论然后再投产
实施退出机制

"钛"是一种金属元素，要统筹开发。

我们提倡坦诚，更要突出坦诚。

二、"ta、tac、tav、tal"音的字词

	1	2	3	4	5	6	7	8	9	0
TA	提案	疼爱	图案	投案	同案	太暗	它	塌	趿	铊

趿（ta）：趿拉，趿拉着鞋。

踏（ta）：踏实；又读"tal"：踏步、踏板、践踏、脚踏实地。

铊（ta）：金属元素；又读"tpc"：秤铊。

溻（ta）：汗水湿透衣服或被褥等，如溻湿、溻透、溻了。

獭（tav）：水獭、旱獭、海獭、獭兔。

鳎（tav）：鳎鱼、条鳎、鳎目鱼。

拓（tal）：拓片 拓本；又读"tpl"：拓展、拓宽、开拓。

他们　她们　它们　趿拉　塌陷　踏实　邋遢　汗褟　水塔　水獭　鞭挞　杂沓　下榻　踩踏　纷至沓来　糟蹋

他提出的提案缺乏韬略，通常是要推迟讨论的。

她们是同案嫌疑人，今天一起来投案。

三、"ts、tsc、tsv、tsl"音的字词

	1	2	3	4	5	6	7	8	9	0
TS	特色	探索	通俗	投诉	提速	退缩	颓丧	挑唆	胎	苔

苔（ts）：舌苔；又读"tsc"：苔藓、苔藓植物。

台（tsc）：台湾、台子、上台；又读"ts"：台州市、天台山，都在浙江省。

邰（tsc）：姓氏。

薹（tsc）：薹草、蒜薹、蹲薹。

炱（tsc）：烟气凝结成的黑灰，如煤炱、松炱。

肽（tsl）：有机化合物，二肽、三肽、多肽。

钛（tsl）：金属元素，钛合金。

轮胎　舌苔　台州　台风　抬头　苔藓　鲐鱼　跆拳道　蒜薹　淘汰　姿态　二肽　酞酐　康泰　太太　这种轮胎很有特色

探索宇宙秘密的进程正在提速　投诉是一种维权方式　退缩是颓丧的表现

四、"th、thc、thv、thl"音的字词

	1	2	3	4	5	6	7	8	9	0
TH	谈话	体会	替换	讨好	挺好	团伙	弹劾	袒护	贪	瘫

郯（thc）：郯城县，在山东省。

輋（thc）：地名用字，輋宾，在广东省。

澹（thc）：澹台（复姓）；又读"dhl"：澹澹，水波澹澹。

镡（thc）：姓氏。

钽（thv）：金属元素。

坍塌　贪官　摊派　滩涂　瘫痪　坛子　昙花　谈话　弹奏　檀木　澹台
吐痰　水潭　忐忑　袒露　袒护　偏袒　地毯　碳酸　炭火　探索　叹气
澹台小姐来到了水波澹澹的郯城县，她这次来是替换谭县长的，因为谭县长受弹劾给免职了。镡老板在谈话中说："袒护贩毒团伙的官员被判刑了。"

五、"tk、tkc、tkv、tkl"音的字词

	1	2	3	4	5	6	7	8	9	0
TK	痛苦	痛快	调控	条款	坦克	特困	停课	汤	趟	嗵

嗵（tk）："嗵嗵"的敲锣声。

鄌（tkc）：地名用字，鄌郚（uc），在山东省。

溏（tkc）：糊状、半流动的，如溏黄、溏便、溏心儿。

帑（tkv）：国库里的钱财，如公帑、国帑。

汤泉　耥耙　羰基　蹚水过河　荒唐　礼堂　海棠　池塘　门樘　窗樘
胸膛　砂糖　镗床　搪塞　螳螂　倘若　淌汗　躺椅　倜傥　公帑
赶趟儿　滚烫　你很痛苦　相关条款的落实　停课3天学开坦克
汤局长从山东鄌郚出发，他拿着铜锣，一边"嗵嗵"地敲着，一边大声喊道："痛快呀！管理公帑和负责调控的贪官今天被抓了，他多痛苦啊！"他边走边说，一直朝着济南方向走去。

六、"tb、tbc、tbv、tbl"音的字词

	1	2	3	4	5	6	7	8	9	0
TB	特别	逃避	坦白	同步	掏	涛	焘	韬	驽	滔

燾（tb）：用于人名。
饕（tb）：饕餮（tfl）、饕贪、老饕。
洮（tbc）：洮河、洮南市，在甘肃省。
波涛　叨教　绦子　掏兜　滔天　韬略　韬光养晦　饕餮大餐　逃跑
桃花　陶器　淘气　葡萄　嚎啕　讨论　套路

展焘从洮南市回到木兰秋狝市，他看到一个淘气的孩子在树上掏鸟窝，在树下的孩子一边吃葡萄，一边从兜里掏桃花。坦白地讲，展焘的特别之处在于不逃避和回避问题。

七、"tg、tgc、tgv、tgl"音的字词

	1	2	3	4	5	6	7	8	9	0
TG	通过	提高	提供	推广	抬高	透过	贪官	谈过	通	嗵

嗵（tg）："嗵嗵"的心跳声。
通（tg）：通告、通行；又读"tgl"：一通牢骚过后又发了一通脾气。
岭（tgc）：地名用字，岭峪，在北京市。
垌（tgc）：地名用字，垌冢，在湖北省；又读"dgl"：麻垌，在广西省；儒垌，在广东省。
砼（tgc）：混凝土。
烔（tgc）：地名用字，烔炀，在安徽省。
铜（tgc）：地名用字，铜城镇，在安徽省。
同（tgc）：同志、同意、志同道合；又读"tgl"：胡同。
恸（tgl）：悲恸、哀恸、恸哭。
扑嗵　普通　同意　佟女士　彤云　筒蒿　铜板　童话　潼关　瞳孔
梧桐　临潼　洪洞县　酸痛　胡同　悲痛　捅马蜂窝　系统　竹筒　水桶

佟大夫可以通过人的"嗵嗵"心跳声确诊人的疾病，透过这一现象证明：人有天才不是童话。

我与安徽铜城镇的人们交流，他们说他们那里没有贪官。

八、"ti、tic、tiv、til"音的字词

	1	2	3	4	5	6	7	8	9	0
TI	同意	统一	同样	特意	太阳	体验	踢	锑	梯	剔

体（ti）：体己、体己人、体己话；又读"tiv"：体育、体制。
锑（ti）：金属元素，锑化氢。
䬠（tic）：地名用字，北䬠，在山西省。
鹈（tic）：鸟名，鹈鹕（huc），又叫"淘河鸟"。
倜（til）：倜傥（tkv）、倜傥不羁、倜傥放荡、风流倜傥。
剔除　梯队　体己　踢球　提升　啼哭　题字　醍醐　蹄子　鲲鱼
醍醐灌顶　抽屉　鼻涕　线绨　警惕　接替　喷嚏　孝悌　剃头
我问你同意还是不同意　体验体验生活同样重要　同意统一

九、"tw、twc、twv、twl"音的字词

"tw、twc、twv、twl"四个读音中，"twv"音没有汉字。

	1	2	3	4	5	6	7	8	9	0
TW	同时	特殊	庭审	提升	态势	同事	坦率	提示	妥善	偷

骰（twc）：骰子，也叫色（wsv）子，是一种游戏用具或赌具。
偷窃　小偷　偷盗　偷车　偷渡　偷工减料　偷梁换柱　偷鸡摸狗　投标
头脑　骰子　透明
我的同事是一位很漂亮的女子，她特别坦率，做事从不偷偷摸摸的，她总是妥善安排和处理在别人看来是最棘手的问题。她最近得到了提升，同时，还得到了特殊奖励。

十、"tu、tuc、tuv、tul"音的字词

	1	2	3	4	5	6	7	8	9	0
TU	台湾	提问	团委	体委	探望	跳舞	谈完	秃	凸	突

㙮（tuc），地名用字，㙮圩（xo），在广东省。
钍（tuv）：金属元素。
吐（tuv）：吐穗、吐字不清；又读"tul"：呕吐、上吐下泻。
菟（tul）：菟丝子，一年生草本植物。
秃头　突然　凸起　凹凸不平　教徒　彩图　旅途　糊涂　屠宰　荼毒
如火如荼　土地　吐口　吐痰　兔子　菟丝　吐血　桥堍
台湾的涂先生和广东㙮圩的屠女士都是研究金属元素——"钍"的专家，他们在答记者的提问时，谈到了体委人员贪污，团委组织跳舞的问题。

113

十一、"ty、tyc、tyv、tyl"音的字词

"ty、tyc、tyv、tyl"四个读音中"tyv、tyl"没有汉字。

	1	2	3	4	5	6	7	8	9	0
TY	同志	调整	体制	特征	统治	拓展	挑战	停止	庭长	焴

焴（ty）：焴干粮、焴馒头，把包子焴一焴。

滕（tyc）：姓氏；滕州市，在山东省。

䲢鱼　疼爱　腾飞　誊写　滕州　白藤

山东滕州的滕老师对我们说："我们的同志会焴馒头，会包饺子，会当庭长，还能誊写文稿、钓䲢鱼。"他调整了声音，又说："统治者的统治表现在体制特征上，停止进步，不敢面对挑战，不能拓展国际空间，这就是腐败和没落的统治者。"

提问：什么是"带有介音的双字母元音"？答："带有介音的双字母元音"就是汉语拼音中有介母的韵母，在双文速录的应用中就是"i、u、o"3个单元音与"a、e"拼音以及与"a、e"开头的双字母元音的拼音。

十二、"（ih＝z）tz、tzc、tzv、tzl"音的字词

	1	2	3	4	5	6	7	8	9	0
TZ	投资	陶醉	提走	逃走	偷走	帖子	退赃	提早	天	添

黇（tz）：黇鹿（鹿的一种）。

洮（tzc）：地名用字，洮泾，在江苏省。

阗（tzc）：喧阗，宾客阗门。

殄（tzv）：糟踏或灭绝，如殄灭、暴殄天物。

腆（tzv）：腆着胸脯、腆着肚子、腼腆。

航天　增添　黇鹿　恬静　甜蜜　填空　田地　农田　恬不知耻
宾客阗门　舔干净　腼腆　暴殄天物

田书记去江苏洮泾学习回来，就整天腆着个大肚子陶醉在迎送宾客阗门的日子里。有一天，他投资养的几只黇鹿逃走了，他以为是邻居家给偷走了就去找邻居要求退赃，结果可想而知。

114

十三、"（ib = x） tx、txc、txv、txl"音的字词

	1	2	3	4	5	6	7	8	9	0
TX	同学	体现	推行	提醒	弹性	退休	天性	体系	停下	挑

挑（tx）：挑水、挑选；又读"txv"：挑战、挑衅。
髫（txc）：儿童下垂的短发，如髫龄、髫年、垂髫。
窕（txv）：窈（ibv）窕、窈窕淑女、窈窕世无双。
眺（txl）：眺望、远眺、登高眺远。

轻佻　佻薄　笤帚　鲦鱼　调解　条件　龆年　跳跃　眺望　粜粮

从青梅竹马的龆年到初中毕业的少年，再到大学毕业的青年，我们两个一直是同学。大学毕业后，我们两个为了体现勇于迎接挑战，又一同去了非洲推行中文拉丁化。

我们两个都很漂亮迷人，被人们称为窈窕淑女。

十四、"（ie = f） tf、tfc、tfv、tfl"音的字词

"ie"是带有介音的双字母元音。"tf、tfc、tfv、tfl"四个读音中"tfc"音没有汉字。

	1	2	3	4	5	6	7	8	9	0
TF	推翻	探访	逃犯	投放	天赋	颓废	退房	贴	帖	萜

萜（tf）：有机化合物。

"贴"字有3个读音。（tf）：贴边、贴切；"tfv"：请帖、字帖；"tfl"：字帖、临帖。

贴身　萜类　钢铁　喜帖　画帖　饕餮　饕餮大餐

律师去探访逃犯，想找理由推翻逃犯的有罪供述。逃犯精神颓废地对律师说："你别以为你有辩护的天赋，我已服服帖帖的认罪了，你还辩护什么？"律师无奈，到宾馆退房后回律师事务所了。

十五、"（iy = e） te、tec、tev、tel"音的字词

	1	2	3	4	5	6	7	8	9	0
TE	天鹅	调额	痛殴	胎儿	天恩	听	厅	汀	町	烃

烴（te）：有机化合物。

莛（tec）：某些草本植物的茎，如麦莛儿、草莛儿。

葶（tec）：葶苈（lil），一年生草本植物。

渟（tec）：地名用字，渟泗涧，在河北省。

圢（tev）：地名用字，上圢坂，在山西省。

梃（tev）：梃子、花梃儿、读梃儿；又读"tel"：梃猪。

餐厅　绿汀　打听　汀江　官廷　报亭　家庭　调停　蜻蜓　雷霆
雷霆万钧　婷婷　亭亭玉立　挺进　铤而走险　潜水艇
柏树挺拔庭院中，蜻蜓点水翅影停。官廷听曲游艇美，亭台客厅少女行。
河北省有渟泗涧，山西遍布麦草莛。厅长梃猪痛殴打，天鹅云中伴雷霆。

十六、"（uh = r）tr、trc、trv、trl"音的字词

"tr、trc、trv、trl"四个读音，其中"trv"音有一个"疃"字，"trl"音有"彖"一个汉字。

	1	2	3	4	5	6	7	8	9	0
TR	突然	倘若	投入	坦然	天然	通融	退让	土壤	湍	

猯（tr）：地名用字，猯窝，在山西省。

疃（trv）：地名用字，刘疃，在河北省；白家疃，在北京市。

湍流　猯窝　云团　麻团　刘疃　白家疃
山西猯窝土壤肥，地名刘疃在河北。白家疃在北京市，麻团点点芝麻围。
倘若坦然相处好，突然投入不相悖。天然湍流瀑布样，周而复始终圆规。

十七、"（ut = j）tj、tjc、tjv、tjl，（un = d）td、tdc、tdv、tdl"音的字词

	1	2	3	4	5	6	7	8	9	0
TJ	条件	推进	提交	统计	天津	投机	调解	听见	推	忒
TD	态度	特点	推动	提到	听到	谈到	团队	替代	太多	吞

忒（tj）：作副词用（太 非常），如忒奸、忒好、忒不讲理。

毺（tjl）：毺毛、毺鸡毛。

坉（tdc）：地名用字，石坉、坉脚镇，都在贵州省。

褪（tdl）：褪套儿，把裤子褪下来；又读"tjl"：褪色（wsv），马褪毛了。

116

推动　忒大　颓废　大腿　退步　蜕变　煺猪　褪色
吞没　吞并　屯兵　囤货　臀部　囤积居奇　馄饨　海豚
这些条件还不够　要有计划地推进　相关文件已提交法务部
据不完全统计　你这是投机行为
他要求法庭调解,你听见了吗?
因为付出的太多,当听到有人要替代他时,他的态度特别激动。
你所提到的团队和团队精神我们都听到了。
天津的地理条件忒好了,它东邻渤海,西近北京,有着无可替代的经济发展潜质。

十八、"（ue＝p）tp、tpc、tpv、tpl"音的字词

	1	2	3	4	5	6	7	8	9	0
TP	谈判	突破	太平	投票	脱贫	捅破	逃跑	脱	托	拖

佗（tpc）：用于人名,如华佗（汉代医名）、赵佗（秦汉时南越国国王）。

坨（tpc）：凝结在一起成块、成堆的东西或面食煮熟（wwc）后粘连成一块儿,如粉坨儿、泥坨儿、面条坨了,饺子坨了。

沱（tpc）：水名和地名用字,如沱江、石盘沱,在四川省；牛角沱,在重庆市。

柁（tpc）：木结构屋架中,架在前后两根柱子上的横梁,如房柁、上柁、立柁。

鮀（tpc）：地名用字,鮀岛、鮀浦镇,都在广东省。

鼍（tpc）：鼍龙,爬行动物,即扬子鳄。

庹（tpv）：姓氏；量词,如成年人的一庹约1.6～1.7米。

托付　拖拉　脱离　驮运　鸵鸟　陀螺　驼铃　砣子　陀螺仪　冰坨
滹沱河　木柁　秤砣　蹉跎　妥当　三庹　庹先生　椭圆　椭圆形　拓宽
开拓　唾液　唾液斑　唾手可得

增加谈判的砝码　在如何脱贫的问题上有了新突破　太平的日子　这层纸被你捅破了　又拖又拽的赶紧逃跑了

有人把华佗和赵佗二人所处的历史朝代弄混了。

庹师傅吃了一碗坨面条,他伸直左右两个胳膊开始丈量木柁,然后站起来对刚投票回来站在身边的侄子说:"你给你四川石盘沱的叔叔打个电话,让他再给买一架5庹长的松木柁,这架木柁只有4庹,不够长度。"

117

十九、前后字母没有拼音关系的常用词

	1	2	3	4	5	6	7	8	9	0
TM	他们	她们	透明	太忙	题目	同盟	同谋	提名	图谋	头目
TN	头脑	同年	童年	逃难	逃匿	体能	体内	鸵鸟	太难	天哪
TO	体育	条约	太远	投缘	贪欲	特约	托运	椭圆	团员	偷运
TQ	提前	提起	提取	听取	同情	天气	套取	拖欠	推敲	偷窃
TT	团体	探讨	淘汰	疼痛	贪图	天天	统统	太太	头头	听听

听听童年的故事　他天天在这里卖体育彩票
统统上缴国库　恐怖分子的头头
最近的天气怎么样
不能因为太忙就不去看望老人
我很同情她　头脑要清醒　特约需提前　体育能强国　工资不拖欠
在淘汰赛中被淘汰出局
贪图享乐的人就是被竞争所淘汰的人偷窃和偷运不是一个概念
他们做事不透明　她们中有个头目是逃难来到这里的，体能有些差。"同谋"是贬义词，"同盟"是中性词。
他和她感觉很投缘，就于今年的3月结婚了。天哪！原来鸵鸟这么大？
他们提取了指纹，听取了汇报，又对案情进行了探讨和推敲，就向检察院提起公诉了。

第十二节　读音首字母是"N"的字词

一、"n、nc、nv、nl"音的字词

"n、nc、nv、nl"四个读音中"nv"音没有汉字，其他每个读音各有一个汉字，且"呢"是轻声，"nc（哪吒）"是多音字。首字母是"n"音的高频字详见高频字表。

	1	2	3	4	5	6	7	8	9	0
NC	农村	那次	哪次	内存	弄错	女厕	匿藏	奴才	哪	那
NV	年初	年产	拿出	难处	农场	浓茶	弄成	难缠	逆差	酿成

118

NL 努力 能力 年龄 能量 那里 哪里 拿来 脑力 耐力 暖流

哪吒 木讷 讷河市

农村、农民、农业统称为"三农问题",我家就是农村的,我就是农民的儿子。大年年初,我拿出用玉米酿成的白酒和太太一起去看望农场的场长。场长很有能力和社会能量,他的年龄和我差不多。他给我们倒了两杯已经沏好的浓茶,又拿来牛奶给我们补充能量。"让农场的贸易逆差变为顺差是我努力的方向。"场长对我们说。你们那里的情况如何?女厕在哪里?太平洋的暖流哪次打架没有你?年产奶粉20万吨。

二、"na、nac、nav、nal"音的字词

	1	2	3	4	5	6	7	8	9	0
NA	溺爱	南岸	哪啊	难熬	你啊	呐	那	哪	南	

那(na):姓氏;又读"nal":那里 那些 那时候。
南(na):佛教用语,南无(mc)南无阿弥陀佛。
镎(nac):金属元素。
㘷(nav):地名用字,大姑㘷,在广东省。
娜(nal):用于人名,如张娜、王娜;又读"npc":婀(e)、娜、婀娜多姿

拿着 拿手好戏 哪里 哪些 纳税 呐喊 那时 老衲 氯化钠
过分溺爱 破衲芒鞋

咱们那次与那班长和李娜打架是在哪啊?我想起来了,是在珠江南岸的大姑㘷,那次不是还有你吗?

三、"ns、nsc、nsv、nsl,nh、nhc、nhv、nhl"音的字词

"ns、nsc、nsv、nsl"四个读音中的"ns、nsc"2个读音没有汉字;"nh、nhc、nhv、nhl"四个读音中都有汉字。

	1	2	3	4	5	6	7	8	9	0
NS	浓缩	弄死	南宋	溺死	女色	怒色	凝思	碾碎	宁死	年岁
NH	您好	你好	内涵	内行	浓厚	女孩	男孩	弄好	脑海	农行

萘(nsl):有机化合物。

难（nhc）：难度、困难、难看；又读"nhl"：难民、遇难、<u>大难临头</u>。
奶粉　乃是　氖气　奈何　耐心　鼐鼎　楠木　男性　难题　南方
<u>喃喃自语</u>　牛腩　羞赧　肚腩　赧然　他宁死都不肯妥协　她面有怒色
他对农行的业务产生了浓厚的兴趣　脑海中浮现出基本轮廓
牛奶浓缩后是奶粉吗？
他在凝思，南宋亡国是因为国君贪恋女色吗？
男孩对老人说："您好？"女孩对男孩说："你好？"这些问候都<u>标志着</u>礼貌内涵。

四、"nk、nkc、nkv、nkl，nb、nbc、nbv、nbl"音的字词

	1	2	3	4	5	6	7	8	9	0
NK	难堪	难看	宁可	宁肯	囊括	拿开	挪开	内科	鸟瞰	齉
NB	内部	难办	那边	难保	哪边	南部	女兵	宁波	年报	孬

囊（nk）：囊膪（vml）；又读"nkc"：气囊、囊括、<u>慷慨解囊</u>。
馕（nkc）：<u>哈萨克</u>、<u>维吾尔</u>、<u>柯尔克孜</u>等民族人的主食，是一种烤制的面饼；又读"nkv"：用力向嘴里塞食物。
攮（nkv）：攮子、攮了一刀。
硇（nbc）：硇砂；地名用字，硇洲，在广东省。
狃（nbc）：地名用字，狃猊，在山东省。
垴（nbv）：有小山岗的地名用字，南垴，在山西省；<u>包谷垴</u>，在云南省。
齉齉　囊膪　齉鼻儿　孬种　孬主意　蛲虫　铙钹　挠痒　击铙
<u>抓耳挠腮</u>　玛瑙　头脑　气恼　南垴　闹事　淖尔　泥淖
内部人看内科很难办
这样不仅难看，还很难堪。从飞机上鸟瞰广东的硇洲，就像我们站在沙盘边看城区规划一样。
几个维吾尔族的女兵从南部作战回来，她们饿得大口大口地馕米饭。
从山东的狃猊到云南的包谷垴，再从云南的包谷垴到山西的南垴，基本构成了<u>长三角</u>。

五、"ni、nic、niv、nil，nz、nzc、nzv、nzl"音的字词

	1	2	3	4	5	6	7	8	9	0
NI	农业	那样	诺言	难以	内因	哪有	挪用	女友	年幼	妮

NZ　女子　男子　拿走　内在　内资　酿造　捏造　弄脏　撵走　蔫

坭（nic）：地名用字，坭洞，在广西省；白坭、白坭圩（xo），都在广东省。
呢（nic）：呢子、呢绒；又读"n"：用在句子末尾的语气助词，如干吗呢？忙什么呢？
铌（nic）：金属元素。
泥（nic）：泥沙、泥土；又读"nil"：泥墙、拘泥、泥古不化。
拈（nz）：拈起、拈阄（jq）儿、信手拈来。

尼姑　泥泞　霓虹灯　端倪　大鲵　小鲵　拟定　你好　昵称　逆转
匿名　腻烦　溺水　泥墙　蔫儿坏　蔫不唧　蔫头耷脑　鲇鱼　黏膜
年龄　信念　土埝　堤埝　碾米机　纸捻儿　撵走　龙车凤辇　撵出家门
不能许下难以兑现的诺言　这纯粹是捏造　两个孩子尚且年幼
不能挪用公共资金和公款

一位蔫儿坏的男子拿走了内资企业一位女子酿造的美酒，男子的女友知道后很生气，就把这位男子撵走了。从广东白坭徒步走到广西坭洞，难免会遇到这样或那样的困难。

六、"ng、ngc、ngv、ngl，nu、nuc、nuv、nul"音的字词

在"ng、ngc、ngv、ngl"的四个读音中，"ng"音没有汉字，"ngv"音有一个"纜"字，且这个字不常用；在"nu、nuc、nuv、nul"的四个读音中，"nu"音没有汉字。

	1	2	3	4	5	6	7	8	9	0
NG	能够	难过	难怪	难关	那个	哪个	女工	内阁	内功	凝固
NU	难忘	内外	哪位	那位	浓雾	女王	南纬	挪威	鸟窝	凝望

伱（ngc）：姓氏；古诗词中的代词"你"或"我"。
脓包　浓缩　农业　唧唧哝哝　搬弄　弄懂　奴隶　奴役　驽马　努力
胬肉　剑拔弩张　怒气　恼怒　希望你能够取得新的胜利
难忘的初恋情人　你是哪位　挪威不在南纬　他凝望着那个鸟窝

伱先生是日本的内阁成员，他唧唧哝哝地说："青年男子哪个不钟情？女工女王哪个不怀春？"

还是那位伱先生说："难过难关必须过，内外内在有内容。女工女友是女子，难怪难忘话难听。"

121

七、"no、noc、nov、nol、nt、ntc、ntv、ntl、nn、nnc、nnv、nnl"音的字词

"no、noc、nov、nol"的四个读音中"no、noc"没有汉字,"nov、nol"各有两个常用汉字(女、钕;恶、衄);"nt、ntc、ntv、ntl"的四个读音中"nt、ntc"两个读音没有汉字,"ntv、ntl"两个读音中各有一个常用汉字("馁"和"内");"nn、nnc、nnv、nnl"四个读音中只有"nnl"音有两个常用汉字(嫩、恁)。

	1	2	3	4	5	6	7	8	9	0
NO	能源	宁愿	纽约	浓郁	年月	难于	内蕴	鸟羽	鲇鱼	鸟语
NT	难题	难听	那天	那套	农田	哪天	难逃	男童	泥土	内退
NN	男女	哪能	恼怒	那年	年内	拿捏	难耐	能耐	牛奶	奶奶

钕(nov):金属元素。
衄(nol):鼻衄、齿衄、战衄。
女子 女的 女童 少女 气馁 内部 内存 内战 内耗 娇嫩 嫩芽
恁多 恁不听劝 我国的能源安全 农业离不开农田
纽约有浓郁的国际大都市气息 宁愿挨饿也不去乞讨
他遇到了不懂鸟语的难题 男女都是客 暖流云团造成了台风
鲇鱼喜爱池塘里的泥土 3年内解决这一难题
奶奶一边喝着牛奶一边恼怒地对身旁的一对青年男女说:"你们长能耐了不是?我对治疗鼻衄的病都难于拿捏,你们那套哪能用得上?哪天我内退了,才能轮到你们。"

八、"(ib=x) nx、nxc、nxv、nxl,(oe=r) nr、nrc、nrv、nrl,(ie=f) nf、nfc、nfv、nfl,(iy=e) ne、nec、nev、nel,(iw=q) nq、nqc、nqv、nql,(ue=p) np、npc、npv、npl"音的字词

"nx、nxc"音没有汉字,"nr、nrc、nrv"音没有汉字,"nfv"音没有汉字,"ne"音没有汉字,"np、npc、npv"音没有汉字。

	1	2	3	4	5	6	7	8	9	0
NX	那些	哪些	内心	内需	年薪	拿下	耐心	逆行	女性	男性
NR	内容	懦弱	女人	男人	牛肉	纳入	恼人	喏嚅	难忍	耐热

NF	能否	奶粉	南方	懦夫	那份	闹翻	男方	女方	南非	年费
NE	女儿	南欧	男儿	逆耳	淖尔	聂耳				
NQ	年轻	年前	拿起	内情	拿去	弄清	泥鳅	扭曲	暖气	女权
NP	哪怕	那篇	那片	涅槃	弄破	男排	女排	牛皮	牛排	暖瓶

脲（nxl）：有机化合物。

宁（nec）：宁静、安宁、息事宁人；又读"nel"：姓氏；宁愿、宁死不屈、宁缺毋滥。

拧（nec）：拧耳朵、拧成一股绳；又读"nev"：拧螺丝、他把话听拧了、两个人闹拧了；还读"nel"：又拧又犟、脾气忒拧。

喏（npl）：古代汉语中表示"是"的意思，如喏，就是这个。

锘（npl）：金属元素。

腰子 囝子 飞鸟 袅袅 鸟雀 莴萝 炊烟袅袅 撒尿 尿尿 疟疾 虐待 疟（ibl）子 发疟子 尿床 尿液 啮齿 嗫嚅 镍子 镍币 孽种 镍铬丝 蹑手蹑脚 分蘖 地蘖 圭臬 分蘖期 聂老师 挪动 挪到一边 叮咛 凝固 柠檬 狞笑 奸佞 泥泞 拧劲儿 妞儿 按钮 枢纽 扭捏 扭扭捏捏 挪动 傩戏 傩舞 婀娜 糯米 懦弱 诺言 那些心灵有创伤的人 哪些人比较保守 女性的内心世界

他的年薪80万元

男性和女性的关系比较融洽，男性的耐力差，女性的耐力强。

男方在中国的南方，女方则在南非，最近，这一对男女闹翻了。哪怕你再年轻，如果总是虚度光阴，青春就会像飞鸟一样一去不复返了。

"女人懦弱，男人阳刚"？那就看看中国女排和中国男排的成果吧！

我的女儿早在三年前就去了南欧国家，在南欧某国工作。

请你拿起笔，不要作懦夫，继续把那篇文章写下去。

男人在智力上比女人能否更胜一筹？答案是肯定的。

泥鳅在暖瓶里被虐待。

九、"nd、ndc、ndv、ndl，nj、njc、njv、njl，nm、nmc、nmv、nml，ny、nyc、nyv、nyl，nw、nwc、nwv、nwl"音的字词

"nd、ndc、ndv、ndl"四个读音中，只有"ndc"音有一个"靡"字；"nj、njc、njv、njl"四个读音中"njc、njl"两个读音有汉字；"nm、nmc、nmv、nml"四个读音中，只有"nmc"音有汉字，且"您"字在独立应用时是高频字；"ny、nyc、nyv、nyl"四个读音中，只有"nyc"音有一个"能"

123

字，"能"字在独立应用时是高频字；"nw、nwc、nwv、nwl"四个读音中"nw"音没有汉字，而"nwc"音中的"鿆、譨"2个字和"nwv"音中的"吶"字以及"nwl"音中的"耨、搙、嫟、槈、貐"等同音字都不常用。

	1	2	3	4	5	6	7	8	9	0
ND	年代	难道	难度	年底	年度	浓度	拿到	脑袋	虐待	纽带
NJ	宁静	逆境	那将	凝结	凝聚	脑筋	南极	年检	年仅	年纪
NM	你们	那么	农民	难免	内幕	纳闷	农忙	难民	匿名	内蒙
NW	那时	那是	难说	难受	女生	女士	女式	男生	闹事	纳税
NY	那种	乃至	内政	内战	年终	拿着	女装	难找	逆转	扭转

娘家　娘们儿　娘亲　娘子　老娘　丈母娘　酿酒　酿成大祸　酿造　酝酿　您好　您说　您的　能够　能力　能源　能不能　能用　能耐　能工巧匠　能耐非凡　佳酿　酝酿已久　能言善辩　能文能武　老娘们　娘娘腔　接到匿名电话后　我那时还小　难说南极难受事　年终难找纳税人　脑袋脑筋勤转动　凝结凝聚富农民　不可逆转只能扭转　家住内蒙，年仅20周岁的倪冬梅于2015年年底制定了2016年年度<u>工作计划</u>。

那里有几个男生拿着笤帚闹事，你们几个女生去劝劝他们，让他们安静下来，摒弃男子主义。

要凝聚集体力量，抛开那种个人私心以及那种个人英雄主义。

内战已经在所难免，难民问题已<u>迫在眉睫</u>。一位女士正在挑选一件女式上衣。

有难度难道就<u>知难而退</u>了吗？任何事情都不是那么<u>一帆风顺</u>的。

我在纳闷为什么逆境能造就人才？

第十三节　读音首字母是"L"的字词

一、"l、lc、lv、ll"音的字词

辅音"l、lc、lv、ll"四个读音，其中"lc、lv"音没有汉字。以"l"作为缩略首字母的高频字，详见缩略首字母表。

	1	2	3	4	5	6	7	8	9	0
LC	两次	屡次	理财	良策	楼层	理睬	历次	来此	绿草	兰草

| LV | 立场 | 凌晨 | 流程 | 浪潮 | 列车 | 列出 | 轮船 | 旅程 | 路程 | 露出 |
| LL | 力量 | 来临 | 理论 | 利率 | 乱伦 | 伦理 | 来历 | 蓝领 | 冷落 | 乐 |

了（l）：助词：长高了、迟到了、走了一小时；又读"lxv"：了结、不了了之、一了百了。

簕（ll）：簕竹，竹子的一种，高达 15 米。
乐（ll）：乐观、喜闻乐见、乐极生悲；又读"oel"：音乐、乐器。
勒（ll）：勒令、勒索、悬崖勒马；又读"lt"：勒死、勒紧、勒紧裤带
饹（hc）：饹

哭了、两次来此乘列车，路程里程有良策。列出理论讲伦理，凌晨来临现轮廓。屡次践踏茵绿草，乱伦蓝领遭冷落。轮船楼层摆兰草，云端露出白天鹅。理财良策讲利率，乐观立场念弥勒。

二、"la、lac、lav、lal"音的字词

| | 1 | 2 | 3 | 4 | 5 | 6 | 7 | 8 | 9 | 0 |
| LA | 立案 | 两岸 | 恋爱 | 离岸 | 怜爱 | 冷傲 | 另案 | 啦 | 拉 | 垃 |

拉（la）：拉货、拉开、拉帮结伙；又读"lac"：拉个口子、拉块玻璃。
落（lal）：一字不落、丢三落四；又读"lbl"：落枕、落价、莲花落；还读"lpl"：落日、堕落、落花流水。
镴（lal）：锡和铅的合金，通称"焊锡"，也叫"白镴"或"锡镴"。

垃圾　邋遢　拉手　哩哩啦啦　旮旯　砬子　砬子沟（地名）　辣椒
瘌痢　蜡烛　腊月　蝲蝲蛄（guv）　锡镴　靰鞡（la）　棉靰鞡　已立案
黄河两岸　正在恋爱中　轮船靠岸后很快就离岸了　另案处理

三、"ls、lsc、lsv、lsl，lh、lhc、lhv、lhl"音的字词

"ls、lsc、lsv、lsl"四个读音中，"ls、lsv"两个音没有汉字；"lh、lhc、lhv、lhl"四个读音中"lh"音没有汉字。

	1	2	3	4	5	6	7	8	9	0
LS	类似	绿色	蓝色	勒索	连锁	懒散	利索	吝啬	零散	脸色
LH	良好	利害	落后	联合	离婚	绿化	来回	灵活	灵魂	领会

铼（lsc）：金属元素。

125

俫（lsc）：地名用字，大俫庄，在山东省。
镧（lhc）：金属元素。

来往　莱芜市　涞水县　楝树　招徕　邛（qkc）崃市　招徕顾客　赏赉
青睐　耍赖　天籁　癞蛤蟆　万籁俱寂　篮球　褴褛　谰言　蓝天　栏杆
拦截　阑尾　岚皋县　兰花　贪婪　斑斓　波澜　夜阑人静　无耻谰言
色彩斑斓　推波助澜　招揽　展览　橄榄　偷懒　漤鱼　漤柿子　泛滥
灿烂　宁缺毋滥　陈词滥调　类似的问题和现象　他因勒索罪而被捕
这事做的很利索　还有搞联合离婚的呢　脸色很难看

邛崃市有着良好的绿化环境，天是蓝色的，大地是绿色的，没有北方那种灰蒙蒙的雾霾。因此，这里很受游客的青睐。山东的大俫庄与邛崃市的绿化率恰恰相反，零散在农田周边的树木像懒散冷傲的醉汉，孤零零地站在那里，如同等待着人们去搀扶一样。

四、"lk、lkc、lkv、lkl，lb、lbc、lbv、lbl"音的字词

	1	2	3	4	5	6	7	8	9	0
LK	立刻	离开	领空	冷酷	辽阔	轮廓	旅客	落空	路口	啷
LB	来宾	类别	狼狈	领班	路边	老板	轮班	里边	利弊	捞

郎（lkc）：姓氏；女郎、儿郎；又读"lkl"：屎壳郎。
朗（lkv）：有沼泽地或滩涂的地名，如南朗，在广东省；朗南，在广西省。
崀（lkl）：地名用字，如崀山，在湖南省；大崀，在广东省。
铹（lbc）：金属元素。
唠（lbc）：唠叨；又读"lbl"：唠嗑、唠家常。
铑（lbv）：金属元素。
荖（lbv）：地名用字，荖浓溪，在台湾省。

当啷　蟑螂　伴郎　群狼　走廊　锒铛　榔头　书声琅琅　锒铛入狱
朗读　浪涛　莨菪（dkl）　阆中　宁蒗县　劳碌　牢记　唠叨　崂山
痨病　醪糟　姥姥　阆佬　老师　烙饼　耢地　唠嗑　洪涝　奶酪
请来宾立刻离开这里　冷酷的老板狼狈地站在路边　他的轮班计划落空了
大致有个轮廓了

从广东南朗到广西的朗南途中要经过两个省的领空，从广东的大崀到湖南的崀山也是如此。

辽阔的大地上有一个拥挤的城市，城市中有一位女郎站在路口的中央，她

对过往的旅客和行人说:"我是台湾茗浓溪的来宾,名字叫郎世宁,在一家广告公司作领班,我在阆中等你们。"

五、"lt、ltc、ltv、ltl,ly、lyc、lyv、lyl"音的字词

	1	2	3	4	5	6	7	8	9	0
LT	聊天	领土	蓝天	论坛	笼统	蓝图	旅途	雷同	联通	嘞
LY	隆重	两种	理智	力争	立正	论证	劣质	笼罩	离职	冷战

累(ltc):累赘、硕果累累;又读"ltv":累计、积累、拖累、日积月累、危如累卵;还读"ltl":劳累、怕累。

嬴(ltc):姓氏;嬴弱、嬴瘦。

诔(ltv):悼念死者生前的文章,诔文。

酹(ltl):(把酒浇在地上表示祭奠)酹酒。

棱(ly):扑棱、扑棱棱;又读"lyc":棱角、三棱镜、有棱有角;地名用字,穆棱市,在黑龙江省。

塄(lyl):地名用字,如长塄,在江西省;塄底下,在陕西省。

勒死 雷鸣 擂鼓 礌石 镭射电影 垒墙 诔文 磊落 花蕾

傀(kjv) 儡 泪珠 肋骨 类别 擂台 劳累 愣神儿 愣干

愣头愣脑 聊天记录显示 旅游论坛会议结束了 比较笼统

在这里隆重集会 冷战又开始了 理智是理性认识的结果

两种假设的两种结局 离职人员大都是联通公司的

被雾霾笼罩的城市不只是京津地区,雷同的还有石家庄和郑州。陕西有个叫塄底下的镇子,镇里有一位叫雷森的先生,他给家住江西长塄的表姐嬴女士发去一封悼念表姐夫的诔文。诔文说:别人立正汝下令,人生旅途你已停。蓝天无垠魂何去?劣质酹酒送西行。

六、"li、lic、liv、lil"音的字词

	1	2	3	4	5	6	7	8	9	0
LI	利用	利益	理由	来由	离异	绿荫	旅游	洛阳	绿叶	哩

丽(lic):丽水市,在浙江省;又读"lil":丽质、美丽、秀丽迷人。

蓠(lic):江蓠,又名"龙须菜"。

蠡(lic):管窥蠡测;又读"liv":蠡县,在河北省。

浬（liv）：地名用字，浬浦，在浙江省。
枥（lil）：地名用字，枥县，在山东省。
坜（lil）：（有坑的）地名用字，中坜，在台湾省。
郦（lil）：姓氏。

篱笆　黧黑　罹难　黎民　漓江　犁杖　梨树　离别　丽水　毫厘　狐狸
黄鹂　咖哩　江蓠　蛎（gc）　蜊　玻璃　笊（ybl）　篱　藜藿　礼节
李子　里外　俚语　理论　鲤鱼　澧水　锂电池　妯娌　迤（iv）　逦
迤逦而行　莅临　栗子　唳啸　粒状　傈僳族　痢疾　荔枝　隶属　例如
利益　历练　立刻　溧阳市　乖戾　伶俐　伉俪　霹雳　斗笠　牡蛎
猞猁　沙砾　磨砺　茉莉　风声鹤唳　孤雁悲唳　老骥伏枥　呕心沥血
励精图治　贪官污吏　有理由利用一切手段保护自己的利益
有理由没来由

郦萍是一位才女，她用"li"音的四声字写诗：丽水女子形丽质，蠡县姥爷自莅临。江蓠没有薄绿叶，枥县盛产甜酸梨。浙江浬浦说俚语，台湾中坜景美丽。洛阳深处绿荫浅，黄鹂明春唤妯娌。

七、"ln、lnc、lnv、lnl，（ih＝z）lz、lzc、lzv、lzl"音的字词

"ln、lnc、lnv、lnl"四个读音中，只有"lnv"音有一个表示量词的汉字：俩，俩人、俩字、哥儿俩。在"伎俩"一词中，"俩"又读"ljv"；"lz、lzc、lzv、lzl"四个读音中，"lz"音没有汉字。

```
         1    2    3    4    5    6    7    8    9    0
    LN   老年  两年  来年  理念  留念  罹难  历年  两难  靓女  辽宁
    LZ   来自  立足  老总  老早  老子  卵子  乱子  临走  劳作  烂醉
```

桲（lzc）：脱粒用的木制农具，桲枷。
濂（lzc）：濂江，在江西省。
楝（lzl）：楝树，也叫"苦楝"，是一种落叶乔木。

镰刀　濂江　鲢鱼　廉政　联盟　桲枷　涟漪　莲花　帘子　怜悯　连接
镜奁　妆奁　蜚蠊　脸红　敛财　白蘞　项链　入殓　迷恋　锻炼　排练
潋滟（ihl）　我们的理念是立足开发和创新
她老子临走时还一再叮嘱我，让我们期待着来年的再会。
连老板开了一家卵子公司，不久就出乱子了。
辽宁有靓女，烂醉楝树旁。怜悯老年人，留念在濂江。纪念罹难者，历年莲花香。

八、"（iy = j）lj、ljc、ljv、ljl，（ie = f）lf、lfc、lfv、lfl"音的字词

"lj、ljc、ljv、ljl"四个读音中，"lj"音没有汉字；"lf、lfc、lfv、lfl"四个读音中，"lfc"音没有汉字。

	1	2	3	4	5	6	7	8	9	0
LJ	了解	立即	理解	历经	离间	历届	列举	冷静	谅解	累计
LF	来访	立法	立方	浪费	楼房	雷锋	礼服	冷风	轮番	唎

量（ljc）：测量、打量、衡量、车载斗量；又读"ljl"：尽量、过量、量刑、不自量力。

凉（ljc）：凉爽、荒凉、凉拌、凉白开；又读"ljl"：凉一凉、凉凉（ljc）再喝。

唎（lf）：唎唎、大大唎唎、骂骂唎唎；又读"lfv"：龇牙唎嘴、唎嘴露齿。

高粱　桥梁　阴凉　杂粮　优良　衡量　椋鸟　欧椋鸟　灰椋鸟　两岸
伎俩　魍魉　魑魅魍魉　谅解　靓女　晾晒　踉跄　亮相　车辆　裂缝
趔趄　猎人　烈士　劣迹　列队　鬣鬣　凛冽　劣迹斑斑
请立即了解并处理好这个问题　我们列举了大量楼房的浪费情况
需要保持冷静　雷锋是真善美的化身　对来访的人必须做好登记和回访
历经九九八十一难　累计人数　礼服的色彩

九、"（ib = x）lx、lxc、lxv、lxl"音的字词

	1	2	3	4	5	6	7	8	9	0
LX	联系	连续	理想	类型	联想	联席	离休	老乡	撩	蹽

撩（lx）：撩开、把门帘撩起来；又读"lxc"：撩拨、撩逗、春色撩人。
蹽（lx）：形容快步走或跑：他蹽得无影无踪。
燎（lxc）：燎原、燎泡、星火燎原；又读"lxv"：烟熏火燎、头发被火燎了。
钌（lxv）：金属元素；又读"lxl"：钌铞儿。
嫽（lxv）：地名用字，贤嫽，在广东省。
廖（lxl）：姓氏。

缭乱　燎原　潦草　獠牙　嘹亮　撩逗　寥落　疗效　辽宁　聊天　官僚
鹡鹩　茶寮　茅寮　寥寥无几　青面獠牙　末了　水蓼　辣蓼　红蓼
烟熏火燎　不了了之　镣铐　瞭望　撂下　料到　钉铆　尥蹶（jrv）子
撂挑子　他与我是一块离休的老乡　连续几天没联系上了
这种类型的汽车并不多

廖先生是广东贤僚人，他的理想是当一名驯马师。有一次，他刚骑上一匹浑身黑色的马，这匹马就扬起头"咴咴"地叫，并开始尥蹶子。廖先生很快就从马背上跌落下来，摔得他老半天站不起来。待他忍着疼痛站起来时，那匹黑马已蹽得无影无踪了。此后，他就撂挑子不干驯马师的行当，改为饲养鹡鹩的生意。

十、"（in＝m）lm、lmc、lmv、lml"音的字词

"lm、lmc、lmv、lml"四个读音中，"lm"音只有一个"拎"字。

	1	2	3	4	5	6	7	8	9	0
LM	劳模	里面	浪漫	流氓	冷漠	路面	林木	楼门	老妈	拎

䍽（lmc）：地名用字，白䍽，在广东省。
辚（lmc）：拟声词，车轮滚动的声音：车辚辚，马萧萧。
淋（lmc）：淋浴、风吹雨淋；又读"lml"：过淋、淋病。
膦（lml）：有机化合物。

淋浴　琳琅　临摹　林海　邻居　嶙峋　遴选　甘霖　白磷　鱼鳞　麒麟
喹啉　波光粼粼　瘦骨嶙峋　凤毛麟角　凛冽　檩木　仓廪　租赁　马蔺
踩躏　吝啬　淋病　过淋　路面有很多积雪　冷漠的流氓

据说广东白䍽到处林木葱茏，那里的劳模特别多，家家户户的楼门都贴有住户老妈的画像。

十一、"（iw＝q）lq、lqc、lqv、lql，（iy＝e）le、lec、lev、lel"音的字词

"lq、lqc、lqv、lql"四个读音都有汉字；"le、lec、lev、lel"四个读音中，"le"音没有汉字。

	1	2	3	4	5	6	7	8	9	0
LQ	录取	来气	楼群	力求	乐趣	留情	离去	零钱	林区	熘
LE	老二	莲藕	聋儿	联俄	隆恩					

溜（lq）：溜冰、溜直、溜平、溜之大吉；又读"lql"：溜墙、溜缝。
镠、刘（lqc）：姓氏。
馏（lqc）：蒸馏水；又读"lql"：馏馒头。
绺（lqv）：量词：一绺、三绺、一绺头发。
锍（lqv）：有色金属硫化物的互熔体。
六（lql）：数词；又读"lul"：地名和姓氏，六安市；在安徽省；六合县，在江苏省。
陆（lql）：数目字，"六"的大写；又读"lul"：陆地、大陆、陆海空。
碌（lql）：碌碡（ywc）；又读"lul"：忙碌、碌碌无为。
令（lec）：令狐：复姓；又读"lev"：量词，原张的纸500张为一令；还读"lel"：命令、令行禁止。
泠（lec）：姓氏。
酃（lec）：酃县、酃湖，在湖南省。
溇（lec）：地名用字，浒溇，在江苏省。
舲（lec）：地名用字，舲舫（fkv），在湖南省。

熘土豆丝　醋熘白菜　溜之乎也　硫磺　琉璃　流水　留守　浏览　镏金　石榴　肿瘤　蒸馏　柳树　柳枝　遛弯儿　碌碡　陆千　六十　一溜儿　田鹨　水鹨　零度　鲮鱼　羚羊　聆听　陵园　凌晨　铃铛　玲珑　囹圄　灵魂　伶俐　柃木　年龄　茯苓　窗棂　白蛉　雁翎　高屋建瓴　绫罗绸缎　山岭　衣领　崇山峻岭　心领神会　不要对林立的楼群来气　我平常给他一些零钱　对林区留情做到不砍伐

镠司长在六安考察时与一位比他大六岁的令狐女子结了婚，而他的部下刘处长则在六合县嫁给了一位叫泠峻岭的医生。有一次，他们共同约请了湖南舲舫和江苏浒溇的同学一同到湖南酃县聚会。这些同学都是同一天被录取到同一所大学的，他们力求在一起多待几天，一直不愿离去。

十二、"lw、lwc、lwv、lwl，lg、lgc、lgv、lgl"音的字词

"lw、lwc、lwv、lwl"的四个读音都有汉字；"lg、lgc、lgv、lgl"四个读音中，"lg"音没有汉字。

	1	2	3	4	5	6	7	8	9	0
LW	落实	临时	历史	历时	老师	老实	来说	论述	联手	喽
LG	两国	两个	牢固	乐观	来过	亮光	泪光	路过	留给	流感

131

漋（lgc）：地名用字，永漋，在湖北省。
笼（lgc）：笼屉、出笼、囚笼；又读"lgv"：笼罩。
弄（lgl）：弄堂、里弄；又读"ngl"：卖弄、捉弄、弄假成真。
哢（lgl）：地名用字：哢村，在广东省。
搂（lw）：搂柴草、搂扳机；又读"lwv"：搂腰、搂抱。
偻（lwc）：佝（gw）偻病；又读"lov"：伛（ov）偻（脊背弯曲）。
溇（lwc）：溇水，在湖南省西北部，是澧水的支流。
露（lwl）：暴露、走露风声；又读"lul"：白露、露水、风餐露宿。

葱茏　喉咙　玲珑　朦胧　耳聋　鸟笼　兴隆　窟窿　恐龙　拢共　笼罩
垄断　田垄　靠拢　得陇望蜀　拉拢腐蚀　瞜一眼　蒌蒿　蒌叶　楼梯
喽啰　娄瓜　蝼蛄　骷髅　搂着　竹篓　花篓　镂刻　陋习　瘘管　漏勺
漏网　我来过两次都是路过　历时三年之久
要落实两国之间已达成的互助协议，使两国关系更加牢固。
广东哢村出了个神医，据说任何佝偻病他都能治好，不知真假？
娄老师是湖北永漋人，他有罗锅儿，做人老实、厚道。他对朝鲜半岛一个民族分成两个国家感到遗憾，对中国的统一感到乐观。他认为，民族分裂只是历史过程的一个临时插曲。

十三、"lu、luc、luv、lul"音的字词

	1	2	3	4	5	6	7	8	9	0
LU	另外	来往	列为	礼物	猎物	论文	沦为	两位	芦苇	撸

芦（luc）：芦苇、芦花、芦苇荡；又读"luv"：油葫芦。
漊（luv）：地名用字，漊港，在安徽省。
镥（luv）：稀土元素之一。
甪（lul）：地名用字，甪直，在江苏省；甪堰，在浙江省。
逯（lul）：姓氏。
绿（lul）：绿林、绿林好汉、鸭绿江；又读"lol"：绿色、绿叶。
菉（lul）：地名用字，梅菉，在广东省。
渌（lul）：渌水，发源于江西省，流入湖南省。

撸袖子　撸树叶　呼噜　噜苏　颅骨　鲈鱼　鸬鹚（cc）　泸州　炉灶
庐山　芦苇　黄栌　俘虏　粗鲁　摇橹　打卤面　掳掠　掳走　卤煮
贿赂　记录　登陆　马鹿　俸禄　劳碌　铁路　辘轳　杀戮　白鹭　南麓
潞城市　戮力同心　他们的来往比较密切

木兰秋狝即将列为世界非物质文化遗产名录

出生于安徽澭港的逯忠心是"镥研究院"的研究员。他带的两位研究生，一位是江苏甪直人，一位是浙江甬堰人。这三位经常带着一位绰号叫"油葫芦"的人进入芦苇荡寻找猎物。"油葫芦"是广东渌水人，他习惯撸起裤腿在芦苇中钓鲈鱼，爱吃卤煮食品，另外有过贿赂犯罪的记录。

十四、"lo、loc、lov、lol"音的字词

"lo、loc、lov、lol"四个读音中，"lo"音没有汉字。

	1	2	3	4	5	6	7	8	9	0
LO	领域	来源	老远	乐园	履约	利于	立于	论语	流域	淋浴

闾（loc）：姓氏；里巷的门，如倚闾而望、闾里、闾巷。
率（lol）：效率、利率、概率；又读"wml"：率领、统率、表率。
垍（lol）：地名用字，段垍，在河南省。

棕榈　乡闾　毛驴　伴侣　军旅　褴褛　步履　屡屡　吕洞宾　捋胡子
铝合金　膂力过人　衣衫褴褛　步履维艰　氯气　绿草　葎草　格律
考虑　概率　过滤　碧绿　立于无私高地才能利于人民
不能成为犯罪分子的乐园　他说不清财产的来源
履约是一个人的诚信标准

淋浴的热水来源《论语》是一本记录儒家领袖言行的书，有精华亦有糟粕。"领域"和"流域"都是指范围，但领域是概念，是一个体系；而流域是指江河所流经的区域。吕女士的丈夫闾先生到河南段垍出差，约定今天回来。吕女士正倚闾而望，等待她的丈夫归来。此时的闾先生正在捋着胡子骑在毛驴上，他老远看见妻子正在朝他回来的方向眺望。

十五、"lr、lrc、lrv、lrl"音的字词

辅音与双字母元音"oe、uh"拼音时，由辅音字母"r"充当，因此，就出现了"lr、lrc（峦）、lrv（卵）、lrl（乱）"四个读音和"lr（'略'字的一声）、lrc（'略'字的二声）、lrv（'略'字的三声）和lrl（略）字的四声"。

基于"略"音的一、二、三声没有汉字，而四声的"略"和"乱"的拼法重叠，故将"lr"音作为拼写"略"音的音素拼法。如略写（lrxfv）、谋略（mwclr）、略符（lrfuc）、略长（lrv̌kc）。

	1	2	3	4	5	6	7	8	9	0
LR	例如	利润	两人	列入	恋人	令人	乱扔	老人	录入	连任

圙（lr）：圙（ku）圙，围起来的草场子；李圙圙、薛圙圙。

峰恋　痉挛　孪生　鸾凤　滦平县　金銮殿　栾城县　栾川县　鸾翔凤集

卵巢　卵生　以卵击石　乱扔　乱世　掠夺　略微　两人的世界

有着可观的利润　书记员培训教材列入了"十三五"规划

一般的文字录入与速录师职业有着<u>天壤之别</u>　不能乱扔垃圾

乱扔垃圾是令人气愤的事

所谓的连任大都是提前安排好了的，例如，某某厂长选举连任。

一对恋人带着各自的老人开车去旅游，他们看到路牌上写着"寇圙圙"的汉字，"圙圙"念什么？<u>什么意思</u>？他们停下车，用汉字部件学习法中的识字解字软件一查就知道读音和字义了。把"圙"字的部件"冂、皿、方、一"输入读音的缩略首字母"K（'冂'读框）、S（'皿'读四）、F（'一'读横）"后，"圙"字就出现在<u>对话框</u>中，点击该字，对话框<u>显示</u>出该字的注音和女声提示以及合成词"圙圙"的读音和词义解释。

十六、"（ue＝p）lp、lpc、lpv、lpl，（un＝d）ld、ldc、ldv、ldl"音的字词

"lp、lpc、lpv、lpl"的四个读音都有汉字；"ld、ldc、ldv、ldl"四个读音中，"ldv"音没有汉字。

	1	2	3	4	5	6	7	8	9	0
LP	礼品	赖皮	离谱	两旁	两派	楼盘	拉票	领跑	理赔	路旁
LD	领导	来到	劳动	垄断	掠夺	伦敦	懒惰	绿灯	漏洞	料到

啰（lp）：啰嗦；又读"lpc"：啰唣。

倮（lpv）：地名用字，倮柱，在贵州省；倮格，在四川省。

雒（lpl）：姓氏。

论（ldc）：论语；又读"ldl"：论证、理论、<u>长篇大论</u>。

裸体　瘰疬　蜾（gpv）蠃　萝卜　罗列　啰唣　逻辑　箩筐　骡子

螺丝　猪猡　敲锣　洛阳　骆驼　落日　摞砖　漯河市　<u>络绎不绝</u>

一摞碗　沦落　论语　伦理　轮椅　昆仑　锦纶　囵囹　<u>伦理道德</u>

<u>囫囵吞枣</u>　赖皮送的礼品你也敢要？楼盘高的离谱儿

两派站在两旁打得非常激烈　伦敦垄断了英镑的发行　懒惰的人不爱劳动

为劳动者开绿灯　来到选举会场拉票　早已料到

骆经理是洛阳人，雒厂长是漯河人，这二位领导准备去贵州的倮柱和四川的倮格考察养殖技术。他们骑在骆驼上，落日的余晖把它们的身影拉得很长很长。

第十四节　读音首字母是"G"的字词

一、"g、gc、gv、gl"音的字词

"g、gc、gv、gl"四个读音都有汉字；缩略首字母是"g"的高频字见高频字表。

	1	2	3	4	5	6	7	8	9	0
GC	刚才	钢材	高层	国策	故此	革	隔	格	镉	搁
GV	过程	工程	观察	构成	贯彻	葛	盖	舸	鸽	鲴
GL	管理	规律	各类	鼓励	公里	工龄	纲领	各	硌	铬

圪（g）：圪垯；地名用字，圪上乡，在山西省。

胳（g）：胳膊、胳臂（bt）；又读"gc"：胳肢（使别人发痒或发笑）

禹（gc）：禹津河，发源于河北省，流入山东省；又读"lil"：古代炊具。

葛（gc）：葛藤，多年生藤本植物；又读"gv"：姓氏。

堨（gc）：地名用字，青草堨，在安徽省。

漍（gc）：湖名用字，漍湖，在江苏省。

镉（gc）：金属元素，如镉蒸气灯。

盖（gv）：姓氏；又读"gsl"：盖楼。

舸（gv）：大船，如舸舰、百舸争流。

个（gl）：一个、个别；又读"gv"：自个儿。

疙瘩　戈壁　圪垯　仡佬族　咯噔　哥哥　鸽子　胳膊　袼褙（bt）搁置
歌唱　割裂　革职　阁下　格式　禹津　胳肢　葛藤　蛤蜊　隔阂　漍湖
骨骼　打嗝儿　青草堨　隔三差五　各种　硌脚　硌牙　铬钢

这是一份纲领性文件　已观察了很久　整个过程被拍了下来

据观察家的观察只有36公里

已够30年工龄，故此退居二线。各级各类的管理都有规律可循。

刚才收到通知，民盟的高层领导要求全体盟员贯彻国策。

这是一项浩大的工程，葛先生在渑湖湖畔养了一群鸽子。

为了鼓励圪上乡的农民去安徽省的青草塥学习钢材冶炼技术，厂长自个儿掏钱培训他们。

二、"ga、gac、gav、gal"音的字词

	1	2	3	4	5	6	7	8	9	0
GA	公安	关爱	高傲	归案	港澳	肝癌	个案	个矮	该案	孤傲

旮（ga）：角落、偏僻，旮旯（lac）、墙旮旯、背旮旯、犄角旮旯。

咖（ga）：咖喱；又读"ka"：咖啡。

伽（ga）：伽马射线；又读"jn"：伽利略（意大利 天文学家）；还读"qfc"：伽蓝、伽南香。

嘎（ga）：拟声词：嘎吱、嘎嘣、嘎叭；又读"gac"：嘎调儿；还读"gav"：嘎小子。

戛（ga）：译音用字，戛纳（法国城市）；又读"jnc"：戛然、戛然而止。

钆（gac）：金属元素。

旮旯　咖喱　嘎巴硬脆　伽马线　打杂　尜尜　准噶尔盆地　噶尔县
尴尬　咖喱面馆紧挨着咖啡店

要关爱那些有病的患者 孤傲的劲松生长在悬崖峭壁上，高傲的海燕在海浪中翱翔。

公安将作案的人抓住叫归案，有嫌疑人的亲朋好友去询问，公安回答说："该案正在处理中。"

三、"gs、gsc、gsv、gsl，gh、ghc、ghv、ghl"音的字词

"gs、gsc、gsv、gsl"四个读音中，"gsc"音没有汉字；"gh、ghc、ghv、ghl"四个读音中，"ghc"音没有汉字。

	1	2	3	4	5	6	7	8	9	0
GS	公司	公诉	告诉	跟随	骨髓	甘肃	高速	公孙	归宿	该
GH	更好	规划	搞好	关怀	光辉	国会	国徽	甘	干	肝

荙（gs）：地名用字，花荙，在四川省。

赅（gs）：包括或齐全，举一赅百、言简意赅。

戤（gsl）：地名用字，戤效，在江苏省。

芥（gsl）：芥蓝，一年或二年生草本植物；又读"jfl"：芥菜、芥菜疙瘩。
杆（gh）：旗杆、桅杆。又读"ghv"：笔杆儿、枪杆。
澉（ghv）：地名用字，澉浦，在浙江省。
鳡（ghv）：鳡鱼，也叫"黄钻"。
淦（ghl）：淦水，在江西省。

该然　应该　花荄　垓下　举一赅百　言简意赅　改版　改道　整改
改天换地　丐帮　芥蓝　钙质　盖章　概要　灌溉　埃及　胎动　挨骂
抬出　低矮　歹徒　爱人　败笔　安然　贪图　俺爹　追赶　暗示　干净
甘甜　肝脏　坩埚　泔水　柑桔　尴尬　标杆　糖苷　酸酐　竹竿
煤矸石　立竿见影　秸秆　驱赶　勇敢　灵感　澉浦　鳡鱼　橄榄
橄榄枝　擀面　擀皮儿　擀面杖　干部　淦水　赣江　捍卫
请你告诉我我该如何寻找归宿　为了让同事们更好地搞好关系
甘肃是进出新疆的咽喉要道　高速发展的高速公路
国会通过了国徽使用法　骨髓也可移植　他跟随我多年　该死的东西

甘光辉是江苏戆效人，他用汉字写文章言简意赅，颇有古文风范。最近，他与四川花荄的同事公孙先生要去浙江澉浦购买几吨又叫黄钻的鳡鱼。鳡鱼和芥菜疙瘩是他们公司的主营产品。

检察院是公诉单位，公安机关是逮捕嫌疑人的单位，而法院则是审判和判决机构。

四、"gk、gkc、gkv、gkl，gb、gbc、gbv、gbl"音的字词

"gk、gkc、gkv、gkl"四个读音中，"gkc"音没有汉字；"gb、gbc、gbv、gbl"四个读音中，"gbc"音没有汉字。

	1	2	3	4	5	6	7	8	9	0
GK	概括	广阔	港口	概况	高考	公款	搞垮	公开	刚	罡
GB	根本	改变	改编	干部	公布	告别	个别	关闭	高	皋

㭎（gk）：地名用字，青㭎坡，在贵州省。
矼（gk）：地名用字，大矼，在浙江省。
堽（gk）：地名用字，堽城镇，在山东省。
岗（gk）：花岗岩；又读"gkv"：岗亭　岗位　站岗。
篢（gkl）：地名用字，篢口，在湖南省。
戆（gkl）：呆傻，如戆头戆脑；又读"yil"：憨厚，戆直。
杲（gbv）：姓氏；明亮，如杲日、秋阳杲杲、杲杲日出。

缟（gbv）：未经染色的白绢，如缟衣、缟带。
郜（gbl）：姓氏。
锆（gbl）：金属元素。
筶（gbl）：地名用字，筶杯，在福建省。

肛门　钢领　钢铁　缸盖　堽城　山冈　天罡　刚刚　大矼　花岗岩
青㭎坡　天罡地煞　下岗　海港　杠铃　港口的概况　根本的改变
刚公布了干部的改编办法　卢戆章是中国速记创始人之一
这已是公开的秘密　请公孙灵女士概括一下干部用公款吃喝的情况
找一家挂靠单位　举行了告别仪式　宪法是我国的根本大法
高考一结束我就去湖南筶口　高杲和牛杲都是南宋时期人
纪罡是贵州省青㭎坡人，季钢是山东省堽城镇人，两人约好去湖南筶口和浙江省的大矼旅游。
高大　羔羊　睾丸　膏药　糕点　竹篙　船篙　皋兰县　搞好　镐头
稿纸　藁城　藁城市　告知　诰命　郜师傅　筶杯
杲先生是福建省筶杯人，他娶了一位与他一样从事钢铁交易的郜女子为妻。

五、"gt、gtc、gtv、gtl，gn、gnc、gnv、gnl"音的字词

"gt、gtc、gtv、gtl"四个读音中，只有"gtv"音有一个"给"字；"gn、gnc、gnv、gnl"四个读音中，"gnc、gnv"2个读音各有一个"哏"和"艮"字。

	1	2	3	4	5	6	7	8	9	0
GT	沟通	共同	钢铁	港台	个体	高铁	滚烫	甘甜	感叹	柜台
GN	功能	观念	概念	归纳	国内	挂念	供暖	更能	闺女	跟

给（gtv）：交给、付给；又读"jv"：给予、供给、自给自足。
艮（gnv）：硬、韧而不松脆的食物，如发艮；又读"gnl"：八卦之一。
根底　跟踪　树大根深　脚后跟　逗哏　横亘　亘古未有
有着共同的功能　个体企业在港台遍地都是
共同的观念归纳起来就是真理　沟通是一种理性认识
有共同的价值观最好沟通　我乘坐的是 G121 次高铁
港台的钢铁产业并不多　父亲挂念闺女与母亲挂念儿子是一样的
他站在柜台里感叹着商品的齐全
开始供暖了，滚烫的热水带着温暖通过管道流向千家万户。

六、"gy、gyc、gyv、gyl，gg、ggc、ggv、ggl，gw、gwc、gwv、gwl"音的字词

"gy、gyc、gyv、gyl"四个读音中，"gyc"音没有汉字；"gg、ggc、ggv、ggl"四个读音中，"ggc"音没有汉字；"gw、gwc、gwv、gwl"四个读音中，"gwc"音没有汉字。

	1	2	3	4	5	6	7	8	9	0
GY	各种	关注	公正	观众	公众	广州	贵州	故障	国债	改正
GG	改革	公共	各国	巩固	功过	敢干	宫	龚	供	工
GW	改善	干涉	感受	公示	国事	故事	固守	缑	勾	沟

浭（gy）：浭水，蓟运河的上游，在河北省。
更（gy）：更替、更换；又读"gyl"：副词，更好、更大、更加。
颈（gyv）：脖颈儿；又读"jev"：颈椎、长颈鹿。
缑（gw）：姓氏。
勾（gw）：勾结、勾引；又读"gwl"：勾当；姓氏。
同庚　贵庚　春耕　赓续　鸡蛋羹　残羹剩饭　耿直　哽咽　梗阻　田埂
如鲠在喉　从中作梗　龚某　功过　攻击　供应　肱骨　宫殿　恭敬
躬身　公开　弓箭　工作　蜈蚣　觥筹交错　烝灯　拱手　巩固　汞中毒
共事　贡献　供佛　翻供　佝偻病　佝偻　勾搭　沟通　钩针　篝火
缑先生　苟同　狗叫　枸杞　构造　购买　诟骂　诟病　够用　媾和
婚媾　污垢　蓬头垢面　提出各种问题　关注公共交通
观众报以热烈的掌声　有故障就得排除　改革国债发行办法
必须改正错误　刚刚解除的警报又拉响了　改善两国关系
不干涉他国内政是我国固守的外交政策　感受一下我编的故事情节
缑女士出生于浭水河畔，大学毕业后留在贵州工作。她刚来到广州就受到各国元首的接见。颇受公众关注的对国家政治体制改革的看法，就是她提出来的。缑女士的同事宫先生和龚小姐也对缑女士表现出极大的关注。

七、"gu、guc、guv、gul"音的字词

"gu、guc、guv、gul"四个读音中，"guc"音没有汉字。

	1	2	3	4	5	6	7	8	9	0
GU	各位	岗位	国外	高温	格外	过问	鼓舞	顾问	古文	辜

呱（gu）：拟声词，婴儿的哭叫声，呱呱坠地；又读"gf"：拟声词，青蛙、鸭子的叫声。

菰（gu）：多年生草本植物，如菰米、菰黑粉菌。

蛄（gu）：蝼（lwc）蛄，又叫"蜊蜊蛄"；蟪（hjl）蛄，有害昆虫。

菁（gu）：菁葵（tu），花菁葵（花蕾），菁葵果。

钴（guv）：金属元素，钴原子。

嘏（guv）：地名用字，府嘏，在陕西省。

澓（guv）：澓水，在河南省。

贾（guv）：有固定营业地点的商人，如富商大贾、行商坐贾；又读"jnv"：姓氏。

堌（gul）：地名用字，龙堌，在山东省；永堌，在安徽省。

崮（gul）：山顶较平坦、四周陡峭的山。地名用字，孟良崮、抱犊崮，都在山东省。

痼（gul）：长期不能治愈或不易克服的，如痼疾、痼习、痼癖。

估计　沽酒　呱呱　孤单　姑娘　辜负　咕咚　菰米　金箍
鸪（yel）鸪　鹁（bc）鸪　蘑菇　呱呱叫　古代　谷子　股份　骨架
蛊惑　鼓励　训诂　商贾　固定　故事　顾客　雇员　鲷鱼　禁锢
桎（yl）梏　痼疾　党锢

聘国外的人当顾问我们是否过问一下？取消了古文的之乎者也，让我们深受鼓舞。

辜老师是河南澓水人，他不畏权势，善于不拿讲稿而演讲。有一次他对一群大学生说："各位请注意，你们看那些辛勤劳动的农民工，他们每天要工作十几个小时。无论是烈日炎炎的夏季，还是冷风嗖嗖的冬天，大楼拔地而起了，又去了新的工地……春节放假了却拿不到工资，有的一拖几年，有的彻底成了泡影，这就是生活在社会最低层的当代农民。"

贾先生是陕西省府嘏的商贾，他是靠经营钴原子发财的。他与李固先生雇用了一位身患痼疾的男子去安徽省永堌镇贩运菰米，在途经山东抱犊崮的时候，听到一群蛤蟆在"呱呱"地叫。

八、"gf、gfc、gfv、gfl，gm、gmc、gmv、gml"音的字词

"gf、gfc、gfv、gfl"四个读音中，"gfc"音没有汉字；"gm、gmc、gmv、gml"四个读音中，"gmc"音没有汉字。

	1	2	3	4	5	6	7	8	9	0
GF	广泛	规范	各方	国防	过分	辜负	瓜	刮	呱	胍
GM	规模	光明	购买	公民	革命	冠名	高明	赶忙	干嘛	乖

胍（gf）：有机化合物，如双胍片。

瓜果　刮风　呱呱叫　老鸹（乌鸦）　剐蹭　双胍片　寡妇　千刀万剐
优柔寡断　卦师　挂历　褂子　短褂儿　悬挂　算卦　乖乖　乖巧　乖僻
拐弯　拐棍儿　拐弯抹角　怪事　怪病　怪诞不经

九、"（uh＝r）gr、grc、grv、grl，（uk＝i）gi、gic、giv、gil"音的字词

"gr、grc、grv、grl"四个读音中，"grc"音没有汉字；"gi、gic、giv、gil"四个读音中，"gic"音没有汉字。

	1	2	3	4	5	6	7	8	9	0
GR	工人	公认	公然	果然	光荣	供认	古人	贵人	关	官
GI	工业	国营	国有	管用	过硬	观音	雇用	供应	光	咣

纶（gr）：纶巾、羽扇纶巾；又读"ldc"：合成纤维商品名称用字，如锦纶、晴纶。

莞（gr）：碳氢化合物。

冠（gr）：帽子，冠冕、冠冕堂皇、衣冠、衣冠禽兽；又读"grl"：冠军、三连冠。

莞（grv）：地名用字，东莞市；又读"uhv"：莞尔、莞尔一笑。

观（grl）：道教的庙宇，如道观、回龙观（在北京）；又读"gr"：观察、观念、观望。

垙（gi）：地名用字，上垙，在北京市。

桄（gi）：常绿乔木，桄榔（lkc）。又读"gil"：桄子、线桄、一桄线。

咣（gi）：拟声词，"咣"地一声把门关上了。

棺材　鳏夫　关照　观念　官职　纶巾　桂冠　羊倌儿　鳏寡孤独　饭馆
水管　东莞　鳡鱼　夺冠　道观　一贯　习惯　油罐　浇灌　盥洗　鹳鸟
盥漱间　膀胱　阳光　上垙　广大　犷悍　宽广　粗犷　游逛　逛街
线桄　桄子　做棺材的工人　他是公认的鳏夫　公然挑起战争
您还猜对了果然就是她　我国的大工业基本都是国有和国营
有问题拜观音　有过硬的本领真管用　官员雇用4名工人

十、"（ut＝j） gj、gjc、gjv、gjl，（un＝d） gd、gdc、gdv、gdl"音的字词

"gj、gjc、gjv、gjl"四个读音中，"gjc"音没有汉字；"gd、gdc、gdv、gdl"四个读音中，"gd、gdc"2个读音没有汉字。

	1	2	3	4	5	6	7	8	9	0
GJ	根据	国家	更加	更佳	感觉	规矩	工具	瑰	妫	归
GD	规定	感到	高度	观点	更多	更大	各地	滚动	古代	股东

妫（gj）：妫水河，在北京市；姓氏。
邽（gj）：地名用字，上邽，在甘肃省。
桧（gjl）：桧树，也叫"圆柏"；又读"hjl"：秦桧，南宋丞相。
柜（gjl）：柜台、橱柜；又读"jol"：柜柳，落叶乔木，也叫"元宝枫"。

皈依 瑰丽 鲑鱼 规矩 龟甲 归还 闺女 硅胶 玫瑰 上邽
妫水河 轨道 鬼怪 诡辩 癸亥年 贵宾 柜台 桂花 跪拜 鳜鱼
刽子手 桧树 滚动 辊轴 石磙 棍棒 木棍 木棍儿 滚蛋
根据国家的有关规定 更多更大的问题还在后面
我感觉他做事有些不规矩 有高度、观点新

妫法官住在妫水河边，据说妫水河就是因为她们的姓氏而起的。妫法官经常到各地调查案子，回到家里耕地种菜，栽了一百多棵桧树。她还研究汉字，她说："'木棍'和'打滚'二个词的后边各加一个卷舌音'儿'字，读音和词义就将发生微妙的变化。我们在判案时，这也是案情的依据之一，你们不妨试一试，并作出具体分析。"

十一、"（ue＝p） gp、gpc、gpv、gpl"音的字词

	1	2	3	4	5	6	7	8	9	0
GP	公平	股票	挂牌	拐骗	改判	高频	购票	光盘	郭	锅

崞（gp）：崞山，在山西省。
过（gp）：姓氏；又读"gpl"：过去、过来、过往。
涡（gp）：涡河，发源于河南省流入安徽省，是淮河的支流；又读"ue"：旋涡。

郭某 涡河 崞山 锅炉 聒噪 蝈蝈 聒耳 国宝 巾帼 中国

巾帼英雄　水果　棺椁　包裹　粿子　<u>煎饼粿子</u>　记过　来过　过往
窝火　燕窝　卧病　饭锅　铜锅　铝锅　砂锅　沙果　自我　包裹　报国
东郭先生的家乡在山西崞山，他少年时，曾与小伙伴过龙一同前往涡河拜师学艺。那时的涡河水流湍急，旋涡特多，人们都不敢进河游泳。
公平、公开、公正是法律的天平　最近的股票大跌　实行挂牌服务
拐骗人口　从死刑改判为无期徒刑
根据词频统计得出了高频字和常用词的数据　身高1.2米就得购票
刻录光盘

十二、前后字母没有拼音关系的常用词

	1	2	3	4	5	6	7	8	9	0
GE	高额	感恩	高二	孤儿	故而	干呕	聒耳	改而	共轭	幸恶
GO	关于	公园	根源	过于	干预	官员	高于	甘愿	敢于	贵院
GQ	过去	感情	国情	国企	刚强	怪圈	跟前	国庆	股权	够呛
GX	关系	高兴	高效	各项	关心	惯性	共享	感性	贡献	感谢
GZ	工作	规则	构造	改造	赶走	刚走	跟踪	过早	贵族	灌醉

过去是工作关系　感谢你赶走了这几个匪徒
这所公园是公元2015年年底建成的　孤儿都知道感恩
过于干预会影响根源性创新　从感性到理性
走出精减—膨胀—膨胀—精减的怪圈
我高兴的是得到了她的关心与呵护　靠惯性肯定够呛
他刚走你就来了　国情已不适合搞国庆
构造的不断改造是技术创新的一部分　共享跟踪的乐趣
高额的工资待遇　这个贵族被灌醉了

第十五节　读音首字母是"K"的字词

一、"k、kc、kv、kl"音的字词

缩略首字母是"k"的高频字，详见高频字表。

	1	2	3	4	5	6	7	8	9	0
KC	口才	快餐	库存	勘测	开采	可曾	壳	咳	颏	壳

KV	可耻	开创	看出	开除	考察	矿产	扩充	渴	坷	轲	
KL	考虑	看来	可怜	快乐	快来	苦力	抗力	课	克	氪	

坷（k）：土块，土坷垃；又读"kv"：坎坷。

柯（k）：姓氏。

颏（k）：下巴颏；又读"kc"：<u>红点颏</u>、<u>蓝点颏</u>，都是鸟名。

嗑（k）：唠嗑；又读"kl"：嗑瓜子。

窠（k）：鸟、兽、昆虫的巢穴：鸟窠、蜂窠。

壳（kc）：躯壳、蛋壳；又读"qxl"：<u>地壳运动</u>、<u>金蝉脱壳</u>。

可（kv）：可靠、可口、<u>不置可否</u>；副词，如可不能、可不容易；又读"kl"：可汗。

氪（kl）：<u>气体元素</u>。

瞌睡　磕头　蝌蚪　髁骨　颗粒　科目　苛刻　青稞　唠嗑　狗窠　三棵
孟轲　脑壳　干咳　咳嗽　可以渴望　<u>坎坷不平</u>　岢岚县　恪守　刻苦
客栈　骒马　克扣　缂丝　可汗　课程　溘逝　<u>溘然长逝</u>

你可曾打过瞌睡　勘探确认有矿产后才能开采　库存了许多的快餐<u>原材料</u>
看来必须要考虑考虑了　快来看

他编的课文：第一课，快乐，第二课，抗力，多可怜啊！

柯坪县的吕玉柯先生有口才，他喜爱吃快餐，养了几只红点颏鸟。一天，他与几位客人一边唠嗑，一边嗑瓜子。这时，一位以前被吕玉柯开除的员工骑着一匹骒马来找他，说是要与他合作开一家客栈。吕玉柯拿出一盆青稞喂马，干咳了两声说："我不考虑开客栈，我要养鸟。"

二、"ka、kac、kav、kal，ks、ksc、ksv、ksl"音的字词

"ka、kac、kav、kal"四个读音中，"kac、kav"两个读音没有汉字；"ks、ksc、ksv、ksl"四个读音中，"ksc"音没有汉字。

	1	2	3	4	5	6	7	8	9	0
KA	可爱	酷爱	口岸	靠岸	抗癌	魁岸	狂骜	咖	喀	咔
KS	快速	扩散	亏损	宽松	控诉	抗诉	看似	馈送	开锎	

咔（ka）：拟声词，咔嚓；又读"kav"：咔叽。

肟（kav）：有机化合物，即"异腈"。

巴颜喀拉山　咖啡店　卡片　咯痰　刷卡　是酷爱不是可爱
到了口岸不一定靠岸　宽松的外衣

锎（ks）：金属元素。
垲（ksv）：地名用字，垲坪，在甘肃省。
蒈（ksv）：有机化合物。

开展　揩油　揩汗　楷模　铠甲　凯歌　感慨　铁铠　奏凯　垲坪
同仇敌忾　亏损的企业　快速记录　"胩"和"蒈"都是有机化合物
听说有几位医学专家在甘肃的垲坪研究出了抗癌药物
企业普遍亏损的现象像瘟疫一样快速扩散
他对这匹狂骜不驯的野马迅速作出快速反应　这是一只快速反应部队
看似简单实则复杂　货币宽松政策　抗诉和控诉的词义属性

三、"kh、khc、khv、khl，kk、kkc、kkv、kkl"音的字词

"kh、khc、khv、khl"四个读音中，"khc"音没有汉字；"kk、kkc、kkv、kkl"四个读音中，"kkv"音没有汉字。

	1	2	3	4	5	6	7	8	9	0
KH	开会	考核	客户	恐吓	可恨	狂欢	宽厚	卡号	刊	勘
KK	可靠	苛刻	慷慨	坎坷	看客	刻苦	旷课	康	慷	糠

看（kh）：看家、看孩子、看守所；又读"khl"：看书、看望、看病。
茳（khv）：有机化合物。
崁（khl）：地名用字，崁顶、赤崁，都在台湾。
墈（khl）：高的堤岸，地名用字，墈上，在江西。
磡（khl）：地名用字，朱磡，在广东；红磡，在香港；槐花磡，在浙江。
阚（khl）：姓氏。
钪（kkl）：金属元素。

堪称　戡乱　刊登　勘探　看护　佛龛　神龛　难堪　门槛　土坎　调侃
斧砍　侃侃而谈　鸟瞰　俯瞰　糟糠　健康　慷慨　慷慨相助　扛起
扛旗　扛不住了　炕席　抗议　伉俪　亢奋　安家　盎然　康德
每次去台湾，我都到崁顶和赤崁转一圈。阚先生带着康德的哲学著作从浙江槐花磡出发，第二天就到了江西的墈上，第三天到了广东的朱磡，第四天又到了香港的红磡，差不多绕一圈。
开会也得考核　恐吓客户真可恨　他为人宽厚
狂欢了一夜第二天就旷课了　历史过客和历史看客概念不一样
这个人很可靠　历经坎坷才变得苛刻　康慷先生特别慷慨

145

四、"kb、kbc、kbv、kbl，kt、ktc、ktv、ktl，kn、knc、knv、knl，ky、kyc、kyv、kyl"音的字词

"kb、kbc、kbv、kbl"四个读音中，"kbc"音没有汉字；"kt、ktc、ktv、ktl"四个读音中，只有"kt"音有"尅、勊"2个同音汉字；"kn、knc、knv、knl"四个读音中，"kn、knc"2个读音没有汉字，"knl"音中只有一个常用的"裉"字；"ky、kyc、kyv、kyl"四个读音中，只有"ky"音有汉字。

	1	2	3	4	5	6	7	8	9	0
KB	恐怖	开办	看吧	靠边	空白	靠背	拷贝	捆绑	矿办	尻
KT	课题	课堂	开通	口头	卡通	考题	开庭	垮台	尅	勊
KN	可能	困难	苦恼	苦难	矿难	空难	哭闹	狂怒	考能	夸你
KY	开展	控制	苦衷	扩展	扩张	考证	看准	抗震	克制	夸张

涄（kbv）：地名用字，涄溪，在广东省。
尅（kt）：（训斥）挨尅、老师尅了他一顿。
裉（knl）：（衣服腋下前后相连的部分）煞裉、双裉。
吭（ky）：吭声、一声不吭；又读"hkc"：引吭高歌。

拷打 考试 栲树 栲胶 烤火 涄溪 犒赏 靠山 铐子 焅油 熬菜 垦荒 恳谈 啃咬 肯定 开垦 诚恳 嘴啃 不肯 坑道 啃骨头 坑坑洼洼 铿锵有力 "铿"的一声 拷打的场景很恐怖

你们看吧，没有靠背的椅子是什么样子。他开办了学习拷贝技术和制作卡通的课堂。

今天审理困难是制造空难的嫌疑人，现场报导已经开通。

广东涄溪人吴长友最近很是苦恼，他可能是遇到了困难。他说："困难不是苦难，困难能克服，苦难则需要战胜。"他在一次矿难中因公殉职，他的家属找矿办哭闹了好几天。

无题：靠山垮台已靠边，口头夸你缺时间。考题考能课题有，苦恼哭闹事没完。

五、"kg、kgc、kgv、kgl，kw、kwc、kwv、kwl"音的字词

"kg、kgc、kgv、kgl"四个读音中，"kgc"音没有汉字；"kw、kwc、kwv、kwl"四个读音中，"kwc"音没有汉字。

	1	2	3	4	5	6	7	8	9	0
KG	客观	可观	跨国	矿工	跨过	控股	控告	空	崆	箜
KW	可是	开始	考试	开设	科室	看守	抠	扢	眍	昫

崆（kg）：地名用字，庙崆，在广东省。
空（kg）：空军、高空；又读"kgl"：空格、空闲、有空儿、没空儿。
悾（kgv）：悾偬、戎马悾偬、军务悾偬。
硿（kgl）：地名用字，硿南，在广东省。
眍（kw）：眼珠深陷在眼眶里，如瘦眍瞜了、瘦眍眼了。

空话　箜篌　崆峒（tgc）山　崆峒岛　恐怖　孔隙　悾偬　惊恐万状
无孔不入　控告　空白　硿南　抠门儿　抠搜　抠字眼　眍瞜　叩头
扣押　寇准　豆蔻　纽扣　入寇　豆蔻年华　跨国公司一般都是控股公司
开始时是空的后来就满满的了　他抠了一块松树皮放在兜里
在这几个科室中专门设了一个看守科
客观上应该是这样可是事实上并不是这样
这是一位老矿工，他有可观的收入。汉字刚认识四千多个，怎么能参加所谓的国学考试？
开始了一年一度的跨国考试。寇女士眍瞜着眼，她坐上了去广东省庙崆、硿南的旅游车，开始了旅游行程。

六、"ku、kuc、kuv、kul，(ua＝f) kf、kfc、kfv、kfl，(us＝m) km、kmc、kmv、kml"音的字词

"ku、kuc、kuv、kul"四个读音中，"kuc"音没有汉字；"kf、kfc、kfv、kfl"四个读音中，"kfc"音没有汉字；"km、kmc、kmv、kml"四个读音中，"km、kmc"两个读音没有汉字。

	1	2	3	4	5	6	7	8	9	0
KU	可恶	看望	渴望	课外	魁梧	魁伟	哭	枯	圐	矻
KF	克服	开发	看法	开放	可否	空防	控方	客房	客服	夸
KM	开幕	开门	科目	科贸	抠门儿	昆明	快慢	楷模	矿脉	苦闷

矻（ku）：矻矻（勤奋不懒的样子）、孜孜矻矻、终日矻矻。
刳（ku）：剖开或挖空，如刳木为舟。
喾（kul）：五帝之一。
蒯（kmv）：蒯草；姓氏。

窟窿　哭泣　枯木　圙圙　矻矻　骷髅　狡兔三窟　苦头　苦干　吃苦
酷爱　裤子　水库　纨绔子弟　夸张　夸父　垮台　垮塌　侉子　说话侉
挎包　挎兜　胯骨　胯骨轴　跨越　跨步　抠水　抠一碗米　抠脸
蒯女士　筷子　块头　快速　会计　脍炙人口　市侩　娃子　花卉　深挖
丝瓜　冬瓜　香瓜　客服人员正在打扫客房
他魁梧的身材和魁伟的形象成正比　我的看法是昆明不设空防
开放的大学可否随便发放证书　做小人是可恶的
我宣布科贸大会正式开幕　我看望你来了快开门！
这个家伙真抠门儿　矿脉是地质学的一门科目
控方指出：他是反面教材的楷模　刳木为舟不是投机而是智慧
蒯女士平日里孜孜矻矻，她最痛恨的是那些不学无术的纨绔子弟。

七、"（uh＝r）kr、krc、krv、krl,（uk＝i）ki、kic、kiv、kil,（ut＝j）kj、kjc、kjv、kjl"音的字词

"kr、krc、krv、krl"四个读音中，"krc、krl"两个读音没有汉字；"ki、kic、kiv、kil"四个读音中，"kiv"音没有汉字；"kj、kjc、kjv、kjl"四个读音都有汉字。

	1	2	3	4	5	6	7	8	9	0
KR	客人	困扰	宽容	酷热	跨入	坑人	扣肉	狂热	狂人	宽
KI	可以	考验	科研	快要	开业	考研	抗议	溃疡	扣押	矿业
KJ	科技	可见	看见	空间	框架	靠近	跨境	恐惧	扩建	开局

洭（ki）：洭水，在广东省。
夼（kiv）：两山之间有大沟的地名称呼，大夼、刘家夼都在山东省。
邝（kil）：姓氏。
夔（kjc）：夔州；姓氏。
揆（kjc）：估量或掌管，揆度（dpc）、揆量、揆集百事。

髋骨　宽阔　宽广　款待　款式　匡正　诓骗　哐啷　洭水　箩筐　狂傲
旷课　况且　矿山　眼眶　镜框　偷窥　头盔　理亏　岿然不动
管中窥豹　钟馗　李逵　党魁　葵花　喹啉　蝰蛇　睽异　揆测　奎屯市
众目睽睽　傀儡　跬步　匮乏　喟叹　馈赠　溃退　愧疚　昏聩
振聋发聩　功亏一篑　喟然长叹　当之无愧　客人可以学科技　不能坑人
困扰就是一种考验　看见别人宽容就要对照自己
在威权国家抗议是没用的，因抗议活动而被扣押或逮捕的人层出不穷。八

月的沙特酷热难耐

邝老板爱吃扣肉，他是刘家夼矿业公司的老板。他对扩建矿山感到恐惧，他认为要先做好科研，在科研成果的框架内逐步扩建。他对那些狂热扩建矿山的人嗤之以鼻。他聘请了夔州的夔小姐担任开发科长，从科研入手组织企业工人考研，打造跨境经营的科技企业。

八、"（un＝d）kd、kdc、kdv、kdl，（ue＝p）kp、kpc、kpv、kpl"音的字词

"kd、kdc、kdv、kdl"四个读音中，"kdc"音没有汉字；"kp、kpc、kpv、kpl"四个读音中，只有"kpl"音有汉字。

	1	2	3	4	5	6	7	8	9	0
KD	肯定	看到	扩大	看待	款待	宽大	砍刀	堃	锟	坤
KP	恐怕	可怕	开辟	开盘	靠谱	卡片	考评	控盘	诓骗	坑骗

醌（kd）：有机化合物。

悃（kdv）：地名用字，罗悃，在贵州省。

壸（kdv）：地名用字，蓬壸，在福建省。

蛞（kpl）：蛞蝓（oc），外形像蜗牛，但没有壳，也叫"鼻涕虫"。

读一读、比较部件构造：壶（士一业）　壸（士一亚）　壳（士一几）

水壶　蓬壸　外壳

鲲鹏　锟铻（uc）　昆虫　坤包　捆绑　捆扎　困惑　困苦　睏觉

睏了　轮廓　开阔　包括　扩充　乾坤

刘堃用砍刀把人砍伤了，随后就去公安机关投案自首以求宽大，这么做恐怕也得蹲监狱，因为这太可怕了，肯定得属于故意伤害罪。

开盘、操盘和控盘都属于股市的词汇用语？

王锟骑自行车从贵州的罗悃出发到目的地——福建的蓬壸，2300公里的路程走了整整10天，他是骑自行车来往两地的第一人。

九、前后字母没有拼音关系的常用词

	1	2	3	4	5	6	7	8	9	0
KE	困厄	空额	款额	开恩						
KO	跨越	客运	课余	宽裕	科员	空运	客源	开源	苦于	口语
KQ	况且	空气	考勤	恳请	恳求	考取	空前	看清	快去	开枪

KX	科学	恐袭	空袭	可行	可信	空虚	款项	考学	宽限	开学
KZ	看作	抗灾	夸赞	快走	馈赠	控罪	扩增	枯燥	裤子	狂躁

恳求您开恩　况且你还没有考勤　进行了空袭　这是空前的

为了扩展业务　裤子忒长了

空气难空运，扩展不扩张。看清狂躁症，开学考证忙。客运无客源，恐袭人开枪。宽限有苦衷，跨越水中央。快去不快走，馈赠樽佳酿。科员财宽裕，抗震赠款项。苦于练口语，看作考赛场。精神若空虚，科学能相帮。可信并可行，恳请游湘江。困厄觅款额，天恩正浩荡。

第十六节　读音首字母是"H"的字词

一、"h、hc、hv、hl"音的字词

"h、hc、hv、hl"四个读音中，"hv"音没有汉字。缩略首字母是"h"的高频字，详见高频字表。

	1	2	3	4	5	6	7	8	9	0
HC	花草	何曾	会餐	河	何	盒	荷	合	核	阖
HV	好处	核查	谎称	喝茶	何处	划船	坏处	火车	会场	换乘
HL	合理	后来	衡量	贿赂	寒冷	贺	赫	鹤	褐	雀

嗬（h）：叹词：表示惊讶，嗬，真研究出来了！

邰（hc）：地名用字，邰邰，在河南省。

菏（hc）：地名用字，菏泽，在山东省。

荷（hc）：荷花；又读"hl"：负荷、荷枪实弹、请予支持为荷。

龢（hc）：翁同龢（清代末年官员）。

鞨（hc）：靺（ml）鞨，我国古代东北地区的少数民族名称。

峆（hl）：地名用字，峆㟏埠（bul），在山东省。

吓（hl）：恐吓、威吓；又读"xnl：吓一跳、惊吓、吓唬人。

"和"字有6个读音，请注意应用：

和（hc）：和平、我和你、风和日丽；（hl）：和诗、一唱一和、随声附和；（huc）：和牌、开和；（hpc）：和面、和泥；（hpl）：和麻酱、和稀泥、衣服刚洗了一和；（hp）：暖和、热和、软和、掺和、搅和。

呵斥　喝茶　笑呵呵　大喝（hl）一声　当头棒喝（hl）　鞨鞫　下颌
干涸　饭盒　审核　隔阂　黄河　弹劾　邸郃　回纥　配合　如何　锄禾
恰洛　荷花　菏泽　一丘之貉　纵横捭阖　阖家　阖户　白鹤　显赫
祝贺　沟壑　恫吓　褐色　喝令　贺电　欲壑难填

张郃是三国时期魏国的将军

贺森与清末翁同龢是同乡，他喜欢做诗、写文章。他用本课的常用词写道："菏泽划船看荷花，谎称喝茶吃鱼虾。会场花草何曾有，贿赂后来遭核查。换乘火车也合理，衡量坏处好处大。"

二、"ha、hac、hav、hal，hs、hsc、hsv、hsl"音的字词

"ha、hac、hav、hal"四个读音中，"哈"有三个读音；"hs、hsc、hsv、hsl"四个读音都有汉字。

	1	2	3	4	5	6	7	8	9	0
HA	黑暗	和蔼	昏暗	河岸	海岸	悔啊	灰暗	哈	铪	蛤
HS	黄色	红色	黑色	核算	恨死	活塞	涣散	咳	嗨	哈

哈（ha）：哈气、哈欠；（hav）：哈达、哈巴狗，姓氏；（hal）：哈士蚂（林蛙的一种）。

铪（ha）：金属元素。

咳（hs）：咳声叹气；又读"kc"：咳嗽。

还（hsc）：副词，如还在加班、还是一个孩子；又读"hrc"：还款、还贷、还原。

氦（hsl）：气体元素，氦气。

哈哈大笑　蛤蟆　哈达　嗨哟（iw）　咳，小点儿声　还是　孩童
骸骨　尸骸　男孩儿　害怕　氦气　惊涛骇浪　辛亥革命　哈尔滨　大海
海岛　海浪　海洋　出海　害虫　毒害　被害　害羞　士气涣散

（尝试准确使用高频字和常用词缩略法将这段话打出来）一条黑色的哈巴狗在昏暗的海岸边与一只蛤蟆对峙着，蛤蟆"呱呱"地叫几声，哈巴狗就"旺旺"地叫几声，此叫彼伏周而复始。不远处的哈老师被此情此景逗得哈哈大笑。哈老师心想：哈巴狗看蛤蟆的长相是异类，同样，蛤蟆看哈巴狗的模样也是异类。她若有所思地想：在伸手不见五指的黑暗中，黄色、红色、白色、绿色不都变成了黑色了吗？那些贪官污吏就像站在河岸或海岸边上一样，每个人的鞋都是湿的，何时被卷进反贪的浪涛里只是个时间问题。她感觉这些想法都富有哲理。

三、"hh、hhc、hhv、hhl，hk、hkc、hkv、hkl"音的字词

"hh、hhc、hhv、hhl"四个读音都有汉字；"hk、hkc、hkv、hkl"四个读音中，"hkv"音没有汉字，"hk"音有一个"夯"字。

	1	2	3	4	5	6	7	8	9	0
HH	很好	很坏	后悔	辉煌	航海	浩瀚	红红	悔恨	毁坏	酣
HK	很快	何况	航空	货款	还款	回款	会客	好看	好客	夯

邗（hhc）：地名用字，<u>邗江县</u>，在江苏省。
汗（hhc）：可汗、成吉思汗；又读"hhl"：汗水、出汗。
浛（hhc）：地名用字，浛洸（gi），在广东省。
崏（hhc）：地名用字，崏村，在广西省。
埠（hhl）：地名用字，中埠，在安徽省。

"行"字有3个读音：

行（hkc）：银行、内行；（hyc）：道行、<u>道行深</u>；（xec）：行动、行为。
吭（hkc）：（喉咙）<u>引吭高歌</u>；又读"ky"：吭气、吭哧。
巷（hkl）：巷道；又读"xjl"：巷子、<u>大街小巷</u>。

杭州　航行　纻棉袄　纻被子　<u>字里行间</u>　引吭高歌　沆瀣　<u>沆瀣一气</u>　<u>巷道交错</u>　酣睡　鼾声　憨厚　憨笑　打鼾　酒酣耳热　寒风　韩国　涵养　函件　含泪　邯郸　邗江　浛洸　崏村　罕见　喊话　希罕　大喊　憾事　翰林　撼动　颔首　焊接　悍然　捍卫　旱灾　汗水　汉族　中埠　强悍　遗憾　浩瀚　震撼

很好就辉煌，很坏无人帮。航海水浩瀚，很快问何况。悔恨眼红红，航空展珠江。好客必会客，货款还款忙。江苏邗江县，毁坏须赔偿。

成吉思汗用汗水缔造了蒙古帝国，也缔造了中华民族历史上疆域最大的帝国——元朝。

从广东的浛洸到广西的崏村再到安徽的中埠构成了三角形，韩校长对这个三角距离进行了实地测量。

四、"hb、hbc、hbv、hbl，ht、htc、htv、htl，hn、hnc、hnv、hnl"音的字词

"hb、hbc、hbv、hbl"四个读音都有汉字；"ht、htc、htv、htl"四个读音中，只有"ht"音有两个"黑、嘿"字；"hn、hnc、hnv、hnl"四个读音都

有汉字。

	1	2	3	4	5	6	7	8	9	0
HB	合并	好吧	何必	环保	货币	华北	回避	航班	薅	蒿
HT	合同	话题	后台	伙同	滑头	回头	糊涂	会谈	黑	嘿
HN	还能	怀念	很难	糊弄	海南	河南	湖南	海难	胡闹	嗯

号（hbc）：号丧、哀号、号叫；又读"hbl"：牌号、号令、23号。
濠（hbc）：濠水，在安徽省。
蚝（hbc）：即"牡蛎"，蚝油、生蚝。
好（hbv）：好人、好东西；又读"hbl"：好奇、好客、<u>好高骛远</u>。
灝（hbl）：水势浩大，多用于人名。

薅草　茼蒿　艾蒿　豪杰　壕沟　貉子　毫毛　蚝油　<u>鬼哭狼嚎</u>
沟满壕平　郝局长　<u>好人好事</u>　耗费　昊天　昊空　浩荡　皓月
明眸皓齿　皓月当空　<u>嘿嘿一笑</u>　<u>黑白颠倒</u>　痕迹　很快　狠毒　怀恨
恨之入骨

好吧，我们两家公司今天合并。

小时候，我伙同另一位小朋友去邻居家薅胡萝卜，我怀念我少年时期的生活。

还能有补救海难事故的办法吗？看来很难了。

好人真姓郝，号令止号丧。濠水安徽省，浩灝水难挡。合并问何必，滑头糊涂装。会谈合同事，糊弄后台想。湖南到海南，回避河南腔。华北增航班，黑天飞故乡。环保付货币，青山绿水方。

五、"hy、hyc、hyv、hyl，hg、hgc、hgv、hgl"音的字词

"hy、hyc、hyv、hyl"四个读音中，"hyv"音没有汉字；"hg、hgc、hgv、hgl"四个读音都有汉字。

	1	2	3	4	5	6	7	8	9	0
HY	或者	后者	号召	核准	慌张	狠抓	厚重	化妆	亨	哼
HG	后果	合格	宏观	鸿沟	韩国	化工	火锅	轰	吽	烘

吽（hg）：佛教咒语用字。
哄（hg）：哄抢、<u>哄堂大笑</u>；哄（hgv）骗、欺哄、<u>哄孩子</u>；起哄（hgl）、一哄而散。
鲠（hgc）：地名用字，鲁鲠，在安徽省。

黉（hgc）：地名用字，黉山，在山东省。
讧（hgl）：混乱或争吵，如内讧、讧争。
大亨　万事亨通　哼唧　哼哼唧唧　恒星　横行　衡量　永恒　纵横
平衡　挡横（hyl）儿　专横　横（hyl）祸　炮轰　阿訇　热烘烘　烘烤
鸿毛　洪水　宏图　红叶　弘扬　黉山　彩虹　鲁褉　哄抢
所以和、或者在语法中都是连词　这种火锅是合格的产品
韩国有厚重的明朝文化　核准通知书　你慌张什么
日本的化工工业非常发达　历史造成的鸿沟需要我们来填平
宏观与微观如同战略与战术一样紧密　号召我狠抓
洪大哥是安徽鲁褉人，他娶了山东黉山的韩红小姐为妻。

六、"hw、hwc、hwv、hwl"音的字词

	1	2	3	4	5	6	7	8	9	0
HW	还是	合适	忽视	很少	好事	坏事	核实	喝水	获胜	齁

齁（hw）：鼾声；打齁喽；因吃下过咸或过甜的食物，导致嗓子不舒服的感觉，如吃糖齁着了，菜太咸齁着了，齁咸。
侯（hwc）：姓氏；古代贵族五等爵位，侯爵；又读"hwl"：闽侯。
垕（hwl）：地名用字，神垕，在河南省。
堠（hwl）：地名用字，堠北庄，在山西省。
鲘（hwl）：地名用字，鲘门，在广东省。
鲎（hwl）：鲎鱼。

齁喽　齁冷　齁声　齁累　猴子　瘊子　喉咙　侯马　喉管　骺骨　吼叫
厚重　后期　鲎鱼　鲘门　侯补　等候　候着　邂（xfl）逅　邂逅相遇
合适还是不合适？要忽视好事重视坏事　很少有人去核实
侯经理住在堠北庄，与来自神垕、鲘门的两位副经理住在同一个套房里。他平时爱喝酒，喝酒时必吃的食物是臭豆腐和大蒜，这三种东西一中和，再加上睡觉时打齁喽，嗨！甭提了！大家想想这后果吧！不说了，我想喝水。

七、"hu、huc、huv、hul"音的字词

	1	2	3	4	5	6	7	8	9	0
HU	会晤	宏伟	货物	海外	户外	捍卫	呼	乎	烀	忽

滹（hu）：地名用字，滹滹水村，在河北省。
滹（hu）：滹沱河，发源于山西省，流入河北省，与滏阳河会合后叫子牙河。
糊（hu）：糊墙、眵目糊；又读"huc"：糊涂、糊口、糊风等；还读"hul"：芝麻糊。
煳（huc）：烤焦的食物（气味），如米饭煳了，煳锅味。
核（huc）：枣核儿 梨核儿；又读"hc"：核心、核武器。
浒（huv）：水浒传；又读"xov"：浒湾，在江西省；浒浦、浒墅关，在江苏省。
岵（hul）：地名用字，岵山镇，在福建省。
鹱（hul）：白额鹱。

呼叫　忽视　嘧哨　烀土豆　烀地瓜　滹沱河　滹滹水　在乎　恍惚
囫囵　狐狸　弧线　胡同　葫芦　猢狲　湖泊　蝴蝶　糊涂　暖壶　鸿鹄
珊瑚　鸿鹄之志　醍醐灌顶　老虎　水浒　唬唬　琥珀　虎皮　浒湾
唬人　相互　门户　袒护　京沪　沪剧　竹笏　笏板　扈女士　岵山镇
失怙　怙恶不悛（qh）　两国元首举行会晤　呼延女士爱吃烀地瓜
中文拉丁化是一项宏伟工程　捍卫国家主权和利益

8只白额鹱从福建的岵山镇飞了近10个小时来到了滹沱河边的滹滹水村。滹滹水村住着从江西浒湾来的呼延将军和从江苏浒浦来的扈二娘将军。这两位将军的年龄加在一起才40岁。

八、"（ua＝f）hf、hfc、hfv、hfl，（us＝m）hm、hmc、hmv、hml"音的字词

"hf、hfc、hfv、hfl"四个读音中，"hfv"音没有汉字；"hm、hmc、hmv、hml"四个读音中，"hm、hmv"两个读音没有汉字。

	1	2	3	4	5	6	7	8	9	0
HF	合法	恢复	后方	花费	合肥	互访	寒风	化肥	花	哗
HM	后面	很忙	慌忙	好吗	缓慢	昏迷	航母	毁灭	荒谬	很美

华（hfc）：华夏、中华、华丽；又读"hfl"：姓氏；华山，在陕西省。
划（hfc）：划船、划算、划火柴；又读"hfl"：划界、规划、出谋划策。
踝（hmc）：脚腕两侧凸起的部分，脚踝、踝骨。

花卉　哗啦　喧哗　犁铧　狡猾　湿滑　奢华　画面　话说　桦树　华山
化解　划分　槐树　踝骨　淮河　怀念　徘徊　脚踝　怀揣　坏人　歪斜

这是我们的后方　到敌人后方去　也门已经恢复了他们的合法政府
白发人送黑发人　两国元首互访　车辆在寒风中缓慢前行
合肥市的华市长登华山时昏迷了，大家慌忙把他抬下山
我现在很忙一会儿打电话给你好吗　这艘航母遭到毁灭性打击
你提的问题很荒谬　她长得很美

九、"（uh = r）hr、hrc、hrv、hrl，（uk = i）hi、hic、hiv、hil"音的字词

	1	2	3	4	5	6	7	8	9	0
HR	忽然	何如	后人	后任	红人	黑人	坏人	害人	欢	鄻
HI	还有	会议	怀疑	欢迎	婚姻	谎言	黑夜	豢养	行业	慌

郈（hrc）：姓氏。
洹（hrc）：洹水，在河南省北部，也叫"安阳河"。
澴（hrc）：澴河，在湖北省中部，流入长江。
湟（hic）：湟水，发源于青海省，是黄河的支流。

狗獾　猪獾　獾子　欢喜　环岛　寰球　朱鹮　丫鬟　双鬟　缓冲　缓慢
浣纱　患难　涣散　唤醒　豢养　换取　宦官　幻想　焕发　瘫痪　荒漠
慌张　膏肓　心慌　灾荒　病入膏肓　惊慌失措　凤凰　蛋黄　城隍
彷徨　蚂蟥　弹簧　辉煌　装潢　蝗虫　惶恐　皇帝　诚惶诚恐　晃眼
谎话　幌子　恍惚　晃（hil）荡　摇晃　忽然断电了
这次会议还有谁没来　怀疑他就应将他解聘如何　欢迎黑人

郈小姐在澴河河边长大，大学是在湟水发源地——西宁市上的。他与丈夫黄欢的婚姻很美满，夫妻俩喜欢对诗。有一次，她用本节的常用词写道：坏人害人人心慌，豢养宦官国将亡。谎言充斥无人语，黄叶落后露伪装。后任后人擦亮眼，欢迎政改驱膏肓。

十、"(ut = j) hj、hjc、hjv、hjl，(un = d) hd、hdc、hdv、hdl，(ue = p) hp、hpc、hpv、hpl"音的字词

"hj、hjc、hjv、hjl"四个读音都有汉字；"hd、hdc、hdv、hdl"的四个读音中，"hdv"音没有汉字；"hp、hpc、hpv、hpl"四个读音都有汉字。

	1	2	3	4	5	6	7	8	9	0
HJ	合计	环境	回家	缓解	获奖	辉	徽	晖	珲	咴

HD	活动	很多	很大	回答	获得	撼动	浑蛋	昏	婚	荤
HP	和平	害怕	活泼	湖泊	环评	好评	虎皮	航拍	擓	嚯

浍（hjl）：浍河，发源于河南省，流入安徽省汇入淮河。
嚯（hp）：叹词，如嚯，真有气势！
豁（hp）：豁口、豁嘴、豁出去；又读"hpl"：豁达、豁免、<u>豁然开朗</u>。
钬（hpv）：金属元素。
潞（hpv）：地名用字，<u>潞县镇</u>，在北京市通州区。

灰白	诙谐	挥手	恢复	辉煌	麾下	徽章	朝晖	咴儿咴儿叫	洄游
回旋	蛔虫	茴香	悔恨	毁灭	后悔	摧毁	慧眼	蕙兰	惠顾 荟萃
绘画	贿赂	烩饼	烩菜	彗星	秽行	晦暗	讳言	花卉	教诲
<u>诲人不倦</u>	<u>风雨如晦</u>	<u>口惠而实不至</u>	<u>污言秽语</u>	<u>讳莫如深</u>	<u>奇花异卉</u>				
婚俗	荤腥	昏迷	五荤	结婚	黄昏	浑浊	珲春	馄饨	魂魄 灵魂
犯浑	混乱	诨号	<u>插科打诨</u>	待我们几个合计合计合计再说					

王辉为湖泊作环评　赵晖的回答很犯浑　他回家后坐在虎皮椅子上
肚子劐了个口子，他很害怕，就拨打了119求救电话。按照当地婚俗，今天应该有很多人结婚，参加婚礼的人也不少。航拍时，偌大一个湖泊就像一个大水坑。你浑蛋

难以撼动	豁嘴	秴地	秴子	劐开	劐肚子	擓土	擓煤	伙房	火光
获得	货币	或者	惑众	祸害	藿香	霍然	尺蠖	<u>尺蠖蛾</u>	<u>大惑不解</u>
<u>磨刀霍霍</u>									

在通州区，我看到一个地名名称——潞县。我很奇怪！北京什么时候新建的潞县呢？一打听才知道，原来是潞县镇，是通州辖区的一个镇。

十一、前后字母没有拼音关系的常用词

	1	2	3	4	5	6	7	8	9	0
HE	海尔	海鸥	忽而	互殴	皇恩	浑噩	横额	花萼	洪恩	骇愕
HO	汉语	花园	很远	呼吁	好运	还原	还愿	韩语	喊冤	货源
HQ	获取	换取	回去	后期	后勤	行情	好奇	很强	好强	华侨
HX	互相	好像	或许	和谐	核心	寒暄	很凶	含蓄	化学	缓刑
HZ	合作	孩子	汉字	汉族	火灾	喝醉	黑子	海藻	汇总	悔罪

汉族汉语汉字，黑子黑夜黑人。和谐和蔼和平，后期后面后勤。货物货源货币，好强好奇好运。忽而忽视忽然，还原还能还愿。好吗好像好吧，或许或

者欢迎。很大很凶很坏，很好很远很快。互殴互相互助，海尔海鸥海外。合计合作合适，合肥合格合法。花萼花草花园，回家回去回答。黄叶黄昏黄色，华侨华北华人。航海航空航母，韩语韩国韩文。后面后方后果，环保环境环评。寒暄寒冷寒风，获得获取获胜。何曾何处何况，悔恨悔罪悔啊。获取更多资讯

　　换取更大利益　　呼吁世界各国合作反恐　　海藻是人类食物的一部分

　　搞好汇总和归纳

第十七节　读音首字母是"J"的字词

一、"j、jc、jv、jl"音的字词

"j、jc、jv、jl"四个读音都有汉字。缩略首字母是"j"的高频字在高频字表中。

	1	2	3	4	5	6	7	8	9	0
JC	几次	基层	决策	精彩	紧凑	及	集	吉	级	急
JV	基础	经常	坚持	检查	警察	纪	挤	己	几	戟
JL	将来	建立	交流	经理	经历	既	计	继	季	冀

几（j）：姓氏；茶几、几乎、<u>窗明几净</u>；又读"jv"：几个、<u>所剩无几</u>。

矶（j）：地名用字，<u>燕子矶</u>，在江苏省；<u>采石矶</u>，在安徽省。

奇（j）：奇数，与偶数相对；又读"qc"：奇迹、奇怪。

姬、稽（j）：姓氏。

汲（jc）：姓氏；汲取、汲水。

蕺（jc）：蕺菜，也叫"鱼腥草"。

纪（jv）：姓氏，<u>纪晓岚</u>；又读"jl"：纪律、纪念。

济（jv）：济南、<u>人才济济</u>、<u>济济一堂</u>；又读"jl"：救济、周济、<u>同舟共济</u>、<u>假公济私</u>。

给（jv）：给予、补给、<u>自给自足</u>；又读"gtv"：给力、给我、给一天假。

系（jl）：系上、系扣、系鞋带儿；又读"xl"：系列、关系、数学系。

暨（jl）：连词，相当于"与"和"和"的字义。

骥（jl）：好马，如<u>按图索骥</u>、<u>老骥伏枥</u>。

漈（jl）：地名用字，大漈，在浙江省。

　　讥讽　击打　饥饿　机会　肌肤　鸡翅　奇数　积极　基石　赍赏　赍助

犄角　缉私　畸形　跻身　稽查　齑粉　激动　羁押　屐履　木屐　簸箕
白芨　垃圾　肌肉　芨芨草　跻身于　京畿要道　放荡不羁　无稽之谈
犄角之势　唧唧哝哝　叽叽咕咕　面黄肌瘦　籍贯　荠菜　嫉妒
蒺藜（li）　辑录　集合　棘手　疾病　急躁　亟待　即刻　极端　汲取
吉利　及格　专辑　狼藉　岌岌可危　若即若离　急功近利　大声疾呼
披荆斩棘　一片狼藉　己方　虮子　麂子　挤压　济南　给养　脊梁
犄角之势　折戟沉沙　伎俩　纪律　记忆　技巧　忌讳　系扣　妓女
季节　剂量　迹象　既然　觊觎（oc）　继续　偈语　寄托　祭奠
悸动　寂寞　绩效　蓟县　鲫鱼　冀中　发髻　抓髻　心有余悸
光风霁月
按照组织原则基层没有决策权　精彩则紧凑　警察几次逮捕他都没逮住
将来再建立交流平台

火车上，对座的几个人商量着每个人说一个"j"音的汉字，并用一句话解释这个字的字义。第一位是来自江苏燕子矶的吉先生说："'冀'是河北省的简称"；第二位是来自安徽采石矶的姬女士说："'蕺'是蕺菜也叫鱼腥草"；第三位由来自浙江大漈的纪小姐说："'暨'是连词就是'和、并'的意思"。

二、"jn、jnc、jnv、jnl"音的字词

	1	2	3	4	5	6	7	8	9	0
JN	今年	几年	艰难	纪念	技能	就能	家	佳	嘉	加

夹（jn）：夹道、夹层、夹子；又读（jnc）：夹袄、夹被。
茄（jn）：雪茄、雪茄烟；又读"qfc"：茄子、番茄。
泇（jn）：东泇河、西泇河，发源于山东省流入江苏省汇合。
迦（jn）：音译字，释迦牟尼佛。
跏（jn）：盘腿，两脚脚面交叉放在左右大腿上，如跏趺（fu）。
镓（jn）：化学元素。
荚（jnc）：豆科植物的果实外皮，如豆荚、槐树荚。
郏（jnc）：郏县，在河南省。
戛（jnc）：鸟、雀等叫声响亮，如戛然、戛然而止。
钾（jnv）：金属元素，钾肥、钾盐。
假（jnv）：假装、假冒伪劣；又读"jnl"：假日、假期、放假。
槚（jnv）：地名用字，槚山，在湖南省。

弹夹　子弹夹　颊骨　夹袄　两颊绯红　岬角　甲方　贾先生　钾肥

氮磷钾　槚山　嘉宾　袈裟　家族　枷锁　佳节　夹层　加大　跏趺
瑜珈　蒹葭　胡笳　汗流浃背　庄稼　劳驾　打架　定价　出嫁　休假
稼穑（sel）　驾驭　架次　价格　嫁人　假日
几年都没完成的任务今年就能完成　搞纪念活动
　　贾先生一边抽雪茄一边吃茄子。他是打假专家，经常利用假日骑着自行车到湖南槚山银行周边转悠看有没有卖假币的，到东浃河和西浃河看有没有卖假渔网的，晚上则去郏县学跏趺，节日去大佛寺向释迦牟尼佛敬香。

三、"（ih＝z）jz、jzc、jzv、jzl"音的字词

"jz、jzc、jzv、jzl"四个读音中，"jzc"音没有汉字。

	1	2	3	4	5	6	7	8	9	0
JZ	叫作	记载	建造	救灾	捐赠	兼	间	坚	菅	尖

　　间（jz）：人间、卫生间、三间房；又读"jzl"：间苗、间隙、当间儿、亲密无间、黑白相间。
　　监（jz）：监视 监狱；又读"jzl"：国子监。
　　菅（jz）：姓氏；菅草。
　　跕（jzv）：地名用字，跕脚塘，在贵州省。
　　蹇（jzv）：姓氏；迟钝或不顺利，如蹇涩、蹇滞、命途乖蹇。

缄口　煎熬　兼管　监视　艰难　肩膀　坚决　歼敌　拣菜　信笺　鞍鞯
缄口不言　尖锐　犍牛　碱性　简历　剪刀　减负　检查　捡拾　简朴
柬帖　茧子　拣选　眼睑　杀手锏　杨戬（神话人物）　火箭　关键
年鉴　飞溅　肌腱　踢毽子　实践　劝谏　渐渐　山涧　军舰　保健
舞剑　推荐　贫贱　组建　文件　看见　饯行　间谍　鉴定　僭越　僭位
日本的官房长官叫作菅直人　恢复建造行官的可能
　　蒯先生很勤俭，专拣繁重的工作干，现在他是救灾总指挥。
　　蹇阿姨说国子监旁边有个小监狱，是那些望子成龙的父母捐赠款项建造的。据蹇阿姨说："过去在国子监没有考取功名的学子，父母花钱把他们放到监狱里一周，让他们在那里体验失去自由的生活。"

四、"（ik＝j）jj、jjc、jjv、jjl，（ib＝x）jx、jxc、jxv、jxl"音的字词

"jj、jjc、jjv、jjl"四个读音中，"jjc"音没有汉字；"jx、jxc、jxv、jxl"

四个读音都有汉字。

	1	2	3	4	5	6	7	8	9	0
JJ	解决	经济	积极	究竟	坚决	加剧	姐姐	将	姜	江
JX	进行	继续	就像	教训	决心	举行	交	焦	姣	娇

浆（jj）：浆果、血浆、浆洗；又读"jjv"：船桨、划桨。

将（jj）：将来、将就；又读"jjl"：将士、降温、帝王将相。

螀（jjv）：螀子，即"茧子"。

降（jjl）：降落、降临；又读"xjc"：投降、受降、宁死不降。

泽（jjl）：地名用字，泽河流镇，在河北省。

㺃（jjl）：地名用字，㺃港，在江苏省。

峧（jx）：地名用字，峧头，在浙江省；西峧，在河北省。

教（jx）：教课、教书、互教互学；又读"jxl"：教育、教堂、因材施教。

嚼（jxc）：嚼舌、嚼碎、味同嚼蜡、细嚼慢咽；又读"jxl"：倒嚼。

矫（jxc）：矫情；又读"jxv"：矫正、矫健、矫枉过正。

角（jxv）：角尺、牛角、五角；又读"jrc"：主角儿、配角儿、角逐、角力。

敫（jxv）：姓氏。

觉（jxl）：睡觉、午觉；又读"jrc"：觉悟、觉醒、先知先觉。

校（jxl）：校对、校勘、校场；又读"xxl"：校舍、学校、少校。

滘（jxl）：河道分支或汇合的地方的地名用字：北滘、何滘、新滘都在广东省。

徼（jxl）：姓氏。

疆域　缰绳　僵硬　豇豆　将就　央求　央企　绵羊　洋流　江河　生姜
豆浆　万寿无疆　信马由缰　奖励　讲话　蒋先生　螀子　酱油　犟嘴
将帅　匠心　降低　糨糊　绛县　绛紫色　犟脾气　能工巧匠

姜姐自己造了一架小飞机，她驾驶着飞机从河北泽河流镇起飞，到江苏㺃港降落。飞机上还装载着20条船桨，50公升血浆。她边驾驶着飞机边哼着小调：帝王将相看将来，宁死不降降大灾。细嚼慢咽不倒嚼，因材施教教书台。先知先觉睡午觉，速录学校校对快。

礁石　蕉农　焦点　蛟龙　胶囊　骄傲　娇嫩　姣美　浇花　茭白　郊区
交通　花椒　摔跤　芭蕉　狡猾　饺子　绞刑　铰刀　皎洁　脚印　搅拌
剿匪　缴税　侥幸　矫捷　佼佼者　打醮　发酵　地窖　佛教　比较
抬轿　睡觉　惊叫　倒嚼　徼先生　徼股长　妖邪　摇动　咬人　药厂

阿胶 椒盐 娇艳 窖藏 究竟解决哪些问题 决心解决经济问题
姐姐决心继续抗争 将研发进行到底 就像我教训他一样 即将举行婚礼
组委会要求裁判各报姓名、性别、籍贯、裁判项目，只听到：江艳姣，女，广东北滘人，台球裁判；敖大力，男，浙江峧头人，散打裁判；焦广，男，广东新滘人，摔跤裁判；徼红梅，女，游泳裁判，河北西峧人。

五、"（ie＝f）jf、jfc、jfv、jfl"音的字词

	1	2	3	4	5	6	7	8	9	0
JF	甲方	警方	纠纷	降幅	经费	姐夫	拒付	皆	阶	接

节（jf）：节骨眼；又读"jfc"：节日、过节。
结（jf）：开花结果、结了很多黄瓜；又读"jfc"：结冰、结合、结论、活结、张灯结彩。
楷（jf）：楷树；又读"ksv"：楷模、楷书。
㟁（jfc）：山转弯处的地名，白㟁，在陕西省。
檞（jfv）：一种木质像松树的树木，檞树。
解（jfv）：解决、解说、谅解；又读"jfl"：解送、解差、押解出境；还读"xfl"：姓氏。
褯（jfl）：婴儿的尿布，褯子。
秸秆 揭秘 街道 接轨 结果 皆可 疖子 阶段 嗟悔无及 皆大欢喜 攻讦 抢劫 豪杰 盘诘 清洁 敏捷 仓颉 眉睫 拦截 碑碣 衰竭 羯羊 桔梗 诘问 拮据 孑孓 姐妹 解体 彭姐 界线 届时 戒严 疥疮 介绍 诫勉 借据 芥菜 引以为戒 褯子
警方介入了甲方的合同纠纷 姐夫拒付诉讼经费
《降幅》一章分三节，皆由雷教授主讲。解珍和解宝哥儿俩都是水泊梁山的好汉，他们应约去陕西白㟁帮助朋友解决问题。

六、"（in＝m）jm、jmc、jmv、jml，（iy＝e）je、jec、jev、jel"音的字词

"jm、jmc、jmv、jml"四个读音中，"jmc"音没有汉字；"je、jec、jev、jel"四个读音中，"jec"的读音没有汉字。

	1	2	3	4	5	6	7	8	9	0
JM	局面	见面	寂寞	家门	斤	今	金	津	巾	禁
JE	金额	饥饿	进而	巨额	经	京	晶	荆	精	晟

禁（jm）：禁脏、禁穿、<u>弱不禁风</u>、<u>情不自禁</u>；又读"jml"：禁止、禁闭、<u>令行禁止</u>、<u>屡禁不止</u>。

尽（jmv）：用于介词或副词，如尽量、<u>尽可能</u>、<u>尽前头</u>；又读"jml"：尽力、<u>尽收眼底</u>、<u>尽说假话</u>。

劲（jml）：使劲、费劲、干劲；又读"jel"：劲旅、劲松、强劲对手。

腈（je）：有机化合物，腈纶。

泾（jev）：地名用字，泾洲，在广东省。

肼（jev）：有机化合物。

颈（jev）：颈部、颈椎、<u>长颈鹿</u>；又读"gyv"：脖颈儿。

胫（jel）：胫骨，<u>不胫而走</u>，消息不胫而走。

对襟　连襟　围巾　市斤　古今　冶金　天津　钢筋　自矜　<u>捉襟见肘</u>
<u>伤筋动骨</u>　<u>无人问津</u>　紧密　堇菜　锦旗　谨慎　合卺　<u>绝无仅有</u>　晋级
荩草　浸泡　妗子　近邻　进展　尽头　觐见　寒噤　灰烬　靳兄
<u>大妗子</u>　<u>噤若寒蝉</u>　<u>化为灰烬</u>　姻亲　姻缘　今日　金银　奸淫　近路
卖淫　淫荡　引进　殷殷　旌旗　惊吓　晶莹　荆条　京城　泾县　经过
腈纶　粳米　精密　鲸鱼　眼睛　根茎　<u>兢兢业业</u>　报警　憧憬　风景
瓶颈　陷阱　水井　<u>以儆效尤</u>　竞赛　竟敢　竟然　痉挛　径直　净化
劲旅　敬仰　静坐　境外　镜子　绥靖　应变　苍鹰　蝇子　荆门　惊呆
巨额财产来源不明罪　打开新局面　一个人很寂寞　路过家门都没回
饥饿和困厄　经批准买2斤鸦片　荆老板和金经理今天下午见面
吕晶会唱歌　杜晟会拉二胡　津是天津市的简称

七、"（ig = k）jk、jkc、jkv、jkl，（iw = q）jq、jqc、jqv、jql"音的字词

"jk、jkc、jkv、jkl"四个读音中，"jkc、jkl"两个读音没有汉字；"jq、jqc、jqv、jql"四个读音中，"jqc"音没有汉字。

	1	2	3	4	5	6	7	8	9	0
JK	加快	尽快	健康	均可	艰苦	讲课	捐款	问	坰	囧
JQ	加强	健全	减轻	技巧	坚强	绝情	捐钱	纠	鸠	揪

垌（jk）：地名用字，大垌，在广西省。
炯（jkv）：炯炯、炯炯有神。
泂（jkv）：地名用字，诗泂镇，在广东省。
汈（jqv）：湖名用字，东汈、西汈，都在江苏省。

迥然　迥然不同　窘迫　窘态　冏样
斑鸠　追究　抓阄儿　鏊（yf）　鬏儿　纠正　揪住　雄赳赳　揪住不放
玖万　久别　九百　韭菜　酒菜　针灸　拯救　马厩　愧疚　陈旧　脱臼
归咎　灵柩　造就　乌桕　抢救　舅舅　秃鹫　咎由自取
加快健全民主法制建设　尽快将捐款发放下去
加强政党纪律发扬艰苦精神　减轻农民负担　速录的技巧在于实训
鸠山有着健康的身体　她揪着他的衣领让他捐钱

广东省诗泂镇的陈炯明先生打电话问家住江苏省东汈镇的舅舅："舅舅，你们那里的韭菜多少钱一斤？我这来了几位好友，他们有的会针灸疗法，有的掌握了捉秃鹫的技巧。他们既有坚强的决心，又有艰苦的斗志，他们人人身体健康，请您尽快给我寄三斤韭菜，我要做一桌酒菜款待他们。"他的舅舅回答说："我此时在广西省大垌讲课呢，我马上给你办。"

八、"jo、joc、jov、jol"音的字词

	1	2	3	4	5	6	7	8	9	0
JO	教育	给予	机遇	节约	禁运	居	拘	驹	锔	据

据（jo）：拮据；又读"jol"：占据、据为己有、真凭实据；姓氏。
岨（jo）：有土的石山；地名用字，梁家岨，在陕西省。
泃（jo）：泃阳镇，在河北省三河市；泃河，发源于天津蓟县，流入蓟运河。
砠（jo）：表层有薄土石山；地名用字，留砠，在湖北省。
俱（jo）：姓氏；又读"jol"：俱乐部、面面俱到。
锔（jo）：锔锅、锔缸；又读"joc"：金属元素，锔-244。
龃（jov）：上下牙齿对不上。龃龉（ov）、双方龃龉。
咀（jov）：咀嚼（jrc）、含英咀华；又读"zjv"：地名用字，尖沙咀，在香港。
苣（jol）：莴苣；又读"qov"：苣荬（msv）菜。
岠（jol）：地名用字，东岠岛：在浙江省舟山。
遽（jol）：姓氏。

鞠躬　雎鸠　锔锅　掬饮　居住　狙击　拘捕　苴麻　马驹　炭疽
<u>笑容可掬</u>　<u>丢卒保车</u>　局面　菊花　焗油　橘子　焗发　橘子树　沮丧
莒县　矩阵　举措　榉树　龃龉　柜柳　咀嚼
<u>山毛榉</u>（俄罗斯生产的一种地对空导弹）　惧怕　飓风　锯齿　聚集
距离　剧烈　具体　拒绝　巨大　句号　火炬　莴苣　盘踞　<u>虎踞龙盘</u>
<u>声泪俱下</u>　这可是机遇　请给予支持　教育之家　节约每一块钱
实施贸易禁运
三河市沟阳镇的居小红与陕西梁家岨的遽彪是一对恋人，最近因是去东岠岛还是金门岛旅游的问题发生了龃龉。据居小红说最后还是她<u>占了上风</u>。

九、"（oh＝h）jh、jhc、jhv、jhl，（oe＝r）jr、jrc、jrv、jrl"音的字词

"jh、jhc、jhv、jhl"四个读音中，"jhc"音没有汉字；"jr、jrc、jrv、jrl"四个读音都有汉字。

	1	2	3	4	5	6	7	8	9	0
JH	计划	结合	将会	机会	讲话	教会	聚会	娟	鹃	捐
JR	竟然	既然	假如	金融	进入	居然	救人	就任	撅	噘

提示：常用词"教会"既可作名词用也可作动词用，例如，他教会了我快速掌握汉字的方法；我参加了基督教教会。

圈（jh）：圈猪、把鸡圈起来；又读"jhl"：圈养、牛圈、猪圈；还读"qh"：圆圈儿、花圈。
卷（jhv）：卷尺、翻卷、<u>卷土重来</u>；又读"jhl"：上下卷、卷宗、闭卷。
锩（jhv）：刀的刃部遇到硬物而卷曲，如锩刃、刀刃锩了。
鄄（jhl）：<u>鄄城县</u>，在山东省。
倔（jrc）：倔强；又读"jrl"：<u>倔脾气</u>、倔头倔脑。
蹶（jrc）：失败或受挫：一蹶不振；又读"jrv"：蹶子、<u>尥（lxl）蹶子</u>。
觉（jrc）：觉醒、觉悟、感觉；又读"jxl"：睡觉、午觉。

捐款　镌刻　娟丽　<u>涓涓细流</u>　杜鹃　<u>杜鹃花</u>　婵娟　镌雕　蠲免
<u>蠲免杂税</u>　隽永　倦怠　绢花　眷恋　鄄城　女眷　手绢　经卷　噘嘴
撅断　撅屁股　攫取　绝对　矍铄　镢头　蕨菜　橛子　崛起　觉悟
抉择　诀别　爵位　木橛儿　猖獗　诡谲　昏厥　挖掘　<u>卖官鬻爵</u>
结合计划找机会　他就任教会会长4年了　这边救人那边杀人是战场
这次考试居然进入了前三名　假如没有金融诈骗多好　将会被淘汰

聚会时讲话

鄄城县的寇凤娟女士平日里不爱讲话，是一位脾气倔强的人。她在砍柴时把柴刀弄锩刃了，她就噘着嘴，一边生气，一边指着手中的木棍对旁边撅着屁股侍弄花草的丈夫说："这根木棍竟然把柴刀弄锩刃啦，你把它撅断了。"她的丈夫站起身来说："你别生气，我给你编诗听'猪圈圈猪门圆圈，卷宗卷尺橱柜前。倔强偏又倔脾气，睡觉醒来觉悟谈'。"

十、"（on＝d）jd、jdc、jdv、jdl"音的字词

"jd、jdc、jdv、jdl"四个读音中，"jdc"音没有汉字。

	1	2	3	4	5	6	7	8	9	0
JD	决定	简单	阶段	军队	觉得	均	军	君	钧	筠

"龟"字有3个读音：

龟（jd）：久旱无雨，大地裂开许多缝子，如龟裂、大地龟裂、田地龟裂；"gj"：乌龟、龟甲、龟兔赛跑；"qq"：龟兹，古代西域国家名。

筠（jd）：地名或人名用字，筠连，在四川省；筠阳，在江西省；筠山乡，在湖北省。

细菌　千钧　国君　平均　陆军　莙荙菜　郡主　俊俏　峻岭　骏马
竣工　修浚　浚（xdl）县

朱艳筠对我说："我觉得法国军队已经进入改良阶段，这不是简单的主观臆断，而是根据现状决定的。"

十一、前后字母没有拼音关系的常用词

	1	2	3	4	5	6	7	8	9	0
JA	骄傲	结案	煎熬	积案	节哀	紧挨	敬爱	教案	将按	江岸
JB	基本	具备	进步	加班	兼并	竞标	举办	级别	举报	击毙
JG	经过	结果	尽管	机构	结构	讲稿	举国	建国	几个	见过
JI	具有	经验	建议	检验	就业	经营	教义	记忆	酒宴	敬业
JP	精品	紧迫	奖牌	奖品	窘迫	键盘	机票	仅凭	就寝	精辟
JS	计算	就算	决算	决赛	竞赛	急速	紧缩	江苏	禁赛	解散
JT	今天	具体	集体	解体	交通	家庭	警惕	吉他	几天	警探
JU	几位	觉悟	降温	今晚	军委	教委	纪委	结尾	境外	键位
JW	即使	建设	精神	减少	结束	解释	技术	谨慎	讲述	介绍

| JY | 竞争 | 局长 | 禁止 | 精准 | 紧张 | 机制 | 集中 | 价值 | 几种 | 精湛 |

已基本结束　他基本具备了作案动机　我不要过程只要结果
决赛后再结算好吗　今天我加班　刚组建的家庭就解体了
有了精准的决算就减少了失误　竞争的机制并未减少　我紧挨着敬爱的老师
精神精品真精准，几种几个又几天。教育教案缺教训，决定决赛不决算。结束结构难结果，经营经济少经验。竞争竞标搞竞赛，解释解决定解散。奖励奖牌看奖品，警示警察问警探。举办举报无举例，加强加快又加剧。结构结束下结论，建国建设提建议。

请教师或学习者个人用常用词自编句子用于对常用词的记忆练习。

第十八节　读音首字母是"Q"的字词

一、"q、qc、qv、ql"音的字词

"q、qc、qv、ql"四个读音都有汉字；缩略首字母是"q"的高频字，请参照高频字表。

	1	2	3	4	5	6	7	8	9	0
QC	其次	切磋	情操	起草	青草	器材	齐	琪	奇	琦
QV	清楚	清除	青春	汽车	全程	启程	起	启	岂	企
QL	权利	权力	起来	强烈	清理	情理	潜力	气	契	弃

亓（qc）：姓氏。
玘（qv）：地名用字，张玘屯，在河北省。
磜（ql）：地名用字，磜头，在福建省；磜下，在江西省；黄磜，在广东省。
碶（ql）：用石头砌的拦水闸；地名用字，碶闸、五乡碶、大碶都在浙江省。

沏茶	妻子	柒千	栖息	桤木	凄凉	期待	欺骗	漆黑	蹊跷	亲戚
芳草萋萋	祁东县	綦江县	蕲春县	岐山	其他	奇怪	歧路	祈祷
颀长	脐带	畦田	崎岖	淇水	骑马	棋盘	蛴螬	祺祥	旗帜	麒麟
鱼鳍	豆萁	万（ml）俟	荠 （bic） 荠	黄芪	天神地祇	乞丐	岂能
企盼	杞县	启发	起来	绮丽	绮罗	气势	弃权	气体	槭树	器械

砌墙　契约　泣不成声　迄今为止　修葺　小憩　沙碛

王琪是卖汽车器材的老板　启涛先生进行了全程跟踪服务

他起草了一篇有关青草的论文供交流和切磋

其次是作出"权力"和"权利"的词性解释　她是个有道德情操的人

青春一去不复返　你清楚如何来清除和清理这些垃圾　强烈要求挖掘潜力

早晨起来就启程　情理和法理的法律解释　我清楚你的权力有多大

（此篇短文只适合看录。通过这篇短文可以了解同音不同字的姓氏和这些字的构字方法。了解汉字构字和快速掌握汉字的方法，请参考《中华汉字速成教程》）。吕老师说："咱们班里有5名姓'Qc'的同学，请你们用部件构字的方法说出你们的姓氏汉字，并说出你们的籍贯。"一位男生说："我是'文-口（读乔）'——齐，河北张玘屯人"；另一位男生说："我是'其-幺-小'——綦，福建碛头人"；一位女生说："我是'艹（读草）-单-斤'——蕲，江西碛下人"；另一位女生说："我是'礻（读示）-阝（读耳）'——祁，广东黄碛人"；又一位女生说："我是'二-口'——祇，浙江碛闸人"。

二、"（ia＝n）qn、qnc、qnv、qnl，（ih＝z）qz、qzc、qzv、qzl"音的字词

"qn、qnc、qnv、qnl"四个读音中，"qnc"音只有一个"拤"字，"qnv"音只有一个多音字"卡"；"qz、qzc、qzv、qzl"四个读音中都有汉字。

	1	2	3	4	5	6	7	8	9	0
QN	去年	全年	请你	求你	潜能	全能	岂能	掐	蕟	牁
QZ	谴责	潜在	起早	签字	取走	全责	千	谦	骞	签

蕟（qn）：菝（bac）蕟，落叶攀缘灌木。

拤（qnc）：拤脖子。

铅（qz）：铅笔、铅粉；又读"ihc"：铅山，在江西省。

鸽（qz）：家禽用嘴互啄，或吃食物；鸽架、鸽食。

墘（qzc）：地名用字，田墘，在广东省；港墘、潭墘都在台湾。

菝蕟　掐算　裌袢（phl）　洽谈　恰好　髂骨　压抑　掐死　牙疼

哑语　关卡　东亚　恰似　恰恰　钤子　阡陌　千年　迁徙　牵引　谦虚

签字　张骞　罪愆　虔诚　前进　钱财　荨麻　钳子　乾坤　潜伏

黔驴技穷　遣返　谴责　缱绻（qhv）　浅显　肷窝　纤绳　欠佳　茜草

倩女　天堑　勾芡　镶嵌　道歉　去年全年的营业收入　你赶紧取走

你负全责请签字　严厉谴责肇事者　潜在的危险

钱科长穿着带有裕袢的上衣，拿着一把从江西铅山买的铅笔而哭泣。原来他从台湾港墘花重金买了一只公鸡带回广东田墘的家乡，这只公鸡为了争夺与邻居家母鸡的交配权就与邻居家的公鸡鸻架。双方鸻得满头是血，而且就像人们上班一样，它们也在八点准时鸻架。钱科长为此着急起来，他双手抱拳对两只鏖战的公鸡说："求你了！别鸻了！"结果，他的公鸡被邻居家的公鸡鸻架鸻死了，他为此而悲伤。

三、"（ik = j）qj、qjc、qjv、qjl，（ib = x）qx、qxc、qxv、qxl"音的字词

	1	2	3	4	5	6	7	8	9	0
QJ	奇迹	情节	全局	情景	前景	抢劫	枪	镪	呛	锵
QX	取消	倾向	权限	全县	情形	抢险	抢先	敲	锹	劁

抢（qj）：碰或撞：呼天抢地、以头抢地；又读"qjv"：抢救、抢先一步。
呛（qj）：呛水、吃饭呛着了；又读"qjl"：烟味呛鼻子。
强（qjc）：强盗、强敌、强调、增强；又读"qjv"：强迫、强词夺理、强人所难、强颜欢笑；还读"jjl"：倔强。
悄（qx）：悄悄、悄悄话、静悄悄；又读"qxv"：低声悄语、悄然无声。
翘（qxc）：翘盼、翘首盼望；又读"qxl"：翘尾巴。
硚（qxc）：地名用字，硚头，在四川省；硚口区，在湖北省；硚口镇，在湖南省。
谯（qxc）：姓氏。
雀（qxv）：家雀儿；又读"qrl"：雀斑、雀巢。

羌族　枪械　戕害　腔调　蜣螂　镪水　戗风　打戗戗　铿锵有力　樯橹
蔷薇　墙壁　抢答　羟基　襁褓　强求　炝锅　跄踉　炝黄瓜　跟跟跄跄
央视　江水　山羊　强势　养育　抢险　样式　高跷　铁锹　雪橇　敲打
劁猪　缲边　缲缝　荞麦　侨民　乔木　桥梁　谯楼　憔悴　樵夫　瞧见
鞍鞒　碰巧　黄雀儿　愀然作色　愀然失色　俊俏　陡峭　讥诮　诀窍
刀鞘　剑鞘　地壳　撬棍　翘着　尧舜　故事要有情节　事业应有前景
抢险须顾全局　抢先注意情形　制止抢劫倾向　取消全县动员

乔先生是羌族，住在四川硚头。他创造了奇迹，劁猪不用刀—硬挤。人们后来就把这句话用作了歇后语。最近，他与湖北硚口镇的谯女士喜结连理，两个人经常对诗。这次他们又开始以多音字为手段了，乔先生说："以头抢地

被抢救,游泳呛水烟呛鼻"。谯女士说:"低声悄语静悄悄,满脸雀斑捉家雀。"

四、"(ie=f) qf、qfc、qfv、qfl,(in=m) qm、qmc、qmv、qml"音的字词

	1	2	3	4	5	6	7	8	9	0
QF	缺乏	侵犯	区分	气氛	屈服	勤奋	群发	情妇	情夫	切
QM	全面	前面	起码	巧妙	全民	清明	亲密	亲	侵	钦

切(qf):切割、切开、横切面;又读"qfl":切齿、一切。
郄(qfl):姓氏。
亲(qm):亲戚、亲朋好友;又读"qel":亲家、亲家公、亲家母。
覃(qmc):姓氏;又读"thc":姓氏。
溱(qmc):地名用字,溱潼、溱东都在江苏省。
切割 伽蓝 茄子 一切 妻妾 胆怯 偷窃 确切 趔趄 书箧 提挈 惬意 锲而不舍 椰子 刀切 爷们 番茄 野外 且慢 叶子 切实 切身 业余 钦佩 侵略 亲近 衾枕 黄芩 钢琴 家禽 辛勤 哌嗪 苏秦 林檎 芹菜 琴弦 勤劳 噙着 擒拿 寝室 锓版 寝食难安 沁园春 沁人心脾 吣食 揿门铃 揿按钮 缺乏切西瓜的知识
不可有情妇或情夫 以侵犯人权的方式让人屈服 气氛相当紧张
起码要区分勤奋和懒惰的界线 过于亲密离疏远就不远了
全民都在清明这天去扫墓 巧妙周旋 全面建设小康社会
前面已提到了自编常用词汇来训练

"秦姣是郄淼的表姐,覃琼是秦姣的舅妈,按照亲属关系,郄淼如何称呼覃琼呢?"来自江苏溱潼的祁延东老师问学生。他又说:"紫茄换雪茄,亲属找亲家。姓覃姓覃好?确切需切割。"

五、"(iy=e) qe、qec、qev、qel,(ig=k) qk、qkc、qkv、qkl,(iw=q) qq、qqc、qqv、qql"音的字词

"qe、qec、qev、qel"四个读音都有汉字;"qk、qkc、qkv、qkl"四个读音中,只有"qkc"音有汉字;"qq、qqc、qqv、qql"四个读音中,"qql"音没有汉字。

	1	2	3	4	5	6	7	8	9	0
QE	全额	前额	企鹅	亲俄	群殴	清	青	卿	轻	倾
QK	情况	请客	倾刻	取款	穷苦	亲口	缺口	勤快	前科	期刊
QQ	确切	全球	请求	亲切	侵权	恰恰	求情	秋	邱	丘

勍（qec）：地名用字，勍香，在山西省。
黥（qec）：姓氏。
碃（qel）：地名用字，大金碃，在山东省。
糗（qqv）：饭或面食粘连成块状或糊状，如饭糗了。

氢气 倾刻 青年 轻重 清洁 蜻蜓 公卿 氰化物 情节 晴天
擎天柱 众擎易举 苘麻 请客 顷刻 庆祝 亲家 磬乐 告罄
罄其所有 罄竹难书 苍穹 贫穷 穹隆 筇竹 琼瑶 邛崃市
茕茕孑立 英姿 轻轻 迎娶 情侣 影子 请客 映射 庆典 婚庆
生硬 恭请 公顷 支应 军营 打赢 秋天 蚯蚓 楸树 丘陵
荻芦（在福建省） 龟兹 泥鳅 后鞧 大龙湫 邱北县 囚徒
犰狳（oc） 虬龙 求救 泅渡 酋长 球赛 遒劲 巯基 裘皮
集腋成裘 意气方遒 2015年秋办的期刊 他有前科
他前额的疤痕就是在群殴时留下的 请在取款时全额支付现金
缺口很大这是他亲口对我说的 全球穷苦的人还很多 亲俄恰恰是不对的
请求支援并报告确切的位置 不要求情
邱先生从山西勍香来到山东大金碃请客，他在福建荻芦养了一千多只企鹅。

六、"qo、qoc、qov、qol，（oh = h）qh、qhc、qhv、qhl"音的字词

	1	2	3	4	5	6	7	8	9	0
QO	其余	签约	起源	情愫	全员	巧遇	区	屈	蛆	趋
QH	前后	强化	全会	庆贺	侵害	浅海	圈	悛	鄼	棬

曲（qo）：曲线、歪曲、曲酒；又读"qov"：歌曲、谱曲；姓氏。
坦（qo）：地名用字，东坦坡，在河北省。
璩、蘧、瞿（qoc）：姓氏。
棬（qh）：地名用字，椤棬，在河南省。

清癯 通衢 临朐县 鸲鹆（ol） 渠道 蠼螋（sw） 屈服 驱逐
曲折 祛痰 蛆虫 躯体 趋势 蛐蛐 黢黑 区别 崎岖 扶正祛邪

取暖　龋齿　娶亲　苣荬菜　曲调　面面相觑　去看　来去自由　圈阅
圆圈　怙恶不悛　诠释　权力　全力　泉水　拳头　痊愈　得鱼忘筌
蜷伏　颧骨　鬈发　甲醛　犬吠　畎亩　缱（qzv）绻　劝架　劝说
券商　证券　渊博　圈地　原始　拳手　远大　犬牙　愿景　生物的起源
带头的批捕其余的驱逐　前后都是浅海　强化民族精神　情愿签约
全员上课　手写速记计算机速录我全会　三中全会　庆贺璩市长荣升
侵害了当事人利益　真是巧遇啊

椤棬派出所的屈所长和曲指导员早晨上班后发现，夜间巡逻队带到派出所的酗酒闹者都姓"Qoc"，而且都是河北东坍坡的人。一问才知道，这三位同姓的人是同音不同字。长得黢黑的叫瞿秋雨，个子有些细高面容有些清癯的叫璩万全，颧骨很高满头鬈发的叫蘧永恒。

七、"（oe = r）qr、qrc、qrv、qrl，（on = d）qd、qdc、qdv、qdl"音的字词

"qr、qrc、qrv、qrl"四个读音中，"qrv"音没有汉字；"qd、qdc、qdv、qdl"四个读音中，只有"qd、qdc"两个读音有汉字。

	1	2	3	4	5	6	7	8	9	0
QR	确认	谦让	亲人	情人	屈辱	强忍	强人	欺辱	缺	炔
QD	强调	确定	取得	强大	取代	情敌	启迪	求得	逡	囷

炔（qr）：炔烃（te）：有机化合物。
堎（qrl）：地名用字，烧高堎，在山西省；黄堎坪区，在重庆市。
逡（qd）：退让，逡巡。
囷（qd）：古代一种圆形粮仓。

缺点　缺少　乙炔　瘸子　一瘸一拐　官阙　喜鹊　上阕　下阕　的确
麻雀　忘却　商榷　约好　缺席　月球　确保　裙子　群众　云海　群岛
群发　陨石　允诺

情人情敌遇情况，强调强忍碰强敌。欺辱屈辱难谦让，求得亲人受启迪。

八、前后字母没有拼音关系的常用词

	1	2	3	4	5	6	7	8	9	0
QA	亲爱	奇案	全案	亲啊	求爱	情爱	请安	迁安	欠安	窃案

		1	2	3	4	5	6	7	8	9	0
QB		全部	区别	确保	起步	前边	情报	铅笔	清白	全班	亲笔
QG		全国	奇怪	强国	去过	情感	乞丐	轻轨	权贵	劝告	驱赶
QI		企业	情谊	权益	轻易	歉意	惬意	汽油	亲友	亲眼	强硬
QP		强迫	欺骗	气派	前排	全盘	棋盘	清贫	期盼	钦佩	企盼
QS		起诉	轻松	倾诉	清算	清扫	缺损	全速	掐死	球赛	起色
QT		其他	前提	群体	全体	企图	窃听	圈套	全天	躯体	秋天
QU		请问	气温	权威	千万	轻微	欺侮	期望	切勿	劝慰	气味
QW		切实	其实	缺少	确实	趋势	全是	全身	劝说	亲属	抢手
QY		其中	群众	强制	前者	庆祝	欺诈	确诊	侵占	驱逐	求助

亲爱的，这是迁安市发生的窃案，也是奇案，有关涉案人员已全部到案。
请问是强迫起诉企业吗？其中还有没有其他人？
要切实做好群众工作　其实26度的气温不冷不热是一种恒温
区别是有前提的　我很奇怪这是不是圈套　他企图欺骗她的感情
坐在前排很气派　确保情报的准确性　庆祝生日很惬意
前者是劝说后者是谴责　亲属在劝慰　因欺诈被驱逐　切勿轻易求助权贵
全体亲友的情感　权威发布　使用铅笔画棋盘　秋天的气味　刚有起色
已经确诊

第十九节　读音首字母是"X"的字词

一、"x、xc、xv、xl"音的字词

"x、xc、xv、xl"四个读音都有汉字；缩略首字母是"x"的高频字在高频字表中。

	1	2	3	4	5	6	7	8	9	0
XC	下次	幸存	选材	下层	行刺	小草	习	席	袭	橄
XV	形成	宣传	巡查	下车	下场	洗	喜	玺	禧	铣
XL	心里	心理	下令	系列	心灵	训练	先例	系	邻	细

豨（x）：豨莶（xz），一年生草本植物。
噏（x）：（闭合或收敛）噏动、噏合。
蕼（x）：蕼蓂（mil），也叫"遏蓝菜"，一年生草本植物。

173

郗（x）：姓氏。

浠（x）：浠水、浠水县都在湖北省。

奚（x）：奚落；姓氏。

茜（x）：人名用字；又读"qzl"：茜草、茜纱。

嶍（xc）：嶍山、峨嶍山，在云南省峨山县东北部。

铣（xv）：铣工、铣床、铣刀。

枲（xv）：枲麻（大麻的雄株，只开花，不结果）。

郤（xl）：姓氏。

潟（xl）：潟湖、潟卤。

系（xl）：系列、派系；又读"jl"：系鞋带儿、系扣。

夕阳　西方　吸气　希望　昔日　牺牲　息怒　蒺藜　硒鼓　烯烃　淅沥
希罕　犀牛　锡金　溪流　豨莶（xz）　蜥蜴　熄灭　嬉笑　膝盖　嬉闹
蹊径　蟋蟀　舾装　晨曦　木樨　清晰　可惜　白皙　获悉　熙熙攘攘
自习　出席　抄袭　婆媳　檄文　梳洗　玉玺　迁徙　恭喜　畏葸不前
恭贺新禧　戏剧　细致　阅讼　直系　空隙　郗某某　下次再说

巡查人员发现了车祸幸存下来的几个人　从选材上看小草是不行的

下层社会的人行刺上层社会的人往往是受人指使的　宣传形成了心理压力

她心里想到站了应该下车了　这是史无前例的先例　叛徒的下场

系列小说描绘了美丽的心灵

习近平就任中共中央总书记后特意看了一遍《郎中喜来乐》的电视剧。

郗老板从湖北浠水县以每斤123元的价格买了2斤枲麻，不到一周，他就把这2斤枲麻以每斤1230元的价格卖给了云南嶍山的表哥郤先生。

二、"xo、xoc、xov、xol"音的字词

	1	2	3	4	5	6	7	8	9	0
XO	信誉	心愿	幸运	学员	学院	许愿	胥	须	需	嘘

盱（xo）：盱眙（ic）县，在江苏省。

旴（xo）：地名用字，旴江，在江西省。

圩（xo）：赶圩、圩场；又读"utc"：圩堤、圩田。

吁（xo）：长吁短叹、气喘吁吁；又读"o"：命令拉车的牲口停下来；还读"ol"：呼吁、吁请。

胥（xo）：姓氏。

嘘（xo）：嘘声、嘘寒问暖；又读"w"：嘘！回窝去。

醑（xov）：挥发性药物的乙醇溶液，如樟脑醑、氯仿醑。
溆（xol）：溆水、溆浦县都在湖南省。
畜（xol）：畜牧业、畜产品；又读"vul"：牲畜、畜生。

须知　虚心　需求　废墟　首蓿　戊戌年　黑魆魆　徐州　允许　自诩
醑剂　栩栩如生　樟脑醑　氯仿醑　旭日　序幕　叙述　恤金　酗酒
蓄水　畜产　和煦　女婿　柳絮　继续　头绪

许愿成为幸运的人　徐校长说他们学院的学员信誉普遍高，这是他们的心愿。胥院长从江西盱江调到湖南溆浦县工作已经2年了。

三、"（on＝d）xd、xdc、xdv、xdl，（oe＝r）xr、xrc、xrv、xrl"音的字词

"xd、xdc、xdv、xdl"四个读音中，"xdv"音没有汉字；"xr、xrc、xrv、xrl"四个读音都有汉字。

	1	2	3	4	5	6	7	8	9	0
XD	许多	想到	行动	现代	相对	兄弟	吸毒	熏	勋	埙
XR	形容	信任	显然	削弱	喜人	现任	旭日	薛	靴	削

鲟（xdc）：鲟鱼、中华鲟、白鲟。
栒（xdc）：栒子木，是常绿观赏灌木。
郇（xdc）：姓氏；古代诸侯国名。
浚（xdl）：浚县，在河南省。
巽（xdl）：八卦之一。
芎（xrc）：芎子，用芎子囤粮食。
峃（xrc）：地名用字，峃口、大峃都在浙江省。
趐（xrc）：来回打趐，那只鸟刚飞走就又趐回来了。
鳕（xrv）：鳕鱼，又叫"大头鱼"。

勋章　熏陶　吹埙　醉醺醺　寻找　巡逻　旬刊　询问　荀子　循环
荨麻疹　驯服　训诫　讯问　汛期　迅速　逊色　殉国　毒蝇蕈
徇私舞弊　不徇私情　皮靴　剥削　薛城区　穴位　学位　芎子　噱头
趐来趐去　雪白　鳕鱼　血液　戏谑　我对你的信任无法形容

许多许多的行动都是为了反吸毒

薛旭日是现任市长，是我的兄弟，每当想到他，我就有了现代青年人拼搏向上的勇气。显然，他们已经削弱了相对平稳的和平力量。

四、"（oh = h）xh、xhc、xhv、xhl，（iw = q）xq、xqc、xqv、xql"音的字词

"xh、xhc、xhv、xhl"四个读音都有汉字；"xq、xqc、xqv、xql"四个读音中都有汉字，"xqc"音只有一个"茜"字，该字是一种植物名称，又叫"木灵芝"。

	1	2	3	4	5	6	7	8	9	0
XH	学会	喜欢	相互	循环	先后	巡回	宣	轩	瑄	嬛
XQ	需求	下去	限期	心情	兴趣	寻求	修	羞	庥	咻

嬛（xh）：用于人名；又读"hrc"。
旋（xhc）：旋转、旋律、旋即；又读"xhl"：旋风、旋螺丝、旋零件。
䴗（xq）：䴗鹠（lqc），一种益鸟。
臭（xql）：铜臭、乳臭、无色无臭；又读"vwl"：臭气、臭氧层、遗臭万年。

宣布　轩昂　萱草　喧哗　暄土　煊赫　甄嬛　悬崖　旋转　旋涡　玄乎
璇玉　推选　脚癣　绚丽　炫耀　眩晕　旋风　渲染　楦子　拱楦
楦枕头　楦涵洞　头晕目眩　害羞　珍馐　貅（pic）　貅　退休　进修
咻咻　永垂不朽　住了一宿　潃水　袖口　秀丽　绣花　嗅觉　岫岩
星宿　林岫　溴化钾　白云出岫　需求很大　有这方面的需求
这样下去对大家都不好　限期交出答卷　喜鹊叫喳喳

袁亚轩与许振麻喜欢巡回下围棋，也就是双方轮流在各自的家里玩儿一天。他们的夫人也对下围棋有了兴趣，先后也都学会了下围棋，心情好的时候也相互下几盘。

五、"（ig = k）xk、xkc、xkv、xkl，（iy = e）xe、xec、xev、xel"音的字词

"xk、xkc、xkv、xkl"四个读音都有汉字，"xkv"音有"熙、熙"两个汉字，"xkl"音有"诇、夐"两个汉字，这四个汉字都不常用；"xe、xec、xev、xel"四个读音都有汉字。

	1	2	3	4	5	6	7	8	9	0
XK	辛苦	学科	细看	新款	小康	许可	兄	凶	胸	匈

XE　邪恶　西欧　凶恶　限额　小额　谢恩　兴　星　珵　腥

芎（xk）：川芎，也叫"芎䓖（qkc）"，是多年生草本植物。
兴（xe）：兴旺、复兴、兴衰；又读"xel"：兴趣、高兴、诗兴大发。
陉（xec）：井陉县，如在河北省。
饧（xec）：使糖块儿、面团儿等变软，如这块儿面还得饧一饧。
行（xec）：行动、行礼、罪行；又读"hkc"：银行、行家里手、干一行爱一行。
省（xev）：反省、省亲、省悟、不省人事；又读"wyv"：省事、省略、省政府。
荇（xel）：荇菜，多年生草本植物。

匈奴　兄弟　汹涌　胸怀　凶狠　川芎　雄伟　熊罴　棕熊　惺惺　星星
猩猩　腥臊　兴起　土腥气　形态　邢台　刑法　行为　型号　荥阳
发人深省　醒酒　擤鼻涕　杏仁　幸福　性别　姓名　荇菜

邪恶必凶恶，限额给小额。科学大西欧，辛苦奔许可。谢恩允小康，细看新款多。高兴兴旺事，罪行内行说。省事反省找，沙漠走骆驼。

六、"（in=m）xm、xmc、xmv、xml，（ie=f）xf、xfc、xfv、xfl"音的字词

"xm、xmc、xmv、xml"四个读音都有汉字，"xmc"音有"柠、镡"两个不常用的汉字，"xmv"音有1个"伈"字，且不常用；"xf、xfc、xfv、xfl"四个读音都有汉字。

	1	2	3	4	5	6	7	8	9	0
XM	下面	姓名	项目	选民	羡慕	辛	鑫	心	新	馨
XF	相反	想法	下方	下放	消费	学费	泄愤	些	歇	蝎

莘（xm）：莘庄，在上海；又读"wn"：莘莘学子。
鑫（xm）：用于商店字号或人名。
芯（xm）：笔芯、芯片；又读"xml"：芯子、蛇吐着芯子。
撷（xfc）：撷英、采撷、撷其纲要。
勰（xfc）：用于人名，如刘勰（南北朝人，文学理论批评家）、贾思勰（北魏农学家）。
颉（xfc）：颉颃（hkc），鸟上下飞；古代汉语中指不相上下或互相抗衡。又读"jfc"：仓颉（传说中古代造象形汉字的人）。

血（xfv）：出血、鸡血、一针见血；又读"xrl"：血统、血亲、血液、血气方刚。

澥（xfl）：加水使粒状、块状、糊状或胶状物变稀，如澥芝麻酱，澥红糖。

解（xfl）：姓氏；又读"jfv"：解决、解释、解除武装。

心灵　芯片　辛苦　欣慰　新旧　馨香　薪金　锌矿　忻州市　囟门
信息　芯子　挑衅　寻衅滋事　楔子　蝎子　些许　歇息　揳楔子
揳钉子　协助　邪念　胁迫　挟持　偕同　斜面　谐音　携手　破鞋
描写　吐血　排泄　倾泻　装卸　机械　纸屑　猥亵　感谢　水榭　螃蟹
沆瀣　松懈　邂逅　沆瀣一气

莘莘学子访莘庄，电子芯片蛇芯长。仓颉造字颉颃舞，解氏家族解题忙。姓名辛姓选民本，泄愤项目想法狂。羡慕消费正相反，下方下放学费涨。血气方刚不出血，寒冬腊月雪飘扬。

七、"（ib = x）xx、xxc、xxv、xxl，（ik = j）xj、xjc、xjv、xjl"音的字词

	1	2	3	4	5	6	7	8	9	0
XX	学习	学校	现象	谢谢	新型	小学	想想	肖	萧	箫
XJ	先进	下降	现金	选举	细节	刑警	乡	湘	箱	香

魈（xx）：山魈，猴的一种。

猇（xx）：地名用字，猇亭，在湖北省。

绡（xx）：生丝或生丝制品，如绡巾、绡帐、红绡。

肖（xx）：姓氏；又读"xxl"：生肖、肖像。

削（xx）：削皮、削铅笔、刀削面；又读"xr"：削减、削弱、削足适履。

崤（xxc）：崤山，在河南省西部。

洨（xxc）：洨水、洨河，在河北省，是滏（fuv）阳河的支流。

筱（xxv）：多用于人名。

皛（xxv）：地名用字，皛店，在河南省。

葙（xj）：一年生草本植物，如青葙、青葙子。

鲞（xjv）：剖开后晾干的鱼，如鲞鱼、鲤鲞、白鲞。

巷（xjl）：巷战、大街小巷、街谈巷议；又读"hkl"：巷道。

相（xjl）：照相、真相、首相；又读"xj"：互相、相提并论、相亲相爱、相夫教子。

178

逍遥　枭雄　骁勇　消灭　宵夜　萧条　硝烟　销毁　潇洒　霄汉　嚣张
吹箫　混淆　矮小　拂晓　呼啸　尽孝　酷肖　母校　咆哮　含笑　无效
何晓筱　乡村　相信　香肠　湘江　箱包　镶嵌　车厢　襄樊　襄城区
芗城区　周详　翱翔　投降　吉祥　享受　响应　饷银　飨客　想法
以飨读者　向上　项目　相声　像章　橡胶　李筱芸会吹箫
肖筱雪个子矮小　徐晓辉骁勇善战

湖北猇亭产绡巾，河北洨河岸绿茵。大街小巷无巷道，相亲相爱照相真。少女肖某画肖像，削减赤字消灭贫。学校学习问细节，新型小学存现金。想想选举全下降，刑警破案是先进。

八、"（ih＝z）xz、xzc、xzv、xzl，（ia＝n）xn、xnc、xnv、xnl"音的字词

"xz、xzc、xzv、xzl"四个读音都有汉字；"xn、xnc、xnv、xnl"四个读音中，"xnv"音没有汉字。

	1	2	3	4	5	6	7	8	9	0
XZ	现在	选择	下载	新增	销赃	仙	先	鲜	掀	锨
XN	信念	虚拟	性能	新年	戏弄	新娘	瞎	虾	呷	煆

鲜（xz）：鲜艳、鲜红、新鲜；又读"xzv"：鲜见、朝鲜、鲜为人知。

纤（xz）：纤细、纤弱、纤维；又读"qzl"：纤绳、拉纤。

挦（xzc）：（拔毛发）挦毛、挦鸡毛、挦鸭毛、挦胡子。

洗（xzv）：姓氏；又读"xv"：洗澡、洗漱。

冼（xzv）：姓氏。

岘（xzl）：地名用字，岘口，在浙江省；岘沽，在山东省；岘山，在湖南省；岘塬（ohc）在甘肃省。

苋（xzl）：苋菜，一年生草本植物，是一种常见蔬菜。

黠（xnc）：（聪明、狡猾）黠慧、狡黠、外痴内黠。

硖（xnc）：地名用字，硖石，在浙江省。

罅（xnl）：（裂缝）罅隙、石罅、云罅、修弊补罅。

厦（xnl）：厦门；又读"wal"：大厦、高楼大厦。

吓（xnl）：惊吓、吓一跳；又读"hl"：恐吓、恫吓、威吓。

神仙　领先　蹁跹　铁锨　海鲜　酰基　暹罗　籼稻　氙气　掀开　闲散
贤惠　弦乐　咸菜　娴熟　涎水　衔接　舷窗　嫌疑　鹇鸟　癫痫
馋涎欲滴　浅显　秋狝　危险　兵燹　狝狘（onv）　现在　限制　线路

县城　苋菜　宪法　陷落　馅饼　羡慕　献身　霰弹　瞎猜　虾米　遐想
狎妓　狭窄　瑕疵　辖区　霞光　闲暇　三峡　木匣　狡黠　纯洁无暇
狭路相逢　夏天　吓唬　下雨　厦门　罅隙　裂罅　修弊补罅
现在选择下载的方法还来得及　新增销赃犯罪嫌疑人3人
虚拟世界戏弄人　新娘的信念　新年和春节不是一回事

冼教授从浙江岘口出发到山东岘泊，他一路上游山玩水吟诗作赋。他在看到本课多音字时说道：冼氏洗澡先脱衣，厦门大厦相连挤。恐吓惊吓痴愚相，纤维纤绳松紧起。

九、前后字母没有拼音关系的常用词

	1	2	3	4	5	6	7	8	9	0
XA	喜爱	心爱	狭隘	血案	销案	西安	相爱	性爱	西岸	兴安
XB	相比	下班	下边	性别	细胞	雪白	协办	宣布	选拔	想必
XG	效果	习惯	下岗	相关	修改	性感	虚构	宣告	献给	想过
XI	需要	相应	效益	协议	蓄意	血液	血压	选用	向右	学业
XP	宣判	选票	选聘	行骗	胁迫	相陪	学派	斜坡	选派	新品
XS	迅速	相似	习俗	潇洒	逊色	闲散	线索	辛酸	寻思	硝酸
XT	协调	相同	下调	系统	心态	形态	熏陶	协同	夏天	休庭
XU	希望	行为	询问	下午	新闻	县委	雄伟	学问	洗碗	纤维
XW	形式	形势	现实	先生	协商	显示	学生	销售	宣誓	小时
XY	性质	协助	细致	现状	行政	显著	旋转	嚣张	校长	闲置

形式和性质都变了　希望迅速得到协调　与宣判的效果相比　协助拉选票
这种行为在这种条件下很危险　相似的习俗相同的习惯
下班后要协助相爱的人　想过洗碗吗　献给做事细致的人　24小时
显著的成绩　现在宣布休庭　盗版者十分嚣张
行政单位和事业单位不一样

喜爱心爱相爱加性爱，下午下班下边下不下岗。学生学习学业长学问，宣布宣判宣告搞宣传。协办协调协同定协议，协商协助县委发新闻。血液血压血案不虚构，相应相比相关人相陪。

第二十节　读音首字母是"Z"的字词

一、"z、zc、zv、zl"音的字词

"z、zc、zv、zl"四个读音都有汉字；缩略首字母是"z"的高频字在高频字表中。

	1	2	3	4	5	6	7	8	9	0
ZC	自从	在此	再次	总裁	早餐	最惨	最次	做错	自此	葄
ZV	造成	组成	赞成	作出	资产	最初	早晨	子	訾	紫
ZL	资料	总量	总理	阻力	阻拦	自理	走路	自	字	渍

吱（z）：吱声、"吱吱"叫；又读"y"："吱"的一声，门开了。
兹（z）：介词，如兹有、兹定于；又读"cc"：龟兹。
葄（zc）：茅草的芽；葄儿，拔出草芽或植物茎杆的声音。
茈（zv）：茈湖口，地名，在湖南；又读"cc"：茈碧，地名，在云南。
梓（zv）：梓树、付梓、梓潼县、楼梓庄。
滓（zv）：渣滓、泥滓。

咨询　姿色　訾议　资质　淄博　辎重　缁衣　孳生　滋润　龇牙　髭须
鲻鱼　孜孜以求　龇牙咧嘴　姊妹　子女　仔细　秭归县　籽粒　梓树
紫菜　渣滓　自我　恣情　字义　油渍　恣意妄为　我赞成资产重组
这是最惨的一次　资料已显示出总量　总理是国家的二号人物
这种阻拦自此形成了阻力　我赞成做错了就改正的态度
最初的自理能力变成了谋生的手段
自从在此工作，每天都要走路3公里。
总裁再次作出决定：每天早晨的早餐都要留一份备查。
紫的、红的、绿的、粉的、黄的组成了五彩。

二、"za、zac、zav、zal，zs、zsc、zsv、zsl"音的字词

"za、zac、zav、zal"四个读音中，"zal"音没有汉字；"zs、zsc、zsv、zsl"四个读音中，"zsc"音没有汉字。

	1	2	3	4	5	6	7	8	9	0
ZA	阻碍	作案	总爱	最爱	做爱	走啊	扎	匝	咂	拶
ZS	走私	总算	赠送	自诉	再三	赞颂	增速	栽	灾	哉

扎（za）：扎辫子、一扎小白菜；又读"ya"：扎针、扎堆、稳扎稳打；还读"yac"：扎挣、挣扎。

咋（zav）：咋办、咋样；又读"ya"：咋呼、瞎咋呼；又读"zec"：咋舌、令人咋舌。

甾（zs）：有机化合物的一种。

仔（zsv）：靓仔、打工仔；又读"zv"：仔细、仔仔细细。

载（zsv）：转载、三年五载、千载难逢；又读"zsl"：载客、承载、运载火箭、载歌载舞。

匝道　咂嘴　腌（a）臢　扎裤脚　杂草　砸碎　咋了　栽种　灾害
甾族　呜呼哀哉　记载　肥仔　屠宰　幼仔　在场　再见
载重阻碍中文国际化的因素是汉字　有了作案时间
他再三赞颂经济的增速　自诉走私团伙　总算赠送给了最爱的朋友
扎堆扎挣扎绷带，咋办咋舌瞎咋呼。仔细询问打工仔，三年五载载歌舞。

三、"zu、zuc、zuv、zul，（uh = r）zr、zrc、zrv、zrl，（ut = j）zj、zjc、zjv、zjl"音的字词

"zu、zuc、zuv、zul"四个读音中，"zul"音没有汉字；"zr、zrc、zrv、zrl"四个读音中，"zrc"音没有汉字；"zj、zjc、zjv、zjl"四个读音中，"zjc"音没有汉字。

	1	2	3	4	5	6	7	8	9	0
ZU	作为	做完	最为	自卫	早晚	最晚	作物	租	葅	砠
ZR	责任	自然	做人	走人	罪人	早日	燥热	纵任	钻	躜
ZJ	最近	增加	资金	再见	增进	最佳	自己	糟践	羧	朘

钻（zr）：钻孔、钻探、钻天杨、钻空子、钻木取火；又读（zrl）：电钻、钻井、钻头。

躜（zr）：向上或向前冲。

攥（zrl）：攥紧、攥拳头、手里攥着一根铁棍。

咀（zjv）：尖沙咀；又读"jov"：咀嚼。

蕞（zjl）：蕞尔、蕞尔小国。

租金　立足　兵卒　民族　箭镞　诅咒　阻止　组建　祖宗　<u>俎上肉</u>
<u>越俎代庖</u>　钻研　蹿动　<u>人群蹿动</u>　纂修　编纂　电钻　紧攥　最快
罪恶　槜李　醉态　蕞尔　蕞尔小国　嘴巴　大嘴　<u>尖沙咀</u>
他们最近增加了资金使用量　不要自己糟践自己　早晚凉爽中午燥热
作为公司总经理有义务承担责任　做人自然有做人的标准
有些人现在走红实际上他们是历史罪人　希望这笔资金早日到位
增进交往是最佳方案

四、"（un＝d）zd、zdc、zdv、zdl，（ue＝p）zp、zpc、zpv、zpl"音的字词

"zd、zdc、zdv、zdl"四个读音中，"zdc"音没有汉字；"zp、zpc、zpv、zpl"四个读音都有汉字。

	1	2	3	4	5	6	7	8	9	0
ZD	遭到	做到	最大	最多	最低	自动	走到	尊	遵	樽
ZP	作品	栽培	赞佩	宗派	赠品	左派	糟粕	嘬	作	咗

鳟（zd）：<u>虹鳟鱼</u>，又称<u>赤眼鳟</u>。
榫（zdv）：榫节、榫省、榫度（dpc）。
作（zp）：作坊式、五行八作；又读"zpl"：作风、作业、<u>兴风作浪</u>。
琢（zpc）：琢磨；又读"ypc"：雕琢、玉不琢，不成器。
捽（zpc）：动词：捽头发、捽住他、捽住小偷儿。
撮（zpv）：一撮儿毛，一撮儿胡子；又读"cp"：撮合、撮土、撮煤、一小撮。
柞（zpl）：柞木、柞丝；又读"yal"：柞水县，在陕西省。
唑（zpl）：噻（ss）唑、咪唑。
岞（zpl）：岞山，在山东省。

尊重　遵循　虹鳟鱼　<u>有酒盈樽</u>　作坊　嘬奶　嘬柿子　昨天　捽住
笮桥　琢磨　捽头发　竹笮　佐证　左右　一撮　作者　坐着　柞丝
座谈　做工　做作　酬酢　<u>座右铭</u>　做作业　装模作样
我的作品遭到左派力量的否定　我们赞佩并赞美那些幼树的栽培者
最多能做到的是拿到赠品而已　最大的宗派汇集了所有小团体的糟粕
左老师是山东岞山人，他上嘴唇的正中长了一棵黑痣，黑痣上长着几根长长的白毛。有一天，他左手拿着柿子嘬着，右手捽着一个扒手的头发说："陕西柞水产柞木，撮煤之人一撮胡。琢磨玉器雕琢手，精工细作作坊无。柿子入口香甜味，摔住小偷当俘虏。"

五、"（ew = w）zw、zwc、zwv、zwl，（eg = g）zg、zgc、zgv、zgl"音的字词

"zw、zwc、zwv、zwl"四个读音中，"zwc"音没有汉字；"zg、zgc、zgv、zgl"四个读音中，"zgc"音没有汉字。

	1	2	3	4	5	6	7	8	9	0
ZW	暂时	总是	做事	遵守	钻石	造势	走势	邹	驺	诹
ZG	最高	足够	资格	做过	尊贵	走狗	糟糕	宗	综	鬃

诹（zw）：商量，如诹吉、诹访、咨诹。
腙（zg）：有机化合物的一类。

邹城市　城之陬　山陬海隅（oc）　走路　前奏　挨揍　宗旨　踪迹　综合　棕榈　鬃毛　枞阳县　老总　侳（kgv）　偬　粽子　纵队　不能总是这样做事　暂时还得遵守这一秘密　股市的走势很低迷需要造势　总是坏事的糟糕的走狗　做过最高总司令的资格足够了

钻石是这位尊贵客人的，邹先生就是尊贵的客人。宗老总一边吃着粽子，一边梳理着马的鬃毛，他有足够的时间做这些事。

六、"（ey = y）zy、zyc、zyv、zyl，（et = t）zt、ztc、ztv、ztl，ze、zec、zev、zel"音的字词

"zy、zyc、zyv、zyl"四个读音中，"zyc、zyv"两个读音没有汉字；"zt、ztc、ztv、ztl"四个读音中，只有"ztc"音有汉字；"ze、zec、zev、zel"四个读音中，"ze、zev"两个读音没有汉字。

	1	2	3	4	5	6	7	8	9	0
ZY	增长	组织	最终	总之	尊重	增值	自制	曾	增	憎
ZT	昨天	总统	赞同	总体	姿态	座谈	赞叹	醉态	钻探	早退
ZE	罪恶	总额	足额	作恶	择偶	阻遏	左耳	作呕		

曾（zy）：姓氏；曾孙、曾祖父；又读"cyc"：副词，曾经、似曾相识。
锃（zyl）：锃亮、油光锃亮。
鲗（ztc）：地名用字，鲗鱼涌，在香港。
笮、迮（zec）：姓氏。

184

增添　憎恨　曾孙女　赠送　甑子　锃亮　饭甑　贼船　<u>贼胆包天</u>
<u>做贼心虚</u>　<u>贼喊捉贼</u>　法则　指责　抉择　沼泽　咋舌　平仄　歉仄
仄声　<u>日中则昃</u>　增长点在哪里　受组织委托　最终所要达到的目的
总之，尊重知识尊重人才是对的　美元不断增值　自制的香肠
昨天还是总统今天就成了阶下囚　总体上是赞同的　拿出座谈的姿态
她赞叹道：他左耳聋，又是在醉态下，是怎么回到鲗鱼涌的？他实施了罪恶的抢劫计划，总额达到三千多万元，我们没能阻遏住他作恶呀！每个人都有自己的择偶标准
钻探费的总额
笮英才先生和曾海涛女士以及连雅茹女士三人在一个办公室里工作。她们穿的皮鞋都是一个品牌的，油光锃亮。

七、"（ak＝k）zk、zkc、zkv、zkl，（ab＝b）zb、zbc、zbv、zbl，（ah＝h）zh、zhc、zhv、zhl，zn、znc、znv、znl"音的字词

"zk、zkc、zkv、zkl"四个读音中，"zkc"音没有汉字；"zb、zbc、zbv、zbl"四个读音都有汉字；"zh、zhc、zhv、zhl"四个读音都有汉字；"zn、znc、znv、znl"四个读音中只有"znv、znl"音有汉字。

	1	2	3	4	5	6	7	8	9	0
ZK	最快	赃款	做客	走开	阻抗	载客	自考	脏	赃	臧
ZB	资本	总部	作弊	走吧	嘴巴	自卑	自保	遭	糟	偮
ZH	做好	最好	最坏	最后	综合	早回	醉汉	簮	糌	橄
ZN	灾难	怎能	总能	子女	阻挠	遭难	在内	最难	最牛	造孽

臧（zk）：姓氏，区别"藏"。
脏（zk）：<u>脏衣服</u>、<u>脏东西</u>；又读"zkl"：心脏、脾脏、<u>五脏六腑</u>。
藏（zkl）：藏族、宝藏；又读"ckc"：藏身、隐藏、躲藏。
糌（zh）：糌粑。
昝（zhv）：姓氏。
鄸（zhl）：地名用字，鄸阳，在湖北省。
赃款　脏话　安葬　玄奘　藏医　脏器　糟踏　遭受　确凿　<u>言之凿凿</u>
跳蚤　甜枣　起早　洗澡　词藻　<u>藻类植物</u>　锅灶　肥皂　伪造　啰唆
鼓噪　干燥　急躁　簮子　金簮　簮花　攒钱　趱路　积攒　暂时　赞成
鏊子　鏊刀　玉瓒　怎能　怎么　怎会　怎样　怎的　怎敢　怎知　谵言
怎能忘记　怎好意思　这真是造孽呀　怎么办？

要做好最好的和最坏的两手准备，最后还要有一个综合的准备。资本运作最快也得半年，并且还得总部批准。自考就是自学考试的简称

载客车辆已经超载　因考试作弊而受到处分他为此自卑

阻抗是物理学单词　因自保问题而自打嘴巴

臧老板与湖北鄒阳的昝杜鹃小姐结婚了，婚后，臧老板经常酗酒。有一次，臧老板去客户家做客，他老婆对他说："走吧，你这个醉汉要早回，否则自掌嘴巴！"

八、前后字母没有拼音关系的常用词

	1	2	3	4	5	6	7	8	9	0
ZF	做法	增幅	自费	自负	罪犯	走访	造反	造福	尊法	自焚
ZI	作用	怎样	自由	足以	早已	左右	尊严	赞扬	遭殃	造谣
ZM	怎么	咱们	灾民	赞美	做梦	责骂	自满	字面	字幕	字母
ZO	资源	自愿	在于	遭遇	赠予	赞誉	增援	早于	纵欲	藏语
ZQ	增强	灾区	灾情	早期	足球	遭抢	早起	早去	纵情	暂且
ZX	仔细	走向	咨询	遵循	总想	早些	造型	择校	暂行	增效
ZZ	在座	在做	早在	最早	自尊	自责	自在	早早	坐坐	做作

昨天还有作用怎么今天就没作用了呢？你这种做法是罪恶的做法是会给人类带来灾难的。在座的都同意增强资源保护

怎样才能让咱们的灾区走向重建　怎能是自费呢　灾民在做自保的事

子女不再阻挠　最难的是那些遭难的人　最牛的是那些腐败官员

两个罪犯一个造谣一个造孽　纵情不纵欲　赞美应遵循　早去要早回

自责有自尊　暂且学藏语　灾民灾情深　走访造反户　造福尊法人

字幕无字母　汉字造型痕　做梦受责骂　遭殃欲自焚　自由不足以

足球赠灾民　早早来坐坐　仔细听咨询　最早择校者　总想明双文

增幅又增效　赞扬自在心

第二十一节　读音首字母是"C"的字词

一、"c、cc、cv、cl"音的字词

"c、cc、cv、cl"四个读音的字词；缩略首字母是"c"的高频字在高频

186

字表中。

	1	2	3	4	5	6	7	8	9	0
CC	从此	此次	层次	猜测	层层	词	茨	辞	慈	雌
CV	财产	促成	存储	此处	磁场	猜出	此	跐	佽	玼
CL	材料	策略	此类	翠绿	灿烂	次	刺	赐	伺	束

呲（c）：斥责或训斥，呲了他一顿，挨呲儿。

刺（c）：拟声词，刺的一声；又读"cl"：刺刀、刺杀。

跐（c）：动词，脚没有站稳而滑动。如一脚登跐了，摔了一跤；跐鼻子上脸（比喻言行过分）；又读"cv"：跐着凳子。

茈（cc）：地名用字，茈碧，在云南省；又读"zv"：茈湖口，在湖南省。

茨（cc）：指用茅草或芦苇盖的屋顶，如茅茨、屋茨；外来语音译字，如盖茨。

泚（cv）：地名用字，泚风岭，在内蒙古。

鲎（cv）：鲎鱼。

莿（cl）：地名用字，莿桐，在台湾。

瑕疵　挨呲　登跐　参差不齐　吹毛求疵　词语　祠堂　瓷器　辞让
慈悲　雌性　磁铁　鸬鹚　糍粑　糍饭　茈碧　茅茨　雌雄　此后
长此以往　赐教　伺候　次序　刺激　从此冲出了　层层包围
你此次的猜测宣告失败　此处的财产归国家所有
这里存储了大量化学武器　有关磁场方面的材料　要讲究策略
夏天的北方翠绿欲滴　层层设卡　此类问题不能再出

夏莹指着她老公的鼻子骂道："你跐鼻子上脸了！偷偷摸摸地在外找小三，好！我今天就赐你去找你的小三。"

内蒙泚风岭，台湾有莿桐。湖南茈湖口，云南茈碧乡。刺刀挑布料，刺拉撕声响。

二、"ca、cac、cav、cal，cs、csc、csv、csl，ch、chc、chv、chl"音的字词

"ca、cac、cav、cal"四个读音中，"cac"音没有汉字，"cav"音有一个常用的"礤"字，"cal"音有一个不常用的"遃"字；"cs、csc、csv、csl"四个读音都有汉字；"ch、chc、chv、chl"四个读音都有汉字。

	1	2	3	4	5	6	7	8	9	0
CA	此案	错案	草案	惨案	慈爱	错爱	擦	嚓	拆	撮
CS	参赛	彩色	才算	粗俗	踩死	惨死	测算	猝死	沧桑	猜
CH	策划	此后	凑合	摧毁	残害	惨祸	才会	参会	参	餐

嚓（ca）：拟声词，"嚓"的一声，火柴划着了；又读"va"：拟声词，喀嚓一声。

参（ch）：参考、参谋；又读"cn"：参差不齐；还读"wn"：人参、党参。

擦汗　板擦　礤床　礤土豆丝　猜想　才能　材料　财富　裁定　采用
彩色　踩踏　理睬　餐厅　参赞　大餐　会餐　残留　残忍　残酷　蚕蛹
蚕丝　惭愧　残留物　蚕宝宝　大言不惭　真惨　惨败　灿烂　璀璨

此案正在审理中　错案会导致残害或惨案

法官既要有慈爱的情理之心又要有公正的法理之心对吗？她因错爱才受到如此残害以致酿成惨祸

参赛赛场拥挤发生踩踏事件，在踩死的人中有因窒息猝死的。不许粗俗的人参会才会实现策划的目标

凑合着用吧　起草了一份测算草案　去掉白色都是彩色对吗？被摧毁了此后再也没来

喀嚓断裂火柴嚓，参谋参差人参娃。餐厅礤床经常用，璀璨夺目彩色花。

三、"ck、ckc、ckv、ckl，cb、cbc、cbv、cbl，ce、cec、cev、cel"音的字词

"ck、ckc、ckv、ckl"四个读音中，"ckv"音没有汉字，"ckl"音有一个不常用的"賮"字；"cb、cbc、cbv、cbl"四个读音都有汉字；"ce、cec、cev、cel"四个读音中，只有"cel"音有汉字。

	1	2	3	4	5	6	7	8	9	0
CK	参考	残酷	惭愧	此刻	存款	财会	苍	仓	沧	舱
CB	曾被	挫败	惨败	慈悲	苍白	参拜	操办	粗暴	操	糙
CE	从而	刺耳	错愕	蹙额	侧耳	蚕蛾	苍耳	嵯峨		

鸽（ck）：鸟名，鸽鹈（gy），又叫黄鹂。

仓库　苍茫　沧海　舱位　粮仓　船舱　作操　粗糙　粗糙度　曹县
曹操　嘈杂　乱嘈嘈　漕河　漕运　马槽　石槽　草籽　荒草　史册

188

女厕　两侧　预测　不测　政策　恻隐　策略　厕所　测字　册亨县
财会人员存款和取款是家常便饭　参拜完大佛就去操办婚事
挫败了一起恐怖袭击案

一个残酷的现实摆在了曹操的面前，使得他本来就很苍白的脸色变得更加阴郁。此刻，他正参考赤壁之战的惨败经验，准备挫败对方的进攻，从而使战局转危为安。

满仓在一个山区旅游时，看到峰恋叠嶂、路窄崎岖、车人拥堵的场景，就随口吟出一首诗：嵯峨山下路蜿蜒，百鸟争言侧耳听。鸣笛刺耳催让路，瘆额行人错愕停。

四、"cn、cnc、cnv、cnl，cy、cyc、cyv、cyl，cw、cwc、cwv、cwl"音的字词

"cn、cnc、cnv、cnl"四个读音中，"cnv、cnl"两个读音没有汉字，"cn"音只有一个多音字"参"字；"cy、cyc、cyv、cyl"四个读音中，"cyv"音没有汉字，"cy"和"cyl"音各有一个"噌"和"蹭"字；"cw、cwc、cwv、cwl"四个读音中，只有"cwl"音有汉字。

	1	2	3	4	5	6	7	8	9	0
CN	才能	采纳	藏匿	揎弄	才女	次年	财年	采暖	撮弄	参
CY	财政	辞职	从中	参照	侧重	村镇	惨重	藏着	挫折	采摘
CW	从事	措施	错事	促使	才是	草率	慈善	测试	次数	凑数

岑（cnc）：姓氏；岑巩县、岑溪市。
涔（cnc）：汗、泪不断流出，涔涔、涔涔泪下。
噌（cy）：拟声词，"噌"地一声，那条狗扑了过来。

参差　参差不齐　岑巩　岑巩县　岑溪　岑溪市　涔涔　层层　云层
层恋叠嶂　层出不穷　曾经　似曾相识　磨蹭　蹭吃蹭喝　蹭破皮
磨磨蹭蹭　凑巧　凑热闹

财政从第一财年支出的采暖费中侧重补贴了三千多万元
次年才采纳了这位才女的意见　重新测试的次数不能凑数
促使他从中使坏　没有藏着掖着的事　这才是我们所需要的
他经不住揎弄就草率的把逃犯藏匿起来，结果违法被迫辞职。
去村镇的采摘园里采摘，要参照树的高矮和采摘人的身高比例。

五、"cg、cgc、cgv、cgl, cu、cuc、cuv、cul, cr、crc、crv、crl"音的字词

"cg、cgc、cgv、cgl"四个读音中,"cgv"音没有汉字,"cgl"音有两个不常用的"惚、惚"字;"cu、cuc、cuv、cul"四个读音中,"cuv"音没有汉字;(uh = r)"cr、crc、crv、crl"四个读音中,"crv"音没有汉字。

	1	2	3	4	5	6	7	8	9	0
CG	参观	错过	采购	曾给	才干	凑够	村官	葱	聪	骢
CU	错误	此外	从未	财务	财物	残污	舱位	醋味	粗	牺
CR	次日	曾任	从容	残忍	脆弱	存入	伞	镩	蹿	撺

枞(cg):枞树,即冷杉;又读"zg":地名用字,枞阳,在安徽省。
苁(cg):寄生草本植物,如苁蓉、肉苁蓉、草苁蓉。
淙(cgc):拟声词,淙淙、溪流淙淙。
蹴(cul):踏,一蹴而就(踏一步就成功,形容轻而易举就成功)。
蹙(cul):收缩,蹙额、蹙眉、蹙着眉头。
镩(cr):铁制的凿冰工具,冰镩、镩冰、镩子。
攒(crc):聚拢,攒聚、人头攒动、攒了一台电脑;又读"zhv":积攒。
爨(crl):姓氏。

匆忙　苁蓉　枞树　葱郁　聪明　烟囱　大葱　从此　丛林　淙淙
从长计议　粗重　粗俗　敦促　米醋　蚕蔟　簇拥　蹙眉　猝不及防
花团锦簇　促膝谈心　促使　促进　醋酸　一簇簇　猝死　撺掇　伞汤
镩子　蹿跳　蹿房越脊　逃窜　抱头鼠窜　篡改　爨具
忙于采购错过了参观机会　此外我还从未犯过错误　次日存入银行
曾任村官的他很有才干　财务和财物是两个概念　舱位的残污有醋味
做事从容的人感情不脆弱　这是个手段极其残忍的家伙

爨股长长着粗重的眉毛,他不仅有伞汤的手艺,还会用冰镩镩冰,用苁蓉和大葱制成的馅蒸包子。他说:"做什么事都不能一蹴而就。"

六、"(ut = j) cj、cjc、cjv、cjl,(un = d) cd、cdc、cdv、cdl,(ue = p) cp、cpc、cpv、cpl"音的字词

"cj、cjc、cjv、cjl"四个读音中,"cjc"音没有汉字;"cd、cdc、cdv、cdl"四个读音都有汉字;"cp、cpc、cpv、cpl"四个读音都有汉字。

	1	2	3	4	5	6	7	8	9	0
CJ	参加	曾经	促进	残局	惨剧	错觉	财经	裁减	崔	催
CD	此地	猜到	裁定	草地	辞掉	惨淡	搋揍	篡夺	村	皴
CP	裁判	测评	次品	存盘	操盘	草坪	彩票	菜谱	搓	撮

毳（cjl）：鸟兽的细绒毛，毳毛。
邨（cd）：同"村"。
皴（cd）：皮肤上积存的泥垢或死皮，长皴了、皴裂。
忖（cdv）：思量，如忖度、忖量、自忖。
撮（cp）：撮土、撮取；又读"zpv"：一撮儿毛。
矬（cpc）：身体矮小，矬子、矬个儿、身矬。
茔（cpl）：地名用字，茔草，在吉林省。
楮（cpl）：地名用字，楮树园，在湖南省。

催促　催眠　摧残　摧毁　崔先生　璀璨　干脆　荟萃　啐痰　淬火
毳毛　翠绿　纯粹　憔悴　脆弱　啐他　心力交瘁　村庄　村落　村子
起皴　长存　存在　尺寸　寸步难行　揉搓　切磋　撮合　蹉跎　搓澡
磋商　岁月蹉跎　痤疮　嵯峨　矬子　挫折　措施　锉刀　错误　茔草
楮树园　曾经参加裁减财经人员会议的人　曾经产生过错觉
惨剧的制造者就是残局的收拾者　此地的草地胜过城市的草坪
你们猜到是如何裁定的吗？把菜谱打印一份然后存盘
不仅是篮球裁判还是彩票的操盘手　你们的产品通过测评被裁定为次品
她辞掉了这份别人为她篡夺来的工作
崔经理是东北吉林的茔草人，一直在湖南楮树园作房地产交易。他是个矬子，手上长皴。

七、前后字母没有拼音关系的常用词

	1	2	3	4	5	6	7	8	9	0
CF	财富	采访	残废	此番	村妇	存放	侧翻	从犯	餐费	窜犯
CI	采用	曾有	次要	测验	餐饮	存有	聪颖	从业	从严	苍蝇
CM	侧面	财贸	聪明	层面	村民	草木	匆忙	参谋	苍茫	彩民
CO	参与	词语	裁员	赐予	残余	草原	曾于	财运	财源	彩云
CQ	采取	从前	此前	凑巧	残缺	辞去	存钱	苍穹	篡权	财权
CT	辞退	从头	惨痛	餐厅	参天	草图	屠头	苍天	蹉跎	财团

CX	次序	操心	存心	猜想	粗心	辞行	慈祥	从新	参选	促销
CZ	存在	操作	操纵	村子	曾在	词组	才子	惨遭	错字	凑足

采访是次要的　　侧面参与了解　　从严打击窜犯和从犯

这里存有从业人员的餐费　　餐饮要防范苍蝇

这名村妇通过此番测验发现，她很聪颖。曾有汽车侧翻在这里，存放的金条财富不翼而飞，司机也残废了。

草原晚霞有彩云　　苍茫大地草木春　　彩民聘请我参谋　　赐予聪明附财运
此前存钱银行管　　现在财源付财团　　从前蹉跎凑巧事　　苍天苍穹不篡权
惨遭错字少词组　　财贸公司大裁员　　从新参选促销会　　村民辞行树参天
存心操作不操纵　　粗心操心看从前

第二十二节　读音首字母是"S"的字词

一、"s、sc、sv、sl"音的字词

"s、sc、sv、sl"四个读音中，"sc"音没有汉字；缩略首字母是"s"的高频字在高频字表。

	1	2	3	4	5	6	7	8	9	0
SC	素材	色彩	私藏	思忖	酸菜	三次	四次	随从	酥脆	松脆
SV	思潮	松弛	赛场	四处	搜查	宋朝	扫除	送出	撕扯	死
SL	森林	缩略	思路	私立	耸立	散乱	速录	四	似	肆

虒（s）：地名用字，虒亭，在山西省。

哔（s）：拟声词，导火索"哔哔"地响着，红薯在火上烤得"哔哔"作响。

蛳（s）：淡水螺的通称，螺蛳。

椥（s）：地名用字，椥栗，在重庆市。

锶（s）：金属元素。

鹭（s）：鹭（lul）鹭，即白鹭。

泹（sl）：泹水，在河南省，是黄河的支流。

兕（sl）：雌犀牛，兕甲、犀兕、猛如兕虎。

姒（sl）：姓氏。

涘（sl）：地名用字，南港涘，在山东省。
筼（sl）：用竹或苇编成的方形器具。

司法　丝绸　私心　思念　斯文　厮打　撕毁　嘶鸣　虒亭　楒栗　鹭鸶
螺蛳　找死　死去　死去活来　巳时　四方　寺庙　似乎　汜水　咒甲
伺机　祀天　饲料　泗县　肆虐　嗣后　南港涘　驷马难追　俟时而动
肆无忌惮　嗣继法　每天搜查私藏枪支三次至四次　森林能调节气候
速录技术靠的是词的缩略　世界的名牌大学都是私立的
没有思路就没有素材　二人撕扯扭打在一起　民主思潮在四处荡漾
扫除封建余孽　绷紧的神经松弛下来　他在赛场周围四处游荡

姒局长是山西省虒亭人，他经常穿一件用咒甲做的夹克上衣和用丝绸做的裤子，坐在汜水河畔看鹭鸶在田野上空打盹，倾听附近寺庙的晨钟和暮鼓，思考着金属元素—锶的利用价值。正是：山西虒亭鹭鸶多，河南汜水入黄河。重庆楒栗有姒姓，南港涘镇筼品活。

二、"sa、sac、sav、sal，ss、ssc、ssv、ssl，sh、shc、shv、shl"音的字词

"sa、sac、sav、sal"四个读音中，"sac"音没有汉字；"ss、ssc、ssv、ssl"四个读音中，"ssc、ssv"两个读音没有汉字；"sh、shc、shv、shl"四个读音中，"shc"音没有汉字。

	1	2	3	4	5	6	7	8	9	0
SA	诉案	所爱	撒	仨	挲					
SS	思索	搜索	诉讼	松散	色素	撕碎	算算	嫂嫂	扫扫	腮
SH	损害	损坏	似乎	随后	散会	撒谎	扫黄	送回	三	叁

撒（sa）：撒网、撒腿就跑；又读"sav"：溹河，在河北省。
靸（sav）：把鞋的后帮踩在脚下，如他背着手、靸着鞋。
脎（sal）：有机化合物。
噻（ss）：有机化合物，噻唑、噻吩。
塞（ss）：活塞、瓶塞、塞子；又读"ssl"：塞北、塞外；还读"sel"：堵塞、闭塞、搪塞。
散（shv）：散漫、散记；又读"shl"：散布、散心、天女散花。

仨瓜俩枣　摩挲　撒手　抛撒　喷洒　五卅运动　飒爽　飒飒　菩萨
鱼鳃　两腮　活塞　腮帮子　赛跑　塞北　三令五申　叁万　伞兵　散装
撒子　纪律松散　不能撒谎　用完了就要送回　损害公司权益

在澉河召开了扫黄会议，散会后，我就去上网搜索与扫黄有关的案例，随后又思索着诉案的相关方，似乎是一张抓捕、诉讼、判刑的大网已经张开。

嫂嫂每天都是扫扫地、算算开支，看看有没有被损坏的物品，然后右手托着腮想心事。

三、"sk、skc、skv、skl，sb、sbc、sbv、sbl，se、sec、sev、sel"音的字词

"sk、skc、skv、skl"四个读音中，"skc"音没有汉字；"sb、sbc、sbv、sbl"四个读音中，"sbc"音没有汉字；"se、sec、sev、sel"四个读音中，只有"sel"音有汉字。

	1	2	3	4	5	6	7	8	9	0
SK	思考	散开	松开	送客	松口	诉苦	松快	撒开	桑	丧
SB	随便	送别	散布	散步	搜捕	塞北	死板	骚	搔	臊
SE	苏俄	丧偶								

丧（sk）：丧礼、丧葬；又读"skl"：丧失、懊丧、丧权辱国。

磉（skv）：建筑柱子底下的石磉，磉磴、石磉。

臊（sb）：臊气、狐臊；又读"sbl"：害臊、没羞没臊。

扫（sbv）：扫地、扫尾；又读"sbl"：扫帚、扫帚星。

铯（sel）：金属元素。

桑树　丧事　嗓门　推搡　连推带搡　搔痒　骚乱　缫丝　缫车　臊味　水涮　搔首弄姿　卖弄风骚　扫地　嫂子　羞臊　月色　苦涩　吝啬　瑟瑟　闭塞　稼穑　秋风萧瑟　随便思考苏俄问题

松开双手送别了刚刚丧偶的朋友　警察在一片房屋前散开开始搜捕逃犯　我爱你塞北的雪　做事忒死板

桑先生一边散步一边对路人散布假信息说："我刚送客回家，到公安机关诉苦有奖励，领导一松口没准儿就奖励万儿八千的。"此话正好被他妻子听见，她拧着桑先生的耳朵说："你这个没羞没臊的扫帚星就知道胡说八道，回家看我怎么收拾你！"

丧礼丧失亲人，柱下石磉石磴。狐臊哪知羞臊，扫帚扫地不浑。

四、"sn、sy、sg、sgc、sgv、sgl"音的字词

"sn"的四声字中，只有一个"森"字；"sy"的四声字中，只有一个常

用的"僧"字;"sg、sgc、sgv、sgl"四个读音都有汉字。

	1	2	3	4	5	6	7	8	9	0
SN	肆虐	思念	所能	桑拿	酸奶	孙女	蒜泥	送你	死难	森
SY	随着	素质	苏州	诉状	所长	算账	死者	酸值	随之	僧
SG	送给	算过	色鬼	三高	搜刮	三国	松	嵩	凇	淞

崧(sg):地名用字,崧厦,在浙江省。
淞(sg):雾气、雨滴遇冷而凝聚在树枝或草丛等上面的白色冰晶,有雾凇、雨凇两种。
扽(sgv):快速运行的物体猛然停住,使上面的人或物体随着惯性摔向左右或前方;用力拉拽时,突然断裂或脱离而顺势摔倒:扽出车外,扽个跟头,扽了一下。

森林　森严　僧侣　僧人　惺忪　红松　雾凇　嵩山　崧厦　吴淞江
怂恿　耸立　悚惧　毛骨悚然　悚惧不安　讼棍　宋朝　送别　诵诗
颂扬　护送　朗诵　歌颂　随着登革热疫病在非洲的肆虐　送你一份思念
送给所长一个绰号——三高色鬼　在死难者中有一位苏州死者
你能说出酸奶和蒜泥的味道吗?桑拿老板很会算账
孙女说"搜刮"是贬义词　三国中的人物素质很高
高森和高嵩是浙江崧厦人,是一对双胞胎兄弟。一天,哥哥高森开车,哥儿俩(拼写键位:gflnv)去嵩山看雾凇。由于路面湿滑,高森向左打轮来了一个急刹车,高嵩一下就从车窗处扽出去了,摔得满脸是血。

五、"sw、swc、swv、swl,su、suc、suv、sul"音的字词

"sw、swc、swv、swl"四个读音中,"swc"音没有汉字;"su、suc、suv、sul"四个读音中,"suv"音没有汉字。

	1	2	3	4	5	6	7	8	9	0
SW	损失	随时	丧生	丧失	虽说	算术	艘	馊	搜	嗖
SU	所谓	死亡	思维	三维	斯文	扫尾	散文	苏	酥	稣

蒐(sw):春天打猎叫"蒐",秋天打猎叫"狝"。
溲(sw):排泄小便,溲便、撒溲。
飕(sw):拟声词,冷风飕飕。
叟(swv):老年的男子,老叟、盲叟、童叟无欺。
薮(swv):人或物聚集的地方,林薮、盗薮、渊薮;水浅草密的湖泽,薮泽。

擞（swv）：抖擞；又读"swl"：用通条插到炉子里抖动，使炉灰掉下去：擞火、擞炉子。

涑（sul）：涑水，发源于山西省，是黄河的支流。

嗉（sul）：鸟、禽类消化系统的一部分，嗉囊、嗉子、鸡嗉子。

愫（sul）：真情、诚意，情愫、一倾积愫。

搜集　嗖嗖　飕飕　馊主意　馊点子　春蒐　蠼（qoc）　螋　三艘军舰
咳嗽　擞炉子　苏醒　酥油　耶稣　窸窣　夙愿　诉苦　肃静　速记
涑水　宿舍　嗉子　塑造　溯源　情愫　猓（lil）　猡　簌簌　缩砂密
所谓的损失　随时都有可能出现死亡　用三维的形式思维
丧生就是丧失了生命　虽说不怎么斯文但还会写散文　算术属于数理逻辑
他留下来负责扫尾
秋风飕飕摧落叶，子弹嗖嗖响耳边。涑水发源山西省，抖擞擞火炉冒烟。

六、"（ut＝j）sj、sjc、sjv、sjl，（un＝d）sd、sdc、sdv、sdl，（ue＝p）sp、spc、spv、spl，（uh＝r）sr、src、srv、srl"音的字词

"sj、sjc、sjv、sjl"四个读音都有汉字；"sd、sdc、sdv、sdl"四个读音中，"sdc"音没有汉字，"sdl"音有两个（溹、撚）不常用的汉字；"sp、spc、spv、spl"四个读音中，"spc"音没有汉字；"sr、src、srv、srl"四个读音中，"src"音没有汉字，"srv"音有一个不常用的"匲"字。

	1	2	3	4	5	6	7	8	9	0
SJ	随即	所见	搜集	缩减	速记	算计	搜救	赛季	虽	荽
SD	速度	送到	缩短	送达	速递	锁定	苏丹	色调	孙	狲
SP	索赔	赛跑	碎片	三陪	算盘	尿脬	撕票	所迫	缩	唆
SR	虽然	骚扰	私人	送人	松软	散热	僧人	酸软	酸	狻

眭（sj）：姓氏。

睢（sj）：地名用字，睢县，在河南省；睢宁县，在江苏省。

濉（sj）：濉河，发源于安徽省，流入江苏省，注入洪泽湖。

荽（sj）：芫（ihc）荽，也叫"香菜"。

婆（sp）：盘旋起舞或枝叶散开下垂的样子，婆娑、婆娑起舞、树影婆娑。

嗍（sp）：吮吸，嗍骨头、嗍鸡爪儿。

睒（sp）：斜着眼睛看，睒目、睒视。

桫（sp）：桫椤（lpc），蕨类植物。

尿脬（pb） 虽然 睢某 睢县 濉河 绥远 隋朝 随时 骨髓
抽穗 几岁 作祟 深邃 遂心 碎片 隧道 <u>语直意邃</u> 子孙 狲狲
耗损 竹笋 鹰隼 卯榫 损失 笋鸡 榫子 <u>卯不知榫</u> 唆使 莎草
桫椤 梭子 睃视 蓑衣 唢味 羧基 缩短 哆嗦 婆娑 <u>唢手指头</u>
所以 索取 唢呐 锁定 琐事 处所 搜索 繁琐 枷锁 酸甜 蒜薹
算术 随即召开了索赔会议 赛跑的速度虽然快 所见三陪都是私人性质
因骚扰罪被<u>刑事拘留</u> 锁定范围搜集信息缩短时间
把速记稿速递到上海虹桥，一日内务必送达。缩减开支
僧人的意念 猪尿脬的碎片 算盘算计是算术 撕票所迫须搜救
睢小姐是河南睢县人，在中国驻苏丹大使馆工作。她的同事孙雯、隋圆圆是河北围场人。

七、前后字母没有拼音关系的常用词

	1	2	3	4	5	6	7	8	9	0
SF	司法	三方	散发	算法	缩放	随风				
SI	所以	所有	随意	怂恿	索要	私营	森严	缩影	索引	虽有
SM	扫描	赛马	丧命	四面	洒满	嗓门	算命	素描	肃穆	死命
SO	岁月	遂愿	私欲	三月	四月	随缘	酸雨	俗语	夙愿	死于
SQ	私企	索取	色情	赛前	诉求	送去	算清	赛区	赛球	俗气
ST	随同	酸痛	洒脱	酸甜	私吞	松土	锁头	酸疼	算题	赛艇
SX	思想	松懈	缩小	索性	散心	所需	随行	遂心	苏醒	死刑
SZ	塑造	私自	所在	死罪	酸枣	色泽	送走	嗓子	算作	嫂子

司法立三方 所以有思想 私企随同众 塑造扫描忙 赛马已遂愿
私欲被缩放 色情洒满血 死罪丧命缸 随缘又随意 赛区设赛场
三月连四月 送去诉求腔 酸疼加酸痛 酸枣酸甜香 死于死刑者
私吞索取邦 虽有洒脱感 算作私营商 索性不松懈 缩小所需方
森严且肃穆 四面俗语乡 算法不随意 赛球夙愿强 随风赛艇好
索引在中央 苏醒散心去 随时酸雨汤

第二十三节　读音首字母是"Y"的字词

一、"y、yc、yv、yl"音的字词

"y、yc、yv、yl"四个读音都有汉字；缩略首字母是"y"的高频字在高频字表中。

	1	2	3	4	5	6	7	8	9	0
YC	这次	政策	制裁	仲裁	珍藏	值此	直	侄	值	职
YV	正常	支持	指出	支出	真诚	转产	战场	指	止	纸
YL	这里	战略	质量	治理	种类	专利	周六	至	智	制

栀（y）：栀子、栀子花。

氏（y）：月氏，古代西域国名，有<u>大月氏</u>、<u>小月氏</u>；又读"wl"：氏族、姓氏。

殖（yc）：殖民、生殖、繁殖；又读"w"：骨殖。

轵（yv）：地名用字，<u>轵城镇</u>，在河南省。

桋（yl）：地名用字，<u>桋木山</u>，在湖南省。

贽（yl）：贽礼、贽敬、贽见（带着礼物求见）。

郅（yl）：姓氏。

畤（yl）：地名用字，新畤，在陕西省。

识（yl）：标识、标识符、<u>博闻强识</u>；又读"wc"：识别、识趣。

芝麻	汁液	枝叶	知了	肢体	支部	织布	栀子	脂肪	蜘蛛	之后
只身	月氏	侄子	执法	直接	值班	职业	植物	跖骨
踯躅（yuc）	<u>踯躅不进</u>	咫尺	趾甲	枳壳	指引	止步	只能	旨意
地址	白芷	白纸	福祉	<u>液体酯</u>	<u>固体酯</u>	<u>枳沿河县</u>	四至	同志
虫豸	旗帜	标识	体制	体质	抛掷	炮炙	统治	对峙	诚挚	细致
机智	黑痣	呆滞	阴骘	安置	幼稚	桎梏	秩序	鸷鸟	痔疮	窒息

郅女士　这里需要指出的是　战场在哪里　需要治理的种类

这次出台了制裁政策、仲裁政策和珍藏政策，统称为"三大政策"。值此转产战略时期，我真诚支持所有的正常财务支出。

郅顺畅是河南轵城镇人，他有一项治理荒漠的专利，他把这项专利卖给了在陕西新畤工作的侄儿。他的侄儿写了几句诗酬谢他，诗曰：姓氏大月氏，骨

殖不繁殖。认识标识符，专利叔赠侄。

二、"ya、yac、yav、yal"音的字词

	1	2	3	4	5	6	7	8	9	0
YA	障碍	治安	重案	珍爱	致癌	至爱	查	扎	喳	渣

吒（ya）：哪（nc）吒、金吒、木吒都是神话人物；又读"yal"：叱（vl）咤、叱咤风云。

挓（ya）：地名用字，挓口山，在四川省。

查（ya）：姓氏；又读"vac"：查验、检查。

轧（yac）：轧钢、热轧、冷轧；又读"ial"：碾轧、轧道机。

炸（yac）：炸油条、炸丸子；又读"yal"：炸药、爆炸。

鲝（yav）：地名用字，鲝草滩，在四川省。

鲊（yav）：地名用字，鱼鲊，在四川省。

拃（yav）：量词，张开手掌，大拇指和中指两端的距离；这个碗口有一拃宽。

栅（yal）：栅栏、木栅栏；又读"wh"：栅极、栅极管。

山楂　煤渣　掉渣　咋呼　扎实　齇鼻　揸开五指　喳喳　札记　扎挣
闸门　轧制　炸鱼　铡草　目眦　焦炸　眨眼　三拃　榨菜　蚱蜢　炸弹
栅栏　诈骗　乍看　痄腮　叱咤　人为制造障碍　社会治安好转
刑警破重案　要珍爱这份友情　吸烟容易致癌　至爱是真情

查先生在看《哪吒闹海》的电视剧，看完最后一集后就开始用"ya"的四声多音字做诗：四川鱼鲊鲝草滩，金木哪吒是哥三。查某检查要隘口，栅极管厂木栅栏。轧钢成品去轧道，炸药改用炸肉丸。量词一拃约六寸，四川有座挓口山。

三、"yu、yuc、yuv、yul，yw、ywc、ywv、ywl"音的字词

"yu、yuc、yuv、yul"四个读音都有汉字；"yw、ywc、ywv、ywl"四个读音都有汉字。注：知识（y'w）、真实（ynwc）两个常用词击键频率（含上屏）分别为三键和四键，故未设计在常用词中。

	1	2	3	4	5	6	7	8	9	0
YU	掌握	周围	职务	植物	中文	周五	朱	邾	猪	株
YW	正式	只是	指示	战胜	肇事	重视	周	州	舟	粥

楮（yu）：楮树、楮木。
瀦（yu）：瀦留、瀦积、停瀦。
洙（yu）：洙水河、洙赵新河，都在山东省。
邾、朱（yu）：姓氏。
术（yuc）：苍术、白术、金兀术；又读"wul"：学术、算术、技术。
诌（yw）：随口编造：胡诌、瞎诌。
轴（ywc）：车轴、轴心、中轴线；又读"ywl"：压轴、压轴戏。
荮（ywl）：碗、碟等用草绳捆成一捆叫一荮。
籀（ywl）：籀文，汉字字体的一种。

朱红　侏儒　诸如　株距　茱萸　珠算　猪头　楮树　蜘蛛　逐步　竹林
烛光　踽（yc）踽不进　拄拐　主人　煮饭　嘱托　瞩目　江渚　伫立
苎麻　助威　住宅　贮藏　注释　驻军　柱石　祝贺　著作　蛀虫　铸造
筑路　一炷香　兰州　绿洲　泛舟　圆周　喝粥　胡诌　妯娌　轴承
碌（lql）碡　胳膊肘儿　扫帚　笤帚　咒骂　绉纱　纣王　昼夜　皱纹
籀文　骤然　贵胄　大轴　恁脾气　脾气忒恁　助纣为虐

中文的定义不只是汉字，还有用 26 个拉丁字母构成的拉丁中文。重视中文拉丁化，这可是中文国际化的基础啊！掌握拉丁中文用学习和掌握汉语拼音方案的时间就够了。正式提出道歉的要求

肇事人跑了叫作肇事逃逸　我的职务是研究植物　警惕周围的环境
战胜了对方

有位叫周舟的先生，他不仅爱喝粥还非常重视粥的质量。有一天，山东洙水河的邾中山先生和山东洙赵新河的朱昆仑先生一同到他家做客，周先生就拿出三荮大花纹碗盛满各种粥来款待他们二位。

四、"yg、ygc、ygv、ygl，yy、yyc、yyv、yyl"音的字词

"yg、ygc、ygv、ygl"四个读音中，"ygc"音没有汉字；"yy、yyc、yyv、yyl"四个读音中，"yyc"音没有汉字。

	1	2	3	4	5	6	7	8	9	0
YG	中国	整个	中共	照顾	珍贵	正轨	中	忠	钟	终
YY	这种	政治	整治	真正	抓住	郑重	重症	争	征	铮

柊（yg）：柊木、柊叶。
中（yg）：中午、中间、中亚；又读"ygl"：中奖、中毒、中计。

种（ygv）：种子、种畜、种类；又读"ygl"：种植、种树、广种薄收。
重（ygl）：重量、重要、尊重；又读"vgc"：重新、重复、困难重重。
正（yy）：正月；又读"yjl"：正确、正在、正人君子。
症（yy）：症结所在；又读"yyl"：症状、病症、对症下药。

忠厚　终身　螽斯　钟表　柊叶　中华　酒盅儿　热衷　肿胀　种族
荒冢　接踵　冢中枯骨　摩肩接踵　仲裁　众怒　种地　重要　中暑
争夺　征途　峥嵘　狰狞　挣扎　睁眼　蒸汽　风筝　铮铮　症结
峥嵘岁月　铮铮铁骨　证明　正名　郑州　诤友　政权　挣钱　炎症
愣怔　中共是中国的执政党　这种政治制度的特点
真正整治腐败必须从源头上抓　她走上了人生的正轨
最珍贵的爱情和友情　请每个人都要照顾好老人
我郑重地宣布：逃犯抓住了，重症伤者也病愈出院了。
中奖不中毒中亚共中午，种植多种树种子选种畜。正月是元月正人君子缺，尊重很重要重新即重复。

五、"yn、ync、ynv、ynl，ye、yec、yev、yel"音的字词

"yn、ync、ynv、ynl"四个读音中，"ync"音没有汉字；"ye、yec、yev、yel"四个读音都有汉字。

	1	2	3	4	5	6	7	8	9	0
YN	只能	职能	智能	之内	侄女	贞	珍	甄	真	针
YE	中俄	转而	中欧	之二	周二	着	遮	蜇	折	嗻

浈（yn）：浈水（在广东北部）。
帧（yn）：量词，几帧照片、一帧山水画。
折（ye）：折腾、折跟头、折到一起；又读"yec"：折尺、折扇、存折；还读"wec"：折本、折耗。
褶（yev）：褶子，满脸都是褶儿。
锗（yev）：金属元素。

鸡胗　忠贞　时针　认真　崇祯　珍贵　侦探　砧板　斟酌　甄别　榛子
箴言　日臻完善　诊断　枕头　疹子　缜密　轸念　阵亡　鸩毒　振奋
朕兆　赈灾　震颤　镇痛　深圳　饮鸩止渴　遮盖　折磨
蝎子把手给蜇了　骨折　动辄　惊蛰　海蜇　没辙　贬谪　哲理
南辕北辙　损兵折将　浅尝辄止　善者　赭石　褶子　这里　鹧鸪　蔗糖
柘城县　浙江省　浙江　浙大　这个　只能是听之任之了　转变职能

201

战争也要智能化　三年之内　侄女为人厚道　中俄已经是战略联盟
中欧影响着欧洲的格局

甄女士的名字叫甄亚琴，是广东浈水河畔人。一个周二的上午，我们在她侄女甄媛姑娘的带领下去拜访了她，她虽然只有四十多岁，却满脸都是褶子。这大概是人在中青年时期过胖的原因所导致的吧？

六、"yb、ybc、ybv、ybl，yk、ykc、ykv、ykl"音的字词

"yb、ybc、ybv、ybl"四个读音都有汉字；"yk、ykc、ykv、ykl"四个读音中，"ykc"音没有汉字。

	1	2	3	4	5	6	7	8	9	0
YB	准备	逐步	转变	政变	照搬	甄别	照办	招	钊	昭
YK	召开	展开	状况	转款	掌控	指控	折扣	张	章	璋

着（yb）：着数、支着儿；又读"ybc"：着火、着急、<u>歪打正着</u>、<u>不着家</u>；"ye"：听着、想着。

朝（yb）：朝晖、<u>朝发夕至</u>、今朝、<u>有朝一日</u>；又读"vbc"：朝鲜、朝代。

爪（ybv）：鹰爪、魔爪、<u>张牙舞爪</u>；又读"yfv"：爪子、<u>鸡爪子</u>、<u>猫爪子</u>。

召（ybl）：召唤、召开、号召；又读"wbl"：姓氏。

仉（ykv）：姓氏。

长（ykv）：长大、首长；又读"vkc"：长城、长期、影子长长的。

涨（ykv）：涨价、暴涨；又读"ykl"：脸涨得通红。

朝气　招手　昭雪　招数　赵某钊　找补　沼泽　诏书　召集　肇事
预兆　口罩　前赵　招工　招供　着迷　着魔　沼泽　找补　赵县　照旧
兆示　笊篱　张开　章程　獐子　彰显　漳河　樟树　蟑螂　灭蟑
朱元璋　拐杖　蚊帐　仪仗　姑丈　记帐　肿胀　智障　贺幛　瘴气
准备准备就出发　会议按时召开　逐步转变有一个过程　展开了转款调查
这种状况下发动政变恐怕难以掌控　警方指控你私拿回扣
能照搬但是不能照办　这需要甄别

仉校长双掌合十站在水涨船高的小船上。河岸边，赵玉璋老师、张丽钊老师和章泽贞老师三人站成一个三角形，每人要用一个多音字组成的词编一句诗。赵说："水涨船高涨红脸"，张说："朝发夕至去朝鲜"。章说："看着着火求支着儿"，仉校长在船上接着说："召姓很少多号召。"赵说："长大长高影

子长,"张说:"鹰爪抓鸡鸡爪扬。"

七、"yh、yhc、yhv、yhl,ys、ysc、ysv、ysl"音的字词

"yh、yhc、yhv、yhl"四个读音中,"yhc"音没有汉字;"ys、ysc、ysv、ysl"四个读音都有汉字。

	1	2	3	4	5	6	7	8	9	0
YH	抓好	之后	只好	正好	专横	账号	祝贺	詹	粘	沾
YS	追随	找死	住所	追诉	周三	周四	装蒜	摘	斋	侧

詹(yh):姓氏;外国音译字,如詹姆斯。
占(yh):姓氏;占卜;又读"yhl":占领、占便宜。
择(ysc):择菜、择不开;又读"zec":选择、择优录用。
豸(ysl):地名用字,冠豸山,在福建省;又读"yl":虫豸。
祭(ysl):姓氏;又读"jl":祭奠、祭祖、祭祀。
沾染　沾包　毡房　占卦　粘连　瞻仰　斩首　展开　崭新　辗转
一盏灯　攻占　客栈　交战　车站　破绽　精湛　蘸酱　斋饭　摘要
翟某　宅子　择菜　宽窄　冠豸山　安营扎寨　债权债务
要抓紧抓好贯彻三严三实工作　在搜查了他的住所之后还要追诉
用于周转资金的账号　追随专横者等于找死　正好周三周四工作周五休息
只好装蒜假装不知道
詹律师是福建冠豸山人,他是祭经理的法律顾问。最近,詹律师正在组织起诉材料起诉自然人占应红、翟福夫妻二人。

八、"(ue=p)yp、ypc、ypv、ypl,(un=d)yd、ydc、ydv、ydl,(ut=j)yj、yjc、yjv、yjl"音的字词

"yp、ypc、ypv、ypl"四个读音中,"ypv"音没有汉字,"ypl"音有"篧、諁"两个不常用的汉字;"yd、ydc、ydv、ydl"四个读音中,"ydc"音没有汉字,"ydl"音有"吨、稕、缚、訰"四个不常用的汉字;"yj、yjc、yjv、yjl"四个读音中,"yjc、yjv"两个读音没有汉字。

	1	2	3	4	5	6	7	8	9	0
YP	支配	招牌	诈骗	招聘	制品	照片	展品	桌	捉	拙
YD	重点	制度	知道	重大	找到	针对	招待	装点	谆	肫
YJ	直接	专家	证据	着急	争竞	占据	至今	战机	震级	追

著（ypc）：执著；又读"yul"：著作、编著。
骓（yj）：乌骓马（毛色黑白相间的马）。

桌椅　捉拿　拙劣　涿州市　涿鹿县　灼伤　茁壮　卓越　酌情　啄食
擢升　镯子　着装　雕琢　洗濯　污浊　砍斫　谆谆教导　准备　追求
隹鸟　椎骨　锥子　耳坠　点缀　入赘　惴惴不安　打击的重点
可以直接支配使用，不要争竞也不要着急　赶紧装点房间准备招待
照片上的展品是赝品　要知道政治制度是一个国家的统治模式
以招聘为名实施诈骗　重点针对证据　至今没有落实震级级别
占据了整个房间
2015年11月27日，土耳其击落一架俄罗斯战机。

九、"（uk＝i）yi、yic、yiv、yil，（uh＝r）yr、yrc、yrv、yrl，（ua＝f）yf、yfc、yfv、yfl，ym、ymc、ymv、yml"音的字词

"yi、yic、yiv、yil"四个读音中，"yic"音没有汉字，"yiv"音有一个表示"粗壮"意思的多音字"奘"字；"yr、yrc、yrv、yrl"四个读音中，"yrc"音没有汉字；"yf、yfc、yfv、yfl"四个读音中，"yfc、yfl"两个读音没有汉字，"yfv"音有一个常用字"爪"字；"ym、ymc、ymv、yml"四个读音中，"ym、ymv、yml"三个读音有汉字。其中"拽（ym）"字是多音字，表示把物体扔向一个方向，如把东西拽了、他向人群拽了一块石头；"跩"字形容身体肥胖、走路摇晃的样子，如他走路一跩一跩的、跩人；"拽"字是向两边或一边用力拉动的动词，如把他从车上拽下来、拽紧、再拽就断了。

	1	2	3	4	5	6	7	8	9	0
YI	重要	主要	只有	这样	注意	正义	职业	之一	庄	装
YR	主人	主任	中日	重任	转让	证人	周日	转入	专	砖
YF	政府	中方	中法	中非	祝福	执法	住房	振奋	抓	氅
YM	证明	中美	专门	这么	周末	招募	著名	致命	正面	拽

奘（yiv）：粗大的意思，很奘、身高腰奘；又读"zkl"：玄奘。
懿（yil）：懿直；又读"gkl"：懿头懿脑。
幢（yil）：一幢楼房；又读"vic"：石幢、经幢。
颛（yr）、顼（xo）：传说中的上古帝王名。
传（yrl）：传记、水浒传；又读"vrc"：传播、传达、传说。
馔（yrl）：酒馔、肴馔、盛馔。

沌（yrl）：沌河、沌口（前者水名、后者地名，都在湖北省）；又读"ddl"：混沌。
转（yrl）：转动、转圈儿；又读"yrv"：转移、转告、转身。
鬏（yf）：女孩子梳在头顶两侧的发髻：鬏髻、鬏鬏。

梳妆　农庄　木桩　服装　粗奘　壮士　状况　撞钟　戆直　很壮
一幢大楼　砖块　专心　颛顼　撰写　篆体　赚钱　转椅　《左传》
盛馔　抓住　抓紧　鬏髻　鬏鬏　这是新职业之一
只有维护正义才有法律天平　要注意住房安全问题　主要是证人的证词
他既是我们的主任也是我们的主人　我国政府十分重视中法、中非关系
执法者必先守法　我们向那些为国家发展而身肩重任的人祝福吧！中方为转让技术而振奋
中日是亚洲邻国，两国关系不但重要而且很重要。
庄小姐头上盘着鬏鬏站在五层楼的楼顶对着麦克风说："身高腰奘陈玄奘，取经路上背箩筐。戆头戆脑戆直人，北宋传记传潘杨。转身转告转圈人，湖北沌口混沌汤。"

十、前后字母没有拼音关系的常用词

	1	2	3	4	5	6	7	8	9	0
YO	终于	至于	制约	住院	祝愿	支援	职员	准予	志愿	卓越
YQ	正确	主权	准确	政权	之前	中秋	战前	正气	挣钱	债权
YT	状态	主体	整体	主题	整天	折腾	重托	展厅	侦探	专题
YX	这些	执行	政协	重心	哲学	展现	振兴	转型	只想	装修
YZ	正在	制造	制作	职责	追踪	准则	站在	住在	振作	著作

终于得到证明　在正常状态下　这些正确的主张正在得到实施
主权是主体　中美之间不至于发生战争
制造恐怖袭击的人今天被执行死刑　专门负责制作　政协不是制约机构
整体来说还是比较准确的　政权的主题和重心是职责
住院这么久了我祝愿你早日康复　周末之前出版这本著作
一整天都在追踪　有没有哲学准则需要展现
折腾了一个中秋也没有招募到志愿者　桌面需要更新　战前需要支援
站在职员的角度　振兴中华是几代人的重托
著名的中文拉丁化专家住在颐和山庄　准予转型　展厅正在装修
有正气的人永远振作　只想挣钱不择手段是致命的

205

《正面最卓越》的专题有侦探的角色　债权和债务

第二十四节　读音首字母是"V"的字词

一、"v、vc、vv、vl"音的字词

"v、vc、vv、vl"四个读音都有汉字；缩略首字母是"v"的高频字在高频字表中。

	1	2	3	4	5	6	7	8	9	0
VC	差错	出错	初次	车次	冲刺	唱词	迟	池	持	篪
VV	长城	常常	处处	超出	出差	查处	铲除	惩处	尺	耻
VL	处理	出来	成立	产量	潮流	车辆	传来	赤	斥	勅

眵（v）：眼屎，眵目糊、眼眵。

摛（v）：地名用字，龙摛田，在湖南省。

魑（v）：传说中的山神，魑魅、魑魅魍（ukv），魑（ljv）（比喻各式各样的坏人）。

茌（vc）：地名用字，茌平县，在山东省。

匙（vc）：羹匙、汤匙；又读"w"：钥匙。

篪（vc）：古代竹管乐器，像笛子。

敕（vl）：古代皇帝的命令，敕令、敕封、奉敕。

啻（vl）：副词，不啻、何啻。

吃饭　噗哧　吭哧　眵目糊　鞭笞　笞刑　龙摛田　嗤笑　嗤之以鼻

痴迷　魑魅魍魉　水池　松弛　奔驰　推迟　扶持　汤匙　脚踌（vuc）

茌平　池塘　弛缓　迟到　持续　尺子　齿轮　侈靡　耻辱　豉椒　豆豉

羞耻　奢侈　牙齿　皮尺　叱责　斥资　彳亍　赤诚　饬令　炽热　翅膀

敕命　不啻　敕封　叱咤风云

我住在长城脚下，常常出差。超出了查处范围　处处有风险

铲除和惩处的词义　足有 5 尺长　差错和出错的词义有原则的区别

初次乘坐这趟车次　唱词中有"冲刺"这样的单词

成立了一家"处理矛盾"的公司　产量的数字刚刚出来

陈列着符合潮流的书籍

迟永生是湖南龙摛田人，池浩是山东茌平县人，二人都是中医。有一位眼

睛经常有眵目糊,名字叫吕静麂的人去找他们看病。迟永生对他说:"你这是魑魅附身,须画一道符贴在你住宅的门中间。"说完,就在黄纸上画了一些符号,写上"饬令"二字递给了吕先生。

二、"va、vac、vav、val,vs、vsc、vsv、vsl"音的字词

"va、vac、vav、val"四个读音都有汉字;"vs、vsc、vsv、vsl"四个读音都有汉字,"vsv"音只有一个"茌"字。

	1	2	3	4	5	6	7	8	9	0
VA	查案	撤案	长安	宠爱	吵啊	插	叉	捺	喳	嚓
VS	出色	场所	处所	传颂	撤诉	处死	吵死	拆	钗	差

"差"字有四个读音:
"va":差价、差别、差异;"val":差劲儿、差不多;"vs":出差、差遣、鬼使神差;"c":参差不齐。

"叉"字有四个读音:
"va":交叉、刀叉;"vac":汽车把路给叉死了、冰块把河道给叉住了;"vav":叉着腿站着;"val":劈叉。

垞(vac):地名用字,垞子里,在辽宁省。

嵖(vac):嵖岈山,在河南省。

蹅(vav):在雨、雪、泥泞里踩踏,把鞋蹅湿了。

镲(vav):打击乐器,打镲、敲锣打镲。

汊(val):水流的分支,河汊、湖汊。

叉子　时差　安插　馇粥　胡子拉碴　喊喊喳喳　喀嚓　二茌　奶茶　检查　搽粉　搽胭脂　嵖岈　垞子里　檫树　冰碴儿　找碴儿　观察　棒楂粥　裤衩儿　汊港　岔道儿　刹那　诧异　丫杈　树杈　姹丽　姹紫嫣红　拆除　金钗　银钗　差事　柴草　豺狼　撤案前要先查案　唐朝的长安就是现在的西安　李隆基宠爱杨贵妃　把内奸处死了
她说:"天天吵啊!都要吵死了!"　他很出色　色情场所
他故事被人人传颂　为什么撤诉呢

柴老板从辽宁的垞子里迁到了河南嵖岈山。有一天,下起了雨夹雪,他的鞋子被蹅湿了,他就一边蹅着雪水打镲,一边吆喝着:"到我家喝棒楂粥啊?到我家喝棒楂粥啊?"

三、"vh、vhc、vhv、vhl，vk、vkc、vkv、vkl"音的字词

	1	2	3	4	5	6	7	8	9	0
VH	查获	掺和	偿还	创汇	场合	闯祸	传唤	绰号	掺	搀
VK	出口	诚恳	程控	察看	敞开	乘客	猖狂	传开	昌	锠

觇（vh）：一种用于测量的观测标志，觇标、觇视。

澶（vhc）：地名用字，澶渊；姓氏。

瀍（vhc）：瀍河，发源于河南省洛阳西北，流入洛河。

岊（vhv）：地名用字，岊冲，在安徽省。

浐（vhv）：浐河，发源于陕西省蓝田，流入灞河。

谄（vhv）：献媚或奉承，谄媚、谄笑、谄谀（oc），谄上欺下。

菖（vk）：菖蒲，多年生草本植物。

鲳（vk）：鲳鱼，也叫"平鱼"。

阊（vk）：阊阖，传说中的天门、皇宫的正门。

长（vkc）：与"短"相对，长期、周长；又读"ykv"：长大、首长。

场（vkc）：场院、打场、一场大雪；又读"vkv"：场所、场地、逢场作戏。

鲿（vkc）：鲿鱼。

昶（vkv）：白天时间长；多用于人名。

掺杂　搀扶　觇望　谗言　婵娟　馋嘴　禅宗　孱弱　缠绵　蝉鸣　潺潺
澶渊　瀍河　蟾蜍　蟾酥　产量　岊冲　浐河　谄笑　铲车　阐述　忏悔
颤抖　鞍鞯　惆怅　合唱　顺畅　提倡　怅然若失　畅所欲言　反腐倡廉
唱对台戏　昌盛　伥鬼　菖蒲　猖狂　阊阖　娼妓　鲳鱼　为虎作伥
工厂　现场　张某昶　敞开　大氅　长短　打场　肠胃　尝试　常识
偿还　徜徉　嫦娥　鲿鱼

海关查获了出口违禁产品，传唤了绰号黄二的当事人，此事很快就传开了。警察要求敞开仓库察看　有一名乘客很猖狂，在法官的教育下，他知道自己闯祸了，就诚恳地向大家道歉。凡是公共场所和场合都有程控监控

创汇是为了偿还国外贷款　你不要掺和进来

澶振昶先生在自家的场院里建了一个习武场，凡是来习武场比武的都要带一些当地的鱼作为见面礼。因此，他家里就有了瀍河产的鲳鱼、浐河产的鲿鱼等。

四、"vb、vbc、vbv、vbl，ve、vec、vev、vel，vn、vnc、vnv、vnl"音的字词

"vb、vbc、vbv、vbl"四个读音都有汉字；"ve、vec、vev、vel"四个读音中，"vec"音没有汉字；"vn、vnc、vnv、vnl"四个读音都有汉字。

	1	2	3	4	5	6	7	8	9	0
VB	差别	初步	成本	查办	超标	承办	惩办	超	抄	吵
VE	超额	差额	丑恶	除恶	宠儿	嫦娥	初二	车	侘	硕
VN	承诺	吵闹	嘲弄	产能	吹牛	常年	出纳	嗔	琛	抻

焯（vb）：把蔬菜放在开水里略微一煮或一烫就捞出来，焯土豆丝、焯油菜。

绰（vb）：拿、抓，绰起、他绰起一根棍子；又读"vpl"：绰绰有余。

晁（vbc）：姓氏。

砗（ve）：砗磲（qoc），软体动物。

掣（vel）：阻碍别人做事，掣肘、牵掣；快，风驰电掣。

瞋（vn）：发怒时睁大眼睛，瞋目、瞋目而视、瞋目叱之。

谌（vnc）：姓氏。

碜（vnv）：食物里有沙子，或形容难看，牙碜、寒碜。

谶（vnl）：会应验的预言，谶语、谶言、谶讳，一语成为谶言。

龀（vnl）：儿童乳牙脱落，龀年、童龀。

抄写　吵吵　吵架　钞票　绰家伙　超速　焯菜　焯土豆丝　巢穴　朝代
朝阳　嘲讽　潮湿　晁某　炒作　吵嘴　车辆　砗磲　车满为患　贯彻
裁撤　清澈　牵掣　彻底　撤换　掣肘　抻面　抻筋　郴州市　琛宝
嗔怪　嗔着　瞋目　臣民　尘土　辰时　沉船　陈述　晨曦　热忱　清晨
洗尘　诞辰　沉思　衬衣　龀年　称职　称呼　趁机　谶语　趁热打铁
帮衬　称心如意　承诺消除城乡差别　提前超额完成
出纳初步确定了差额税　查办和承办超标的单位被惩办　扣除成本的产能
吹牛者被嘲弄　丑恶的一面　中学初二　大年初二　嫦娥二号　时代宠儿
晁金花科长请陈局长吃饭，她请了谌副科长在厨房里打下手。她说："小谌，你把芹菜焯一下，再把海带洗一洗，防止牙碜。"说着，就抄起用塑料管做成的擀面杖擀饺子皮。

209

五、"vy、vyc、vyv、vyl，vg、vgc、vgv、vgl"音的字词

	1	2	3	4	5	6	7	8	9	0
VY	沉重	超重	成长	产值	查找	处置	垂直	称	撑	柽
VG	超过	成功	成果	常规	出国	出轨	唱歌	充	冲	春

蛏（vy）：蛏子，软体动物。

铛（vy）：平底浅锅，饼铛、<u>电饼铛</u>；又读"dk"："铛铛"响。

柽（vy）：柽柳，也叫"<u>三春柳</u>"。

埕（vyc）：养蛏类的田：蛏埕、蛤埕。

晟（vyc）：姓氏。

盛（vyc）：盛饭、盛酒；又读"wyl"：盛大、盛宴。

橕（vyl）：桌、椅等腿与腿之间的横木，<u>椅子橕儿</u>、<u>板凳橕儿</u>、<u>桌子橕儿</u>。

茺（vg）：一年或二年生草本植物，茺蔚，又叫"益母草"。

涌（vg）：地名用字，虾涌，在广东省；又读"igv"：涌动、汹涌。

冲（vg）：冲锋、冲洗、<u>冲锋陷阵</u>；又读"vgl"：冲劲儿、大门冲南。

潩（vgc）：地名用字，潩河，在安徽省；又读"wi"：地名用字，潩缺，在上海。

撑腰	瞠目	瞠目结舌	蛏子	电饼铛	柽柳	成功	丞相	呈报	诚实
承载	城市	蛏埕	乘客	盛菜	程度	惩罚	澄清	橙子	逞强	骋望
驰骋	得逞	秤杆	秤砣	电子秤	木头橕儿	冲击	充分	春米	憧憬
茺蔚	<u>忧心忡忡</u>	虾涌	虫害	重叠	重量	崇高	潩河	<u>崇山峻岭</u>
<u>困难重重</u>	<u>头重脚轻</u>	宠物	得宠	火铳	鸟铳	土铳	如何处置出轨者

她坐在垂直起降的直升机上唱歌 按常规产值查找 超过20%的人出国 成功的成果谁来摘 成长的烦恼 你的体重超重

程琛对晟果说："汉字的多音字真挺多的，有<u>些</u>字只是声调不同，但有些字的读音其元音和辅音都不同，比方说'铛'字，在'电饼铛'一词中，它的辅音是'v'，元音是'ey'；在读'铛铛'一词中，它的辅音是'd'，元音是'ak'。"晟果说："是啊，这种多音字只有编成对应的诗句，多读几遍才能记住。"他一边说一边用抹布擦桌子橕儿，随口吟道：盛饭盛菜难盛情，铛铛响处电饼铛。广东虾涌人涌动，大门冲北兵冲锋。沪有潩缺皖潩河，重大场合警重重。

六、"vw、vwc、vwv、vwl，vu、vuc、vuv、vul"音的字词

	1	2	3	4	5	6	7	8	9	0
VW	产生	尝试	阐述	承受	丑事	城市	插手	诚实	成熟	抽
VU	成为	常委	称为	窗外	传闻	丑闻	除外	沉稳	初	出

犨（vw）：地名用字，犨河，在河南省。

仇（vwc）：仇恨、仇敌；又读"qqc"：姓氏。

椆（vwc）：地名用字，椆树塘，在湖南省。

雠（vwc）：校对文字，雠勘、雠定、校雠。

滁（vuc）：地名用字，滁州，在安徽省；滁河，发源于安徽省肥东，在江苏省六（lul）合流入长江。

蜍（vuc）：蟾蜍，也叫"癞蛤蟆"。

处（vuv）：处分、处境、养尊处优；又读"vul"：处所、处长、绝处逢生。

杵（vuv）：用手指或拳头去戳或击，如一杵子打在他的左前胸，手指杵在她的眼睛上。

褚（vuv）：姓氏。

怵（vul）：畏缩、害怕，打怵、发怵、他最怵的是上讲台讲话。

黜（vul）：罢免或降职，罢黜、废黜、黜免、黜职。

绌（vul）：不足或不够，相形见绌、心余力绌。

抽水　抽烟　仇视　惆怅　绸子　椆树塘　范畴　酬谢　稠密　愁闷
筹码　踌躇　雠定　一筹莫展　丑恶　瞅见　瞅一眼　出发　一出戏
唱的哪一出　初步　刍议　除法　厨房　锄头　滁州　雏形　橱柜
踌躇　蟾蜍　基础　仓储　凄楚　褚处长　楚国　储备　犯怵　相形见绌
畜生　搐动　触摸　矗立　这成为她产生动力的思想源泉
想尝试一下当常委的感觉　被称为阐述丑闻的载体　不要插手这样的丑事
城市承受着人口环境的压力　窗外的田野有成熟的庄稼
诚实、沉稳就是他的传闻

仇老师对学生楚元春说："处长被处分，仇家无仇敌。"她想通过这句区分多音字的诗，说明她们学校科研处的褚处长和人事处的裘处长都因贪污被判刑了，仇老师清白无事的意思。

七、"（us＝m）vm、vmc、vmv、vml，（uh＝r）vr、vrc、vrv、vrl，（uk＝i）vi、vic、viv、vil"音的字词

"vm、vmc、vmv、vml"四个读音都有汉字，"vmc"音有"腼、腄"两个汉字，"vmv"音有"揣"一个多音字；"vr、vrc、vrv、vrl"四个读音都有汉字；"vi、vic、viv、vil"四个读音都有汉字。

	1	2	3	4	5	6	7	8	9	0
VM	场面	沉默	充满	出面	阐明	查明	传媒	触摸	筹码	揣
VR	承认	传染	成人	出入	插入	出任	出让	耻辱	穿	川
VI	产业	创业	常用	持有	倡议	差异	诚意	处以	创意	窗

摅（vm）：摅子、摅面。
揣（vm）：怀揣、手揣在裤兜里；又读"vmv"：揣测、揣摩；姓氏。
啜（vml）：姓氏；又读"vpl"：啜泣、啜着。
踹（vml）：脚底用力向外撞击，踹开、踹了一脚。
氚（vr）：化学元素。
舛（vrv）：不顺利或错误，命途多舛、舛讹、舛误、乖舛。
噇（vic）：地名用字，噇口，在江苏省。
怆（vil）：悲伤，凄怆、悲怆、怆然泪下。
川菜　穿衣　川流不息　穿针引线　传说　船舱　椽子　传播　喘息
喘气　多舛　手钏　金钏　玉钏　客串　串通　摅子　摅面　揣兜　踹门
门窗　生疮　刀创　窗口　疮疤　创伤　床板　床垫　闯入　闯祸　闯荡
床铺　起床　经幢　一幢（yil）　创办　创造　开创　创立
面对这种场面他沉默了　这是成人出入的场所
充满了神秘色彩的倡议由官员出面干预　他阐明了没有查明的问题
传媒加大了宣传的筹码　你承认了通过触摸就能传染的事实
出让专利使用权　出任司法部长　与你这样的人交朋友简直就是耻辱
在创业的征途上加上创意的砝码　承认地域的差异性和产业的社会性
持有商标、商号和诚意的品牌
啜团长在江苏噇口服役，是某坦克团团长。他走进食堂，看见一个士兵双手揣在裤兜里站着看另一个士兵摅面，啜团长揣摩他肯定是班长。

八、"(ut = j) vj、vjc、vjv、vjl,(un = d) vd、vdc、vdv、vdl,(ue = p) vp、vpc、vpv、vpl、vf"音的字词

"vj、vjc、vjv、vjl"四个读音中,"vjv、vjl"两个读音没有汉字;"vd、vdc、vdv、vdl"四个读音中,"vdl"音没有汉字;"vp、vpc、vpv、vpl"四个读音中,"vpc、vpv"两个读音没有汉字;"vf"音只有一个"欻"字,并不常用,用此字时可翻页。

	1	2	3	4	5	6	7	8	9	0
VJ	差距	成绩	成就	常见	春季	持久	察觉	春节	纯洁	吹
VD	程度	彻底	差点	承担	长度	尺度	迟到	冲动	颤抖	春
VP	产品	钞票	车票	成品	冲破	持平	纯朴	车牌	传票	戳
VF	充分	重复	除非	惩罚	成分	处罚	吃饭	嘲讽	出发	触犯

圌（vjc）：圌山，在江苏省中南部。
塠（vd）：地名用字，塠坪，在山西省。
蝽（vd）：一种害虫用字，蝽象。
莼（vdc）：莼菜，水生草本植物。

吹捧　炊具　吹灯拔蜡　炊烟袅袅　低垂　边陲　棒槌　铁锤　捶背
圌山　春风　椿树　香椿　塠坪　蝽象　纯粹　唇齿　淳朴　醇酒　莼菜
乙醇　鹌鹑　嘴唇　愚蠢　戳穿　盖戳　戳着　啜泣　辍学　阔绰　龌龊
绰绰有余　有成绩就有成就　春节来春季到　人没有持久的纯洁
已察觉到彼此的差距　这是我们常见的产品　长度不足尺度不够
看似纯朴实则狡猾　他用颤抖的手接过传票　一时冲动赔了不少钞票
差点迟到和彻底迟到结局不一样　车牌号是蒙H48052　去承德的车票
赵春在发货单的发货人一栏盖上有自己名字的方形印章（也叫手戳），又搬了几箱香椿芽放到汽车的后备箱，就开车直奔山西的塠坪而去。
他因超载而触犯了法律被罚款。
有充分的理由重复建设，除非有处罚或惩罚的成分规定或约束条款，否则会出现持续的冲突。
要先查询后查清这种产权纠纷防止彼此串通　争取在出发前吃饭和出院
传统的塞外的春天是指清明前后

九、前后字母没有拼音关系的常用词

	1	2	3	4	5	6	7	8	9	0
VO	处于	出于	成员	长远	超越	查阅	春运	成语	穿越	出院
VQ	长期	出去	查清	产权	澄清	抽取	超前	纯情	成全	逞强
VT	传统	出台	冲突	出庭	春天	长途	撤退	畅通	衬托	串通
VX	出现	重新	程序	持续	创新	出席	成效	查询	撤销	畅销
VZ	创造	充足	掺杂	筹资	创作	超载	炒作	迟早	称赞	趁早

处于畅通方面的考虑我们将撤退和撤销沿线阻击人员
出于安全考虑我们须重新出台筹资方案　我查阅了所有成员的资料
从长远来看春运现象还要持续若干年
我国的每一个成语都有一个历史故事，它穿越和超越了两千多年的历史时空
出庭作证不要掺杂　创作的小说很畅销　出席创新会议　长期抽取地下水
炒作纯情是为了衬托获得称赞　创造必须有超前的意识
出去逞强没有人成全你　充足的睡眠是保证长途安全的条件之一
趁早澄清事实　拉丁中文程序设计语言是迟早的事

第二十五节　读音首字母是"W"的字词

一、"w、wc、wv、wl"音的字词

"w、wc、wv、wl"四个读音都有汉字；缩略首字母是"w"的高频字在高频字表中。

	1	2	3	4	5	6	7	8	9	0
WC	首次	上次	生存	深层	收藏	实操	数次	时	石	拾
WV	市场	生产	商场	奢侈	首创	顺畅	顺差	使	史	始
WL	顺利	数量	商量	率领	审理	善良	市	士	事	世

郗（w）：地名用字，小郗村，在山东省。
浉（w）：浉河，发源于河南省南部，流入淮河。
蓍（w）：多年生草本植物，蓍草。
嘘（w）：叹词，驱逐鸡鸭的口语，嘘！嘘！又读"xo"：表示制止，嘘！

小声点儿。

炻（wc）：介于陶器和瓷器之间的一种制品：炻器。

莳（wc）：莳萝，多年生草本植物；又读"wl"：（种植）莳田、莳花、莳秧。

鲥（wc）：鲥鱼。

豕（wv）：猪，豕突狼奔。

峙（wl）：繁峙县，在山西省；又读"yl"：对峙、耸峙、双峰对峙。

弑（wl）：臣子杀死君主、子女杀死父母，弑君、弑父、弑母。

舐（wl）：（舔）舐犊、舐吮、老牛舐犊。

奭（wl）：姓氏。

尸体　失误　师生　诗词　虱子　狮子　施压　狮河　湿地　蓍草　钥匙
骨殖　十足　什锦　石料　时空　识别　实质　拾取　食欲　蚀本　炻器
莳萝　鲥鱼　史书　矢口　使用　始终　驶入　狗屎　士兵　氏族　示众
世界　仕途　市民　似的　势力　事业　侍奉　饰品　试点　视频　视觉
拭泪　柿树　是否　适应　室温　逝去　莳花　释放　谥号　嗜好　誓词
吞噬　格式　奭某某　恃才傲物　有恃无恐　诗词　实词　生词

市场首次开放就很顺利　上次生产的数量比这次多

商场的生存空间不是商量的事而是市场的需要

经理率领的是一个奢侈的领导层，因此深层腐败在所难免。善良的收藏家首创实操大王之名

审理数次都不顺畅　成效并不显著　贸易顺差

施世仁是山西繁峙县人，石德是河南狮河河畔人，史文斌是山东小邦村人，奭荷花是内蒙多伦人。这四位大学同学毕业五年后，在一次学术研讨会上相聚了。晚上会餐喝酒，施世仁倡议，每人用自己姓名中的任何一个字说一句成语，成语中的第一个字必须与前一个人所说的成语最后一个字一样。说不出来罚一大碗酒。大家表示同意后，他先说："仁义道德"；石德说："德高望重"；史文斌说："重武轻文"；奭荷花没有答上来，她喝了一大碗酒。

提示："势力"一词的"力"是轻声（wlli）；"钥匙"的"匙"是轻声（iblw）。

二、"wa、wac、wav、wal，ws、wsc、wsv、wsl，wh、whc、whv、whl"音的字词

"wa、wac、wav、wal"四个读音都有汉字；"ws、wsc、wsv、wsl"四个读

音中，"wsc"音没有汉字，"wsv、wsl"两个音各有一个"色"和"晒"两个常用汉字；"wh、whc、whv、whl"四个读音中，"whc"音没有汉字。

	1	2	3	4	5	6	7	8	9	0
WA	涉案	深奥	申奥	深爱	世奥	杀	沙	纱	砂	刹
WS	上诉	输送	伸缩	收缩	时速	食宿	受损	胜诉	申诉	筛
WH	社会	时候	生活	说话	深化	山	姗	珊	杉	删

铩（wa）：古代一种长刃的兵器；也比喻失败或失意，铩羽、铩羽而归。

钐（wh）：金属元素；又读"whl"：钐镰、钐刀。

芟（wh）：割草或除去，芟刈（il）、芟夷、芟除。

埏（wh）：地名用字，梧埏，在浙江省。

潸（wh）：流泪的样子，潸然泪下、泪眼潸潸。

讪（whl）：讥讽或羞惭，讪笑、讪讪、讪讪地说、讪讪地走开了。

剡（whl）：地名用字，剡溪，在浙江省，即曹娥江上游。

骟（whl）：被割掉睾丸或卵巢的马、牛、驴，骟马、骟牛、骟驴。

墡（whl）：地名用字，北墡，在山西省。

蟮（whl）：蛐（qo）蟮，又叫"蚯蚓"。

杀害　沙丘　纱布　刹车　砂纸　痧症　刮痧　煞尾　鲨鱼　袈裟　啥事
啥样　傻子　傻样　呆傻　沙米　大厦　歃血为盟　煞费苦心　霎时间
厦门　筛选　筛沙子　退色　掉色　上色　色子　晾晒　日晒　晒台
风吹日晒　山峰　杉树　删除　姗姗来迟　珊瑚　栅极　舢板　煽动
膻味　扇耳光　蹒（phc）跚学步　栅栏　陕西　闪电　汕头　汕尾
苫布　钐草　疝气　电扇　禅让　善良　骟羊　鄯善　缮写　修缮　擅自
膳食　赡养　善变　鳝鱼　黄鳝　用膳　蛐蟮　北墡　剡溪　鄯善县
涉案金额三亿元

古代汉语深奥的原因一是没有标点符号，二是用字量大。世界各国每四年申奥一次

深爱的人　世奥是世界奥运会的简称

上诉能胜诉，申诉胜诉难度大。为社会输送人才的时候　受损不太严重

财政收缩进一步深化　时速130公里　解决食宿

你说话呀！她过着非人的生活

你理解上诉和申诉的单词词义吗？把米中的沙子沙一沙　用扇子扇风

沙姗姗手里拿着一把钐镰，她冲着门口的石狮子一边喊着："杀！杀！杀！"一边潸然泪下。她的男朋友从山西北墡骑着一匹黑白相间的骟马走了14

216

天才来到浙江剡溪看望她。当他看到自己深爱的人竟是这种状态时,心里有一种铩羽而归的悲伤。他决定陪伴她,为她治疗精神疾病。不久,沙姗姗病愈,这一对"有情人终成眷属"。真正是:天道酬智 地道酬勤 人道酬和啊!

三、"wk、wkc、wkv、wkl,wb、wbc、wbv、wbl"音的字词

"wk、wkc、wkv、wkl"四个读音中,"wkc"音没有汉字;"wb、wbc、wbv、wbl"四个读音都有汉字。

	1	2	3	4	5	6	7	8	9	0
WK	深刻	时刻	失控	上课	受苦	数控	双开	商	伤	熵
WB	失败	设备	识别	上班	势必	顺便	申报	烧	稍	捎

殇(wk):未成年死去或为国家战死的人,殇子、殇折、国殇。
觞(wk):古代饮酒器或特指盛满酒的酒杯,举觞相庆。
绱(wkl):绱鞋(把鞋帮和鞋底缝合成鞋)。
筲(wb):木制或竹制的桶,水筲。
捎(wb):捎信、捎带;又读"wbl":让骡马等畜生拉的车辆向后退。
少(wbv):少数、少而精;又读"wbl":少年、少壮派、青少年。
睄(wbl):匆匆看一眼,睄了一眼。

伤心 国殇 商业 举觞相庆 墒情 保墒 熵大 熵小 信息熵 晌午
赏识 上声 一垧地 捎带 捎脚儿 烧水 树梢 眉梢 稍候 水筲
艄公 鞭鞘 勺子 芍药 红苕 韶山 韶华 绍兴 哨所 稍息 潲雨
捎车 少年 失败的教训是深刻的 时刻注意失控
设备质量的识别必须有专业人士或是专家
面对数倍于我的敌人势必要特别警惕 上课后才知道这节课是数控
被双开的官员表示他们不能进入党政机关上班了
有没有申报"受苦"吉尼斯世界纪录的?
清明那天,邵书记和商乡长买了10斤酒装在水筲里,让群众分组绱鞋,共用废布料制作了20双鞋。然后,坐上马车去当地的一个烈士陵园祭奠。到达地点后,赶车的车夫让马倒车,他嘴上说:"捎!捎!"马就用屁股向后用力,一直准确地停在车夫所需要的地方。这时,邵书记和商乡长把20双鞋分别摆在刻有姓名的墓碑下,把水筲里的酒用碗舀出来倒在每一个墓碑前。商乡长神情肃穆地说:"英灵们,我们今天为你们举行国殇!你们安息吧!"

四、"we、wec、wev、wel，wn、wnc、wnv、wnl" 音的字词

	1	2	3	4	5	6	7	8	9	0
WE	数额	税额	时而	顺耳	首尔	少儿	首恶	奢	赊	畲
WN	首脑	少年	枢纽	室内	受难	少女	熟女	申	深	身

輋（we）：地名用字，登輋镇，在广东省。

佘（wec）：姓氏。

舍（wel）：校舍、宿舍、退避三舍；又读"wev"：舍弃、舍不得、舍己救人。

涉（wel）：涉水，在湖北省。

歙（wel）：歙县，在安徽省。

砷（wn）：非金属元素。

糁（wn）：谷物磨成的碎粒，玉米糁儿、小米糁儿。

什（wnc）：什么；又读"wc"：什锦、家什。

胂（wnl）：有机化合物。

葚（wnl）：桑葚儿。

椹（wnl）：地名用字，椹涧，在河南省。

瘆（wnl）：（可怕）瘆得慌、头皮发瘆。

奢侈　奢求　赊欠　赊账　猞猁　畲族　登輋镇　舌头　蛇头　折耗
阇梨　佘处长　设置　社会　房舍　射门　涉及　赦免　摄影　威慑
麝香　歙县　十恶不赦　申报　伸腰　身体　呻吟　绅士　妊娠　人参
深情　鲹鱼　神经　什么　沈阳　审讯　婶娘　谂知　肾脏　日甚一日
渗透　桑葚　椹涧　蜃景　瘆人　慎重　太甚　贪污数额不小
两国首脑举行了会谈　少年少儿频道　税额达到17%
时而冲入海浪时而飞向云端　起到舒缓交通的枢纽作用
谀言顺耳忠言逆耳　室内卫生不可忽视　韩国把汉城改为首尔
首恶必办让他受难　少女是小姑娘熟女是大姑娘

佘阿姨从广东登輋镇嫁到歙县已经五年了。她说有一次去河南椹涧串亲戚时，感觉待在那里头皮就发瘆。那里的亲戚也不知道什么叫什锦。

五、"wy、wyc、wyv、wyl，ww、wwc、wwv、wwl，（ua＝f）wf、wfc、wfv、wfl"音的字词

"wy、wyc、wyv、wyl"四个读音都有汉字；"ww、wwc、wwv、wwl"四个读音都有汉字；"wf、wfc、wfv、wfl"四个读音中，"wfc"音没有汉字，"wfv、wfl"两个读音各有"耍"和"刷、誜"三个字。

	1	2	3	4	5	6	7	8	9	0
WY	始终	甚至	设置	升值	生长	上涨	慎重	生	升	声
WW	少数	上述	上市	事实	数数	受审	受伤	赏识	税收	收
WF	是否	双方	身份	水分	设法	首府	收费	上访	束缚	刷

嵊（wyl）：地名用名，嵊县、嵊州市，都在浙江省。
唰（wf）：拟声词，"唰"地一声就把窗帘拉开了。

升旗　生活　声音　牲口　笙歌　外甥　毕昇　绳子　绳锯木断　省城
省级　圣洁　胜负　盛大　剩余　所剩无几　盛饭　盛菜　收取　熟菜
熟人　首播　守护　手帕　受命　寿命　售房　售货　瘦肉　骨瘦如柴
万寿无疆　受苦　狩猎　授权　售票　兽性　绶带　瘦弱　首先　守望
手掌　收集　熟人　熟悉　刷碗　刷白　耍滑

这些人是否始终是少数？双方对上述问题的理解甚至超出了范围
你的身份是对上市进行说明以及上市前的流程设置
事实说明你们所谓的货币升值是有水分的
睡眠不好就设法数数防止影响生长　首府的一把手正在受审　要慎重收费
农产品的价格又上涨了　他上访时受伤　不能束缚税收政策
深受长辈们的赏识
我的办公桌上放着一封信，信封上写着：浙江省嵊州市笙歌区　刘升　收

六、"wu、wuc、wuv、wul，（us＝m）wm、wmc、wmv、wml"音的字词

"wu、wuc、wuv、wul"四个读音都有汉字；"wm、wmc、wmv、wml"四个读音中，"wmc"音没有汉字，"wm"音有"摔、衰"两个常用汉字，"wmv"音有"甩"一个汉字。

	1	2	3	4	5	6	7	8	9	0
WU	事务	省委	稍微	失误	首位	身亡	身为	淑	书	叔
WM	什么	上面	说明	生命	世贸	数码	使命	神秘	声明	摔

倏（wu）：副词，极快、迅速地，倏地、倏忽、倏而消失。

菽（wu）：豆类的总称，稻菽、菽麦。

熟（wuc）：成熟、熟悉、娴熟、熟能生巧；又读"wwc"：熟菜、熟人、面熟。

黍（wuv）：黍子，去皮后叫黄米。

数（wuv）：数落、数数儿、如数家珍；又读"wul"：数学、数字、定数。

沭（wul）：沭河，发源于山东省，流入江苏省。

书店　抒情　枢纽　叔侄　淑艳　名姝　殊荣　倏忽　稻菽　梳理　淑女
舒服　疏远　蔬菜　输入　甂（qoc）　毹　秋秸　赎身　熟练　私塾
<u>瓜熟蒂落</u>　暑假　黍子　属性　署名　蜀国　鼠类　<u>马铃薯</u>　曙光
数数（wul）　术语　束缚　戍守　述职　沭河　树林　漱口　竖立　恕罪
庶人　数字　澍雨　甘澍　卫戍　衰弱　摔碎　摔跤　甩手　甩开　率领
效率　蟋蟀　帅气　统帅　上面都说明了什么　生命的使命并不神秘
世贸数码大厦　省委发表声明　首位处级领导因公身亡
稍微失误就有可能导致撤职　身为机关事务管理局的局长

黄淑苹从小在沭河河岸长大。每到看见秋天稻菽和黍子成熟的时候，就想起了妈妈做的黏糕真好吃。

七、"（uk = i）wi、wic、wiv、wil，（uh = r）wr、wrc、wrv、wrl，（ut = j）wj、wjc、wjv、wjl，（un = d）wd、wdc、wdv、wdl，（ue = p）wp、wpc、wpv、wpl"音的字词

"wi、wic、wiv、wil"四个读音中，"wic"音没有汉字，"wil"音有一个不常用的"濰"字；"wr、wrc、wrv、wrl"四个读音中，"wrc、wrv"两个读音没有汉字，"wrl"音有"涮、腨"两个同音字；"wj、wjc、wjv、wjl"四个读音中，"wj"音没有汉字，"wjc"有"谁、脽"两个同音字，"wjv"音有"水"一个汉字；"wd、wdc、wdv、wdl"四个读音中，"wd、wdc"两个读音没有汉字，"wdv"音有"吮、楯"两个同音字；"wp、wpc、wpv、wpl"四个读音中，"wpc、wpv"两个读音没有汉字。

	1	2	3	4	5	6	7	8	9	0
WI	事业	使用	实验	适应	生意	双	霜	孀	骦	鹴
WR	深入	输入	胜任	收入	商人	熟人	上任	拴	栓	闩
WJ	时间	世界	涉及	设计	审计	上级	省级	市级	数据	少将
WD	受到	时代	手段	稍等	收到	深度	善待	生动	盛大	试点
WP	水平	商品	食品	受骗	审判	生怕	商铺	视频	审批	税票

泷（wi）：山名，泷岗，在江西省；又读"lgc"：地名用字，<u>七里泷</u>，在浙江省。

漺（wi）：地名用字，漺缺，在<u>上海</u>；又读"vgc"：漺河，在安徽省。

礵（wi）：地名用字，北礵，在福建省。

说（wjl）：游说；又读"wp"：说话、说理、说情。

蓇（wpl）：成熟后自行开裂的果实，蓇果。

朔（wpl）：初一，叫朔日；北方、朔方、朔风。

双方　泷岗　漺缺　漺河　霜降　遗孀　孀居　北礵　爽朗　爽快　清爽
门闩　拴马　栓剂　血栓　<u>涮羊肉</u>　把瓶子涮干净　是谁　口水　水面
水路　税收　睡觉　游说　吮乳　吮吸　顺利　顺风　尧舜　瞬间
<u>瞬息万变</u>　媒妁　<u>媒妁之言</u>　闪烁　众口铄金　<u>铄铁为刃</u>　<u>铄石流金</u>
硕大　<u>硕大无比</u>　我们的生意受到时间限制　上级正在审计税票的事
省级的数据和市级的数据<u>不一样</u>
商铺的货架上摆满了各种商品和食品，生怕不够卖似的。你手段颇有水平
深度开展实验试点工作以适应事业的发展
这种使用视频审判的办法在世界<u>还不多见</u>　少将的名字叫鲁耀霜
涉及受骗人数达到千人　这位刚刚上任的市长是我的熟人
商人的收入时高时低　你稍等我马上输入
已收到你的设计，很生动，也很现代。举办了<u>盛大告别酒会</u>
善待老人的宣传工作必须深入
李爽说："游说靠说理，北礵在闽西。浙江七里泷，泷岗在江西。"

八、前后字母没有拼音关系的常用词

	1	2	3	4	5	6	7	8	9	0
WG	说过	事故	硕果	上岗	时光	首个	胜过	深感	水果	使馆
WO	属于	善于	深远	剩余	少于	伤员	市院	审阅	疏远	授予

WQ	事情	失去	上去	申请	收取	神情	耍钱	省钱	深情	授权
WT	身体	试图	渗透	省厅	势头	商讨	上调	试探	衰退	手头
WX	首先	实现	上学	实行	时效	顺序	生效	升学	审讯	手续
WZ	实在	数字	擅自	深造	十足	水灾	赎罪	受灾	受罪	受阻

使馆商讨给水果　　耍钱时光事故多　　胜任首先身体好　　申请上岗谁说过
升学深造上学忙　　授予授权为什么　　试图审讯已受阻　　受灾受罪问奈何
善于试探去市院　　实行省钱结硕果　　上调顺序意深远　　省厅手续是首个
水灾数字擅自改　　失去时效会闯祸　　剩余事情伤员干　　深感势头已衰弱
审阅衰退神情肃　　赎罪十足确胜过　　渗透属于政治事　　深情疏远日蹉跎
如若手头实在紧　　实现共产听佛说

第二十六节　读音首字母是"R"的字词

一、"rl、rh、rhc、rhv、rhl，rk、rkc、rkv、rkl"音的字词

"r"的四声只有"rl"音有"日、氖、驲"三个同音汉字；缩略首字母是"r"的高频字在高频字表中；"rh、rhc、rhv、rhl"四个读音中，"rh、rhl"两个读音没有汉字；"rk、rkc、rkv、rkl"四个读音都有汉字，其中"rk"音只有一个多音字"嚷"。

	1	2	3	4	5	6	7	8	9	0
RC	如此	人才	仁慈	认错	容错	人次	揉搓			
RV	日常	让出	热忱	人称	入场	热茶	融成	攘除	认出	日出
RL	热烈	人类	燃料	扰乱	人力	熔炉	容量	容留	让利	锐利
RH	任何	如何	然后	荣获	仍会	润滑	惹祸	热乎	日后	柔和
RK	人口	认可	让开	绕开	仍可	任课				

驲（rl）：地名用字，驲面，在广西省。
嚷（rk）：嚷嚷、<u>大声嚷嚷</u>、<u>到处嚷嚷</u>；又读"rkv"：喧嚷、<u>大嚷大叫</u>。
瀼（rkc）：瀼河，在河南省；又读"rkl"：<u>瀼渡河</u>，在重庆市。

日期　择日　蚺蛇　然而　燃料　髯口　<u>浩发苍髯</u>　冉冉　荏苒
<u>光阴荏苒</u>　染发　染病　染料　染缸　<u>染色体</u>　蘘荷　蘘草　麦蘘　稻蘘
瓜瓤儿　<u>枕头瓤</u>　<u>祈福禳灾</u>　土壤　攘外　<u>大嚷大叫</u>　<u>熙熙攘攘</u>　让步

222

瀼渡河　礼让　如此仁慈可以容错　日出时入场　认出你是人才
每天不少于上万人次　我揉搓了你必须向你认错　日常收取的费用
请让出入场通道　我国是世界上人口最多的国家　不予认可
他不让开你就绕开　仍可继续任课　任何一个借口都会惹祸
容留妇女卖淫罪　请喝一杯热茶　不管谁来都热烈欢迎
　　大自然赋予人类的燃料是取之不尽，用之不竭的。扰乱社会治安被刑拘，后来改邪归正还荣获了发明三等奖。他的双眼在柔和的灯光下显得特别锐利
　　日后给你让利　把这个熔炉换成容量更大的如何？

二、"rb、rbc、rbv、rbl, re、rec、rev、rel, rn、rnc、rnv、rnl"音的字词

　　"rb、rbc、rbv、rbl"四个读音中，"rb"音没有汉字；"re、rec、rev、rel"四个读音中，"re、rec"两个读音没有汉字，"rel"音有一个"热"常用字；"rn、rnc、rnv、rnl"四个读音中，"rn"音没有汉字。

	1	2	3	4	5	6	7	8	9	0
RB	日本	日报	让步	肉饼	仍不	若不	染病	日班	如不	乳白
RE	然而	日俄	软腭	入耳						
RN	热闹	容纳	忍耐	热能	人脑	如能	若能	惹恼	惹怒	仍能

　　任（rnc）：姓氏；又读"rnl"：任务、任意、<u>任重道远</u>。
富饶　妖娆　桡骨　打扰　骚扰　干扰　扰动　围绕　绕道　绕过　招惹
<u>惹是生非</u>　热气　热心　仁慈　仁义　仁爱　人格　人道　人体　人心
壬时　忍耐　荏苒　稔稔　熟稔　<u>色厉内荏</u>　缝纫　坚韧　烹饪　桑葚
刃刃　否认　妊妇　任性　<u>万仞高峰</u>　不分日班和夜班
要了一份肉饼和一碗豆腐汤
日本的《朝日新闻》是日报，该报报道说：俄罗斯占领了日本的北方四岛，因此，俄日之间有领土之争，且双方互不相让，如不早日解决领土争端，双方迟早必有一战。
　　人脑设计了电脑，因此说，电脑染病的病毒肯定是人脑设计有漏洞的结果，如能解决电脑病毒的问题，首先要解决人脑不受病毒感染的问题。
　　任老师接受了一项去惹怒狮子的任务，很多人也想看看热闹。有人担心，狮子的忍耐是有限的，一旦惹恼狮子，它若发起进攻怎么办？一个容纳一百人的礼堂挤满了<u>看热闹</u>的人。

三、"ry、ryc、ryv、ryl，rg、rgc、rgv、rgl，rw、rwc、rwv、rwl"音的字词

"ry、ryc"2个读音有汉字，"ryv、ryl"2个读音没有汉字；"rg、rgc、rgv、rgl"四个读音中，"rg"音没有汉字，"rgl"音有"緝、鳰"2个繁体同音字；"rw、rwc、rwv、rwl"四个读音中，"rw"音没有汉字，"rwv"音有一个不常用的"鞣"字。

	1	2	3	4	5	6	7	8	9	0
RY	认真	认准	认知	认证	任职	人质	人证	弱智	睿智	入住
RG	如果	若干	让给	人格	人工	扔给	日光	日工	认购	绕过
RW	认识	人数	燃烧	人生	人事	瑞士	热水	饶恕	忍受	如实

扔掉　扔出　仍然　胤礽（人名）　戎装　茸毛　绒毛　荣耀　容器
通融　蝾螈（ohc）　熔炉　榕树　溶液　峥嵘　芙蓉　朱镕基　冗员
冗长　<u>冗务缠身</u>　蹂躏　柔弱　揉搓　糅合　揉面　鞣剂　<u>鞣皮子</u>
<u>揉眼睛</u>　<u>柔情似水</u>　<u>矫揉造作</u>　肉食　肉麻　如果认识就请认真准备
请认准商标标志　吃皇粮的人数若干　在激情燃烧的岁月里
在人生的舞台上　把这间房子腾出来让给你用　学习是一个认知的过程
人事上的安排归人事局　不做有损人格的事　培训和认证彼此应该分离
具备任职条件吗　瑞士是西欧国家　把<u>人工降雨</u>的工作扔给了人工
绑架人质的事件有人证　张三弱智而李四睿智
拎包入住是房产商的标语口号　日光有紫外线
凉水经过加温就成了热水了　如实说明认购办法　不可饶恕的错误
忍受着非人的煎熬　日工是8小时

四、"ru、ruc、ruv、rul，（uh＝r）rr、rrc、rrv、rrl，（ut＝j）rj、rjc、rjv、rjl，（un＝d）rdl、（ue＝p）rp、rpc、rpv、rpl"音的字词

"ru、ruc、ruv、rul"四个读音中，"ru"音没有汉字；"rr、rrc、rrv、rrl"四个读音中，"rrc、rrv"两个读音有汉字；"rj、rjc、rjv、rjl"四个读音中，"rj"音没有汉字；"rd"的四声只有"rdl"音有"润、闰"两个常用同音汉字；"rp、rpc、rpv、rpl"四个读音中，"rp、rpv"两个读音没有汉字。

第四章 双文速录的拼音

	1	2	3	4	5	6	7	8	9	0
RU	认为	任务	人物	人为	仍未	绕弯	让我	软卧	入伍	入围
RR	仍然	容忍	如若	荣辱	柔软	忍让	软弱	揉揉	忍忍	嚷嚷
RJ	软件	如今	仍旧	人均	人间	仍将	日记	人家	锐减	软禁
RD	弱点	认定	热点	绕道	惹得	热带	扔掉	嚷道	偌大	瑞典
RP	任凭	人品	乳品	肉票	肉铺	肉皮	肉片	肉排		

铷（ruc）：金属元素。

泃（rul）：泃河，发源于北京市密云，流入河北省。

壖（rrc）：地名用字，坑壖，在江西省。

瑈（rrv）：像玉的石头，人名用字。

媆（rrv）：柔美的样子，人名用字。

葰（rjc）：葳葰。

芮（rjl）：姓氏；芮城县。

汭（rjl）：地名用字，汭丰，在甘肃省。

郲（rpl）：地名用字，郲太，在广西省。

喏（rpl）：地名用字，那喏，在云南省。

孺子　如果　茹素　儒学　蠕动　颥（nfl）　颥　香薷　<u>相濡以沫</u>

<u>含辛茹苦</u>　乳房　辱没　褥子　蓐席　<u>汝城县</u>　<u>汝州市</u>　入伙　缛礼

<u>繁文缛节</u>　软弱　阮局长　花蕊　春葳葰　锐利　睿智　瑞雪　方枘圆凿

闰年　湿润　倘若　虚弱　箬竹　偌大　荣辱看人品　软弱志气高

让我坐软卧　容忍不绕道　人间自有真情在

我仍然认为你们的任务还没有完成

已认定人家是搞软件和<u>软件开发</u>的，如若不信请查看日记。是热点问题不是弱点问题

他大声嚷道："给我揉揉！给我揉揉！我入围了。"由于你柔软的性格，忍让仍将持续。小说所塑造的人物仍未离开作者的喜恶

卖国者扔掉大片国土，惹得民众<u>敢怒不敢言</u>。热带在赤道　人均收入税减

如今由于人为因素造成的灾害很多很多　他仍旧被软禁在偌大的一片厂房里

发源于北京密云的泃河遇山绕弯，一路缓缓地流向河北省。

江西坑壖有一家肉铺，肉铺的老板来自广西郲太，叫郑喏。他的肉铺卖肉票，凭肉票可以到任何一家商铺买乳品、肉片、肉排、肉皮等。有一位来自甘肃汭丰名叫林媆的女子与丈夫芮云山来到这里做生意。她们与肉铺的郑老板商

议，拟在云南那婼和瑞典国各开一家类似郑老板所开的卖肉票的肉铺，问如何让客户拿着肉票去其他商铺买到上述肉食品。

五、前后字母没有拼音关系的常用词

	1	2	3	4	5	6	7	8	9	0
RA	热爱	仁爱								
RF	若非	日方	润肺	热风	热敷	燃放	染发	人犯	如风	
RI	容易	任意	日夜	仍有	若要	荣耀	燃油	仁义	任由	如意
RM	人民	人们	日美	任命	人名	任免	热门	容貌	人命	人脉
RO	人员	荣誉	如愿	日语	日元	日月	绕远	冗员	让与	如约
RQ	日前	热情	认清	融洽	日趋	人情	人权	人群	如期	锐气
RS	润色	染色	弱酸	乳酸	揉碎	肉松	肉色			
RT	如同	认同	如图	热土	忍痛	热天	融通	人体	软梯	肉体
RX	如下	热线	热心	荣幸	弱项	绕行	容许	任性	忍心	弱小
RZ	融资	人资	认罪	人造	绕嘴	冗杂	仍在	让座	日增	软座

我仁爱的母亲热爱生活　关于"人民"和"人们"的名词解释
　一般人都说不清楚　日方认为日美关系十分重要
这次有关任免后的任命人名名单还没有公开
让容貌更美丽的化妆术已是热门　他所在的单位出了人命案子
很强的人脉关系　融资入资问热线　任意与约束　人造人体话人权
人群人员出人犯　热天让与热风吹　日语任由用日元　若要冗员不如意
日月如约相转寰　揉碎肉色做肉松　如同荣幸在日前　若非仁义人情在
日夜绕远难如愿　燃油燃放快如风　冗杂仍在让座难　染色如图需润色
热情融洽日趋全　荣誉荣耀不染发　仍有认同容易见　如同任性如期至
容许弱小喝乳酸　绕嘴绕行是弱项　热土热心用心专

第五章 提速训练知识

速录人员能够将所有汉字字词从计算机中输出来，到口述字随、话终稿出的实践应用能力还有一段艰苦的提速训练过程。如果把我们现在已掌握的能力比喻为刚刚离开跑道即将起飞的飞机，要想进入蓝天自由翱翔，还需要不断掌握提升速度的提速训练技巧才行。如何掌握提速训练技巧呢？我们须从以下几方面入手。

第一节 掌握高频字、常用词和常用单字的序位

用准和记牢高频字、常用词的方法就是用这些字词编短语、造句子，然后再反复进行输入训练。例如，"不分你的、我的、她的和他的，也不分男的、女的"，这句话都是由高频字组成的。近 200 个高频字用这种方法组成句子训练，就会很快掌握并能熟练应用。有关常用词的训练也是如此，就像我们在学习每课的常用词所组成的词句、短语、句子所体现的应用效果一样。我们使用的教材只起说明和引导作用，应用范文和应用举例也只能起到抛砖引玉的效果，更多的与学习者专业或工作业务息息相关的词句、短语或句子只能靠学习者自己来组织并作为训练材料。

高频字的数量不多，只要多加应用和练习就能迅速掌握。而二字常用词则不然，它有 5500 多条，要　　记住这些词的数字序位并不容易。但应用这些常用词毕竟有规律可循，这就是常用词的"常用"性。所谓常用词，就是我们在日常生活中所涉及的政治、经济、文化、科学和社会生活等方面的二字单词。在录入训练过程中，你感觉某个词是常用词时，不妨按常用词的方法输入，发现有误时实时纠正，第二次肯定就不会按常用词来输入这个词了。

另外，我们在教学过程中发现，一些学员过分依赖使用高频字，将缩略语分字来打。如"一言不发"这个短语，只需输入每个字读音的缩略首字母"iibf"4 键即可，然而为了省事使用了高频字"一"（1.5 键上屏），结果后面的三个字都得一个字一个字地输入了。这将严重影响速录的速度，因此我们强

调，高频字和常用词在词汇中是独立应用的词性时，要严格按照高频字和常用词的规则输入，非高频字和常用词则要按照拼音的方法输入二字单词（短语）、三字单词（短语），四字及四字以上的成语、短语、术语或句子一定要按照缩略规则来输入，这就好比吃饭，菜、饭、汤虽然都是食物，但各有各的吃法。举例分析如下：

<u>民事审判庭的书记员</u> <u>必须掌握</u>与民商事 <u>密切相关</u>的民商事实体法律内容，具体包括民法学的<u>基本原理</u>，民法的<u>基本原则</u>，《<u>民法通则</u>》、《<u>婚姻法</u>》、《<u>合同法</u>》、《<u>专利法</u>》、《<u>继承法</u>》、《<u>著作权法</u>》和《<u>商标权法</u>》等重要法律和有关民事、商事、<u>知识产权</u>等方面的单行法律、法规和大量相关<u>司法解释</u>的<u>法律知识</u>、<u>专业术语</u>知识等内容。

上述这段话中带下划线的都可以用首字母缩略法输入，用";"键或空格键上屏。一些二字常用词，如必须、掌握、注意、密切、相关、基本、原理、原则等词既可以独立应用，如我必须去报到、已掌握了动向、要注意平衡、我们的关系很密切等；也可以与其他一些意义紧密的词并列成四字缩略语，如：必须掌握（bxyu）、必须完成（bxuv）、密切注意（mqyi）、密切相关（mqxg）、注意事项（yiwx）、基本原理（jbol）、基本原则（jboz）等。

第二节 掌握缩略词和非缩略词的输入要领

高频字、二字常用词和三字词、四字词、五字及五字以上的词的缩略法都属于缩略范畴。

一、缩略语与缩略键

双文速录的缩略语方法与传统的词汇缩略方法略有不同，特别是与英文的缩略语方法区别更大。例如，汉字的"计划生育委员会"可以缩略为"计生委"，英文的"Central Processing Unit（中央处理器）"缩略为"CPU"。双文速录的缩略方法是三个字和四个字的词组、短语输入每个字读音的首字母击缩略键（;），用空格键或数字键上屏。为什么要击";"键呢？因为双文速录的双拼加声调构成的语素单位与三字词的缩略首字母会发生冲突，例如，输入三字短语"办不成、变不成、蹦蹦床"时，这三个词每个字的读音首字母都是"bbv"，这与"宝"音的同音字语素雷同，如不击";"键就得翻页，将影响速度。有些三字词与单字语素不冲突时可直接用空格键或数字键上屏，如人民币、软着陆、毛泽东、新形象等。

下列三字短语不用击缩略";"键就能直接显示在屏幕上,除"以达到"外,其他短语须用数字键上屏。在输入三字缩略短语"以达到"时,会出现下列十组常用短语:

  1 2 3 4 5 6 7 8 9 0
IDD 以达到 一点点 一大堆 一朵朵 亿多吨 有道德 有多大 要等到 一丁点儿 移动到

  双文速录软件的三字词组、短语的应用约有 7 万条,是二字常用词的 12 倍,类似上述的举例在教材中就不一一列出了。在速录实践中,只要是一般的社会政治、经济、文化、科学等方面的常用三字短语、词组,均可按缩略规则输入。

  四字成语、词组、短语的缩略规则是:输入每个字读音的首字母用缩略键(;)、空格键或数字键上屏。如春意盎然、国民经济、里应外合、思前想后、仔仔细细都是用空格键上屏;扭扭捏捏、易学易用、有胆有识、扬言报复、叽咕叽咕都是用数字键上屏;双文速录、注册用户等都是用缩略键(;)上屏。

  四字成语、词组、短语共有 28 万多条,是双文速录软件中词条最多的一种。在这些词条中,除了我们所熟知的所有成语外,社会生活中的一些常用词条都已基本囊括其中,如睡不着觉、站不起来、不知死活、灰头土脸等。在速录实践中,你认为是社会生活中的常用词,就可用此缩略方法录入。

  五字词组、短语的缩略规则是:输入每个字读音的缩略首字母后,用最后一个字的缩略首字母上屏。如非侵权使用(fqqwi)、反倾销调查(fqxdv)、反倾销诉讼(fqxss)劳动关系法(ldgxf)等。如遇到缩略首字母相同的短语或词组时,则使用数字键上屏。

  五字以上的词组、短语、句子的缩略规则是:输入该词组、短语或句子前四个字读音的缩略首字母和最后一个字读音的缩略首字母。上屏形式有三种:一是用最后一个字的缩略首字母上屏,如美利坚合众国(mljhg)、蒙古人民共和国(mgrmg)、若要人不知,除非己莫为(rirbu);二是用空格键上屏,如最高人民法院(zgrmo)、河北省人民检察院(hbwro);三是用数字键上屏,如鹤壁市人民检察院(hbwro2)、湖南省人民检察院(hnwro5)。

  五字及五字以上的词组、短语、句子有 14 万多条。国家机构编制名称、古代汉语中的一些常用词语、诗句、社会生活中常用的歇后语等基本上都囊括其中。

二、非缩略词的应用

  非缩略词与缩略词是相对而言的。非缩略词是指辅音、元音和拼音独立应用的语素单位以及辅音、元音和拼音构成的二字词。如在"wy"一组的常用词中就没有"伸展、伸张"或"声障、升帐"等这样的常用词。因此，应熟练掌握辅音附加三声声调字母、元音以及拼音附加三声声调字母的正确用法，特别是拼音中双拼的特征与技巧。

双文速录软件中的非缩略二字词有 58000 多条，这些词有的需要 3.5 键次/2 个汉字（空格键按 0.5 键计算），如哥哥（g'g）、司机（s'j）、钨丝（u's）、伺机（slj）、时机（wcj）等，平均每个汉字需要 1.75 键；有的需要 4.5 键次/2 个汉字（含空格键），如其实（qcwc）、弯曲（uhqo）、微风（utfy）、无疑（ucic）、纸巾（yvjm）等，平均每个汉字需要 2.3 键；有的需要 5.5 键次/2 个汉字，如怪石（grlwc）、可恨（kvhnl）、怒视（nulwl）、文身（uncwn）等，平均每个汉字需要 2.7 键；有的需要 6.5 键/2 个汉字，如右转（iwlyrl）、汗水（hhlwjv）、红颜（hgcihc）、稳步（unvbul）等，平均每个汉字需要 3.3 键。

综上所述，非缩略二字词平均输出一个汉字是 2.5 键次，这比二字缩略词高出 1 键。毕竟非缩略词数量比缩略词高出近 10 倍，因此，熟练掌握非缩略词也是快速录入的有效手段。

第三节 培养听下句记上句、听懂再记的习惯

"追音"就是对没有讲稿的讲话人讲一句跟一句、疲于应付，结果是记下来的文稿难看、难懂。这是因为没有讲稿的讲话需要边讲边想，半截话、重复啰嗦的废话比较多，记录者由于"追音"就把这些半截话、废话全都记下来了。优秀的书记员或速录师根本不"追音"，他们基本上都具备了"压句"的能力，也就是听完一句话后开始记录，手上录入上句话，耳朵听着下句话。每一位书记员、秘书都要力争养成"压句"的能力。

双文速录软件的缩略词词汇非常丰富，掌握了使用各种缩略法的规律，就能够做到快慢结合、张驰有度。例如下面这段话：

<u>检察机关</u> 书记员在工作中一般都需要处理好三种关系：首先是 <u>检察机关</u>与案件当事人的<u>工作关系</u>。<u>检察机关</u>在办理案件过程中，<u>不可避免地需要与形形色色的案件当事人发生工作关系</u>。其次是与本检察机关内部领导、同事的<u>工作关系，主要包括</u>与<u>本部门</u>领导、同事的关系，以及与<u>其他部门</u>领导、同事的关系。最后是 <u>检察机关</u>与其他机关的<u>工作关系</u>，<u>主要包括</u>与<u>上下级 检察院</u>的关系，以及与<u>公安机关</u>、<u>审判机关</u>、<u>纪检监察机关</u>等的关系。

从上述这段话中带有下划线的词组和短语来看，第一句话的常用缩略词较少，录入时可能慢一些，但第二、三、四句话的录入速度可能就快一些。因此，在速录实践中，如果能够做到快慢结合、张弛有度，就会像熟练的驾驶员能够适应不同的路况一样。

第四节　自造词

双文速录软件不可能把所有的专业术语面面俱到地装入它的词库。因此，自造词方法是满足每个书记员、秘书以及从事速录工作的速录师丰富词库内容的有效手段。

自造词就是对词库中没有的单词、姓名、短语、专业术语以及专业句子根据个人需要而自造的词句，并把这些词句固化到双文速录的软件词库中。其方法是：用鼠标右键单击"双文速录"图标的键盘，进入对话框后击"手工造词"栏进入造词程序。首先，输入与汉字对应的拉丁字母后点击一下空格键，再输入与之相对应的汉字，点击"保存"后再点击"退出"栏即可应用。例如，造一个姓名"李飞"，用鼠标右键击"双文速录"软件图标，点击"自造词"栏，输入双文的拼音"livft"后点击一下空格键，再输入"李"和"飞"后点击"保存"栏并退出；造"真龌龊"这个词时，在造词栏内输入这三个字每个字读音的首字母"yuv"后输入缩略键（;）后点击一下空格键，点击"保存"并退出。对于四字、五字和五字以上的短语和句子也要遵循四字、五字、五字以上的短语和句子的缩略方法设置。如"俄土关系"，在自造词栏输入这四个字读音的缩略首字母"ETGX"和缩略键（;），点击空格键后加上"俄土关系"，点击"保存"和退出；对"有志者事竟成，破釜沉舟，百二秦关终属楚；苦心人天不负，卧薪尝胆，三千越甲可吞吴"这样的长词句，也可以用前四个字和最后一个字读音的缩略首字母自造。

第五节　汉字查字识字法

速录是以语音信息采集为手段的职业技能。汉字查字识字是在文本看录时遇到不会读的汉字时既能解决会读（识字）问题又能解决输入的方法。在双文速录软件应用状态下，击"/"键后进入汉字查字识字功能状态。

一、查字识字的作用

查字识字的作用在于：一是解决了输入时遇到不会读的汉字怎样打出来的问题；二是阅读时对不认识的汉字起到确认读音的作用。

二、查字识字方法

第一，将汉字的 8 个根部件（一个笔划的）和 156 个虚部件（两个笔划以上的汉字偏旁、部首和半边字）赋予读音，用读音的首字母对应于计算机的键盘键位上。如"氵"读 shuǐ，"扌"读 tí，键位分别是 S 和 T。[①]

第二，用部件组成 330 多个实部件（独体字和成体字），用实部件读音的首字母对应于计算机键盘的键位上。如"工"读 gōng，"口"读 kǒu，"工"和"口"两个独体部件读音的首字母分别对应于计算机键位"G"、"K"。如果对合体字"跌、肟"不认识，击"/"键后，输入"跌"字的三个部件"口、止、夫"的首字母"KYF"和"肟"字的两个部件"月、亐"的首字母"OK"，读音栏内就显示"跌 fu"和"肟 uel"的读音。

查字识字中的字库是"'GB'13000 标准"，共有 21000 多个汉字，与双文速录使用的字库完全一致。

汉字部件见下表：

首字母与键位	汉字部件总表
A	凹 卬 艻 齿
B	八 巴 白 百 半 贝 本 匕 必 丙 秉 卜 不 采 币 办 卡 卑 兵 癶 羊 宀 扌 甫 广 冂 少 羊
C	才 册 匆 寸 束 夕 曲 廾 凼 中
D	丶 大 歹 丹 刀 电 刁 丁 东 弟 氐 鼎 斗 旦 单 当 典 丷 曲 卅 产 弔 彐 亅
E	儿 耳 二 而 𠂊 阝 卩 𠂆
F	发 飞 非 丰 夫 弗 甫 市 方 凡 父 乏 匚 厂 几 𠂇 耒
G	亅 弓 干 甘 戈 个 更 工 弓 瓜 果 艮 广 鬼 共 革 冊 牜 小 目 皿 夬

[①] 参见寇森：《中华汉字速成教程》（3500 字版），语文出版社 2013 年版，第 1~3 页。

续表

首字母与键位	汉字部件总表
H	一 禾 乎 互 火 户 黑 或 免 亥 灬 雀 儿 业 虎 重
I	乙 丫 牙 亚 严 央 天 也 业 夷 已 义 弋 亦 永 用 由 酉 又 尤 曳 幺 尹 乂 尢 羊 衣 医 尢 乚 兴 攵 鸟 疋 讠 易 羊 戋 衤 礻 臼 朗 乛 钅 羊 亦
J	及 己 几 夹 甲 柬 见 巾 斤 井 九 久 臼 巨 今 具 击 兼 戋 丩 巳 无 韭 韭 孑 了 丌 堇 匠 戒 乑 殳 艮 东 攴 卩 钅 丯 勹 类 丬 屮
K	开 丂 亏 匡 夬 丁 匚 (山 ㄱ 冂 冂)
L	来 乐 里 力 立 吏 隶 了 龙 卵 耒 良 令 丽 两 六 角 ㄣ 刂 耂 冘 罒 彐 彐
M	马 毛 矛 卯 门 米 民 皿 末 母 木 目 灭 兔 面 也 么 羋 尸 木
N	丶 乃 内 年 鸟 牛 农 女 廿 芦 月 严 鸟 廾 勹 牛
O	于 与 予 雨 禹 曰 月 禺 聿 戊 奥 玉 元 云 月
P	丿 皮 片 平 爿 乒 乓 丕 匹 叵 疋
Q	七 其 气 千 且 丘 求 曲 羌 犬 区 艹 爫 圭 犭
R	冉 人 壬 日 入 内 刃 戎 亻 囗 ⺈
S	三 丝 巳 四 肃 司 卅 厶 纟 並 罒 串
T	丆 天 田 凸 土 屯 毛 太 兔 头 扌 土 冖 串
U	瓦 为 丸 万 亡 王 卫 未 我 乌 无 五 午 勿 戌 韦 兀 毋 武
V	产 长 厂 车 臣 承 尺 斥 赤 虫 丑 出 川 申 垂 丞 彳 豕 成 叉 刍 長 耒 車
W	丨 山 上 少 申 身 升 生 尸 失 十 石 史 矢 士 氏 世 事 手 书 束 甩 水 豕 乡 甚 戍 勺 术 示 严 卉 亻 豕 氵 衤 丬 刂 卌
X	夕 西 下 乡 小 心 戌 血 习 熏 兴 匚 象 孔 巛 卅 隹 丷 彐 西 忄 爫
Y	乛 乍 丈 爫 兆 正 之 直 止 中 重 舟 州 朱 竹 专 主 争 真 只 豸 久 隹 制 门 竹 自 止 辶
Z	再 子 自 匝 丆 串

233

第六章 综合训练

综合训练的素材不是文章，而是单字、非缩略词和缩略词的综合看录和听录，旨在训练书记员的跳跃式反应能力。训练方法是先看录一遍；再自己录音或由教师读，学生们听录。无论是录音还是教师朗读，都要一遍比一遍快，直至每分钟录入 200～240 字为止。

综合训练一

阿　阿姨　啊呀　阿拉伯　阿富汗　阿塞拜疆　阿拉伯半岛　阿尔及利亚　八　扒拉　八宝山　巴基斯坦　八仙过海，各显神通　拔　拔河　跋山涉水　拔出萝卜带出泥　靶　把戏　把握把持不定　把心提到嗓子眼　爸　罢职　罢免权　罢黜百家　趴　趴下　趴在地上　爬　爬出　爬不动　爬不起来　怕　怕事　怕不怕　妈　妈妈　麻　麻子　麻痹症　麻痹大意　麻雀虽小，五脏俱全　马　马达　马蜂窝　马大哈　马不停蹄　马达加斯加　马上就要开始了　骂　骂人　骂骂咧咧　骂个狗血淋头　发　发麻　发表谈话　发表自己的观点　罚　筏子　罚了款　罚不当罪　法　法医　法兰克　法不责众　法律面前，人人平等　发　发丝　搭　搭客　搭公车　搭帮结伙　耷拉着脑袋　答　达摩　答辩状　达成共识　达到国际领先水平　打　打击　打比方　打击腐败　打不还手，骂不还口　打电话给我　大　大了　大罢工　大打出手　大白于天下　大大超过了　她　踏实　塌下来　他不满意　他的意思是　塔　塔基　塔尔寺　塔里木河　塔吉克斯坦　踏　踏步　踏脚石　踏破铁鞋无觅处，得来全不费功夫　踏上了归途　拿　拿了　拿不出　拿不出来　拿不定主意　哪　哪个　哪方面　哪年哪月　哪壶不开提哪壶　那　那个　那不是　那不勒斯　那倒不一定　那么多的问题　拉　扒拉　拉巴斯　拉帮结伙　拉大旗作虎皮　旮旯　喇　喇叭　喇叭花　辣　辣子　辣椒酱　腊八粥　辣子鸡丁　蜡炬成灰泪始干　胳　嘎巴　嘎巴硬脆　轧　尬　尴　咖　咖啡　咖啡厅　卡　卡车　卡拉奇　卡通玩具　哈　哈哈　哈哈大笑　蛤　蛤蟆　哈达　哈巴狗　哈巴　扎　扎西　扎伊尔　扎实工作　闸　札记　眨　眨巴　眨眨眼　眨巴眼睛　眨了眨眼睛　炸　乍得　炸弹爆炸　插　叉子　插班生　插翅难飞　查　查明　查不出　查处情况　察其言，观其行　衩　差　岔路口　差不多了　差之毫厘，谬以千里

234

第六章 综合训练

扎 扎着 扎袖口 砸 砸得 砸出去 砸锅卖铁 砸了个大洞 咋 咋了
擦 擦眼泪 擦身而过 礤 撒 撒拉 撒谎者 洒 洒脱感 洒满大地 萨
萨特 萨达姆 萨拉热窝 撒哈拉沙漠 唉 挨个 挨千刀 挨家挨户 皑
皑皑 白雪皑皑 皑皑积雪 矮 矮矮 矮个子 矮人观场 爱 爱妻 爱人民
爱莫能助 爱国主义精神 掰 掰开揉碎 白 白菜 白内障 白手起家 白
茫茫的一片 百 百次 百八十 摆酒设宴 百尺竿头，更进一步 败 拜师
拜把子 败坏门风 败军之将不敢言勇 拍 拍卖 拍巴掌 拍拍脑袋 拍拍
屁股走人 排 排斥 排气量 排成一排 排除一切干扰 迫 排子车 派
派人 派出所 派上用场 派不上用场 埋 埋葬 埋着头 埋没人才 埋藏
在心里 买 买菜 买东西 买办资本 买办资产阶级 卖 卖菜 卖关子
卖不出去 迈出了重要一步 呆 呆子 呆不住 呆若木鸡 呆滞的目光 歹
歹意 逮捕令 歹毒异常 待 待吃 待就业 待岗人员 带来巨大的经济收
益 胎 胎记 胎盘素 胎死腹中 台 台词 台北市 抬不起来 台上一分
钟，台下十年功 台海紧张局势 奋 太 太子 太啰唆 太棒了 太不像话
态度非常坚决 乃 乃是 乃至于 奈 奈何 耐不住 奈何不了 耐心地等
待着 来 来了 莱索托 来到办公室 来得早不如来得巧 赖 赖皮 赖氨
酸 赖以生存 该 该死 该部门 该报告说 该出手时就出手 该怎么样还
怎么样 改 改日 改变了 改朝换代 改变了态度 改革开放以来 概 钙
质 概括性 盖世太保 开 打开 开发商 开辟道路 开创新局面 开弓没
有回头箭 凯 凯歌 凯旋门 凯旋归来 忾 同仇敌忾 咳 孩子 还
包括 还不罢休 孩提时代 海 海拔 海岸线 海底捞针 海军陆战队 害
害别人 害国害民 害人之心不可有，防人之心不可无 摘 摘发 摘果子
摘除更换 宅 宅子 择不开 寨 寨子 债权人 拆 拆洗 拆不散 拆穿
阴谋 拆东墙补西墙 柴 柴禾 柴达木 柴米油盐 柴米油盐酱醋 苙 蛋
蜂蛋有毒 筛 筛子 筛选制度 色 色子 晒 晒制 晒太阳 晒衣服 栽
栽菜 栽跟头 栽培植物 灾难性后果 载 载记 再 第在即 在职人员 再
合适不过 在必要的时候 猜 猜疑 猜不到 猜了半天 才 才智 才不会
财产保全 才成立不久 才能有所作为 采 采伐 彩色片 采访报道 采访
时指出 菜 菜市 蔡元培 菜蔬瓜果 菜篮子工程 腮 腮腺 腮帮子 赛
赛马 塞舌尔 塞尔维亚 塞翁失马焉之非福 安 安然 安理会 安全保障
安全更为重要 安享天伦之乐 玵 俺 俺们 俺就是 案 案发 按规定
按兵不动 暗暗下定决心 按期完成任务 班 班次 班干部 班门弄斧 搬
起石头砸自己的脚 版 版次 版权局 版面设计 扳着指头算 办 办事
办公室 办公地点 办公自动化 攀 攀登 攀高枝 攀高结贵 盘 盘子

235

盘旋着　盘算盘算　盼　判案　判断力　判处死刑　盼星星，盼月亮　颠　瞒
瞒着　瞒不过　瞒天过海　瞒不下去了　满　满载　满负荷　满不满意　满口
答应了下来　满招损谦受益　慢　慢了　慢半拍　慢慢淡忘　慢慢的长夜　翻
翻案　翻白眼　翻肠倒肚　翻个底朝天　翻开了新的一页　凡　凡是　凡尔丁
凡夫俗子　凡事预则立，不预则废　反　反思　反比例　反之亦然　反恐怖主
义　反法西斯战争　犯　犯案　犯不上　范围之内　犯罪嫌疑人　单　担待
担保人　担当不起　耽误了时间　单独谈一下　胆　胆大　胆固醇　胆大包天
胆欲大而心欲小　淡　淡泊　淡蓝色　弹道导弹　但愿人长久，千里共婵娟
贪　贪财　贪便宜　贪得无厌　贪图一时的便宜　贪小便宜吃大亏　谈　谈起
谈不上　谈古说今　坦　坦克　坦克兵　坦白从宽　叹　叹词　叹口气　叹为
观止　叹了一口气　碳水化合物　因　男　难吃　难不倒　男盗女娼　难能可
贵的是　男儿有泪不轻弹，只因未到伤心处　报　报然　难　难民　难民营
难兄难弟　兰　兰溪　拦不住　拦路抢劫　拦都拦不住　览　懒汉　懒洋洋
懒惰成性　烂　烂了　烂摊子　烂醉如泥　滥竽充数　干　干旱　干巴巴　干
脆利落　敢　橄榄　感测器　感触万端　敢冒天下之大不韪　敢怒而不敢言
干　干事　干不干　干部队伍　干部和群众　干得很出色　刊　刊大　勘误表
勘探技术　砍　砍柴　坎大哈　侃大山　侃侃而谈　坎坷不平　看　看报　看
不出　看病拿药　看菜吃饭　量体裁衣　看到了希望　粘　沾染　粘合剂　沾
亲带故　展　展示　展示会　展示才华　展开了激烈的斗争　展现在你眼前
占　占到　占便宜　战略上　占卜吉凶　站稳了脚跟　掺　掺合　掺杂量　掺
在一起　缠　缠磨　缠起来　缠缠绵绵　产　产值　产供销　产量达到　产品
的质量　阐述一下自己的观点　颤　颤抖　颤巍巍　颤抖起来　颤抖的声音
山　山河　山东省　山崩地裂　山高皇帝远　山间竹笋，嘴尖皮厚腹中空　闪
闪开　闪存卡　闪亮登场　陕甘宁边区　善　善战　善罢甘休　善有善报，恶
有恶报　善意的谎言　然　燃起　燃料棒　然后说　燃料电池　染　染指　染
料厂　染满鲜血　冉冉升起　簪　簪子　咱　咱们　咱们家　咱们两个　咱们
走着瞧　攒　攒钱　赞　暂时　赞比亚　赞不绝口　赞美的声音　参　参半
参观者　参观活动　参与了此事　残　残败　残奥会　残暴统治　残酷的现实
惨　惨白　惨淡的　惨不忍睹　惨痛的代价　灿　灿烂　粲然　灿若群星　三
三个　三边形　三长两短　三百六十行　三步并作两步　伞　散打　散文集
散兵游勇　散　散开　散热器　散布谣言

综合训练二

阿　阿附　婀娜多姿　讹诈　俄罗斯　厄尔尼诺现象　恶　饿　扼死　饿肚子　恶霸　恶劣的环境　泽　泽兰　择业观　择偶标准　责人从宽，责己从严　厄　厄声　册　册子　侧过头　侧耳倾听　恻隐之心　色　色彩　色拉油　色彩斑斓　色香味俱全　着　遮盖　遮光剂　遮风挡雨　折　折返　折叠床　折射出来　哲学家的思想　这　这个　浙江省　这就是说　这并不意味着　这不是闹着玩的　这充分说明　车　车次　车船费　车窗玻璃　车到山前必有路　扯　扯皮　扯不断　扯上关系　彻　撤销　彻底　撤离前　撤职查办　奢　奢侈　奢侈品　奢侈糜烂　蛇　舌根　蛇皮袋　舌头打转　舍　舍弃　舍不得　舍长求短　舍近求远　舍命陪君子　设　设计　设备厂　设备安装　设了一个圈套　射人先射马，擒贼先擒王　惹　惹祸　惹的祸　惹火烧身　惹下杀身之祸　热　热爱　热电站　热爱祖国　热锅上的蚂蚁　熬　熬菜　熬　熬汤　熬不住　嗷　嗷待哺　袄　澳　傲视　奥地利　澳大利亚　澳门特别行政区　奥林匹克运动会　包　包办　包房商　包办代替　包在我身上　薄　雹子　宝　饱和　保质期　保质保量　宝贵的财富　保持稳步增长　报　报案　报告会　报仇雪耻　报喜不报忧　抱有一线希望　抛　抛开　抛眉眼　抛到脑后　抛头颅洒热血　刨　狍子　刨根问底　跑　跑来　跑不掉　跑步锻炼　跑到哪里去了　跑得了和尚跑不了庙　跑得比兔子还快　炮　炮弹　炮筒子　炮火连天　猫　猫眼　猫头鹰　猫哭老鼠　毛　毛发　毛孩子　毛骨悚然　毛泽东思想　铆　铆焊　铆足劲儿　冒　冒犯　冒风险　冒险精神　冒昧地问一句　贸易自由化　刀　刀叉　刀削面　刀光剑影　刀枪入库马放南山　捯　捯线　倒　倒班　导弹艇　倒地毙命　倒卖国有土地　导弹防御系统　到　盗卖　到岸价　倒背如流　倒吸了一口气　到底发生了什么事情　掏　掏出　掏不起　涛声碧浪　逃　逃跑　逃避　桃花运　逃避责任　桃李满天下　讨　讨好　讨公道　讨价还价　讨一个说法　套　套子　套不住　套近乎　套住了他　孬　孬种　挠　挠头　挠着头皮　脑　脑袋　脑白金　脑筋一转　脑力劳动者　脑子一定有问题　闹　闹大　闹别扭　闹出笑话　闹得不可开交　闹出了人命　捞　捞出　捞出来　捞到好处　劳　牢靠　牢记心里　劳动生产力　牢牢记在心里　老　老婆　老人大佬　老百姓　老当益壮　老死不相往来　涝　涝害　唠家常　高　高矮　高碑店　高不可攀　高标准严要求　高处不胜寒　搞　稿纸　搞笑　搞不懂　搞不明白　搞什么鬼名堂　告　告白　告别了　告别仪式　告诉你一个好消息　尻　尻尾　考　考核　考察队　考大学　考核标准　考虑一段时间　考生和家长　靠　靠岸　靠不住　靠在那里　靠山吃山，靠水吃水　蒿　蒿子　毫

安　豪华型　毫不保留　毫不利己专门利人　好　好事　好半晌　好不热闹
好长一段时间　号　好战　号召力　号令天下　好高骛远　招　招安　招待处
招兵买马　昭然于天下　着　着了迷　着急地问　着了一场大火　找　找事
找不到　找到工作　找个清静的地方　赵　照办　赵本山　照抄照搬　照此发
展下去　照葫芦画瓢　超　超载　超薄型　超出规定　超出想象力　超额完成
任务　超现实主义　朝　朝拜　朝阳区　朝鲜半岛　朝着这个方向努力　吵
吵闹　吵翻了　吵个不停　炒　烧　烧饭　烧东西　烧香拜佛　稍微一含糊
勺　勺子　芍药　少　少的　少部分　少报漏报　少花钱多办事　少数服从多
数　绍　稍息　少林寺　少林武校　少壮不努力，老大徒伤悲　饶　饶了　饶
有兴趣　饶有几分兴趣　扰　扰乱　扰乱市场　扰乱了市场秩序　绕　绕道
绕口令　绕道而行　遭　糟糕　遭暗算　遭此一劫　凿开　凿壁偷光　早　早
安　早点走　早出晚归　早就想好了　早晚都得发生　早知今日，何必当初
造　造反　造物主　造成困难　造成不利影响　造成直接经济损失　操　操办
操场上　操纵者　操之过急　曹　曹操　曹雪芹　草　草包　草丛　草本植
物　骚　骚客　骚扰电话　扫　嫂子　扫雷艇　扫描仪　扫荡一空　臊　扫帚
肮　肮脏　肮脏事　昂　昂然　昂然大骂　盎　盎然　盎然生机　帮　帮办
帮帮忙　帮忙办事　帮你一个忙　榜　榜样　绑架罪　榜上无名　膀大腰圆
傍　棒球　傍大款　棒棒糖　棒打鸳鸯　乓　膀肿　滂沱大雨　旁　旁白　旁
观者　庞然大物　榜　榜地　胖　胖子　胖墩墩　方　方案　方便面　方便快
捷　方圆几十里　防　防暴　防病毒　防备措施　防患于未然　房地产开发商
访　访查　访华团　访问期间　放　放排　放鞭炮　放出风来　放慢了脚步
放下屠刀，立地成佛　牤　牤牛　忙　茫然　忙不迭　盲目追随　忙得不可开
交　盲人骑瞎马　莽　莽草　莽莽苍苍　当　当差　当代人　当场表演　当代
中国　党　党报　党八股　党的队伍　党的基本路线　党和国家领导人　档
档次　档案馆　档案管理　荡然无存　汤　汤剂　趟浑水　汤汤丸丸　唐　唐
代　糖纸　唐山市　唐古拉山　唐诗三百首　唐宋元明清　躺　躺在　躺下来
躺在床上　烫　烫伤　囔　囔囔　囊膪　囊　囊括　囊中物　囊空如洗　囊中
羞涩　攮　攮子　齉　齉鼻儿　啷　狼　廊坊　狼外婆　郎才女貌　朗　朗诵
朗读着　朗朗上口　浪　浪潮　浪漫史　浪得虚名　浪子回头金不换　刚　刚
刚　刚才说　刚刚结束　刚刚发生的事情　港　港澳　港澳台　港澳地区　岗
位责任制　杠　杠杆　杠杆作用　康　康乐　康乃馨　康复如初　扛　扛起
扛不住了　抗　抗癌　抗病毒　抗菌药物　抗氧化作用　夯　夯歌　行　行长
航空　航海家　行家里手　沆　沆瀣一气　张　张开　张大嘴　张榜公布
张公吃酒李公醉　长　长大　长大后　长大成人　掌上电脑　长得一模一样

238

掌握第一手材料　涨　障碍　涨起来　涨红了脸　丈二和尚——摸不着头脑
昌　昌盛　长　长安　长安街　长此以往　长江后浪推前浪　常回家看看　场
厂长　厂领导　厂房设备　厂长办公室　唱　唱歌　唱大戏　唱歌跳舞　怅然
若失　伤　伤害　伤残人　伤害别人　伤心的泪水　商场如战场　赏　赏罚
赏花人　赏心悦目　上　上告　上海市　上班时间　上不着天下不着地　上合
天理，下应民意　嚷　嚷嚷　嚷嚷着　瓤　瓤子　嚷　嚷成一片　让　让开
让大家　让给别人　让梦想成为现实　让事实来说话　脏　脏了　脏兮兮　脏
乱不堪　驵　藏　藏戏　藏蓝色　藏族地区　葬身之地　苍　苍白　苍白色
苍白的脸　沧海横流，方显出英雄本色　藏　藏到　藏不住　藏垢纳污　藏在
什么地方　桑　桑塔纳　搡　嗓子　丧　丧失了　丧尽天良

综合练习三

一　衣服　伊拉克　一氧化碳　一波未平，一波又起　依靠人民群众　衣来伸
手饭来张口　宜　宜昌　疑难病　疑惑不解　疑则勿用，用则勿疑　以　以此
以防止　以便观察　以此为基础　已成为过去　以大局为重　亿　艺术　亿美
元　亿万富翁　意识到问题的严重性　易得则易失　逼　逼迫　逼近了　逼上
梁山　鼻　鼻子　鼻子一酸　比　比如　笔记本　比较丰富　比上不足，比下
有余　彼一时，此一时　必　必要　必定会　必不可少　闭门造车，出门合辙
批　批改　批发部　批发价格　批评和自我批评　披着人皮的狼　皮　皮衣
皮包带　皮包骨头　疲马不畏鞭棰　皮笑肉不笑　皮之不存，毛将焉附　匹
痞子　匹兹堡　匹夫有责　屁　屁事　屁颠颠　屁滚尿流　眯　眯缝　眯着眼
睛　迷　弥漫　谜语　迷彩服　迷惑不解　迷途的羔羊　弥补这些弱点　米
米袋　蜜　蜜糖　秘书长　秘密工作　秘密地进行　低　低矮　低层次　低层
职员　低头不见抬头见　滴水之恩涌泉回报　敌　敌人　迪斯科　敌对态度
敌对武装势力　底　底版　底朝天　底气十足　底格里斯河　第　第八　第八
届　第比利斯　第一作案现场　踢　踢打　踢坏了　踢出门外　梯恩梯当量
踢了他一脚　题　提拔　题名为　题海战术　提出宝贵意见　体　体积　体操
房　体测问题　体育爱好者　体现不出来　替　替班　替补席　替补队员　替
古人担忧　妮　泥　泥巴　泥瓦匠　泥塑木雕　泥菩萨过河——自身难保　拟
拟稿　拟定出　拟订计划　你到底是谁　哩　哩哩啦啦　离　离岸　离岸价
离岸价格　离子化合物　狸猫换太子　里　里昂　里程碑　里里外外　里三层
外三层　里外不是人　力　利弊　历史观　力不从心　力量对比悬殊　历尽千
辛万苦　屋　屋里　屋顶上　屋里屋外　屋漏偏逢连阴雨　无　无碍　无所谓
无法无天　无法控制自己　无风不起浪　五　五爱　五边形　五彩斑斓　五十

步笑百步 物 物产 物价 物产丰富 物以类聚，人以群分 勿以善小而不为 逋 逋逃 补 补充 补偿费 补办手续 补偿贸易合同 部 部颁 部长级 部长会议 布下天罗地网 不承担任何责任 扑 扑鼻 扑鼻而来 蒲葡萄 蒲公英 普 普查 普遍的 普遍反映 普遍关心的问题 铺 铺板 瀑布 一暴十寒 模 模板 亩 亩产 亩产量 母亲大人 母行千里儿不愁 木 木棒 木板床 木材市场 睦邻合作关系 夫 夫妇 夫妻间 夫唱妇随 夫妻共同财产 服 服气 服兵役 服从安排 福如东海，寿比南山 浮出了水面 府 府第 辅导班 府邸后门 副 副词 副部长 副参谋长 负有不可推卸的责任 付出了惨重的代价 嘟 嘟囔 嘟着嘴 督促检查 读 读报 读大学 独出心裁 读书破万卷，下笔如有神 独自一个人 赌 赌博 赌气 走了 度 肚子 度假村 渡过难关 秃 秃山 凸面镜 突出表现 突然出现在我面前 突然有一天 图 图案 图书城 图表设计 图穷匕首见 土 土地 土办法 土崩瓦解 土地使用权 吐 吐出 吐苦水 吐出气来 奴 奴才 奴隶制 奴隶市场 努 努力 努力下 努力不懈 努力地工作 怒 怒斥 怒冲冲 怒不敢言 怒从心头起 撸 卢 卢沟桥 炉火纯青 卢沟桥事变 鲁 鲁班 卤化物 鲁莽蛮干 路 陆地 路漫漫 陆陆续续 路上小心 路漫漫其修远兮 路见不平，拔刀相助 估 估测 姑奶奶 估计不足 孤掌难鸣 股 鼓掌 股东会 股东大会 股份有限公司 故 顾客 故事会 故地重游 顾不了那么多了 哭 哭得 哭鼻子 哭成一片 刳木为舟 库 库藏 库存量 库尔勒市 纨绔子弟 库尔德斯坦 呼 呼声 呼喊着 忽然间 呼风唤雨 呼吸新鲜空气 胡 胡扯 胡锦涛 胡编乱造 胡萝卜加大棒 虎 琥珀 水浒传 虎豹豺狼 户 户口本 户外活动 互不干涉内政 朱 朱德 朱红色 诸多便利 朱门酒肉臭，路有冻死骨 竹 逐步 竹竿子 竹篮打水 竹篮打水一场空 逐步发展壮大 主 主板 主办方 主办单位 主持了这次会议 住 住处 住几天 住的地方 祝您工作顺利 助你一臂之力 出 出版 初级班 出版部门 出口转内销 除 除霸 除草剂 除此以外 除之而后快 楚 处理 楚楚动人 处于领先地位 处 处长 处长助理 书 书案 书报亭 书报资料 书到用时方恨少 书山有路勤为径，学海无涯苦作舟 输得心服口服 熟 熟道 熟练地 熟练操作 人非圣贤，孰能无过 属 属地 署名为 属于自己 属于自己的天地 树 数目 树底下 树大根深 树倒猢狲散 树高千丈，落叶归根 租 租车 租借地 租房协议 足 足迹 足够长 足不出户 足够证据表明 组 组长 组委会 组成部分 组织协调能力 粗 粗暴 粗暴地 粗茶淡饭 殂 殂死 醋 促进 醋罐子 醋熘白菜 促进血液循环 苏 苏打 苏格兰 苏格拉底 苏伊士运河 俗 俗气

俗话说 俗不可耐 俗话说得好 速 速度 速成班 速度放慢 塑造人物性格 如 如不 如此多 如不及时 如果不是这样的话 如何看待这个问题 辱 辱没 乳白色 乳臭未干 俯首甘为孺子牛 入 入席 入场券 入党宣誓 入不敷出

综合练习四

欧 殴打 欧安会 欧美国家 欧洲经济共同体 藕 藕 呕吐 偶然性 藕断丝连 偶然的机会 怄 怄气 沤肥 剖 剖面 剖面图 哞 哞叫 谋 谋反 谋略家 谋财害命 谋事在人，成事在天 某 某个 某一个 某一个人 某年某月的某一天 否 否则 否决权 否定过去 否认这一说法 都 都不 都不到 都表现出 都不愿意看到的事情 陡 陡立 抖出来 陡峭险峻 斗大的字不识一个 痘 逗人 斗牛士 斗殴事件 斗智而不斗力 豆大的汗珠 偷 偷吃 偷东西 偷盗财物 头 头版 投机 头班车 头版头条 投资小，回报高 头发长，见识短 透 透气 透露出 透不过气 透着一股寒意 搂 搂钱 楼板 楼梯口 楼上楼下 搂 搂抱 搂肩搭背 漏 漏报 露马脚 漏洞百出 露出了欣慰的笑容 沟 沟道 勾搭上 沟沟坎坎 狗 狗宝 狗咬狗 狗胆包天 狗改不了吃屎 狗拿耗子多管闲事 够 够大 够不着 够不够好 构成了极大的威胁 抠 抠出 抠字眼 口 口岸 口才好 口齿伶俐 口头表达能力 寇 齁 齁苦 猴 猴子 侯门似海 吼 吼道 后 后面 后半辈 后备力量 厚积而薄发 后果不堪设想 州 州长 州法院 州立大学 周边地区 舟山群岛 周围的环境 洲际弹道导弹 周瑜打黄盖——一个愿打，一个愿挨 轴 轴承 轴功率 轴心国 肘 肘部 昼 骤然 昼思夜想 昼夜兼程 抽 抽查 抽出来 抽不出身 抽点时间 抽刀断水水更流 愁 愁肠 愁眉不展 丑 丑恶 丑八怪 丑恶事物 丑话说在前头 臭 臭骂 臭豆腐 臭不可闻 收 收案 收报员 收藏价值 收到读者的来信 收发电子邮件 收获特别大 熟手 手包 千背上 千搬肩扛 半提式电脑 手中的权力 手无缚鸡之力 受 受到 受不了 受宠若惊 售后服务 柔 柔道 柔韧性 柔情似水 糅合在一起 肉 肉食 肉包子 肉质鲜美 邹 诹吉 走 走吧 走不开 走遍全国 走遍世界各地 走了没多久 奏 奏章 奏国歌 揍了一顿 揍了个半死 凑 凑到 凑个数 凑凑热闹 搜 搜捕 搜查证 搜集资料 搜集各方面的信息 叟 抖擞 精神抖擞 嗽 咳嗽 恩 恩爱 恩格斯 恩断义绝 摁 摁住 奔 奔波 奔过去 奔波劳苦 本 本案 本报讯 本报编辑 本来面目 本报特约记者 笨 笨蛋 笨家伙 笨鸟先飞 喷 喷薄 喷气式 喷云吐雾 喷墨打印机 盆 盆地 盆

241

腔炎　盆腔内肌　喷　喷香　们　人们　门　门窗　门面房　门当户对　门不当户不对　闷　闷雷　闷葫芦　闷闷不乐　分　分别　分包商　分辨得出　分不清主次　分清轻重缓急　焚　焚书　焚烧厂　焚书坑儒　粉　粉丝　粉底霜　粉红佳人　份　份额　奋斗中　奋不顾身　扺　嫩　嫩草　嫩芽　跟　跟包　跟别人　跟到这里　跟别人不一样　跟着感觉走　哏　艮　亘　亘古　亘古及今　肯　肯定　肯不肯　肯定不是　肯定不成问题　痕　痕迹　痕迹斑斑　很　很矮　很安静　很不安全　很不是滋味　很久很久以前　恨　恨得　恨不得　恨天怨地　恨得咬牙切齿　恨铁不成钢　真　珍惜　真便宜　真不打算　针尖对麦芒　真不好意思　诊　诊察　诊断出　诊断证明　镇　镇长　镇党委　镇办企业　振作起精神来　嗔　嗔怒　陈　陈放　陈列品　陈化变质　沉重的代价　碜　趁　趁热　趁现在　趁其不备　趁这个机会　深　深奥　深层次　深不可测　深刻的印象　神　神采　神话般　神不守舍　神不知鬼不觉　神圣不可侵犯　沈　审查　审美观　甚　甚至　渗透于　甚嚣尘上　慎重的考虑　人　人保　人才库　人本主义　人不犯我，我不犯人　忍　忍耐　忍住　忍饥挨饿　任　任何　任命为　任何办法　任凭风浪起，稳坐钓鱼船　认真贯彻落实　怎　怎地　怎么办　怎会想到　怎么办才好　怎么也想不到　谮　谮言　参　参考　参加者　参观游览　参加比赛　参加工作以后　参　参差不齐　岑　涔　涔　森　森严　森林法　森罗万象　森林覆盖面积　杯　杯子　背书包　杯盘碗碟　悲惨遭遇　北　北岸　北半球　北爱尔兰　北大西洋公约组织　倍　备感　备份　贝布托　倍道兼行　贝尔格莱德　胚　胚盘　陪　陪伴　陪着他　赔本买卖　赔了夫人又折兵　配　配餐　配不上　配备齐全　佩服得五体投地　没　煤烟　没白费　没当回事　没别的意思　眉毛胡子一把抓　眉头一皱，计上心来　每　每天　每一个　美不胜收　美好的愿望　妹　妹妹　昧良心　昧利忘义　昧着良心办事　非　非常　飞机场　非比寻常　非常感兴趣　非常大的影响　肥　肥大　肥胖者　肥头大耳　淝水之战　肥沃的土地　匪　匪帮　诽谤罪　匪夷所思　费　费力　费脑子　费尽周折　废话少说　费力不讨好　费了九牛二虎之力　得　馁　气馁　内　内部　内分泌　内部变化　内无粮草，外无援兵　勒　勒死　勒住了　勒住脖子　雷　雷达　雷达兵　雷打不动　雷声大雨点小　蕾　蓓蕾　类　类似　泪汪汪　类比推理　类似的问题　泪水夺眶而出　给　给人　给不起　给多给少　给了我第二次生命　给人一颗糖，打人一巴掌　给人留下深刻的印象　黑　黑暗　黑暗面　黑白分明　黑云压城城欲摧　黑社会组织　贼　贼大　贼胆包天　东　冬菇　东半球　东南西北　冬虫夏草　东周列国志　冬练三九夏练三伏　董　懂事　董事会　懂得不多　董事长兼总经理　动　动笔　动不动　动宾短语　动机是什么　通　通报　通

第六章 综合训练

不过　通报批评　通常情况下　通过自己的努力　童　童工　童话般　童话传说　同风雨，共患难　同声相应，同气相求　统　统治　统称为　统筹安排　统一要求　痛　痛恨　痛不痛　痛不欲生　农　农民　农产品　农村调研　农林牧副渔　农田基本建设　弄　弄出　弄不懂　弄不明白　弄清事实真相　龙　龙宫　龙胆紫　龙的传人　隆隆的炮声　隆重的婚礼　拢　拢岸　垄断市场　弄　弄堂　供　供应　公安部　公安干警　公说公有理，婆说婆有理　功到自然成　功夫不负有心人　巩　巩固　汞中毒　巩固国防　巩固和发展　共　共同　共产党　共产党员　共创美好未来　空　空中　空荡荡　空洞无物　空手套白狼　孔　恐怕　孔繁森　孔孟之道　孔雀东南飞　恐怖袭击事件　空　空白　空白点　空白部分　控制不了自己　轰　轰动　烘干机　轰轰烈烈　轰动全世界　红　红色　红宝石　红粉佳人　红一阵白一阵　宏观经济调控　哄　哄骗　哄小孩　哄起哄　中　中阿　中巴车　中饱私囊　终于结束　忠言逆耳利于行　种　种子　种类表　种类繁多　种种迹象表明　重　重地　重病人　众议员　重兵把守　众寡悬殊　种瓜得瓜，种豆得豆　冲　冲啊　冲出来　冲鼻而来　冲在最前面　虫　重播　重组股　重蹈覆辙　宠　宠爱　宠辱不惊　铳　冲着　容　容积　容不得　容光焕发　融合在一起　冗　冗笔　冗词赘句　宗　踪迹　宗祠　综合性　综观全局　宗教领袖　总　总爱　总编辑　总部电话　总的来说　总结失败的教训　纵　纵横　纵断面　纵观历史　纵横驰骋　葱　匆匆　聪明人　匆匆赶来　聪明反被聪明误　聪明人不干糊涂事　丛　丛集　丛书热　从来没有　从表面上看　从根本上解决问题　松　松柏　松花蛋　松弛下来　松了一口气　耸　耸动　耸耸肩　耸人听闻　送　送宝　送出去　送出门口　送君千里，终有一别　崩　崩塌　崩溃了　崩溃瓦解　崩溃的边缘　甭　甭说　甭提了　绷　绷着　绷不住　泵　蹦极　蹦跳着　蹦蹦跳跳　烹　烹制　砰　砰砰跳　砰的一声　朋　朋党　彭德怀　蓬勃生机　朋友之妻不可欺　碰　碰壁　碰运气　碰巧路过　蒙　蒙题　蒙蒙亮　蒙头转向　盟　盟主　蒙汗药　蒙混过关　猛　猛然　蒙古族　猛吃一惊　梦　梦到　孟良崮　孟加拉国　梦想与渴望　风　风格　风景区　丰功伟绩　风景这边独好　风马牛不相及　逢　缝补　缝纫机　逢年过节　逢山开路，遇水架桥　奉　奉告　奉献给　凤毛麟角　凤择良木而栖　灯　登记　灯光下　登峰造极　灯火阑珊处　登上成功的彼岸　等　等于　等地区　等待时机　等我回来再说吧　瞪　瞪眼　瞪视着　瞪着眼睛　疼　疼爱　腾出来　腾云驾雾　能　能干　能不能　能文能武　能有什么办法　棱　棱台　棱柱体　有棱有角　冷　冷气　冷空气　冷言冷语　冷也不是，热也不是　愣　愣干　愣神儿　愣了愣　愣头愣脑　耕　耕地　耕地制度　耕耘与收获　耿　耿直　耿耿于怀　更　更加　更好的　更加

243

了解　更重要的是　更好的办法　坑　坑害　坑坑洼洼　亨　哼声　哼一声
哼哼唧唧　哼也不哼一声　横　横溢　横坐标　横冲直闯　衡量标准　横眉冷
对千夫指　横　横祸　争　争霸　争取了　争分夺秒　征服自然　睁一只眼，
闭一只眼　整　整个　整件事　整整齐齐　整个过程中　症　政体　郑州市
政治危机　正因为如此　正常情况下　称　称霸　称得上　称霸一方　撑不下
去了　成　成败　成立了　成吉思汗　成事不足，败事有余　成不了大事　逞
逞能　逞能好胜　逞一时之能　秤　秤杆　声　升高　升降机　生机勃勃　生
死由命，富贵在天　绳　绳子　绳锯木断　省　省市　省市区　省委书记　胜
胜利　胜利者　胜负未分　胜败乃兵家常事　胜利的喜悦　增　增白　增长率
增值基金　赠　赠给　赠礼物　赠与合同　噌　噌地　曾　层次　曾经是　层
次分明　层次不清楚　蹭　蹭蹬　蹭来蹭去　僧　僧尼　僧多粥少　扔　扔了
扔过来　扔到一边　仍　仍然　仍处于　仍然相信　仍旧是那样　而　儿子
儿童院　儿童医院　儿孙满堂　儿孙自有儿孙福　儿行千里母担忧　耳　耳朵
耳边风　耳红脸热　而今迈步从头越　二　二次　二季度　二次大战　二人同
心，其利断金

综合练习五

迂　迂腐　迂回曲折　于　于是　娱乐圈　愚公移山　心有余而力不足　雨
语言　宇航员　与此同时　雨越下越大　居　居然　居民区　居心叵测　局
局势　局限性　局势发展　举　举报　举行的　举一反三　举个简单的例子
据　据此　据统计　拒腐防变　据不完全统计　区　区域　区域自治　区区小
事，何足挂齿　渠　渠道　水到渠成　取　取代　取代了　取长补短　曲径通
幽　取得成功　取其精华，去其糟粕　去　趣谈　去年底　去而复返　须　须
臾　需求量　虚有其表　虚心使人进步　徐　徐州　徐悲鸿　徐娘半老　许
许久　许多人　栩栩如生　续　叙述　畜牧业　蓄意谋杀　女　女孩　女主角
女中豪杰　女大十八变　驴　驴子　驴驹儿　驴年马月　驴唇不对马嘴　吕
屡次　铝合金　屡败屡战　率　律师　氯化钠　冤　渊博　冤大头　冤家路窄
冤有头，债有主　员　原意　圆周率　原班人马　圆满完成任务　远　远东
远距离　远大抱负　远走高飞　远水解不了近渴　愿　愿意　院子里　怨天尤
人　愿意不愿意　捐　捐资　蠲免杂税　卷　卷曲　卷土重来　卷　倦怠　圈
圈套　圈地盘　圈地运动　全　全部　全方位　权衡利弊　拳不离手，曲不离
口　犬　犬齿　犬马之劳　劝　劝阻　宣　宣布　轩然大波　悬　悬案　悬崖
峭壁　选　选择　选拔人才　炫　绚丽　绚丽多彩　晕　晕倒　晕倒在地　云
云南　云南白药　允　允许　允不允许　运　运输　运动员　运输工具　运用

自如　军　军属　军事家　军队建设　俊　郡主　俊男靓女　逡　逡巡　群
群体　群众的利益　熏　熏肉　薰衣草　寻　寻找　讯　迅速　徇私枉法　约
约定　约束力　约法三章　哕　干哕　月　月底　阅览室　越来越大　虐　虐
待　虐待狂　略　掠取　略有耳闻　撅　撅嘴　绝　绝对　决一死战　蹶　蹶
子　倔　倔脾气　倔头倔脑　缺　缺少　缺乏沟通　确　确保　确信无疑　薛
靴子　削足适履　学　学习　学习班　学无止境　雪　雪原　雪中送炭　血
血型　血海深仇

综合练习六

呀　压迫　压缩机　鸦雀无声　牙　牙齿　牙买加　牙牙学语　哑　雅观　雅
加达　雅典端庄　雅鲁藏布江　亚　亚洲　亚运村　亚马孙河　亚里士多德
亚洲金融危机　家　佳音　佳木斯　家政公司　夹　戛然　夹克衫　戛然而止
甲　甲方　甲状腺　假公济私　价　价格　驾驶员　价廉物美　掐　掐住　掐
头去尾　卡　卡住　卡脖子　恰　洽谈　恰恰是　恰在此时　瞎　瞎子　虾仁
儿　虾兵蟹将　霞　瑕疵　侠肝义胆　下　下雨　下意识　下属单位　嗲　嗲
声嗲气　俩　俩人　披　椰子　耶和华　耶鲁大学　爷　爷爷　也　也许　也
可能　野生动物　野火烧不尽，春风吹又生　夜　业余　业务员　叶公好龙
憋　憋气　憋不住　别　别离　别动队　别树一帜　瘪　瘪谷　别　别扭　别
别扭扭　撇　撇开　撇在一边　撇　苤蓝　撇了撇嘴　嫠　咩　灭　蔑视　灭
火器　灭绝人寰　爹　跌倒　跌幅大　跌跌撞撞　叠　叠韵　喋喋不休　贴
贴在　贴心话　贴近群众　铁　铁道　铁观音　铁面无私　帖　捏　捏揉　捏
造事实　茶　聂　聂耳　聂荣臻　蹑手蹑脚　咧　咧咧　咧　咧着嘴　咧嘴一
笑　列　劣势　烈士墓　列宁主义　列席了会议　皆　接受　接班人　上气不
接下气　节　结拜　节假日　结缔组织　解　解析　解放军　届　借助　介绍
人　借酒浇愁　切　切除　切入点　切断电源　茄　茄子　且　且慢　且没有
且战且退　切　窃喜　窃听器　窃窃私语　些　歇工　歇后语　些许不安　携
携带　协议书　协调发展　与　写字　血淋淋　写作能力　谢　泄漏　谢谢您
谢天谢地　优　优秀　优惠卡　悠悠岁月　由　由于　游乐园　游刃有余　有
有时　有可能　有凭有据　有所为，有所不为　又　诱发　幼儿园　幼儿教育
谬　谬误　谬种流传　丢　丢弃　丢面子　丢三落四　妞　妞妞　牛　牛犊
牛皮癣　牛头马面　扭　扭打　纽约市　扭转局面　拗　拗不过　溜　溜走
溜走了　溜须拍马　刘　流通　留学生　流芳百世　柳　柳树　柳叶眉　柳暗
花明　六　六月　六年级　六中全会　六一儿童节　究　纠纷　究竟是　究其
根源　九　酒楼　九寨沟　久经沙场　就　就业　救护车　救死扶伤　秋

245

收　丘吉尔　秋高气爽　求　求知　求发展　求神拜佛　糇　休　修业　休闲服　修身养性　茵　朽　朽木　秀　袖珍　绣花针　袖手旁观　央　秧子　殃及池鱼　杨　扬州　扬声器　扬子鳄　阳奉阴违　养　养育　氧原子　养育之恩　样　样式　样板戏　样样俱全　娘　娘家　娘娘腔　酿　酿造　酿酒厂　酿成大错　良　良好　良导体　良师益友　两　两岸　两党制　两岸关系　辆　亮丽　亮晶晶　量体裁衣　将　江湖　将突破　江湖人士　讲　讲稿　讲文明　奖惩分明　降　降到　降落伞　降低要求　枪　枪弹　枪炮声　枪支弹药　强　强大　强加给　强制措施　抢　抢答　抢救性　强颜欢笑　呛　呛得我　乡　相爱　相当于　详　详谈　详细资料　想　想法　想当然　想入非非　向　相貌　象征着　像模像样　因　因特网　因地制宜　音容笑貌　因为种种原因　殷切的期望　阴谋未能得逞　银　银牌　银川市　吟诗作对　引　引发　引火线　隐隐约约　引起了非常大的反响　引起足够的重视　印　印尼　印刷厂　印度半岛　印度尼西亚　宾　海滨　彬彬有礼　鬓　摒弃　殡仪馆　拼　拼音　拼写法　拼音字母　拼个你死我活　拼命地工作　贫　贫苦　贫困线　贫困地区　贫贱不能移　品　品德　品牌机　品种齐全　聘　聘书　聘用制　聘用合同　民　民办　民政局　民国时期　民以食为天　敏　敏感　闽南语　敏感反应　您　您好　您的意思是说　拎　拎包　拎起来　拎着东西　林　林海　淋巴腺　淋巴细胞　临走的时候　凛　凛然　凛冽的寒风　吝　吝惜　吝啬鬼　斤　今日　金箍棒　从今以后　今朝有酒今朝醉　金木水火土　仅　紧迫　紧迫感　紧急通知　仅凭这一点　进　禁区　尽可能　近代史上　近水楼台先得月　尽最大努力　亲　亲身　亲切感　亲密接触　亲眼所见，亲耳所听　亲疏远近，一视同仁　秦　秦朝　擒拿　秦始皇　勤能补拙　擒贼先擒王　寝　寝室　寝食不安　沁　沁入　沁人心脾　心　心血　心新发现　心中有数　心毒如蛇蝎　信　信任　信用卡　信息管理　邀　邀请　腰间盘　腰粗膀圆　摇　遥远　遥控器　摇摇欲坠　遥遥不可预期　咬　咬住　咬耳朵　咬牙切齿　杳无音信　咬定青山不放松　要　药剂　耀武扬威　要风得风，要雨得雨　标　标识　标语牌　标本兼治　表　表白　表面积　表里不一　表示衷心感谢　嫖　嫖胶　飘　漂泊　飘过来　飘飘荡荡　瓢　瓢虫　瓢泼大雨　漂　漂染　漂白粉　瞟了一眼　票　票额　漂亮仗　漂漂亮亮　喵　喵喵叫　描　描述　描写了　苗而不秀　秒　秒钟　渺无人烟　妙　妙计　妙极了　妙笔生花　雕　雕砌堡　雕刻家　貂皮大衣　雕虫小技　屌　屌人　调　调查　钓鱼台　调查报告　调查后发现　挑　挑剔　挑毛病　挑三拣四　条　条件　条形码　条件反射　调整自己的心情　挑　挑逗　挑明了　挑拨离间　跳　跳板　跳下去　跳梁小丑　跳到黄河也洗不清　鸟　鸟笼　鸟瞰图　鸟语花香　尿　尿素　尿毒症

撩　撩开　聊　潦草　疗养院　辽东半岛　聊得挺开心　了　了却　了不起　了解社会　了解和掌握　料　料到　料想到　料事如神　交　交班　交易额　交叉路口　交换了看法　嚼　嚼舌　角　脚步　佼佼者　绞尽脑汁　较　教育　教育部　教育部门　叫花子打狗——边打边走　悄　敲门　悄悄话　敲敲打打　敲响了警钟　桥　侨胞　瞧不起　桥梁作用　桥梁和纽带　巧　巧辩　巧克力　巧夺天工　巧妇难为无米之炊　俏　窍门　俏皮话　峭壁悬崖　消　消防　销售额　消毒系统　消息灵通人士　淆　崤山　小　小山　小意思　小家碧玉　小不忍则乱大谋　晓之以理，动之以情　笑　笑话　校园里　笑傲江湖　笑一笑，十年少　效果相当明显　烟　烟酒　烟灰缸　烟笼雾罩　言　延期　研究生　研发中心　言必信行必果　眼　演播　演讲家　眼疾手快　眼不见，心不烦　艳　厌倦　验钞机　验收报告　燕雀安知鸿鹄之志哉　边　编辑　编辑部　边远山区　贬　贬斥　扁桃体　扁形动物　变　便于　变戏法　遍体鳞伤　变被动为主动　篇　篇目　偏僻处　偏正短语　偏远的地方　便　便宜　便宜货　便宜一半　片　片刻　片面性　骗吃骗喝　棉　棉袄　棉纺织　绵里藏针　免　免遭　免疫力　勉为其难　面　面板　面对着　面面俱到　面向现代化　掂　颠倒　颠倒黑白　点　典雅　点点头　点点滴滴　电　电气　奠基石　电子邮箱　奠定了坚实的基础　天　天气　天然气　天各一方　天不怕地不怕地　天高任鸟飞，海阔凭鱼跃　田　填表　填空题　甜言蜜语　填补国内空白　甜甜的微笑　舔　舔舐　舔舔嘴巴　掭　蔫　蔫头耷脑　年　年底　年轻人　年复一年　年轻小伙子　撵　撵走　念　念书　念大学　念念有词　连　联合　联合国　联系方式　连在了一起　脸皮厚　联合国安理会　脸　脸型　脸红耳赤　脸红脖子粗　恋　恋爱　练习题　恋恋不舍　兼　监督　监察院　监督部门　坚持和完善　简　简单　检察院　检查人员　简单得不能再简单　简直不敢相信　件　建议　建筑师　见异思迁　见什么人说什么话　千　迁移　牵引力　千方百计　谦虚过度等于骄傲　千尺台榭，非一木之枝　前　前进　前列腺　前途无量　钱海战术　前不着村后不着店　前不见古人，后不见来者　浅　浅海　浅绿色　浅尝辄止　欠　欠安　欠债还钱　先　先进　先进性　先进单位　先天下之忧而忧，后天下之乐而乐　显　显现　显微镜　显著效果　县　现实　现阶段　献计献策　限制人身自由　拥　拥有　拥护者　拥军优属　拥抱在一起　永　永远　永远是　永无止境　勇攀科学高峰　勇敢地面对　用　用法　用不着　用武之地　用人不疑，疑人不用　窘　窘迫　窘得很　窘态毕露　炯　炯有神　兄　兄长　凶杀案　胸无点墨　汹涌的波涛　雄　熊猫　雄赳赳　雄心勃勃　雄厚的资金　穷　穷人　穷光蛋　穷奢极欲　应　应该　英吉利　英雄事迹　应尽的义务　英雄难过美人关　英雄所见略同　英雄无用武之地　迎

迎接　营销部　迎难而上　赢得最后的胜利　影　影坛　影视圈　影响效益
硬　应邀　映照　硬技术　硬件设备　兵　兵法　兵马俑　冰天雪地　兵败如
山倒　丙　秉公　丙烯酸　秉公无私　并　病毒　病殃殃　并非如此　并不是
一件容易的事　乓　乒乓　乒乓球　乒乒乓乓　凭　凭据　平方米　平白无故
评论员文章　名　名字　明信片　名副其实　名不正，言不顺　酩　酩酊　酩
酊大醉　命　命令　命名为　命丧黄泉　命运的安排　丁　丁当　丁香花　盯
着我看　丁是丁，卯是卯　顶　顶班　顶梁柱　鼎盛时期　定　定案　订合同
定眼一看　订立和实施　听　听见　厅局级　听政制度　听到他的声音　停
停顿　停车场　停止营业　停留在这里　挺　挺好　挺不错　铤而走险　挺不
好意思　宁　宁波　凝聚力　凝集反应　凝聚在一起　拧　拧成　拧螺丝　拧
在一起　宁　宁可　宁死不屈　宁缺毋滥　宁可信其有，不可信其无　零　零
点　零部件　灵机一动　零距离接触　领　领导　领导层　领导部门　领导对
我很好　另　另外　另类　另一些　另起炉灶　另一个原因是　经　经常　经
济圈　经典故事　经过大家讨论　景　景色　景德镇　景色迷人　井水不犯河
水　竟　竟然　竞争力　静摩擦力　敬酒不吃吃罚酒　清　清楚　青铜器　轻
歌曼舞　清楚地认识到　情　情谊　情人节　情如鱼水　情绪不稳定　请　请
安　请战书　请君入瓮　请大家注意　请提出宝贵意见　庆　庆典　庆功会
磬竹难书　兴　兴办　兴奋剂　兴奋不已　星球大战计划　星星之火，可以燎
原　行　形状　行迹　行车证　形式多样　行政工作人员　醒　醒酒　醒过来
醒来以后　性　幸福　幸运奖　兴高采烈

综合练习七

挖　挖苦　挖土机　挖空心思　挖掘自己的潜能　娃　娃娃　娃哈哈　娃娃电
脑　瓦　瓦斯　袜　袜子　袜筒儿　瓜　瓜农　呱呱叫　刮风下雨　瓜田不纳
履，李下不整冠　寡　寡妇　寡闻少见　挂　挂包　挂号信　挂钩化肥　挂羊
头卖狗肉　夸　夸大　夸夸其谈　垮　垮台　跨　跨步　跨地区　跨国公司
花　花白　花岗石　花枝招展　花钱如流水　花心大萝卜　华　华语　华盛顿
华而不实　化　化身　华罗庚　画饼充饥　化干戈为玉帛　抓　抓起　抓机会
抓耳挠腮　抓住了机会　爪　爪子　爪尖儿　欸　欸拉一声　刷　刷子　刷新
记录　唰唰作响　耍　耍弄　耍威风　耍枪弄棒　耍什么花样　刷　刷白　温
温饱　温度计　温饱工程　温故而知新　温暖的阳光　文　文案　文字狱　闻
鸡起舞　百闻不如一见　稳　稳定　稳定性　稳扎稳打　稳坐钓鱼台　问　问
答　问候语　问长问短　问你几个问题　吨　敦厚　吨公里　敦促大家　盹
打盹儿　盾　盾牌　顿了顿　茅塞顿开　吞　吞没　吞吐量　吞云吐雾　屯

第六章　综合训练

屯兵　屯田制　囤积而成　褪　抡　抡刀　抡巴掌　轮　轮到　伦理学　沦落街头　论　论辩　论点论据　论功行赏　滚　滚开　滚雪球　滚瓜烂熟　滚得远远的　棍　棍棒　坤　坤表　昆仑山　昆虫激素　捆　捆绑　捆绑销售　困　困难　困扰中　困惑不解　困难和压力　昏　昏暗　婚姻法　婚姻制度　魂　魂魄　浑天仪　浑然一体　魂飞魄散　浑身是嘴也说不清　混　混编　混合物　混乱局面　混合在一起　谆　谆谆　谆谆教导　谆谆告诫　准　准时　准确率　准备工作　准备怎么办　春　春天　春小麦　春风满面　春光明媚　春蚕到死丝方尽　春江花月夜　纯　纯白　纯天然　纯属虚构　蠢　蠢事　蠢蠢欲动　吮　吮吸　吮痈舐痔　顺　顺便　顺口溜　顺利地　顺理成章　顺我者昌，逆我者亡　润　润色　润滑剂　润润嗓子　尊　尊重　尊敬的　遵纪守法　尊重客观事实　撙　撙节　村　村长　村支书　村民自治　存　存在　存款人　存心不良　存在的问题　存在很多问题　忖　忖量　思忖　寸　分寸　寸草不生　寸步不离　尺有所短，寸有所长　孙　孙女　孙中山　孙子兵法　树倒猢狲散　损　损害　损失费　损失惨重　损人不利己　山间竹笋，嘴尖皮厚腹中空　汪　汪洋　水汪汪　汪洋大海　王　王法　亡国奴　亡羊补牢　王子犯法，与庶民同罪　往　往日　往往是　网页设计　往往取决于　往事不堪回首　望　望穿望远镜　忘恩负义　忘得干干净净　光　光明　光秃秃　光荣称号　光凭这一点　光天化日之下　广　广播　广播员　广播公司　广阔的空间　逛　逛街　逛商店　筐　筐子　诓骗　匡正　狂　狂暴　狂想曲　狂风怒吼　矿　矿藏　矿泉水　矿产资源　庄　庄严　装门面　装疯卖傻　装什么糊涂　壮　壮志　状态下　壮烈牺牲　壮士一去兮不复返　撞到枪口上　窗　窗口　窗户纸　窗明几净　床　床单　床头柜　闯　闯荡　闯红灯　闯荡江湖　创　创办　创办人　创新技术　创历史最高水平　创造有利条件　双　双边　双休日　双边关系　双方都满意　双鸟在林，不如一鸟在手　双方达成了协议　爽　爽口　爽朗的笑声　弯　蜿蜒　弯曲　弯弯的　弯弯曲曲　完　完工　玩游戏　完全一致　完成工作任务　晚　晚安　晚自习　皖南事变　挽回经济损失　晚一天不如早一天　万　万般　万花筒　万般无奈　万般皆下品，惟有读书高　万变不离其宗　端　端午　端午节　端正党风　短　短期　短距离　短兵相接　段　断案　断代史　断章取义　湍　湍急　湍流　团　团部　团支书　团结协作　团结就是力量　暖　暖气　暖气片　暖洋洋　孪　孪生　孪生兄弟　卵　卵黄　卵细胞　乱　乱动　乱糟糟　乱七八糟　乱点鸳鸯谱　关　关键　观测器　关键时期　关你什么事　管　管用　管理员　管理机构　管不了那么多　贯　贯穿　惯用语　贯彻落实　灌了铅似的　宽　宽松　宽心丸　宽宏大量　宽以待人，严以律己　款　款待　款式新颖　欢　欢快　欢呼声　欢蹦乱跳　环

249

保　环保局　环保意识　以其人之道，还治其人之身　缓　缓期　缓冲剂　缓
兵之计　换　换班　幻想曲　患难与共　换汤不换药　患难见真情　专　专案
专案组　专案小组　专业技术人员　转　转移　转移到　转眼即逝　转眼就消
失了　赚　赚钱　撰稿人　转来转去　转了一大圈　穿　穿戴　穿甲弹　穿衣
打扮　传　传播　传播性　传播领域　船破又遇顶风雨　喘　喘息　喘吁吁
舛错纵横　喘不过气来　串　串通　串并联　串街走巷　串通一气　拴　栓塞
涮　涮洗　涮羊肉　钻　钻进　钻空子　钻牛角尖　篡　篡修　钻　钻孔　钻
井队　钻木取火　蹿　蹿出　攒　攒动　攒眉怒目　窜　窜扰　窜入室内　酸
酸雨　酸碱值　酸甜苦辣　算　计算　算起来　算命先生　算不了什么　软
软驱　软技术　软硬兼施　软件工程师　窝　蜗牛　窝边草　兔子不吃窝边草
我　我们　我本人　我不同意　我个人认为　握　握手　沃尔玛　卧虎藏龙
卧薪尝胆　多　多数　多巴哥　多边关系　夺　夺得　夺得冠军　朵　躲藏
躲不过　躲躲闪闪　舵　惰性　跺着脚　脱　脱逃　脱产　拖后腿　脱不开身
脱不了干系　驮　鸵鸟　鸵鸟政策　妥　妥善　椭圆形　妥善处理　拓　唾弃
唾液腺　唾手可得　挪　挪到　挪威海　挪用公款　诺　懦弱　诺贝尔　懦弱
无能　诺贝尔和平奖　啰　啰嗦　捋袖子　啰里啰嗦　罗　罗马　罗伯特　罗
马帝国　裸　裸露　裸子植物　落　落下　落后于　落到实处　落在我手里
郭　锅炉　锅碗瓢盆　国　国家　国防部　国产汽车　国际领先水平　果　果
断　果木林　果不其然　过　过半　过不去　过分关注　过不了多久　扩　扩
充　扩大化　扩大生产　扩大再生产　豁　豁出去　活　活泼　活不了　活蹦
乱跳　活到老学到老　火　火车　火箭弹　火光冲天　伙伴关系　火速赶往案
发地点　货　获得　货架子　获得成功　货比三家　货卖一张皮　昨　昨天
昨天上午　左　左右　左右手　左躲右闪　左膀右臂　作　作案　作报告　作
出贡献　搓　撮合　搓麻将　蹉跎岁月　矬　矬子　错　错爱　错别字　错失
良机　缩　缩写　缩短了　缩衣节食　所　所有　所有制　所剩无几　若　若
非　若没有　若无其事　若要人不知，除非己莫为　桌　桌布　捉迷藏　捉襟
见肘　桌面管理器　啄　着装　卓别林　卓越成绩　戳　戳穿　戳脊梁骨　绰
绰约　辍学　绰绰有余　说　说服　说明了　说三道四　说得比唱得还好听
烁　硕果　硕大　硕大无比　翁　渝江　嗡嗡乱叫　蓊　蓊郁　瓮　瓮城
瓮中之鳖　歪　歪道　歪打正着　崴　崴泥　外　外面　外包装　外部环境
乖　乖巧　乖乖地　乖巧聪慧　拐　拐弯　拐角处　拐卖人口　拐卖妇女儿童
怪　怪事　怪不得　怪模怪样　快　快点　快到了　快步如飞　快刀斩乱麻
怀　怀抱　淮海战役　怀才不遇　坏　坏话　坏孩子　坏人坏事　拽　拽住
揣　揣入　揣入囊中　揣　揣摩　揣摩不透　踹　踹开　踹了他一脚　摔　摔

跤 摔跟头 摔跤能手 摔倒在地 摔了一个跟头 甩 甩掉 甩出去 率 率领 帅呆了 率先垂范 危 危险 危机感 危害健康 危险的处境 唯 违反 违约金 违法操作 唯恐天下不乱 伟 伟大 委员会 伟大抱负 伟大的祖国 位 位于 未必是 卫生条件 为人民服务 卫星发射中心 堆 堆叠 堆雪人 堆积如山 对 对于 对不起 对比之下 对工作认真负责 推 推动 推本溯源 推动经济发展 颓 颓废 颓垣断壁 腿 腿脚 腿肚子 腿都软了 退 退场 退出来 退避三舍 退而求其次 归 规矩 规律性 归根结底 归个人所有 鬼 轨道 鬼点子 鬼斧神工 贵 贵宾 贵公司 贵重礼物 贵人多忘事 亏 亏本 亏损额 功亏一篑 魁 魁伟 葵花子 傀 跬步 傀儡政府 愧 愧疚 愧对于 溃不成军 辉 辉煌 灰姑娘 辉煌灿烂 回 回避 回不去 回避现实 回归大自然 悔 悔恨 毁灭性 毁于一旦 会 会议 会说话 汇报工作 会出现什么后果 嘴 嘴边 嘴皮子 嘴唇紧闭 嘴角动了动 最 最后 最常见 最大范围 崔 催促 催化剂 催人泪下 璀 璀璨 脆 脆弱 翠生生 啐了一口 虽 虽然 虽死犹生 随 随便 随风倒 随处可见 随着时间的推移 髓 骨髓 遂 强奸未遂 碎石 鬼鬼祟祟 追 追求 追星族 追悔莫及 追究法律责任 缀 坠落 坠落下来 吹 吹捧 吹嘘 吹笛子 垂 锤炼 捶捶背 垂帘听政 谁 谁家 谁料到 谁不知道 水 水滴 水产品 水到渠成 水火不相容 税 税收 税务局 睡个好觉 蕊 花蕊 瑞 瑞雪 锐不可当

第七章 提速训练中的实训案例

书记员的提速实训素材是从 120 字/每分钟开始,以每分钟递增 10 个汉字作为一个案例。

各篇实训素材的缩略词都设计了下划线,高频字和常用词则未设置下划线,这主要是培养书记员自己判断哪些是双语素缩略词,哪些是非双语素缩略词的使用习惯。

我们在第一章第三节中介绍了"讯问录入"格式和"询问录入"格式,本章只以录入的提速为核心,不再介绍诸如时间、地点等录入事项。

"实训案例"使用了大量的常用词和高频字,而这些常用词和高频字都没有作出使用标注,建议学员先看打一两遍,将常用词和高频字熟练后再进行听录。

实训案例 1[*]

检察官: 贾克学,这是第三次讯问你,你要如实交代罪行。

贾克学: 你们无权审问我。你们 这两个 小年轻的看我的眼神怪怪的,我一进来就看出来了。我朝你们笑一笑,我这样笑的意思你们没有领会,我只不过希望你们放松一点。我可不是一个普通的罪犯,我是一名 科学家,虽说是业余的,可也是 未来的 诺贝尔医学奖的 获得者。无论你们对我怎样我都无所谓的,我已进入了 历史,至少是 进入了人类的医学史,即使你们现在关押我,审问我,甚至判我刑或者把我杀了,也 没什么事儿。我同意你们这样做,我毕生的研究已经成功,这一成果 超过了发明青霉素的弗莱明、超过了华佗、李时珍 几十倍。我是在为我们国家的声誉考虑,过几年我到斯德哥尔摩 去领奖时总要作一下介绍,一点头衔也没有总还是要让一些别有用心的人说闲话的。与我所取得的成果而言,与我对国家、对人类的贡献而言,我这样的要求应该说 并不过分,这样的道理我不提你们可能还有点朦朦胧胧 的感觉,我一

---

[*] 1200 字,要求在 10 分钟内听录完,练习到在 6 分钟内听录完,这是一个从录入 120 个汉字/每分钟~200 个汉字/每分钟的过程。

说你们肯定是糊涂了。老实说你们一放我出去我肯定继续去做我的研究，我愿意为医学献身，而且已经作出过行动，所以你们才把我抓进来，可你们把我抓进来之后也没什么办法。就算你们弄清了事实真相，你们也知道根本无权审判历史，凭你们两个的知识水平你们也根本无法和我对话。虽然我只有高中文化，在我们那个医学研究院里只能是个看守传达室的保安，不过这个工作岗位我自己觉得挺满意的，我有的是空闲时间。另外还有一个好处是，无论哪个实验室的钥匙，包括图书馆、书库的钥匙我都有。我当过兵，人品也好，大家对我都是非常信任的。家里的水龙头坏了，小孩在幼儿园没人去接这样的事，无论院长还是研究员都喜欢叫我跑一趟，可是如果我趁去他们办公室送报纸的时候想跟他们请教一点我自己在研究中遇到的问题，他们的脸色也就说变就变了，一副不屑一顾的神气，弄得我一下子变得结结巴巴，话说不好了。我人还没走到楼梯口，就听到有人在说我附庸风雅，第一次听到这样的话，而且出自一位自己平日里非常尊敬的老研究员之口，我的泪水一下子涌满了我的眼眶，扶着不锈钢扶手的手指止不住的颤抖，指甲敲打着扶手发出了当当的金属声，我像一阵风似的冲下楼梯。本来是想跑回传达室去，可泪水已经不争气地流到了脸上，我一扭头拐进了底楼的厕所，用自来水冲掉了泪水，我的脑子也顿时变得清醒了，我想他们凭什么相信我呢？在他们眼里我除了能看好传达室、干点杂活之外，我还能做点什么呢？我想通了，可研究还是要继续下去，我不再天真和冲动，即使真的有问题问，我也换了种方式，我往往把要请教的问题写一个纸条，又推说是我的一个正在新加坡读医学硕士的堂兄弟打电话回来，要我代他向这儿的先生们请教的，被请教的老教授听我这么说态度才变得自然一点。他用绿色的中华牌铅笔在那张纸条的背面写了几段话，最后把纸递还给我的时候眼睛还变得笑眯眯的，问我的堂弟几岁了，跟哪个教授在学，专业方向是什么，我随口瞎扯了一通赶紧逃出那间办公室。一开始我对于别人的依赖性的确是有的，了解一些医学常识完全可以自学看书，要想进一步入门，有些问题还是不得不问的，就是在那时候我的研究环境最差，我的研究工作最有暴露的危险，自己心灵受到的伤害也最大。

　　这样的日子大概持续了一年多，后来就好了，我的研究完全进入了秘密状态。

缩略语应用提示

　　"缩略语应用提示"是对词汇中的三字和三字以上的单词、短语的缩略应用提示，旨在让学员在速录实训过程中逐步掌握缩略法。除本案例外，以后的实训案例不再标注缩略语应用提示，只给缩略语做下划线的提示。

笑一笑（2）　业余的（2）　未来的（2）　进入了（2）　至少是（2）
医学史（0）　这样做（2）　已经成功（5）　李时珍（8）　几十倍（9）
总还是（4）　说闲话（2）　应该说（4）　朦朦胧胧（2）　的感觉（2）
糊涂了（3）　老实说（2）　抓进来（8）　弄清了（2）　传达室（6）
实验室（2）　当过兵（4）　水龙头（6）　这样的事（3）　都喜欢（2）
送报纸（4）　弄得我（2）　说不好话（2）　非常尊敬（2）　不锈钢（8）
止不住（2）　敲打着（3）　发出了（3）　冲下楼梯（3）　不争气（4）
自来水（2）　洗干净（4）　继续下去（2）　推说是（5）　新加坡（2）
医学硕士（4）　堂兄弟（0）　老教授（3）　递还给我（2）　几岁了（3）
依赖性（3）　了解一些（2）　医学常识（3）　受到的伤害（2）　这样的
日子（2）　持续了（2）　进出的人（2）　收音机（6）　打瞌睡（3）
一大把（2）　传记作家（6）　研究笔记（3）　实验报告（5）
医学院（5）

实训案例 2*

检察官： 接着讲。

贾克学： 我们那个医学研究院位于木兰秋狝市的一条很僻静的小街上，进出的人是很少的，我白天开着收音机坐在传达室里打瞌睡，晚上我先是以检查安全为名，提着一大把钥匙到每个实验室里去转转。科学研究这东西，其实没有像那些记者和传记作家所吹得那么高深莫测、云雾缭绕的，从那些挂在墙头的研究笔记和摊开在办公桌上的实验报告上我基本了解了我们医学院里的那些戴着深度眼镜的家伙都在忙些什么，比如有一个副研究员为了一只长了三只眼睛的兔子就忙活了一个秋天；还有一个人在研究一种抗癌新药，那个实验室的地板上堆满了从四川那边的山里搜罗来的草药，以及一些动物的内脏，这两类东西的气味混合在一起足以把毛贼熏个半死，当然这样的地方我是很少去的，我最爱待的地方是麻醉品研究室，这是一个重点科室，里边有两间教室这么大，那些瓶瓶罐罐里的东西我都熟悉，就连装模作样锁在橱里的实验用品我也有办法拿到，我知道钥匙藏在哪个抽屉角落的空名片盒里，他们的实验报告我看得比他们自己还要用心，他们那些药丸或者针剂对于我的吸引力最大，我也不知道我是怎样迈出第一步的，事情总是在不知不觉中发生变化的，就像一条河突然拐了个弯，就像这儿头顶上的电灯泡掉下来砸在我的头上，我一下子头破血流，你们的审讯也就泡汤了，这种事不是不可能发生的。我

---

* 1300 字，要求在 10 分钟内听录完，练习到在 6 分钟内听录完为止。

记得那是个下雷阵雨的夏夜,整个医学院内除了我已经没有第二个人了,所以我在麻醉品研究室多待了五分钟,也就是那五分钟里我的脑子把我在电影电视上看到过的吸毒的场景都像放录像似地放了一遍。好奇心还是起到决定性的作用,我看见一个针筒里还残剩着一点没有颜色的液体,可能是吗啡吧,我咬咬牙,想也没想就把它扎进了我的右手臂上的那块肱二头肌。

给我喝口水,你们两个怎么都要睡着了?嫌我讲的不好听是吗?你们不知道现在的我有多激动,当时第一次用毒品之后所产生的那种腾云驾雾般的感觉重新又回到了我的心里,就跟吹气球似的,那种刺激和快感都快把我的皮肤撑破了!我激动得难以自制,可还是克制住了。我知道如果我上瘾的话那我就真的完了。也许是我的自制力,也许是那种实验用的东西在浓度上有问题,我还是能做到想用一点就用一点,不想用的时候我走过麻醉品研究室的门口脚步都要快几分。也就在那时候,我们医学院出了大事情,每天夜里都有神秘的人拿着特别通行证进进出出,而且去的都是麻醉品研究室那儿。有一天凌晨,我看见这两个神秘人物是乘一辆警车走的,我明白了,考虑到如果麻醉品研究室里的人出了事情,我可能连带着以盗窃罪被牵连出来。我几乎连着几天几夜没睡觉,静心等待那一副手铐从天而降。我反复阅读我认为最重要的几部医学典籍,以及自己的研究笔记。我想我关进监狱之后,正好使我摆脱俗事的侵扰,一心一意地从事我的医学研究。人类发展到现在,除了中非的个别地方,以及阿富汗等地的人民还陷于贫穷和饥饿之外,整个地球上的人类的物质状况还是达到了相当好的水平。当前的头等大事是如何延长人的寿命以便使人更为充分地享用这巨大的物质财富。我自己的研究工作虽然历尽了艰难,可我自认为还是很有前瞻性的,正是有这样清醒的认识,我不认为进了监狱我的工作就会中断。如此这般没日没夜的阅读弄得我神思恍惚,好在没过几天就有消息传来,警方在我们这座城市的西郊破获了一个地下的冰毒制造厂,而且跟我们医学院的麻醉品研究室的人有牵连。

实训案例 3 *

检察官: 接着讲。

贾克学: 这样的传闻不久就被晚报上的追踪报道所证实。虽然是用了某医学院这样的指称,可我还是一下子全明白了,整个研究室的人就此失踪了。据说包括那个秃顶的主任在内都判了刑,只是服刑的方式有所区别。考虑到这些人都是高级的科研人员,这伙人的官司是在戒备森严的戒毒所吃的。

---

* 1400字,要求在10分钟内听录完,练习到7分钟内听录完为止。

255

这个超大规模的戒毒所建在一个废弃的飞机场内，这伙人的服刑就跟在医学研究院里差不多。就是在里边研制出各种各样的戒毒丸，这些研究成果为这个戒毒所带来了巨大的经济效益，这真是个意想不到的事情，乐得院长合不拢嘴。还有一个意想不到的事情是眼镜蛇的出现。你们可听好了，他可是我个人的研究史上一个承上启下的人物，因为重要，那就放到明天说吧，不过我对你们两个的工作态度有意见！坐在右边的那个，个儿稍矮的，你叫什么名字来着？听你说你还是个心理学硕士呢，你怎么不问问我，把握好我的讲话方向，眼睁睁地让这半天的审讯变成我一个人的心理独白？还有坐在左边的那个细眯眼小胖子，你昨晚上肯定去迪厅什么地方混去了！我说了那么多，你为什么不讲讲你自己？你们不要以为自己有多少权力让我做这做那的，任何有效的交流都是建立在平等和信任的基础上的。好了好了，我不说了，你们烦我唯一的原因是你们饿了。我也一样。

今天一上来你们就让我讲讲眼镜蛇，我可不想让你们牵着鼻子走，毕竟我跟你们是不同的。我已进入了历史，我的真实存在已变成一个名字，一个医学发明，一种传说，一种差不多跟布鲁诺一样的遭遇，而我的身体倒是变成了可有可无的，对，就是这坐在椅子里的一百三十斤重的东西，它有头，有脸，有牙齿，有胸肌，有动脉和静脉，有记忆，有味觉，有手，有膝盖，有脚，有心跳，有呼吸和排泄，有肾，就是没有性欲。关于最后的这一点，说来话长，暂且不提。总之，我既不想讲眼镜蛇，也不想说说我自己，我要推开这两扇门，迈过世俗生活的门槛，踏上命运的小径。如果不是命运的话，就无从解释我就这么早早地结束了自己的研究方向，而会沿着眼镜蛇开创的道路走下去，东转转西绕绕，一直走进这座监狱，坐到这个被无数的杀人犯、强奸犯坐过的椅子上。不过，这绝不是我的终点，甚至到斯德哥尔摩去领奖也不是我的终点。我的终点不是时空中的某个点，如果一定要说的话，我的终点也就是人类历史的终点。历史就是历史，事实就是事实，你这位同志不要皱眉毛，你面对的不是一个一般的业余科学家，他的成就不是你在大学里读硕士时的导师的水平所能比的，甚至眼镜蛇的水平都比他们强。为什么你们一听到这个名字就瞪圆了眼睛？我知道你们的心思，几年前他闹的那场丑闻你们在调查时也听说过了，旧事重提你们就来了劲。本来我是想好好地跟你们两个说命运的，可看你们这个样子，我想我硬要说的话，你们也打瞌睡的打瞌睡，想心思的想心思，不会好好听的，那我就说眼镜蛇吧。他本来是在另一个城市的体育训练中心里做医生，在那儿他就是一个有名的怪人，曾创下四天三夜在实验室用显微镜观察两只蚂蚁交配的纪录，但他从来没被评上过劳动模范什么的，圈内圈外一致公认他有很强的科研能力，可是他的私生活也太糟了。三十好几了就是不肯结婚，业余时间从头到脚一身名牌，打扮得像一个雅皮士，专找体育训练中心里的女孩子玩，今天是游泳队的，明天换体操队的，再后天可能是柔道队的。那些离开父母到体育训练中心里来的女孩子大都是四肢发达头脑简单的那种，这样的女孩子跟你们这样的同龄人玩玩还差不多，除了爱情这个圈，也玩不到哪儿去。跟眼镜蛇就不同了，他可是老奸巨滑的情场老手。由于他资深专家的身份，一般的教练员对他还是相当尊敬的，那些运动员就更不用说了，她们有时要从眼镜蛇手上泡病假条，见他过来就露出巴结的眼神。而眼镜蛇在边走边看着一个个正在做练习的女孩子，心里默想着她们不同的来例假的日期。有时与某个有过一手的女孩子交换一下眼色。

实训案例 4[*]

检察官： 别拐弯抹角的，直接讲眼镜蛇的犯罪经过。

贾克学： 他走了一圈之后也就找到了晚上带出去玩的目标。他们的玩可是疯玩，往往是通宵达旦的。虽然违纪，不过那些教练员也不好说什么，主要是因为跟眼镜蛇玩的运动员平时的训练一塌糊涂，可在关键的比赛上还是拿得出成绩的。有几个还在世锦赛上得过冠军。无论是参赛的队友还是一直作追踪报道的体育记者都摇头感叹，说自己看不懂，真的看不懂。如果不是有个叫飞飞的游泳冠军怀孕了，浑身湿漉漉的像条鱼似的在更衣室的塑料地毯上打滚，闹着要跟眼镜蛇结婚而被眼镜蛇一口回绝，就跑到体育训练中心主任那里检举揭发了眼镜蛇，眼镜蛇玩了多年的鬼把戏才玩到头。眼镜蛇用草药熬制的兴奋剂是目前世界上绝大多数的体育比赛中都检测不出来的。正是凭着这一点，眼镜蛇引诱了一个又一个不想吃苦却贪图名利的女孩子。他根本没想到事情穿帮的那么早，最初被隔离审查的几天他还是很怕的。他怕他们杀人灭口什么的。他也劝自己想点别的，比如那些练体操的女运动员健美的裸体，可就是不行，警车和手铐，以及白炽灯灼人的光线把他这个花花公子彻底搞糟了。开始时他不肯交代，他们给他上了点手段，弄得眼镜蛇一会儿眼泪一会儿鼻涕的，他坚持不说是因为他认为自己已犯下了死罪。他死不松口是为了拖延点在这个世界上苟活的时日。后来还是审问的人说漏了嘴，说你这样的事不是一般的违法违纪，也不是一般的乱搞男女关系，具体是什么要看你是不是配合我们，要看你的态度……眼镜蛇的精神状态开始从半疯半癫回归到正常，他要了瓶矿泉水，咕咚咕咚地一口气喝了个大半瓶，然后一抹嘴说，你们记吧，审问的人用手指敲了敲桌子说："你不要搞错，你屁也不放一个我们

---

[*] 1500 字，要求在 10 分钟内听录完，练习到在 7 分钟听录完为止。

怎么记？"眼镜蛇满腹狐疑，想想也真是的，进来了这么久，自己居然也真的咬紧牙关死不松口。他冲着审问他的两个人点了点头，看着他们的手指在计算机的键盘上敲了起来，就眨巴着眼睛说了。

他这一开口，话就多了。他忘了对面审问他的两个小伙子都老大不小的岁数，正是性欲极强的年龄。他闭着眼睛说着眼镜蛇勾引到的一个又一个的女孩子的美貌，以及勾引的详细过程。听的人敲击键盘的手敲不动了，两个人互相看了看彼此大腿间的那截东西硬得像宝塔似地竖立起来，两个人几乎同时说不行了不行了。他们的意思是叫眼镜蛇别说了，可这家伙正闭着眼睛边说边享受着呢，根本没察觉到这两个审问的警察步履艰难地从左右两边逼近了他。他俩一人一记耳光就把他抽趴下了。其实眼镜蛇硬撑着不说的这一点男女之事倒算不了什么，令上边头疼的是他暗地里搞的那个兴奋剂，这要是让国外的媒体知道了那还了得？正在上边对于眼镜蛇的处理问题举棋不定的那些日子里，眼镜蛇在看守所那可惨了，那些小警察动不动就提审眼镜蛇，叫他讲那个风流事，讲得越细越好，眼镜蛇不得不结合自己的实际，再以此为基础不断地添油加醋。到了最后他的处理结果来的时候，眼镜蛇已经把那个风流事说得滚瓜烂熟。不过他自己只不过舌头动动，身体的另外的地方一点反应也没有了，这样的日子还不如死了拉倒。他交出了那个兴奋剂的配方。这不算是确切的说法。关于眼镜蛇的秘密药剂，用体育总局的一位高级官员的话说，既然大多数的运动会上检测不出的，那基本上不能称之为严格意义上的兴奋剂，但是听任这种东西在运动员当中扩散对于我们平时的训练和管理是极为不利的，建议将这样的人开除出体育队伍，放到一个较为隐蔽点儿的科研单位去，严加看管。正是有了这样的指示，在我们医学研究院里几乎整个麻醉品研究室的人都涉及冰毒案被拘捕了之后，眼镜蛇悄无声息地来到了我们这儿，他瘦得像一根豆芽菜，眯细了的两只眼睛里的眼球要么一动不动，要么骨碌碌地转上个二三圈，他的眼光是散射的，而不是专心一致地关注在某个点上，总之，一见面我就不喜欢这个有点特殊的人，他的特殊性还体现在他来上班的第一天，我们研究院院长办公室的人就来关照我，如果有陌生人到这儿来找眼镜蛇同志都要用内线电话汇报，还有他的来往信件什么的，多留心一点，我心想这不是分明叫我监视他吗？

实训案例 5 *

检察官：少废话，讲眼镜蛇的犯罪经过。

---

* 1600 字，要求在 11 分钟内听录完，练习到在 8 分钟内听录完时为止。

贾克学： 难道进麻醉品研究室的人个个都是危险分子？事实证明我的紧张是多余的，眼镜蛇除了人蔫巴拉几的，工作起来很专心，有点像工作狂之外，另外都很正常。也许是对新来者的好奇，我经常潜入他的实验室偷看他的研究报告，他除了应付院里分配下来的研究任务之外，另外还在研究他最喜爱的兴奋剂，只不过从药物构成的角度看，这种试剂的用途可能有所变化，这种变化当时已经显示出了在人类医学史上的重要意义，只是我为自己的研究难题和负责监视的职责所迷惑，没有从这一石块上看出黄金来。眼镜蛇一点预见性也没有，现在想来，他这么在研究上有点天才的人，平时的所作所为却绝对地服从于自己的欲望，也就毁于自己的欲望，不像我，一个学历那么低的看守传达室的人，却有着无比的雄心和壮志，忙里偷闲地钻研着医学典籍，思考着生命的难题，我自问我的动力何在？如果眼镜蛇的动力是生命本能的欲望的话，那么我的动力是一个生命体对死的恐惧，以及如何以自身的努力去克服它、削弱它，为了抵御死亡，以及那种绝对幻灭的思绪在自己的心智里弥漫，我选择了历史，我要让历史作为我的靠山，历史不朽我就不朽，我的一切的一切都是为此而努力着，现在我的目的已经达到，虽然我每天坐在这里，接受你们的审讯，可我的内心还是平静的，就像来自巴颜喀拉山尖上的冰雪溶水，历尽曲折终于抵达到了长江口，化作一朵朵的浪花，亲吻着崇明岛码头上的石阶，我不是要求你们祝福我，但我还是希望你们能分享我一个人的快乐。可以这么说，我所能做的都已做了，而世俗社会所给予我的承认相对要滞后一些，这我理解，我不埋怨，我坐在这里接受你们的审讯，我始终心平气和。我背靠着历史已经战胜了死亡，另外还有什么是不可战胜的呢？我的心跳加快，我太高兴了，为了防止我讲出一些过头的话，今天还是到此为止吧？

检察官： 你不要想入非非、装模作样的说东道西，让你交代犯罪经过。

贾克学： 我悲哀的是你们依然对我的诉说表示出了厌倦。审问我本身就是个错误。在这个错误的前提下你们想了解些什么我不明白。我知道你们每天这样面对着我就像面对一头胡言乱语的怪物，怪物又怎么样？历史不是谁想进入就能进入的。我现在和你们说话其实也就是历史在说话，是我个人的历史在向你们诉说着我的往事，我很想尽可能地把我自己的诉说留给我自己，可我不得不继续有关眼镜蛇的传奇，那个初夏乱糟糟的黄昏是这样来到了我的记忆中的：先是干净整洁的林荫道两侧的香樟树上，蝉的嘶叫扯破了晚饭后的宁静，树丛背后的实验楼的窗户里还有隐约的灯光照射过来，我知道这说明眼镜蛇还没走，我心里有点好奇可也不想上去，这个眼镜蛇也跟另外的研究人员一样，有点看不起我这么一个半文盲，一个看传达室的保安。我想等他下班走了之后再去瞧瞧他在搞什么名堂，没过五分钟，就有杀猪般的叫声传来，

是 眼镜蛇 的声音？是的，这家伙 出事了？我撒腿就往那儿跑，人还没到 麻醉品 研究室 的门口，就听里边传来 砸东西 的稀里哗啦声。我使劲地敲门，心想 眼镜蛇 这家伙疯了，我喊着他名字的样子 就像我是一条 汪汪叫 的小狗，眼镜蛇大概听到了 我的叫声，也跑到了 门背后，正在弄门锁，我隔着 铁皮门 问他 是不是门锁坏了？出不来了？里边传来"砰砰"的踢门声。算是回答了，我 一下子有点 六神无主，心想空气里也没有烟味，也不像是 实验仪器 发生爆炸，眼镜蛇 这家伙怎么就因为 门打不开就乱砸东西呢，我怕这家伙还要搞破坏，就跑回了 传达室 取来了撬门的工具，刚回到门口，就听到朝北的窗玻璃 砸碎了。打开门，里边空无一人。从开着的北窗口吹过来的风提醒了我，我走到那儿探头往下看，离墙根不远处 的草地上，眼镜蛇正手脚并用地用足力气 朝大门口爬去。我更加迷惑了，这家伙 到底是怎么一回事？这时我回头看见 在墙角处的铁笼子里有两只实验用的白鼠，公的正趴在母的背上，身体不停地 抽动着，母老鼠在下边发出吱吱的叫声，我冲着那个方向踩了一脚，那只公老鼠扭头朝我看了看，小眼珠转了转，可身体的运动却没有停止。我踩着满地的 碎玻璃走到那个笼子的边上蹲下身，一眼就看到了地上的一个注射器。

我开始有点明白了 眼镜蛇在搞什么名堂，恍惚中听到外边的 马路上传来 汽车喇叭的鸣叫，这家伙如果爬到马路上去被汽车轧死 那可就糟了。想到这 我起身就往外面跑，到了楼下，已经不见了 眼镜蛇 的身影，正在 东张西望，忽然间门口传来了 呼救声，好像是 眼镜蛇的声音，又听上去是女的。

实训案例6*

贾克学：给我一杯开水好吗？

检察官：你事还不少（递给贾克学一瓶矿泉水）。

贾克学：我前脚刚踏出 医学院 大门，就看见 眼镜蛇正像一个疯子似的，抓住在门口摆烟摊的女子魏荷往梧桐树后面拖，虽说他的 一只脚 明显的 扭伤了，可力气倒是蛮大的，三下两下就把魏荷摁倒了。眼镜蛇裤子也没脱就朝魏荷身上压上去了。我一看 真是太不像话了，再不制止可是要出 大事情的，我 上去拦腰抱起 眼镜蛇的身体，眼镜蛇的手脚挣扎着舞动，就如狂风中的树枝 抽打着我。魏荷大概是 吓昏了头，她睁开眼一看，俯视着她的那张脸 一会儿 是 眼镜蛇，一会儿又是我了。她摇摆着双手说，你们不要 一起来！你们不要 一起来！我想笑可还是忍住了，我死死地抱着 眼镜蛇拖他进了 传达室，把他的头摁到自来水龙头下，哗哗的冷水一冲，眼镜蛇就清醒了很多，我跟他说你

---

* 1700 字，要求在 12 分钟内听录完，练习到在 8 分钟内听录完时为止。

闯了大祸了，他也听到围墙外面传过来的魏荷的哭声，身体停止了发抖，他从放在桌子上的烟盒里抽了一支烟，放到鼻尖处嗅了嗅，我怕魏荷去打电话报警，就赶忙走了出去，只见魏荷的衬衣都撕破了，露出了半个乳房，黑色的绸缎裙裤的裤裆处有一个茶杯盖大小的湿印子，估计是眼镜蛇的那根东西留下来的。我叫了她一声，她吓得一哆嗦，我说魏荷你还是起来收拾收拾，眼镜蛇是犯了病才这样的，你即使报了案警察也不大好处理，趁现在看见的熟人还不多，你还是收起烟摊回家去吧，明天我保证叫眼镜蛇到你家里当面跟你赔礼道歉说清楚。

　　我满肚子的话语也为你们的快速录入所吸引。想想也真是奇怪，刚才说到了魏荷，魏荷居然听了我的话，蓬头散发地涨红着脸回去了。刚才我还说到了眼镜蛇，我回到传达室的时候他手指夹着的香烟已吸到一半了，他的头发湿漉漉的搭在额头上，像个刚出生的婴儿。他占着传达室里唯一的一把椅子，我就只好站着。我说我把魏荷劝回去了，他点了点头。他的目光过一会儿就朝水龙头那儿瞄一眼，水龙头没关紧，正在滴水。我明白他心里烦这个，就走过去拧开关，可总是感觉到背上有针在刺，回头一瞧，是眼镜蛇正眼睛一眨也不眨地盯着我看。我朝他笑了笑，虽然心里在纳闷他怎么会这样，而口头上却觉得跟他说什么都不合适。到底还是眼镜蛇先开了口，他说了声谢谢你。从此眼镜蛇成了我的导师和朋友。我陪着他回到了实验室，找了两把椅子坐了下来。那两只白鼠已经做爱做死了，可身体还是抱在一起。眼镜蛇看也没看它们，我猜想对于他的实验来说，把这些小动物搞死是经常性的事情。他满脸是汗，过一会儿他就张开手掌抹一把，失神的眼睛眯缝着，好像刚从水底下钻上来似的，虽说天还不是太热，我还是站起来替他开了空调，空调的凉风吹过来，我止不住地打了个冷颤，而眼镜蛇像遇到救星似地长出了一口气，眼睛就闭上了。我最想知道的是他为什么会这样，这时我的眼光落在铁笼子前边的塑料注射器上，这东西一下子激起了我对于科学研究的使命感和激情，那是决定我进入历史的基本素质，我一把抓起眼镜蛇的手，在手背上我看见了一个细小的针孔，它像一只秘密的眼睛泄露了眼镜蛇的隐私。我猜得没错，有关兴奋剂的研究眼镜蛇还是在做，只不过使用的方向有所改变，他研究出来的针剂不再用于运动员在参加重大的国内国际比赛时改善体能、增强爆发力，而是用于性爱的兴奋剂。他的这个转变其实跟他身体的变化有关，他的下面从他被警察拘捕了之后，几十遍、上百遍地复述自己的风流事的时候起就基本上不行了。作为难言之隐，眼镜蛇还是相信自己的毛病自己治，由于有着研究运动用兴奋剂的底子，他在这方面的研究进展还是很快的。他这一次出事，主要是给自己注射了太大的剂量，他说这针剂打进去没两分钟，他的全身一下子热血沸腾起来，感觉中这头发就像火苗似地呼呼响着燃烧着。这时他所有的意识都消失了，唯一清晰的念头是他需要一个女人，美丑倒是其次的，只要是女人有个湿漉漉的小洞就行。他咬紧牙关克制着，可是面前做实验的一对小白鼠刚注射完针剂，已经欢欢快快地干起来了。他嫉妒的心里直发毛，最后他还是憋不住了。他跑过去想开门到大街上去找个女人，可这门左扭右扭就是弄不开，他忘了这门锁有时会自动上保险的，他那受阻的欲望发泄到那些弯弯曲曲的试管量杯上去，这些个东西被他砸了个稀哩哗啦。他把墙上挂着的居里夫人像都揪下来吻了几口，弄得满嘴灰尘，就又把画像撕了。他听到我在门外面叫他，所以一不做二不休，索性砸了后窗玻璃跳了下去。这一跳摔得不轻，他也不去管了，他走了几步又疼得跌倒在草地上，就开始手脚并用地爬。半路上他实在忍不住了，就抱着一棵香樟树，扭着屁股磨蹭着，可树毕竟是树，形状都不对，树皮又粗糙得扎手，就连三分之一女人的感觉也没有。

实训案例7*

检察官：少说没用的，说犯罪经过。

贾克学：眼镜蛇继续朝大门口爬去，他的心突突跳着。他爬呀爬呀，魏荷确实是他看见的第一个女人。他一见魏荷立即两眼放光，魏荷也奇怪这个眼镜蛇好端端的不走路，居然像乌龟似地在地上爬，会不会病了？她朝他走了过去，还差几步眼镜蛇就等不及地扑向她。接下来的事情我不说你们也想象得到，你们想象不到的是眼镜蛇跟我说了这些之后突然之间沉浸在恐惧之中，他自己也知道就凭他在光天化日之下试图强奸魏荷这一行为，就足以再一次送他到警察局去。过去的经历又占据了他的脑海，我看见他驼着背，双手捧着脸，两个膝盖在上下左右地抖，从这一点可以看出眼镜蛇的心理素质是很差的，这也决定了他毕生的研究从来只不过是小打小闹。

第二天魏荷的烟摊没摆出来，我就给眼镜蛇拨了个电话，我说她在家就等你去道歉呢，眼镜蛇一个劲地说好好好，声音都发抖了。我们两个到了魏荷的家里，给我印象最深的倒不是魏荷的态度，而是一个失业的纺织女工的贫穷。眼镜蛇要耍富婆倒还可以原谅，欺负如此凄凉的嫁不出去的老处女也太过分了，所以眼镜蛇一副神经过敏战战兢兢的样子我也没理他，照眼镜蛇的说法，魏荷仍旧没有原谅他，危险也就仍然没有解除。我斜了他一眼，突然想到眼前的这个家伙今后还会不会在自己身上试验那种东西，如果像这一次

---

* 1800字，要求在13分钟内听录完，练习到在9分钟内听录完时为止。

一样 产生反应他会怎么办？也就是 基于这样的考虑，我产生了撮合眼镜蛇和魏荷的念头，虽然粗看起来一个失业老处女 似乎有点 配不上一个副研究员，但问题的关键倒还取决于魏荷。有了这个念头之后，我让眼镜蛇 一个人到魏何家里去解释解释，做做工作，我也在等待着机会。过了四天，魏荷的烟摊重又摆出来了，中午时没啥生意。魏荷到我的传达室讨开水，我等她 倒完水把手里的茶杯放回到桌子上，就假装咳嗽了一声，搓了搓手。我说那我直说了，她抬起了头，眼睫毛细密的大眼睛 瞪着我，从那样的眼神里我看出了一点意思来，可我已箭在弦上，另外就管不了那么多了。我说眼镜蛇 的事情 现在传闻很多，知道的人都说这家伙 发神经，不知道的人 说什么的都有，当然罪责全在于他，谁让他把试验用的针往自己身上扎呢，不过这种事 越辩越不清，我看你 这些年了 一个人过，也不容易的，眼镜蛇呢通过这几天的接触你也该有所了解了，我的意思是 这件事情的处理有个 一了百了 的办法。我顿了顿，我注意到了魏荷由于喝水而有点化开来的那一丝口红，正是这淡淡的一抹口红鼓励了我。我说，你们两个要么登记结婚算了。我这句话要有多突然就有多突然，可也击中了要害，魏荷的反应比我预想的要好，她满脸通红，但至少没把茶杯里的开水泼到我的头上，而是不声不响地出了门，收拾起烟摊回家去了。接下来的事情就好办多了，我只打了个电话给眼镜蛇，我说你也不要一天天地惶恐不安了，有个一劳永逸的办法，你索性和魏荷结婚得了，想想你的过去，我觉得你还是将就将就算了。事实上也确实两个人 都认为自己将就将就算了。没过多久 这两个人的婚也就结了。那些传得 沸沸扬扬的话 基本上没了，只是人们有时还会感慨眼镜蛇的求婚方式，那么粗鲁、那么有效，简直神了。婚后的魏荷打扮打扮还是很有些风韵和风骚样儿的。我们研究院里的好些人都说眼镜蛇 有眼光、有福气，我们平时进进出出 那么些年 怎么就 熟视无睹呢？这些话传到眼镜蛇的耳朵里，他当然听了是很舒服的。魏荷的烟摊不摆了，守在家里成了家庭主妇，眼镜蛇也成了非常恋家的男人。他下班后的实验室 就成了 我的阵地，而且我只要有什么研究上的疑问，即使是凌晨两点打他电话他也会耐心给我解答的，不过他在了解了我对于研究的痴迷之后，却时不时地给我打退堂鼓。他说人活着也仅仅是活着，不管是研究还是做什么，弄过了头肯定是 得不偿失。燕雀安知鸿鹄之志哉，他的这一席话 对我来说 等于是 耳边风，在我看来，眼镜蛇的这种转变，因素当然很多，但其中最主要的一条，是他沉湎于和自己新婚妻子的房事之中而不能自拔，他的医学研究，除了偶尔给自己配点小剂量的春药之外，几乎完全 荒废了。他的身体 胖了起来，思维也日趋紊乱，所以我逮着机会就跟他请教。那些日子我进实验室 动手做的能力，以及我研究的敏锐度和有效性方面有了很大的提升。这要归功于 眼镜蛇，也跟我的悟性有关系。是我在朦朦胧胧中预见到了那几乎是毁了眼镜蛇一生的兴奋剂和春药，这些东西所隐藏着巨大的科学价值。在我甜言蜜语的进攻下，眼镜蛇不当回事地就讲出了他这些年来，自己秘密研究的曲折过程和目前已取得的初步成果。我如获至宝，激动得在我们研究院内散步了一夜。我真想冲着池塘里的荷花说，我现在正头顶着满天星光，站在人类的转折点上，我接下来所要做的将标示出人类医学研究新高度。

你们不要笑。我早就说过了，归于历史的人是人，被历史关在门外的人也是人。

检察官：与案件没关系的话要少讲或不讲！

贾克学：好的。田馨确实是我的情人，她在寿险公司里做保险推销员，做这种工作的业务一般都是从熟悉的亲朋好友这儿打开局面的。

实训案例 8 *

检察官：田馨与本案有关系吗？

贾克学：有，我跟她从小就在一个巷子里长大，那天她来我这儿跟我推销一种新的险种，我推脱说我不要，我单身汉一个，要这种东西干什么，再说她第一次来我这儿时我已经给我妈妈买过一份保险了。我手里拿着本医学杂志，时不时地往上面溜一眼，我的不耐烦没有影响到田馨的情绪，她叽里呱啦的话语把我的头都快要涨破了。那天我休息，她是到我那二室一厅的公寓里来的。我本来就话不多，而且当时我还想在笔记上写点什么，所以她每说一句却被我抢白了两句，我这副着急样儿逗得她笑眯眯的。她站起身扭着腰肢走到我的书架前，时不时地抽出一本本医学书翻看，我看见她正在看其中的一张彩页，上面画着男性生殖器的剖面图，我一下子不知道说什么才好了，赶紧转身回到沙发上坐下，可眼光却不离田馨的背影。我斜躺在沙发上的样子就像一条搁浅在沙滩上的鱼。田馨终于拍了拍手里的书，转过身来。你不就在那个研究院看看门做保安吗，怎么家里摆了那么多书，像个教授似的？这是她问的第一个问题，我只是傻笑了两声，不作回答。你总不至于在从事什么秘密工作吧？她的目光像针尖，而房间里弥漫着一种古怪的气氛，这跟拉拢的窗帘有关，跟我对面的公寓楼内有人在弹钢琴有关。我沉吟了片刻，回了一句，你说呢？田馨眼睛一亮，裙摆一甩，在我身边坐了下来。我的手握紧了她的手。我开始了我的叙述。刚开头总有点语无伦次，找不着北，不一会也就进入一马平川的状态。我自己都为自己的口才而惊讶。对于田馨的反应

---

* 1900字，要求在13分钟内听录完，练习到在9分钟内听录完时为止。

倒是无所谓了，我的目光落在半空中，我看见冥冥之中有一条路从木兰秋狝的这一套普通公寓通向斯德哥尔摩，我整个的心灵状态就像被自己的话语之火烧滚了的开水，冒出了喜悦的水蒸气，而此时的田馨几乎听呆了。我秘密从事的研究，以及这样的研究所具有的重要意义太出乎她的意料了。她微张着嘴，傻楞楞的，我讲完之后休息片刻，扳过田馨香喷喷的脸，把自己的舌头像柄牙刷似的塞进田馨的嘴里，翻搅着，接下来……接下来会有些什么事我不说你们也想象得到。你们居然还是想象不到？我不相信。你们不要白费劲了，我不会迎合你们阴暗的欲望而叙说什么的，你们始终不要忘记坐在你们对面的这个人是谁，他有哪些成就，他在人类历史上的地位有多高！让我自己一次又一次地提醒你们，我真是感到难为情，我们不要再纠缠了，还是言归正传吧。从那之后我有了一个崇拜者和情人，也真是新情况带出了新问题，我的研究迎来了一个飞跃，我的生活也面临着一种选择。

　　跟你们说你们还可能不一定相信，我们研究院的库房里有一个很大的玻璃钢池子，里边注满了福尔马林溶液，浸泡着六具大大小小的尸体。过去这儿还有个脚上套着003玻璃牌的老人我认识。他也是木兰秋狝人，生前老是喜欢到我们医学研究院门口来转悠，一副想走进来又犹豫不决的样子。终于有一天我忍不住走出去问他到底有什么事，老头似乎不好意思地嗫嚅着，啰嗦了好一阵子我才搞明白，原来他是要来参观我们这儿的医学解剖用的尸体的存放情况，我一听就明白了怎么一回事，给办公室打了个电话汇报了。过一会儿，我们院的办公室副主任亲自下来领这位老人进去参观。听说是看了之后，老人初步签下了捐献遗体的协议。老人从里边出来的时候，非常客气地走过来跟我握手告别，好像从此之后我们就是一家人了似的。过了半年左右这个老人的遗体就送来了。那天库房的勤杂工不在，是我给这个老人的右脚套上玻璃牌，又轻轻一推，老人像一块冰一样地滑进池子，溅起了一点点的水花。由于生前也算认识，并且还握过手的关系我经常到库房里来看看他，每一次我都震动很大，这种震动是锥心彻骨的震动。跟你们直说了吧，从这代号003的老人身上我目击了毁火的彻底性和死亡的可怕，那种虚无幻灭的感觉凝聚在我的心里，化作勇攀医学高峰的动力，从事秘密的研究工作从来都是需要超人的毅力的，这个老人就是给我以如此毅力的人。有时我把他当成我死去多年的父亲，我跟他的亲近与日俱增，一直到有一次国庆长假，心血管实验室的人把003放在解剖台上观察了之后忘了送回到池子里就度假去了。我经常到眼镜蛇的实验室里去转转，而不去另外的处室看看，等到心血管实验室的人回来时，整个003的身体就跟溶化的赤豆棒冰似的，骨头和烂肉几乎已经分离。我看着勤杂工把003装在黑色的尼龙袋里送到火葬场去，那些天我恶心得饭都吃不下。老实说自从我们这样面对面坐下来谈论到现在，我都没有为难过你们什么，而我刚才讲的这些，确实就连你们听听都是受罪。我没跟田馨讲过，我讲了她也不会理解的，她就知道保单保单保单，还有床上的那种事。而我的心时时刻刻都在与死亡抗争，一种创造的激情支配着我，我要超凡脱俗，我把这些念头埋在心底，化作行动。我知道我已不可能出现在田径场上去刷新百米跑的世界纪录，也不可能寄希望于死后躺在水晶棺里供人瞻仰，更不可能每年交上三十万块钱，让自己病得无法医治了的身体冷冻起来，保存到我们医学研究院的地下冷库里，等到那种病可以治了，再把身体解冻开来试试看。这些都是不可能的。人贵有自知之明，我知道我唯一的出路在医学研究上。眼镜蛇这个人结了婚之后基本上就堕落了，我要沿着他所开创的道路走下去。

实训案例 9*

检察官： 讲犯罪动机，不要跑题。

贾克学： 我头脑中的灵感一闪，我看见了他的研究存在明显缺陷，而这正是铸就我个人辉煌的立足点。正像宇宙中有物质和反物质一样，我也坚信既然有办法让一个正常人的性欲无限制地强大，也肯定会有一种东西能够让正常人的性欲彻底地消失。这正是我的研究方向和目标。过了一个冬天和半个春天，我在理论上证明可行的基础上终于利用眼镜蛇实验室里的仪器合成了一种淡蓝色的药片，总共有五粒，我注视它们就像注视自己的五个孩子。虽说还没有做过活体试验，可我相信自己的推理与判断。我呆呆地立在那里，似乎在倾听，又似乎不相信眼前的这一切是真的。我终于缓过劲来，拳头猛地砸了下桌子，喊了声"乌拉"就跑到午夜的院子里，跟传达室的另一个保安说我请三个小时的假，就绕着环城 1 路跑了一大圈，这才让自己彻底平静下来。

接下来我很想松一口气，或者到外地旅游一趟，可我还是放心不下。虽说我在实验室里的小白鼠身上已做过实验，可结果还不是很明显。田馨看出了我的焦急不安，她问我怎么了，我跟她开玩笑说，我怕她丈夫知道了我跟她的事，会拎着菜刀来杀我。她撇了撇嘴，表示不相信。她的丈夫是个火车司机，平时的外出和休假是很有规律的。也许正是这样的工作方式给了田馨偷情找男人的机会，她对于我来说，我只不过是需要她而已，而且主要是身体方面的，但我在她的心目中就不只是这一点分量了。正是这一点令我感到恐

---

* 2000 字，要求在 14 分钟内听录完，练习到在 10 分钟内听录完时为止。

惧，我不知道如果田馨打听到我在医学研究上取得巨大的进展之后会怎样？会不会要跟她那个火车司机丈夫离婚，再闹着要嫁给我，那我可就糟啦！我进入历史那是凭我一个人的努力，我不想一人得道鸡犬升天，那是很封建的做法。所以我在内心一直跟田馨保持着很大的距离。一天早上我从被子里钻出来，告诉她我要到郊外去转转，她腾地坐起来说我也要去！我说你去做什么？不行！她瞪大了眼反问我去做什么，我理也没理她就出门走了。我换了好几趟公交车来到那个叫月亮湾的小镇，一下车我就问路边摆水果摊的老人，到镇上的兽医站怎么走，老人扬了扬手里寒光闪闪的西瓜刀，随手指了个方向。

  月亮湾这个地方应该说我是很熟悉的，我父亲就是这儿的人，小时候我每年暑假都到附近乡下的大伯家玩的，父亲故后就很少来往了，只是这儿毕竟是祖辈的聚居地，每次在报纸上看到有关月亮湾的新闻总是多看一眼，我知道这儿有个兽医站是市级文明单位，兽医站配种场里大公猪的照片上了晚报的社会新闻版，我就是冲着它来的，到了兽医站门口，正好撞见一个兽医背着装有冷冻精液的皮箱子，骑了个摩托车到乡下给母猪配种去，他起先当我也是来叫他去配种的。看看又不像是这一带的农民，怀疑的眼光扫了我几眼，问我干什么？我说找人。这时兽医腰间的手机响了，他接完电话就发动摩托车走了，留下一股淡蓝色的烟雾伴我走到公猪棚那儿。那头又白又胖的大公猪这时就睡在水泥地上，它看见我走了过来只不过抬了抬了眼皮，甩甩粘满猪粪的尾巴。我探头看见食盆里还残存着一些汤水，就跺了跺脚，那只大公猪朝我翻了个白眼站起身，步履艰难地走到食盆边上，抬起满是皱纹的脑袋"哼"了几声。我抬了抬手，把攥在手心里的药粉倒在了食盆，这大公猪样子看上去是憨头憨脑的，可对于食物却相当敏感。它本来是对食盆失去兴趣的，刚才我给它加了点糖一样的东西，它就低下头呱叽呱叽地把食盆里的汤水舔了个精光，然后，喷着鼻息跟我打了个招呼就又懒洋洋地回到它原先呆着的那个角落里去了，我长长地松了一口气，此行的目的已经达到了，我晃悠到兽医站门口，抄下了他们上门配种的联系电话，然后直奔汽车站回木兰秋狝市。我接着上了两天的班，到了第三天可实在是憋不住了，我给蒋村兽医站打了电话，谎称要叫他们过来给母猪配种，接电话的人说，站里的公猪生病，库存的精液没有了，他建议我跟另外一个镇的兽医站联系一下看，我撂下电话，心头一阵狂喜，可这笑容浮到脸上却一下子僵住了。因为刚做了爸爸的胡子牛正买了几包奶粉从外面回来，顺便到传达室来拿报纸，他就问我有什么喜事？我下意识地摇了摇头。我想胡子牛这家伙现在已经成了我们医学研究院的寄生虫了，除了每年东抄西凑几篇论文交差之外，再也闹不出什么东西了，我为他悲哀的同时也替自己高兴，我们这儿有着太多占着茅坑不拉屎的主儿，几年几年拿不出一点成果来，却让手下的研究生伺候得就像大爷似的，王侯将相宁有种乎？以前除了胡子牛之外，他们都瞧不起我，现在是我瞧不起他们了，而且我根本就懒得跟他们说，包括胡子牛，我一不小心已走在人类医学研究的最前沿，背后盯着我的何止是一个小小的木兰秋狝市医学研究院的这一些人，夜长梦多，人心难测，弄不好我被他们杀了都是有可能的，就跟伟哥一样，我的这种药剂还是隐含着相当大的商业价值，具体有多少，我不让自己细想，我已经开始害怕自己的思绪沉醉在毫无意义的方面，只不过跟自己的贪欲，跟自己的虚荣心有关，这实在是要不得的，我给我的这几片药剂取名为奇迹1号，按照我的判断，蒋村兽医站的公猪供应不出精液了，那是因为我的奇迹1号所产生的效果，科学是来不得半点虚假的，我很想马上就到蒋村去实地侦察侦察。

这一次我去蒋村兽医站那可谓熟门熟路了，一进门我直奔办公室里去，我找到我曾见过一面的那个兽医，他正在一个人下围棋，问我干什么？我说我家的母猪要接种，这个人满腹狐疑地看了我一眼，心里在想我是哪个村的？叫什么名字？对于他们这种走村串户的人来说，附近这一带的养猪户没有一家不认识的。他想来想去还是想不起我是谁。

实训案例10*

贾克学：我口渴，给我来一杯水好吗？

检察官：（递给贾克学一瓶矿泉水）继续讲。

贾克学：他的神态变得更加懒洋洋地，他说他的公猪阳痿了，没精液，你还是到另一个地方去想想办法吧，他的神态跟你们两个现在的样子几乎一模一样，都是想睡又睡不着的样子。因为他的公猪出了问题，这影响了他的收入，而你们每一次所谓的提审都是这副样子真让我难受，也许我的经历、我的成就触动了你们的隐痛，让你们感受到青春虚度在一问一答之间。你们的脸上为什么红一阵白一阵的？算了，我们还是回到蒋村兽医站吧。我对那个兽医表示我不相信，我敬了他一支烟，他这才站起身来，说你们这些人就是这个样子，我跟十个人说有九个不相信的，好像我到手的钱不要，故意为难你们和你们家里的老母猪似的。

他抽着烟带我去看公猪，公猪仍旧是老样子，精壮得让人感觉到是一种威胁。兽医拿了一把扫帚，用扫帚柄捅公猪的睾丸，一点反应也没有，我说了声它的公猪老了，结果引来了兽医一大通的辩护，我赶紧陪着笑脸表示同意，

---

* 2100字，要求在14分钟内听录完，练习到在10分钟内听录完时为止。

兽医不满地横了我一眼，顺手把没有吸完的香烟过滤嘴扔到公猪的大耳朵上，烫得这个大家伙惊叫一声，耳朵甩了好几次。我又敬了兽医一只烟就从兽医站里出来了。我的心情与阳光灿烂的天气一样好，心情一好我就想去做一些我平时不大可能去做的事。你们别小看我了，我到蒋村去是为了初步验证我的医学发明的，而正是这样的一个发明，得诺贝尔医学奖那是绰绰有余的，而且它的意义并不局限在医学领域。如果进一步地深入发展的话，还可以通过这种药物改变人的攻击性，有利于人类的和平。不过要实现这样美好的梦想已超出了我个人的能力，作为一个看守传达室的保安，作为一名业余科学家，我已作出了最大的努力。在了解了奇迹1号在公猪身上的反应之后，我的兴奋和喜悦其实都是表面上的，我内心有种筋疲力尽之感，正是在这样的心理状态下，我有了想到我死去的父亲的老家去看看的念头。

我父亲的老家离木兰秋狝市并不远，可我还是叫了一辆出租车送我去的。车子开到村口的一家杂货店门口停了下来，我的出现引起了几个围着柜台打牌赌钱的人的注意。他们停下手里的牌，所有的目光都集中到我身上。我走过去，从中发现了其中的一张脸跟我比较相像，就迎了上去，问他是不是姓贾，这张惊愕的脸，突然之间醒悟过来了，他点了点头，好像怕我听不懂似的，也试着用半生不熟的普通话问我是不是城里的贾克学弟弟，我一下子拉住了他的手，叫了他一声哥。看见我们兄弟相见不相识的傻样儿，周围的人一下子都哈哈大笑起来。其实这些人或远或近都是我父亲这一辈人的本家兄弟。我连忙掏出香烟来给大家敬了一圈，众人簇拥着我向大伯家走去。我大伯七十多了，精神蛮好的。我突然之间来到乡下看望他，他开心极了。我在我大伯家吃了晚饭，席间有两个问题我大伯借着酒劲对我直说了。第一个问题是我结婚时为什么不跟这边招呼一声，我马上声明我还没有结婚，如果结婚的话，肯定不会忘了大伯他们的；第二个问题是我妈妈是不是已经再婚了，是不是跟那个把我父亲活活气死在病床上的电工？好在酒有点喝多了，我的脸红没人看得出来。我说我妈妈仍旧一个人过，跟那个电工大概仍旧有来往，具体的事情我不太清楚。因为我跟我妈妈彼此都觉得碍手碍脚的，来往不是很多。听了我这样的解释，大伯的酒喝起来更猛了，不一会儿他就醉了，人趴在桌子上却不停地喊我父亲的名字，就跟叫魂似的。我的心被大伯的喊声撕扯着，终于稀里糊涂地流下了眼泪。

等到第二天太阳升起的时候，我还处于头重脚轻的状态。早饭后，我告别了大伯和堂兄一家，开车回到了木兰秋狝市。回到家，昨天大伯酒后的话总是萦绕在耳边。那个电工得意忘形的丑恶嘴脸像幽灵似的在我头脑中挥之不去。也可能是昨天晚上的酒精作用，我感到阵阵恶心。喝了一杯凉白开后，我开始理顺思路。

我的研究成果在公猪身上的试验已经取得成功，但猪就是猪，而人之所以为人，还是有所不同的。可选择谁来做奇迹1号的药理实验就不是那么简单了，我又不是纳粹分子，可以从集中营里随便拖几个人出来，在他们身上可以随便做实验。我为此而苦恼万分，晚上翻来覆去地睡不好觉。终于，那个气死我父亲的电工成了我的目标。在一个周末的晚上，我打电话给我母亲，说我想她，明天是星期六，我要去看她，顺便又问了那位电工的情况，让他明天也到我母亲那里去。我母亲很高兴，她说那位电工会做菜，让他好好陪我喝几杯。我心中窃喜。第二天一早，我把我的研究成果奇迹1号从保险箱里拿出来，我从药盒中的四片药里取出一片用纸包上就开车直奔我母亲家里。电工已经提前到了我母亲家，我们寒暄客套了几句，电工就去了厨房忙活起来。我闲着无事就坐在餐桌旁等着电工上菜，此时我看到饭桌上摆放着两瓶木兰秋狝牌的烈酒，我将其中的一瓶拧开盖，迅速把奇迹1号放了进去，然后把盖拧紧摇晃起来，看看药片已经融化，我就若无其事地哼起了小调。很快，我母亲就把热气腾腾的菜端上来了，电工也笑嘻嘻地挨着我母亲坐在餐桌靠门的一边。我赶紧把溶有药液的酒瓶拿到手给电工斟酒，电工让我也喝一杯，我说一会还得开车不能喝酒。我母亲说她今天高兴，也倒了满满一杯，我不好劝阻，任凭他们碰杯，不一会儿，一瓶酒就见底了。我心中有一种既兴奋又内疚的无名感受，吃完饭，我就急急忙忙地开车回到木兰秋狝市。半个月后，当我再去我母亲那里时，母亲告诉我说，电工已经有半个月没来了，她也特别烦他。我当时的心几乎要跳出来了，我认识到了我的研究成果对于人类的重大意义。我一边默默地为自己的研究成果而喜不自禁，一边也放心不下，毕竟这么一个重大的研究成果的推出还是需要科学而又严谨的检测才能推出。到了我的研究成果推广之日，性欲这种东西就成了一个人身上可要可不要的东西。那时候的人就将成为性欲的主宰，彻底摆脱了动物本能的奴役，而不是性欲高高在上了。我的研究工作还没有做完，以前共制作了五片，一片给蒋村的公猪用了，一片给电工和我母亲用了，另外的给谁用呢？

附录1　汉字同音字字汇*

A 字母开头的

1. a　（按案爱艾敖矮）啊阿锕吖呵腌鋼
2. ac　啊嗄
3. av　啊阿
4. al　啊
5. as　唉哎挨埃锿捱哀欸溰鋃嗳嗳诶娭誒
6. asc　挨皑癌捱騃啀溰嘊溰啀皚敱醷娾硙磑诶誒
7. asv　矮蔼霭欸诶嗳毐咏娾騃嗳濭藹譪霭焥誒
8. asl　瑷艾碍唉嗳嗳砹嫒嗳爱隘嗌瑷嗳僾砹塧爱僾壒嫒懓薆懝嗳賹餀鴱饅曖餲礙譺鑀瀪艾厄陑隑欬诶誒堨乂醷
9. ah　安谙氨鞍庵鹌桉鮟侒峖啽荓荌萻痷腤葊諳窨盦諙闇盫鵪盫鵪韽鶕厂广埯
10. ahc　玵霂儑
11. ahv　俺铵埯唵揞俺垵陷晻罯铵
12. ahl　岸黯胺犴桉按案暗闇晻洝妟豻垾婩貋儑錌厈屽
13. ak　肮骯
14. akc　昂卬岇枊
15. akl　岙醠
16. ab　敖凹枛勷燷烳呦梢
17. abc　敖嗷翱鏖遨熬聱鳌螯謷獒廒獘隞嶅磝激獓獒璈赦磝翱翶鳌鷔鼇
18. abv　袄媪拗媼扷芙鈥襖呦媪
19. abl　澳奥傲懊鹜鳌坳墺岙抝垇枊赦敖謷鷔抝扷岰奡嶅傲奡鏖譹鷔

---

* 括号内均为高频字。

E 字母开头的

20. e 　而二鄂饿尔耳儿贰屙婀阿妸娿婴匼痾

21. ec 　鹅俄额娥讹锇哦蛾莪峨囮吡迗峩涐珴訛哦睋鈋硪誐鋨頟魤頟鵝鶚譌鱷碍

22. ev 　恶妸柅阿婴砨悪噁騀悪

23. el 　鄂饿愕苊姶崿锷厄恶扼噩遏谔鳄呃轭垩萼腭鹗颚蕚頞婍隘婠歹柅悪歺庁庀岋阨陀呝砈咢峉匌砐蚅愕鄂垩悪砨軛阏堨湆貈軶遻廅搤搹嗯噩詻偔蜇遻饿擫覨谔閼餩锷歍顎橭鳄鹗諤鍾鳄鱷敊輵鶪鉯礘鮑蘁垩垩鱷鵝堨

24. en 　恩蒽奀煾

25. env 　艮

26. enl 　摁

27. erc 　儿鸸鲕而児伱兒陑洏杒苬栭胹呢袻聏輀隭髵鲕鵄轜咡頓

28. erv 　耳尔迩饵洱珥铒佴枒毦爾鉺餌駬薾邇趰峊嬭

29. erl 　贰二佴弍刵貳貳誀樲髶

30. ew 　欧殴讴瓯鸥区筊堰歐殴熰甌膒鸥檽蘊謳鏂鷗蓲區毆

31. ewc 　鰡

32. ewv 　藕呕偶耦欧歐吽腢嘔漚

33. ewl 　怄沤熰慪漚

34. ey 　鞯

35. eyc 　嗯唔

36. eyv 　嗯

37. eyl 　嗯

38. et 　欬诶誒

39. etc 　欬诶誒

40. etv 　欬诶誒

41. etl 　欬诶誒

I 字母开头的

42. i 　（也要有又由用）一依衣壹医揖伊椅猗弌铱咿袆呹洢猗郼渏蛜禕嫛漪稦鉽嬄噫嚲瑿鷖繄檹瞖醫譩鷖黳

43. ic 　宜怡咦疑移遗沂夷仪姨颐诒胰黃贻迻宧彝迤怡崺嶷嶷挀訑儗饴蛇施鉯貤鈗箷鶃佗迆他乁匜圯宐宎杝侇狋袘圯怩柂瓵貤迻桋眙胰酏痍萓

附录1 汉字同音字字汇

婴楦辣蛜詒貽曀檥跠頥儀㶆遺蠵頤頤窢餕頯鮾彝彝謎籤鬐譩蟻義

44. iv 已以乙矣钇佁椅迤舣蚁倚庡旖苢庝尾釔袘欹嶬迆攺苡釲笖迻俍嵋鈘釔匜旑輢攲螠檥礒艤蟻顗轙齮陁

45. il 亿亦逸义易艺毅燚懿勩意忆议役异抑译邑绎诣驿谊益溢屹肄裔翊翌弈奕轶疫缢弋呓佚羿翳臆𤅬浥伇艾嗌賹䬭䍃圪吤藙抴昚儗爇施食烊泄焱衣瞖緊鷧袘乂刘仡肊𨂅忔艺伿劮杙釴苅佾呭㖹妷峄悇枍洓殈秋俋狺帟帠栧泆泄衵呭埊悒挹栮栺欥浂衪䘖𣜾埸悥殹異羛蒘䎃豙毟釴雉鷧鮁柭㭿浟烾虵詣驲𩵯艺猲㾱𦕈義裛詣𤨏嬑㢈樴㴱瘗脴𦭎蜴鞢偯壇樲熠熤熼瘗誼鹢鷁黓劓圛墿嬑嶧憶懌瞖㾮澺癔瞖稶縊艗薏螠瘗斁曀檍歝㶆鮨癔䈎藝賢鎰镱繶繹玁㘲鰑鴎鯣䊸䜖譪醳醷饐䕩鐿鷁鷊襗鷊䲜鸅䶮襗镒

46. iw 优忧哟悠幽唷嚘嚘呦攸麀穗妖獶㥥汼㴒憂優鄾嚘慢漫樱緩逌

47. iwc 油游邮尤铀犹蚰柚疣莜猶遊楢蝤莸鮋蝣犹繇尢聲猶尣沈怞肬㤜斿洓油茜逌郵偤訧遊鈾鮋輶駥蕕魷輶鮋遒胕揄㽑

48. iwv 友黝酉莠有銪牖蟒羑褎蚴黖卣㢀苃羑唐荾栯聈銪㮋

49. iwl 右诱幼佑蚴祐囿宥柚又釉鼬狖侑佑褎檽有庮䎉紣䏔姷𦙷轴逌唀栯亮狖酭誘

50. in 殷荫因茵音钢洇禋氤姻喑烟湮歐曰队舍垔骃栶湮稇裀陻陰陰堙婣愔筃絪欹蕟慇瘖䤴磤經鞇諲黔馸喑溵闉霠馨廕

51. inc 银吟寅淫垠龈狺霪夤鄞闉玲圻垽誽𡮂乑狋茨所忻垠圁滛苂狺莁𡪢唫婬崟訡銀齗滛硍黃䦥銀嚌殥璌闇櫽蟫訢䶙鴨訢

52. inv 引饮隐尹蚓吲瘾殷輴畬縯乚𧻓破粌釕飮靷㯰趛𨼆隐嶾濥螾䕲饘癮譨檼

53. inl 印饮茚胤隐窨阴荫培㮨慭慭愁鲥陰廕飲飲隱洇垽廕㹎酳瘾鲥憖㯰

54. ig 壅雍拥痈庸墉廊镛佣蕹邕臃饔鏞㿈傭嗈㜑慵浦槦墉噰擁𨋹雝鱅雝灉鱅鸏癰𤅬

55. igc 喁颙揘灉顒鰫嵱

56. igv 永勇涌咏泳恿俑踊甬蛹湧勈栐埇桶俗愳悀硧詠塎崡䭲㟅㥥塋鯒踊鯒

57. igl 用莆䂹醟蒛

58. ie 耶掖椰噎枒倻暍渃蠮吔䭃

59. iec 爷揶邪㭡耶揶钑铘爺鈑鋣鎁撒

60. iev 野冶也埜嘢漜壄

61. iel 夜页业叶曳液晔烨谒咽胺靥铘曳煠拽葉掩熯焆㖞𤅬邺掖抴𥁋枼

273

沎頁鏷璍枽堨渰鄍壥楪業傑曄暈歘燡撝攃曋鄴巣嶪瀺謁餕嗰撖曞鍱厴爗磼鎵饈鶿腏驋鶼觍

62. iy 应英鹰莺婴缨媖瑛锳璎嘤樱鹦膺罂撄碤漢縹嫈甇熨韹熒鶑吴鍈倈啨脵縈蟗䫉熒霙廮譈齃鷈嘤嫈甖搜瀯罌蘡樱瑛礣罌鶑罃縹蠳鹰罵鸚

63. iyc 迎赢营盈蝇萤荥茨莹嬴楹紫荃茔荥瀛桯溁㷍菳漤圱儆㽵婯熒乃萏营縈螢淡溁潃䕡甇訾嵤攍瀯蠅檾篸瀛嬴籯

64. iyv 颖影郢涅樱颍擑潁颕妖穎頴嶸廮鐛瘿

65. iyl 硬映应媵潆膺褮應鎣鳙暎膡鞕瀅鹰

66. ib 邀腰幺妖夭要约吆徼纱杸袄詏噂葽樱鴶妖約箹

67. ibc 摇遥谣姚徭铫瑶媱爻尧窑肴侥峣珧銚鳐陶轺飖垚僥匎洮滧尧傛烑傜堯靿嗂揺愮搖遙撎嗂榣瑤銚嶤繞磘窯窰餚繇謠鎐飆蕛顤鰩鷂鷊媮

68. ibv 咬杳舀窅崾杽㚣伕宎岆抝狕䩞枖𥉆便嫝㳺䒓樤鴢闄䮝皘鷔

69. ibl 药耀钥要鞠曜鷂疟炟癯趯愮突䘸窔䇹葯䛾熎覞獟葯軪燿䉵藥曜爚鷊譣鑰

70. ik 鞅央殃秧鸯泱映姎抰昳鉠霙鴦

71. ikc 杨扬羊阳洋佯徉旸炀炴旸钖飏垟彸瘍烊昜氜垟眻蛘阦勓陽崵崵揚蛘敭晹煬瘍暘暢錫羭颺鍚鯑霷鸉

72. ikv 养仰氧痒映眏柍映蛘卬佒圿炴養絽𢓃橉軮愵氧駚懩攁瀁癢礦

73. ikl 样恙漾㒼烊快柍鞅濷樣訣樣

74. ih 鄢烟焉燕淹嫣阉湮腌咽恹胭奄阏菸殷崦烟憪阏洇䋜倍煙嬮嶮醃閹壓篶懕瀽虇弇郾㪋洇

75. ihc 严言沿炎岩颜盐阎闫麕檐研延蜒筵妍芫蜑铅灻喦喦鉛賺产莚旳鄢妍蜒狿媕琂研訮閆喦嵒綖掔槏訮曧葌閻厳顏顔嚴墕巗簷㢊壛孍巗礹鹽钀㵎

76. ihv 眼演掩衍偃剡魇琰庵黶俨兖嬐郾㳄㷄覃奄厴埯厣鼋拿蝘縯晻广瓛嬐嶮㟁棪孍礹曣冘抌沇乚克㫖垗畬崣慲挋棪浖逺賺櫛淹渰裺戭唵鰋檿黶鼴鸍欨䎀㒼颔鼴𬎆鰔黶奣

77. ihl 艳验燕谚雁彦晏焱嫌宴厌砚咽焰厣喭堰蜒灩酽讌贗揞渷豻豻颜埏觃傿㴜㦤研匽淹晏牪妟彥贗修掞隁嗲敥猒硯㫅椻鴍鳫厭堰暥焰䓟餤𠉴瞻鄢騐嚥贋燄酸驠鸂灎贋饜鷃艷瀹醶驗灧諺黤黤灩曣矔讌

78. ia 呀鸭压丫押鸦铔桠哑垭庌鹌鹑抇㓞砑桠鋖鴨壓鴉錏枒唖啞雅俹

79. iac 牙衙芽崖涯蚜伢疨邪岈琊玡睚崖枒笌垭崕雅琊溰齖

80. iav 哑雅痖雃疋厊庌唖啞痖挜㧎

81. ial 亚压轧讶娅犽迓浥玾砑壓牙齾几扎庎而亜亞玡垭挜砑俹氩婭挜

訝揠氬猰聐圖稳窫鼗椻尵軋

U 字母开头的

82. u （我为问位王万外）邬屋乌钨巫诬呜恶污兀朽圬扝杄於歼汙汚洿恶惡烏旿剭穼鈝鄥嗚誣歍誣篔蜈鵭鶑鶩猛

83. uc 吴无吾毋唔芜梧郚蜈螯鹀禑鼰铻亡吳具浯俉牾峿娪珸误莁䙅庑蕪撫無蕪璑鴮鯃鵡廡㯋鋙鋘

84. uv 五武伍午舞旿珷捂仵忤鹉俉迕牾庑垄妩姆忤䇝俉牾赋俕斌碔搗煹瑦鵡䑂瞴嫵廡憮潕儛䑂甒躌

85. ul 勿务雾物误晤芴屼鹜兀恶骛坞戊瘀焐靰鋈寤梧扤阢机務寤阢雺洠伆岉忢矹孜悞悟婺悞粅逜惄塢惡恶德陦獒嶨潕燠误霧鶩霧䪍鶩鷔

86. ua 挖哇洼娲蛙鮭䶚抁窐鮭䘇劫呱宎碗媧喎揢窐黿擭㐵

87. uac 娃娞㳡溠

88. uav 瓦佤掗邷呱砙

89. ual 袜瓦膃襪韤帓韎聉喁腽韈韤

90. us 歪呙喎咼喎䎎

91. usv 嵗

92. usl 外顡

93. uh 弯湾剜蜿豌埦婠贯埦䆩㜻壪灣

94. uhc 完玩顽丸纨芄烷刓貦岏忨抏紈捖顽翫蚖

95. uhv 晚皖挽婉琬碗宛惋绾椀莞脘睕莧晥菀晼俛㱩盌塎晚梡夗涴菀晼綩綰輓豌鋔菀惌筦鋺䴥

96. uhl 万蔓腕鳗萬輓䏡㵂忨卍卐妧捥鋄蒕錽䑗鋄購腕綄

97. uk 汪尪尫尩

98. ukc 王亡亾亡任徃苂虻

99. ukv 网往柱惘罔辋棢蝄尪罒佳徍䒒睚網蛧網潷徃

100. ukl 望旺忘妄王往瑝眲迋盯朢

101. ut 巍薇威危微溦峗偎葨隈逶葳煨委萎鳂倭陬喴媙偎㛔烓楲㖿碱覬煨鰃鯎嵔蝛踒

102. utc 唯违围韦闱帷惟维珪帏桅潍为洈峗㠑洈潿醀癟佳雎圩峗婞囗為韋喡圍幃潿爲違維薳鄬潙潿潍鍏闈鮠瀷犨霨阠蒍欈

103. utv 伟委尾纬苇诿玮炜隗萎伪妮痿腪舾韪猥崴浘峗蜲艉䔍磈璝睢婷崼疒洧涹荦偉偽萎椲疛砨骫崣徫悼葦蔿虺骪暐煒瑋偽硊寪緯諉跮煒頠蘤僞鍡鮪趕颹遭韡亹亹啀尉

275

104. utl　魏未尉蔚胃卫谓喂渭味畏位为猬煟慰尉遗茉媦雅蒾槹机軎硊蒀犚瞆磴緭蝺衛憎濊璛尉為嘩爲崽碨衛謂餧鮇蟹褽餵憗轛鍏霨鰃巍饚簪甕甕甕遺

105. un　温瘟鯃琨榅昷殟温辒榲薀猥辒辒鰮鰮缊缊

106. unc　文闻纹蚊雯炆阌蚉芠敉忟紋玟瘟閺馼鮫鳼鳶螡閺閺螡閺螡敽

107. unv　稳吻紊刎抆呅忞殟呅忴呡朐奌胭稳穩

108. unl　问汶璺揾纹紋奻菀問浸脕搵絻顐顲

109. uy　翁嗡鹟螉滃鎓鶲塕

110. uyv　滃蓊勜奣滃暡瞈聬塕

111. uyl　瓮蕹齆甕甕

112. ue　窝踒喔涡噢苪蜗倭挝過唩逶渦猧萵窝搲蝸

113. uec　哦

114. uev　我媒娺

115. uel　握沃卧哦幄肟渥龌偓斡濣蒦涴硪嗌曤豌伩捾喔焥楃腥睅瓁臒齷枂

O 字母开头的

116. o　（于与月元原）於淤吁迂纡瘀迏菸扜逑字阡紆扜唹瘀

117. oc　余俞瑜鱼渝娱渔愉逾榆于予於與好喁盂禹竿隅愚揄馀虞蜍臾腴骬萭與葌朽桙齲腧婾吾亐邘仔扵杅斻堣瑜崳崳崳崳崳婾雩湡畬玗玙衧龥昇俆唹酊馀萸釪萸魚磒娛娯榆歈腧鮷漁瑜崳褕鴥鸆鸆蝓諛雓餘鮽嫗澞鸆蹫敭瑕螸轝錒諤髃鵌旟籅鷠鯒鷉媀庽蕍籔籔

118. ov　予禹宇雨羽屿语圄与痏與貐鋙噢蝺宇仔懊伛俣俁挧梧祤偊圉庾敔鄅萬鋙傴瘐與楀瑀敔語窳鋙頨噢嶼鋙麌籞齬

119. ol　欲玉毓聿煜愈郁钰裔豫遇育驭喻誉寓吁狱浴域预御妪谕與芋峪毓芛昱尉蔚蜟蜮稢滪僪熁遹阈菸雨语裕蒮蓣媀楥焴熨谷硲或猗菀宥禦薁杙忬饫或秇蕫侑栯砡唷堉忥烕淯袬逌薁嚛閾驈語喩梄棫琙飫馭鹆罭鈺預媀尉馘狱瘉緎鋊鐤唷慾稶鋊瑀湡燠蕷諭銪閾馭鹆債礇禦魊鹬癒礜稶御繘醧鴥櫲譽礐鐭霱轝篽鱊鷸蠌鬱鬱瀹籥爩顈炦粥

120. on　晕氲缊煴氳赟煴蝹葐蒀煴䰟蝹顒韞氳晕緼

121. onc　云匀纭芸昀筠郧耘鋆涢耺匀伝囩妘伝昀眃紜鄖雲愪涢筼蒷煴

澐蕓橒篔縜

122. onv　允陨殒阮狁坃赟夽抎鈗陨殒驲磒霣鼨賱

123. onl　运孕员恽晕酝韵熨蕴郓缊煴韫愠薀均褞枟郓员縕媼惲運暈膃縕緼薀醖醖餫韗韞蘊韻韞

附录1 汉字同音字字汇

124. oe 约曰矱甲約葯

125. oev 哕噦

126. oel 越粤岳悦阅跃月乐钥枂玥说刖曤蜕妜钺樾躍籥籲焆髻栎跞楽樂櫟躒擽說説趰蛻鑰戉屵抈衳悗悦蚎蚏軏搙趛粵鈅鉞閱閲嬳篗嶽龠籖瀹藡瀱爚襛鸑鸙

127. oh 冤渊鸯鸢智鹓蜎埢焆嫚困削悁冤渌涴渕窓淵葱橍菀鳶蝹駌鴛嬽鵷灪囂豑鷄箢

128. ohc 袁媛圆园援员缘源垣原元辕猿爰沅芫黿塬婈湲嫄圜獂螈橼嗳妧楥円负祁杬負員原蚖圓猨園圎滚獂蒝榞榱緣綠蚿蝯魭薗羱辕黿鋺櫞遶驊䮠鱻傆褑裮

129. ohv 远薳鋺盶逺遠

130. ohl 愿苑怨院垸媛瑗苅渊缘緣夗肙怼衍傆褑襦褤噮願椽

B字母开头的

131. b （不把被并比表本部）波拨剥饽播玻菠钵卜嶓啵缽妭剝趵𠫓盋砵被緁砣鉢僠撥餑磻蹳驋鱍葧藩哱潑

132. bc 薄博铂袯搏驳脖勃脖泊伯帛舶箔柏渤鹁钹亳镈鲌踣礴詥百菢彴孛狛狛胉俘柭胎郭挬涥爮秡荢博猼鈸鉑馎欂煿愽膊舶馞馭鋍垻欂駁鲌襏縠曝爆礴篰鎛餺鵓爠髆骲槫襮鏄肑敆舥愽䙏魄陪

133. bv 簸跛播蚾簸

134. bl 擘簸薄檗柏薛孼檗蘗檗擗

135. ba 八捌吧巴扒叭芭疤笆粑朳岜仈玐夿咶靶蚆釛犯鲃鈀罢枊峇

136. bac 拔妭跋菝荗魃鼥胈犮友坺炦癹詙䟺颰墢茇

137. bav 靶钯把鈀

138. bal 爸罢坝霸灞钯鲅把鲃弝埧靶罢鲅覇耀壩欛伯鲌鲌杷耀糫

139. bi 逼屄皀偪䘩裨蝠鎞鶝鶝榀櫼

140. bic 鼻荸

141. biv 比笔彼鄙匕俾秕沘妣吡舭夶杫伎疕柀粃甶筆聛貏箄枇岯妓

142. bil 必毕闭臂币碧佖邲诐珌避壁弊庇怭毙祔蓖蔽敝辟婢筚筚篦鼻髀陛狴愎弼箅跸滗铋荜哔屄陂鐾贲睥賁柲吡秄坒妼祕柴帛苾疕胇荜畢祕庳桲毖閉埤弻福裨秘敝啵彈渒煏痺膈華蛂鉍馝閟飶幣煏獙絆鄪柲幣燮獘罼驰髟嬖廦篳繴薜觱鼊蹕韠韡躄鼊贔鐴髲鴘驚鼊吡鮅粊跛蘗罼復泌祕箅佖弻襞玴柲笓郫椑蹠胇

143. bu 饽逋晡峬庸鈽誧舖秿契踀

144. buc　醭轐不

145. buv　补捕哺堡卜卟補鳪鵏鸔

146. bul　步布怖埠埔簿钚薄不部瓿篰吥佈餔咘走步勏埗悑捗荹鈈廍蔀踄郶餢篰婄捬椨陠

147. bs　掰捇

148. bsc　白

149. bsv　百摆栢佰捭伯柏竡絔擺襬

150. bsl　败拜稗呗鞴敗拝唄猈粺敗鞴薜棑

151. bh　班般颁搬斑扳攽瘢瘢肦煸頒盤褩辬肦鳻

152. bhv　版板阪坂钣舨岅昄瓪粄鈑蝂魬闆

153. bhl　办半伴扮绊拌瓣靽柈姅怑秚湴絆鉡辦瓪跘坢

154. bk　帮邦浜梆垹捹絕幇幫綁幚鞤

155. bkv　榜绑膀綁牓髈

156. bkl　傍棒蚌谤蒡搒磅镑玤棓綁榜膀棓硥塝蜯艕謗鎊埲蚄蛖旁挷

157. bb　包苞胞孢龅褒剥煲佨剝笣蕔闁褒齙枹炮裒褎苴

158. bbc　薄雹窇

159. bbv　宝保饱堡葆褓鸨怉珤堢媬寚飹飽鴇鳵緥鸨賲蕵寶寳靌宲

160. bbl　报抱鲍爆暴瀑曝豹刨趵怉勺铇萢袌報鉋靤骲髱虣鮑儤曓犦鑤蚫

161. bt　杯呗悲卑背碑椑陂鹎臂襬唄盃桮揹藣鵯革箄柸櫰桮

162. btv　北鉳

163. btl　倍辈贝背备悖狈惫琲焙蓓碚钡鐾孛褙被構鞴邶貝鞁棓北邶褙犕琲偝狽俻俻梖琪鄁備僃輩愂蛽犕誖骳輩鋇憊鞴苝菩

164. bn　奔犇锛贲泍渀逩賁錛栟錛喯

165. bnv　本苯畚奙夲栩

166. bnl　笨奔倴撪栟撪獖輽炃燌夯坌

167. by　嘣崩绷祊伻嗙絣閍嵭痭綳繃揂傰

168. byc　甭抨

169. byv　绷琫綳繃埄埲菶琣鞛唪

170. byl　泵迸蹦蚌镚鬔绷綳繃迸跰塴鏰揼堋鏰

171. bz　边编鞭砭煸蝙鳊萹笾猵牑箯編獱邉鍽邊鯿鳊籩糄揙臱鞭

172. bzv　贬扁匾碥藊褊窆貶稨惼稨糄鶣釆疺覵

173. bzl　便变遍辩卞辨辫苄昪忭汴弁抃缏汳釆邲拚変覍徧揙閞辡緶艑頨辧辮辯變玣

174. bx　标彪飚骉镖骠飙幖熛膘瘭藨镳灬杓飑髟滮猋脿摽滮藨颮標麃儦

飚瀌殍嘌膘賸鏢穮飚飚飆飙镳鑣標彯朣磦

175. bxc　夁

176. bxv　表婊裱膘諘標錶檦剽臕

177. bxl　標膘俵鰾鳔

178. bf　鳖憋瘪鳌鼈鱉鼇螷

179. bfc　別蹩别莂蛂襒

180. bfv　瘪瘾

181. bfl　别撇彆別

182. bm　斌彬宾镔缤濒滨槟傧玢豳邠梹瑸豩賓寅儐濱濵彬璸瀕霦繽鑌䪻梹檳贇贇

183. bml　鬓殡髌摈膑骪擯鬢殯臏髕鬂

184. be　兵冰槟栟仌缾氷掤枅檳并仒

185. bev　丙秉柄饼炳邴禀稟昺鞞鞭饷怲抦苪昞昺窉蛃棅鉼鉼餅餠偋㤏

　　　　　埢屛

186. bel　病摒並并併幷屛併枊並併位誁鮩靐

187. bd　䇳

P字母开头的

188. p　（怕排跑朋鹏）颇泼坡钋酸泊朴陂澙泺浂岥钋潑醱鏺頗䥽

189. pc　婆鄱繁嶓番擎嘙葖曐襥

190. pv　叵筶钷叵鉕駊

191. pl　破迫魄珀朴粕湘脯酵廹岶昢洦哱烞砶奋尃

192. pa　趴葩啪芭苩妃钯肥派

193. pac　爬扒耙琶杷笓弄澎钯鈀爬

194. pal　怕帕汃忾袙

195. ps　拍皨

196. psc　排牌徘俳簰狆棑箄脾簲䩊儑

197. psv　迫排

198. psl　派湃澎哌汃溿鎃

199. ph　潘攀番扳萠販酱㐲

200. phc　盘蹒胖磐爿槃蟠磻拌柈蟹槃膊跘夒幋萯擎盘繁澻蹣鎜鼙泮

201. phv　盼

202. phl　判盼叛畔襻泮袢眫坢泮沜炍胖胖鋬襻詽渾頖鏺

203. pk　乒滂膀雱磅汸泵胮胮䢫雱

204. pkc　庞逄旁彷膀磅螃鰟傍徬蒡跰房逢庞胮嫜筹麗龐鱂
205. pkv　耪嗙覮
206. pkl　胖烊
207. pb　抛泡胈抛菢
208. pbc　刨咆鉋狍袍庖炮匏跑裒鉋颰颰庬垉炰庖鲍鞄鞄廲
209. pbv　跑
210. pbl　炮泡疱奅麃砲麭碡碣犦
211. pt　呸醅胚㹴浮怌肧抔
212. ptc　裴赔陪培锫环醅裹婄賠錇
213. ptv　培俖
214. ptl　配佩沛帔旆霈辔狓擗伂渒岉娞旆珮駓湏嶏轡
215. pn　喷噴濆歕
316. pnc　盆溘瓫葐
217. pnv　呠翸
218. pnl　喷唪噴
219. py　嘭砰烹抨怦榜亨泙饼胓桲研濔砳埄澎匉駍輧閛
220. pyc　彭鹏芃朋棚澎膨蓬篷硼堋蟛髯搒鎁痭蕯篣挷笐倗莑弸榜塜逄棚槿樥燵憉翸韸鳌繈誰鹏髈鼉鏨溯
221. pyv　捧撻捧骿剙
222. pyl　碰掽椪踫
223. pi　批钗披坯劈霹澼纰砒狉邳伓丕柴妚坏怌攱抷怀狓牲被秛紕旇豼
　　　　　秛狉釟鈚銰鈽鉟硵駓髬鎞錍魾壀磇磻鲏皱苉
224. pic　皮疲脾啤琵毗枇虮郫陴坯皱钹裨蜱鼙貔蠅比箆蚾纰仳鄙紕鈹
　　　　　魾阰苉峫皉朑毞笓岯虾豼榟烳脾膍䃸魾皱箄甗鼙鼥廲
225. piv　匹痞劈癖撒仳否茈圮噽疋庀胇啓嵓録諀鳴
226. pil　屁辟僻譬媲澼渒甓鶅稰㲹拂副闢埤搧嫓睤睥潎嚊甓鷖鷓
227. pz　篇偏翩片犏扁瓯囥媥鶣鎉
228. pzc　便骈胼蹁缏跰缏胼楄梗骿諚餅駢駢
229. pzv　谝俔覑諞
230. pzl　片骗猵骗骗
231. px　飘漂缥剽螵摽影濓缥翻憵颷飘瓢嘌
232. pxc　瓢朴嫖藻闝
233. pxv　漂膘殍缥膘苧缥簰醥顠
234. pxl　票漂骠嘌骠缥勡缥

235. pf　氕撇瞥潎暼

236. pfc　狽

237. pfv　撇苤擎鳖

238. pfl　嫳

239. pm　拚拼姘砏礗穦馪驞

240. pmc　贫频嫔颦玭蘋琕姵頻嬪贫螾贇嚬矉颦

241. pmv　品榀

242. pml　聘牝匕籴

243. pe　乒娉俜粤塄砯聠艵頩

244. pec　平评凭屏苹坪萍瓶玶帡幈帲枰絣洴鲆冯胓砯塀呯邴屏帡溯蛢焩甁缾蓱蚲箳馮鵬評軿濍憑軿凴鮃檘簈蘋

245. pev　頩

246. pw　剖娝抙

247. pwc　抔衷裒垺抙掊箁

248. pwv　掊棓培音哣婄犃

249. pu　扑铺仆噗撲雰攴抪炊殎柨鯆痛撲潽秠鋪鯆

250. puc　蒲葡仆匍莆脯菩璞镤濮酺獛扶襆蒱匍僕璞曝瞨纀鏷

251. puv　普谱朴浦溥圃埔氆错蹼烳團普樸檏諩譜鐠

252. pul　铺堡暴瀑曝鋪舖

M字母开头的

253. m　（没米秒每吗忙马明面）摸広嚜嚘麼末

254. mc　模谟摩膜磨模嫫摹馍魔蘑呒劘咉唔嬤嬷嫲尛麼麽撫嘸橆謨蘑攃饃嚤譕髍饝

255. mv　抹憌

256. ml　莫墨茉默寞漠蓦末磨没秣沫陌镆殁抹脉靺万佰狢貊輞䩢嘿呣蟆脈冒嚩瘼沒嚜潶劰圽妺帓林帓昩脉砞茉眽粖絈袹蛨貃嗼塻貊嫼膜瘼羃膜鮇繌貘蟔螺鏌爅鶮礳繣礳唔

257. ma　妈吗嘛摩抹麻蚂媽螞嗎

258. mac　麻吗嘛蟆痲嫲蔴摩蠤螞嗎

259. mav　马码玛吗栂蚂犸馬馮獁遇瑪碼螞鎷鷌鰢犸

260. mal　骂蚂唛祃杩閁傌睰唛榪禡罵骂磿鬕

261. msc　埋霾薶

262. msv　买荬買嘪賣鷶

263. msl　卖迈麦脉劢霢侎脈麥𣲱勱賣邁霢
264. mh　嫚颟顢
265. mhc　瞒馒蛮谩蔓埋悗懡鬘撋鳗饅鞔妢鬕樠瞞鰻蠻蠻謾
266. mhv　满螨滿蟎匛滿晚鏋蠻
267. mhl　慢漫曼谩熳蔓墁嫚幔侵缦摱樠獌蔄鄤滿溰饅縵謾鏝
268. mk　忙
269. mkc　忙盲芒茫尨氓庬铓硭邙肓汒恾笀肶杧茻硭厖娏浝狵牻釯痝蛖鋩駹蘉甿庬
270. mkv　莽蟒漭莽艕鉧蟒
271. mb　猫貓
272. mbc　毛矛茅猫蝥蛑牦茆髦酕杧旄湔軞緢錨氂犛鵚罞袤
273. mbv　铆卯峁昴冇泖夘戼笷茆荗鉚
274. mbl　冒贸茂袤瑁帽貌瞀楙懋毷眊耗旄媢愗鄚冃皃芼冐覒貿瞀毷鄮蝐毠冒枆
275. mtc　煤枚眉梅莓媒霉酶玫瑁没糜楣郿嵋湄猸鹛锢坆沒苺栂脄珻脢堳湈昝楳禖腜塺槑鋂徾鋂瞢攗虋鹛徾
276. mtv　美镁每浼羙毎浼挴媄嵄渼媺嬍燘鎂黣
277. mtl　妹昧媚寐袂魅蝞抺沬袜眛痗跊黴彴焸睸靺簱
278. mn　们闷悶們
279. mnc　门亹扪钔㥃瞒瞞門閅捫芚璊穈鈰虋
280. mnl　闷懣焖惛悗悶瞞燜懑
281. my　蒙矇擵
282. myc　盟萌蒙虻氓幪濛獴矇朦曚檬礞甍亀尨揢甿冡庬茵濛雰儚㮀菛盂鄳懞氋矇瓵艨鸏蠓鸏飝鼆娽
283. myv　猛蒙锰勐蜢黾幪蠓艋蟒幪甋錳鯭鼆黽
284. myl　梦孟夢甍夢懜霥
285. mi　眯咪瞇
286. mic　迷谜縻弥瞇狝眯縻猕醚糜靡醾罙詸謎彌麊獼麛麋憵擟蘪鼰醾鸍醾瀰瞴搣獼璽
287. miv　米弥靡弭敉芈脒羋侎洣洣眯渳葞銤瀰嬭瀰彌
288. mil　蜜秘密觅谧幂泌嘧宓糸汨坒祕汨泌䀄眯覔貢塓幎覛檷謐冪慏日眽淈熐冪樒幦滵謚櫍簚冪鑖
289. mw　哞
290. mwc　谋眸牟蛑缪侔鍪堥跶劺悴涄桙敄鉾繆謀瞴犨蕪鞪

291. mwv 某

292. muc 模毪獏氇

293. muv 亩母拇姆牡牳峔舻䑐胟姥眸畮畂碔䀲鉧䀲

294. mul 木目沐睦募墓幕慕穆暮牧霂苜坶钼仫缪莫繆霂縸犼炑毷莯蚞毧幙慔楘鉬橭腜鍪

295. mzc 棉绵眠芇婂婂綿緜鼏蝒嫐櫋暝矒暝黽暝柵

296. mzv 免勉娩冕缅腼渑丏勔恎涽汅黽厸嫚汅俛眀偭嗰緬鮸黽澠靦緢

297. mzl 面冂糆麫麧麵

298. mx   喵

299. mxc 描苗瞄媌鹋媓緢鶓鱙

300. mxv 秒渺淼眇杪缈钞仯藐邈㳽篎訬鈔緲

301. mxl 缪妙庙眇纱玅庿廟繆

302. mf   咩乜吽哶䍮

303. mfl 灭蔑篾蠛幭眿覕搣滅蔄鳾懱㵋橵巁鑖鱴闃烕

304. mmc 民岷嫬旻苠瑉忞怋旼玟旼罠嵍捪珉琘緡瑉瘽磻砇浘鈱緍緡鍲鷐鎀

305. mmv 敏闽闵悯抿泯皿黾渑鳖慜珉筂愍瞖泜刡勄敃湣閔敯黾閩僶慜憫潣簢蠠鰵

306. mec 名明鸣茗冥铭暝瞑螟溟蓂洺眳鄍嫇㜫榠銘鳴覭朙朙

307. mev 酩嫇溟佲姳溟慏

308. mel 命詺

309. mql 谬缪繆謬

F字母开头的

310. f（非分副富福凡范奉否放）

311. fc   佛仏㘝伕

312. fa   发酸波發蘝醱

313. fac 罚乏伐阀筏垡橃贬妉疺茷柉俧廢罰閥罸薆筏

314. fav 法砝鍅灋

315. fal 发珐髪珐髪䯻

316. fh   翻帆藩番蕃幡帆犿勫墦嬏幡旛轓颿藩飜鱕繙

317. fhc 凡樊繁烦矾蕃蹯璠膰燔钒蘩几凣匥杋杺籵舤舩筡钒棥烦緐播蘋橎譒瀿礬鐇鐢鷭灒汎凨蟠袡

318. fhv 反返仮払

319. fhl　犯范饭泛贩畈梵氾販奿汎訉軓汳笵釩飯飰渀嬔範嬎娩

320. fk　方芳坊邡枋钫牥淓蚄趽鈁鴋埅

321. fkc　防房肪妨鲂坊埅堕魴

322. fkv　访仿纺彷舫昉昞枋鴋㑂瓬昉倣旊紡訪髣鶭放

323. fkl　放趽

324. ft　飞霏非妃菲蜚绯扉啡鲱騑飛婓婔渄斐翡緋餥馡騛鯡飝扉

325. ftc　肥淝腓蜰蟦萉蕡痱贲

326. ftv　匪诽菲悱斐榧翡蜚篚胇朏朏棐棐悲誹陫

327. ftl　费废肺沸吠狒胇镄疿芾𬌗菲蜰柹昲佛剕厞痱屝萉費癈蕟嘪癈猆
靅櫠鐨䕁蕡第柹胏

328. fn　芬纷玢酚分吩氛雰棻賁帉昐蚡衯紛翂訜鈖𦪵饙饙妢棼䩿

329. fnc　焚坟汾棼鼢豮肦颁頒贲燔𥙵坆岎枌炃棻羒坌蚡葐馚隫墳幩蕡鼖
鳻橨燌㸮豶豶蕡豮轒鐼馩鼢濆蒶

330. fnv　粉黺

331. fnl　份奋愤忿粪偾分鲼瀵贲賁橨坋弅秎僨憤奮膹糞鱝

332. fy　峰丰锋风封疯枫烽蜂犎砜葑沣酆仹凨凬妦凮眫風峯偑桻琒對猦
楓瘋碸僼鄷鋒蘴豐鏠鏠寷灃蘴寷飌麷豊肨豐炐葑熢

333. fyc　逢冯缝沨堸渢漨篷夆捀浲堸馮摓綘艂縫艂漨

334. fyv　讽唪风凬覂諷

335. fyl　奉凤缝俸凮棒葑縫甮湗焨熢賵鳯鳳鴌賵

336. fwc　紑

337. fwv　否缶妚炰瓿雬鴀炰殕

338. fu　夫肤呋敷跗稃孵麸趺伕邦妋玞怤柎砆胕荂衭姇尃荴旉紨鈇筟綒
鄜豧膚鳺麩糐麬麱懯粰䍖捊蕌㾈

339. fuc　服福幅符辐扶浮苻宓琈伏孚俘佛祓凫芙茯弗芣芾拂怫绂绋茀氟
洑袚罘郛砩莩蚨匐桴涪菔蜉黻蹼袱葍垺夫姇枎腑市甶汥刜咈第帗彿泭垘枹栿炥
玸昳畐鞁凫呼栿畐烰第紱紼翇虙棴紱罦菖綍艀鉘鉜颫凫榑稪箙韨澓蝠髴鵩詴踾
輻鮄瘦襆襥鵩鶝坿抙箁汱郍酻

340. fuv　甫府斧辅腐俯抚脯腑釜滏蛁拊黼柎胕酜呒弣俌郙釡捬㕮頫輔撫
鬴簠父嘸俛頫

341. ful　负付傅覆附复父富赴副赋妇驸咐阜讣缚腹赙鳆馥鲋蝮洑服嬔紨
豧複坿弃畠祔訃負蚹袝偩冨娩婦蝜媍復稪萯蚼褔詂椱褔緮蕧蝜賦駙縛輹鮒賻鍑
鍢鰒䋨

342. fxl　勠

附录1　汉字同音字字汇

D 字母开头的

343. d　的（但对到大）地（答等点底）嘚得

344. dc　得德锝恴淂悳惪徳鍀棏

345. da　搭哒嗒夻袼答瘩叨噠墶搭鎝垯縫笚

346. dac　答达鞑沓怛妲笪靼瘩打迖畓达达呾炟奎苔剳匒達訉達跶澘蟽鎉蹉鎈韃龘龖畣迊

347. dav　打

348. dal　大亣罖汏疸

349. ds　呆呔待獃懛嘚

350. dsv　歹逮傣

351. dsl　待戴带代贷逮袋怠黛殆大轪岱玳甙迨给靆襶埭偝坮岱䇷带軚帶給軑軚貸軑瑇廗睇緿骀髍簹蹛瀻隸檯靆蟦蠎筟逯诒詒

352. dh　单丹儋担耽殚箪眈郸聃襜慱妉䂵珊躭酖單媅瘅匰鄲頕勯擔殫癉襌箪瞻疷

353. dhv　胆疸撣赕亶燀担伉刐玬觛袇紞撢氥膽扰揨膽黕丼

354. dnl　淡氮弹担蛋诞旦但石憺怛瘅啖澹萏蜑僤繵譚擔癉狟亶馾帆怷泹柦咁啿腅蜑觛窞誕僤噉髧彈憚襌餤驒鴠瓼癉噊嘾霮餮藫膻醈蜒澶

355. dk　当铛裆珰镗笡當儅噹澢璫襠簹艡蟷档

356. dkv　党挡谠攩黨攩灙檔讜

357. dkl　档荡当挡凼宕菪砀儅氹圵垱潒礑雺潒碭瞃蕩菿壋檔壋盪礑簜蘯愓崵崵

358. db　刀叨氘忉魛裯朾舠釖魛虭螩

359. dbc　捯叨

360. dbv　倒岛导捣祷蹈島祷搗隝嶋嶌導隯壔嶹擣檮嶴

361. dbl　倒道盗悼稻焘帱到纛幬菿盗稲翢導衜裪衟纛翿髜皽陶梼檮祧箌

362. dnv　嗲

363. dnl　沌忕

364. dy　灯登蹬噔簦豋嬁燈璒鐙覴僜墱镫鐙

365. dyv　等戥

366. dyl　邓瞪澄凳磴鐙嶝蹬鄧隥墱櫈鐙

367. di　低堤滴提羝氐镝鞮伍奁袛㖗埞隄䟘嘀磾鍉鏑渧磾

368. dic　狄敌迪涤笛籴荻镝觌嘀籴翟髢杓跻鏑迪肑啾楸鞮滌菂頔

285

敵篴嚁藡蓨糴覿鸐馰扚蓧藋適澈樀蹢

369. div　邸底抵坻诋柢砥骶菧氐坘厎阺呧弤扺牴搋觝詆軧聜提梯

370. dil　第弟帝谛缔娣递蒂婂地的睇碲棣蝃搋坔昀杕玓怟杕苐俤埊遆俤啇棣焍眱祶芍釱僀禘腣遞鍗墑墬揥蔕蝃遰憒甋締螮諦踶蝃嵽吔埅珶渧逓揥髢鬄墆窶

371. dz　滇掂颠巅癫攧敁傎厧嵮槙瘨蹎顛顛巔巔癲顚拈敁槙

372. dzv　点典碘踮敟婰敟蒧蕇點嚸痶

373. dzl　电店垫奠淀惦玷殿甸靛佃钿癜簟阽坫皕扂婝琔蜔鈿電墊壂橂澱磸驔脸痁橝蜓

374. dx　刁雕叼凋碉鲷貂汈刟虭奝弴彫蛁琱鳭鵰鯛貂鯛鵰錭凋

375. dxv　屌扚鳥鳥

376. dxl　调掉钓吊窎铞铫魡弔伄訋釣鈟踔蓧銱寯調瘹寯鋽藋鑃蜩誂絩銚莜銚

377. df　爹跌

378. dfc　叠迭谍蝶喋堞牒碟昳鲽耊垤蹀揲瓞跮蹀褺苵峌恎揤绖胅眣耊咥戜惵絰戴詄趃殜牃跌嵽蜨褋艓諜疊鰈疉疊氎崼跕咥楪螲

379. dfl　眰

380. de　丁玎疔盯钉叮仃耵酊町靪虰屸釘奵亇

381. dev　顶鼎酊奵頂嵿鼑薡鐤頝艼葶

382. del　定订钉啶腚碇锭蝊饤釘忊矴訂飣莡椗碠錠磸頝铤鋌掟

383. dq　丢铥丟颩銩

384. dg　东冬咚氡崠鸫東苳咚倲埬娻東涷笗菄氭蝀鼕鶇鶇崠

385. dgv　董懂揰嬞箽蕫諌

386. dgl　动栋冻洞侗垌恫胨胴硐峒娻咚峝挏迵涷戙動崠棟湩腖働駧霘狪烔絧衕動

387. dw　都兜蔸篼鴠吺剅哣兠橷兜

388. dwc　㖷

389. dwv　陡斗抖蚪钭阧枓斢

390. dwl　窦斗豆逗痘饾脰读郖浢荳鬥梪豍酘閗鬦餖鬪竇鬭鬭鬪渎瀆讀斣

391. du　都嘟督厾阇剢醏闍

392. duc　读独毒渎椟牍犊黩髑裻蝳獨錖瀆匵嬻瀆櫝殰牘犢瓄皾騳讀黷韣韇韣鑟韇韇黷讟顿頓襡櫝

393. duv　赌堵睹笃肚帾堵覩賭睹竺陼

394. dul　度杜渡妒芏肚镀蠹篤妬茌秺靯螙殬鍍蠹剫啓

395. dr　端耑偳媏褍鍴剬

396. drv　短

397. drl　段断锻煅缎箖椴塅葮瑖腶碫缎毈锻斷躖籪缎

398. dj　堆搥垍塠崔瀢碓頧鴡鐜碓敦

399. djv　頧

400. djl　队兑憝碓对怼镦敦允兑祋陮隊譈對濧薱譈譈譈憞瀩譈錞

401. dd　吨敦蹲墩磴蹾惇撴墥鐜镦镦蜳墪獤噸蹾橔墩驐燉

402. ddv　盹趸薆不

403. ddl　盾顿遁囤沌炖钝砘伅庉坉鈍腞頓碷遯憞燉踲楯坉忳

404. dp　多剟咄掇哆裰郭夛苳粂嚉歽

405. dpc　夺铎踱度敠剫敚敓喥痥奪澤鮵鐸沰

406. dpv　朵躲垛埵哚弹缍�létremeenomsowntomquickworksfictionpatted 朵探捼椯趓躲缍鵽彈鬌鬌垛杂碓

407. dpl　舵惰堕跺垛剁驮沲柮绌柁杕杕採剁陊陏墢憳椟跥跥蚪堕隳憜噇鵽陸隋陀媠杕柁

408. dtv　得

T字母开头的

409. t（他她同台条趟太头忒土）

410. tl　特忒忑忒腾膩犆愿贷贷貣鋱蟘

411. ta　它塌鞳铊她嗒他牠祂跶榙濕鉈禢遢踏闒

412. tav　塔獭溚塿鰨鰨獭鰨

413. tal　踏榻拓蹋挞搭沓鞜榙鞳瑹蹹猰囶嵉嗒揭闒鴠禢撻澾諯嚃鍩嚃鮀闒鞳嚃蹋闒汏

414. ts　胎苔囼抬炲

415. tsc　抬苔跆鲐台邰箈坮炱駘鮐柏炱菭旲駘臺颱儓鮐嬯擡臺檯籉

416. tsl　太态肽钛泰汏肽酞汰忕冭态忕钛漆態燤

417. th　贪瘫摊滩坍疢舔貪悐啴嘽潬撍攤灘癱譚

418. thc　谈谭坛郯痰昙覃倓惔弹锬镡潭瘅嘾澹寻蕁埮婒橝潭憳酨蕈壇檀檀鐔薚墰譚貚醈罎鐔燂繵瘅弹餤頯曇墰談錟

419. thv　坦毯忐钽袒菼儃壇禤鉭唌惔憳暺醓紞

420. thl　叹探炭碳嘆埮僋淡儌毯撢歎賧黮

421. tk　汤趟喤稝圕蹚膛镗羰锡闛湯劏蝪蕩鏜錫鞺鼞闛

422. tkc　唐堂膛糖镗溏棠塘搪饧樘螗糖醣倘郎蓎陸堂滜煻瑭禟膅樘磄楊簜螗踼喝邌坣鐺鍚鏽闛鏜鶶

287

423. tkv　躺倘淌傥锐帑佽曭檔傷銳儻懭爣矘钂

424. tkl　趟烫湯钖鍚搗燙

425. tb　掏涛焘韬弢滔饕绦叨涭慆幍嫍搯槄瑫絛弢仐夲縚縧濤謟韜韜饀抭焘韬

426. tbc　陶逃桃啕淘洮萄梼匋逃咷绹裪裪蜪鞉鞀醄騊詜綯鋾錭駣檮蘈

427. tbv　讨討

428. tbl　套

429. tg　通嗵囲炵痌蓪樋

430. tgc　童佟彤潼瞳侗砼穜铜同桐硐曈僮茼硧垌峒峝洞硐爞峂庝哃眮浵烔蚒眮粡烔酮鉖勭詷蚀銅餇鲖獞膧橦氃犝朣鮦偅爞

431. tgv　统捅桶筒侗統筩綂

432. tgl　痛恸同衕慟憅

433. ti　踢锑梯剔睇体擿鹏銻鷉鷉

434. tic　提题啼蹄鹈绨醍禔鳀瑅荑桋遆踶禔偍媞愢缇碮苐媂姼磃鶗厗崹渧稊罤嗁綈徲漽緹褅蝭趧謕蹏鍗鹈題鵜鶗騠鯷鶙鶗禵

435. tiv　体醍衹揥躰骵軆體鮧

436. til　替剃嚏惕涕绨屉悌逖俶棣適剔綈倜殢薙趯掦戾洟屜愁揚逷悬揥裼褅歒髰鬀嚔璾鬄籊屟楴

437. tw　偷媮鍮偸媮鍮

438. twc　头投骰褕緰頭

439. twv　妵斜敨黈黈飳

440. twl　透鋀

441. tu　秃凸突宊禿怢唋涋捸堗湥瘯葖嵑銹鵚鵌

442. tuc　涂屠图途徒荼凃塗莬峹庩悇捈梌揬瘏筡腯蒤稌跿啚捸図驁鈯圖圗廜潳跿酴稌鍎駼鵌鵚鷋鶟莬

443. tuv　土吐钍圡釷

444. tul　吐兔菟兎迌莬堍鵵斁

445. ty　熥鼟膯

446. tyc　疼腾滕誊縢膡藤痋騰滕邆鰧膯儯騰籐驣籐藤驣驣

447. tyl　霯

448. tz　天添黇靔兲婖酟靝

449. tzc　田甜填恬佃钿畋阗昀菾湉鈿瞵屇沺嵮胋甛塡搷緂磌寘瑱闐鷆鷆寘

450. tzv　舔殄腆忝覥町觍栝倎唺悿捵淟晪琠痶睓餂覥腆錪娗

附录1 汉字同音字字汇

451. tzl 搽瞋趁蚙蛃瑱瞑醶

452. tx 挑佻庲佻桃眺叨

453. txc 调迢䄻铫条礽苕䇂岧䇂筶蓚蓨䟿蓧調鰷芀條齠樤蜩鋚鯈髫鯈鰷鋚齠鰷銚

454. txv 挑窕眺朓脁窱誂窱嬥斢

455. txl 跳眺趒粜絩覜趒頫糶䍢

456. tf 贴帖萜怗耴貼跕

457. tfv 铁帖蛈鈇偛錍鐵驖

458. tfl 帖飻呫飻

459. te 听厅汀町烃桯鞓庁厅聼艼葶烃綎聽廰聽厛廳

460. tec 停婷廷亭蜓葶霆邒廷渟婷梃筳樥闛聤蟶諪艇

461. tev 挺艇珽鋌頲梃烶汀娗侹浧脡侹誕鋌鋌頲

462. tel 梃朾濎

463. tr 湍猯猯猯貒團

464. trc 团抟剸剸鶉剸團塼慱搏椽溥篿鏄䊒鶉歂嫥鱄

465. trv 疃睡墥

466. trl 彖湪褖

467. tj 推忒蓷蔧焞

468. tjc 颓弚魋䯻墤隤馗頽頽積蘈蹟債

469. tjv 腿俀脮債踉骽聥

470. tjl 退蜕褪煺脱蜕侻帨蛻駾

471. td 吞噉吞旽涒啍膞焞暾魨

472. tdc 屯囤豚臀魨纯敦庉窀忳膯苋饨肫坉犉軘飩魨氉䐦

473. tdv 氽

474. tdl 褪

475. tp 脱托拖扥乇饦佗仛陀侂托拖汑杔梲侻沲侻芛挩祏託脫飥駝鮀䭾𢱢

476. tpc 驮鸵驼陀佗沱柁砣铊坨池跎酡槖槖她陁屸狏砤袉䭾陁紽堶詑硾䭾槖䭾蹋鴕驒鼉鮀鉈

477. tpv 庹妥椭袉他婑楕撱橢鵎鯌

478. tpl 拓唾萚箨跅柝魄涶袉毻撪籜

N字母开头的

479. n （你能年男女那南您宁）呢

480. nc　哪那
481. nl　讷呐抐眲訥
482. na　呐那哪南
483. nac　拿镎拏挐鎿嗱蒘
484. nav　哪乸雫
485. nal　娜呐纳那肭钠捺衲内妠呐納衲笝豽軜貀鈉蒳靹魶箳
486. nsc　腉搙揑搱蘒
487. nsv　乃奶氖艿疓倷廼迺釢嬭
488. nsl　奈耐萘佴柰鼐耏渿螚錼能褦
489. nh　囡囝
490. nhc　男难南楠喃萳抩枏侽柟娚畘莮暔諵難
491. nhv　赧腩蝻煵揇湳萳戁
492. nhl　难妠攤婻
493. nk　囔囊
494. nkc　囊儾蠰乪蠰饢欜鑲搑
495. nkv　攮曩儾鑲擃灢搑
496. nkl　齉儴
497. nb　孬
498. nbc　挠铙呶蛲猱硇猺夒怓譊碙撓嶩蟯夓譊鐃嶩獿憹桡橈蝚
499. nbv　脑恼瑙堖腦碯垴䍜惱獶獿嫐
500. nbl　闹淖臑婥閙鬧
501. ni　妮
502. nic　泥尼霓呢铌倪坭怩猊鲵麑儿兒璽籾砨秜郳埿婗淣蚭梶跜鈮蜺觬貎輗鯢齯鸋抳聻腝
503. niv　拟旎你伲聻祢禰濔妳婗伱抳狔苨柅掜晲孴鉨馜儗儞隬擬薿檷
504. nil　逆腻匿溺睨昵泥誽嬺抐倪孴屰氼肥疕眤埿惄嫟惄暱縌膩嫟嶷弄
505. nz　蔫拈撚肸
506. nzc　粘黏鲇鲶年溓秊姩哖秥鮎鯰
507. nzv　撵捻辇碾辗跈焾涊淰蹨輦簐攆蹍輾
508. nzl　念廿埝唸卄艌
509. ngc　农浓脓侬哝秾莀檂農儂襛噥濃蕽禯膿穠襛醲欁癑燶
510. ngv　繷
511. ngl　弄挊挵癑齈
512. nuc　奴驽拏笯駑砮

513. nuv 努弩胬伮砮孥
514. nul 怒傉搙
515. nov 女釹籹釹
516. nol 恧衄朒胒朒衂
517. ntv 馁哪娜脮脮婑餒鯘鯘
518. ntl 内那內氖鎄
519. nnl 嫩恁嫩腝
520. nxv 鸟袅茑嬲茮樢鳥嫋裊蔦嬝褭
521. nxl 尿脲溺
522. nrc 奻渜
523. nrv 暖煖渜煗餪渜
524. nf 捏捻捏
525. nfc 苶
526. nfl 聂蹑孽乜涅嗫镊陧臬啮镍颞蘖蘗嵲涅梘鈮钀痆埝肀枿惗苶陧敜踂摰槷踗踂薛湼聶錜嚙聂鑷顳糱蠥囁讘躡鑷顳钀褹
527. nec 宁凝拧咛狞柠聍苧宓寍寧寗儜嚀嬣擰獰薴檸聹鐣鬤鸋疑
528. nev 拧擰欓矃
529. nel 宁佞拧泞甯寍寧侫甯寗濘濘佞
530. nq 妞
531. nqc 牛汼
532. nqv 扭纽忸钮狃杻炄紐莥鈕靵
533. nql 拗扭蚴
534. npc 挪娜傩郍梛儺橠
535. npv 袅
536. npl 诺懦搦锘喏跞搙拏搭諾棩稬諾跞糯鍩儜糯檽壖虐愞
537. ndc 麿
538. nyc 能
539. nrl 虐疟瘧婥㡩
540. nmc 您囜抳
541. njc 娘孃酿釀
542. njl 酿釀釀
543. nwc 穤譨
544. nwv 吶
545. nwl 耨搙嬬槈獳檽鎒鎒譨

L 字母开头的

546. l 了（来李里乱类老两辆龙）肋饹臘

547. ll 乐叻勒仂笁防忉扐汅芳劷泐砳楽齛樂簕鰳鰳

548. la 啦拉垃鞡邋柆揦菈擖嚹摺

549. lac 拉见砬磼剌

550. lav 喇拉藞

551. lal 辣蜡腊拉钄捌剌落掣椋瘌粝蜊臈攋爉臘鬎癩瓓鯻蠟鑞擸

552. lsc 莱徕来涞崃铼來俫俠郲娕崍庲徕梾淶狋菜迷棶琜箂筴錸騋鯠鶆 欶唻頛

553. lsl 赖睐濑赉籁癞俫妺攦勑俫徕娕唻睐賚賴頼頬鵵瀨瀬籟癩襰籟

554. lh 蓝

555. lhc 兰岚拦栏婪闌蓝斓镧谰澜褴篮燣崠嵐葻庌儖憳燣藍襕闌璼襤調 幱攔瀾籃纜蘭斕欗礷襴嚂灡簡欗讕躝襴鑭鑼韊怑

556. lhv 览懒揽缆涆榄漤圝酹壈覽嬾懶斓覽孄攬欖爦纜廩廩

557. lhl 烂滥爁爛嗒壏濫爁爤瓓灛糷

558. lk 啷

559. lkc 郎狼廊榔琅稂锒筤螂劻郞郎欯茛娜根萴瑯硍艆蜋浪踉躴鋃鎯 駺𡻕

560. lkv 朗烺悢脼塱萠誏㒳膶

561. lkl 浪埌莨阆崀蒗郎琅誏閬哴

562. lb 捞耢捞

563. lbc 劳牢唠崂痨铹醪涝嫪窂哷泬劳僗嘮嶗嶗憥膀磱簩螃鐒顟轑 憦澇

564. lbv 老佬咾姥潦铑恅茾栳珯硓狫銠橑轑嫽

565. lbl 涝烙耢酪嫪潦辂络落唠臓憦澇橑耮簩絡

566. lt 嘞勒

567. ltc 雷羸镭礌累嫘缧檑擂絫欙畾缧瓃礧纍礌蘽蔂鐳鑸鸓藟櫐纝 韊礌擂

568. ltv 蕾累磊垒儡耒诔樏櫑礌絫鐳厽絫儽誺蠝磥垒癗蠱瞶礧灅蠝藟 讄儽鑘鸓礌

569. ltl 泪累肋类擂酹頪沫涙涙銇穎頼鋘類纇頪襰纇鼼

570. ly 棱

571. lyc 棱塄楞硵唥稜葼崚

572. lyv 冷

573. lyl 愣睖楞踜倰埁

574. li 哩璃蜊

575. lic 离厘梨犁狸璃喱黎篱黧罹藜蜊貍漓鹂莉骊犂菞嫠丽郦琍剺犛厘悡唎莉剺筣缡鲤挊摛盠孖漓氂藜褵銐鳊銐蠃杝棃謧嚟邌鳌離鯬鏫鴷鴜鱺囇灕蘺鏆黧孋籬劙鑗穲籭驪鱺纚酈璙曬纚

576. liv 李理礼鲤里逦哩娌蠡浬俚锂孔裏峛峲裡豊鋰澧禮鯉醴鱧邐鱧欐纚

577. lil 利力立丽莉郦厉栗砬例吏隶俐俪沥荔狸砺砾励历粒苈唳笠仂戾苙枥蛎悷痢雳扐脷唎为

578. 朸栎疬呖坜苈岦涖疠砅荔赲迣鬲翮砬轹娳悧栵浰秝雴悷粝蛎溧厤棙蛎罱跞栵捩溧蒚蒞孋鉝勵朸朸厲歴歷琍蜧勵曆歷粶隷捩叓鴗櫔濿癘曆隸鬁儮曞櫔爄牣襧蠣瓑壢櫟瀝瓅礪靂麗欐爄瓅櫟鷅鰲礫糲蠣儷癧礰酈鶨麜囇攊躒櫟櫔謉轣攡鬁靂鱱靂擽鱳蟍纅

579. lnv 俩倆

580. lzc 连莲联廉帘怜涟裢憐濂奁鲢蠊苓链镰梿廉溓瞵嫌連嗹憐湅蓮匲奩燫璉劆匲嶙磏聨褳濂縺璉聮亷嫌槤熑聯膁蹥謰鎌簾鬑鐮鲢簽籢楝鏈

581. lzv 脸敛琏苶裣敥嫌槏溓槤摙梿敛歛臉鄻襝羷蘞蘝蘞釅

582. lzl 恋练炼殓链捡栏摙唎堜媡涷萰健楝煉璉漣秣練瀲殮鍊鏈瀲鰊戀戀孌

583. ljc 良粮梁凉粱椋量俍樑踉樑涼辌茛綡辌糧

584. ljv 两俩倆魉阆閬俩两兩唡掚脼裲緉蜽魎

585. ljl 辆量亮谅晾跟悢涼倞靓晾喨浪靚輌諒輛鍄

586. lf 咧

587. lfv 咧裂

588. lf 列烈猎裂趔洌劣躐埒爄栵獦桺裂蛚挘洌劷迾浖炁捩埒蛚鴷睙猟颲儠烮擸獵犣鬣鱲呼熮

589. lx 撩踃

590. lxc 聊辽疗潦僚寮嘹獠撩暸燎獠摎蟟嶚廖怓漻膋嫽嶚憀敹遼璙竂膫潦寮鷯屪蹽繚蟟镽蹽燎髎鷯嶛獠飂藔飂

591. lxv 了燎钉僚憭燎釕鄝蓼嫽暸

592. lxl 廖料撂撩钉尥暸镣鐐釕庖炓尞蟟

593. lm 拎

594. lmc 林琳霖潾翷淋临邻鳞麟瞵辚璘嶙遴粦啉玲亽嶙惏琳粦痳碄箖

鄰隣獜嶙瞵燐臨繗麐轔壣瀶鏻驎鱗瞵蹸潾秝

595. lmv 凛檁廪懔菻粼稟僯凜撛廩懍澟檩瘭癝顲

596. lml 蔺吝赁瞵躏淋獜辚磷轔粼僯悋恡閔賃橉甐膦閵瞵藺蹸躙躪轥

597. lq 熘溜硫蹓

598. lqc 刘流留硫浏榴馏骝瑠遛旒琉蒁镏瘤鹠镠蟉鎏鎦澤畄畱媹嵧旈蓅飀劉磂騮橊瑠瞴瘤駵嚠懰瀏藰餾麍鏐飀鐂騮飀鰡鶹驑斿

599. lqv 柳绺锍懰藰栁桞珋栦綹熮罶鋶橮畱嬼

600. lql 六陆碌蹓溜镏遛馏翏塯廇澑磟翏霤陸雡飂罶鎦餾鷚

601. lec 零〇玲灵龄绫泠姈昤羚翎聆菱蛉铃陵瓴凌苓柃棱囹笭淩倰伶祾刢坽夌岭彾狑朎柃昤砱秢竛鸰婈崚掕玪昤衿令呤紷舲衑詅跉軨蔆裬鈴閝綾蕶輘霝駖澪蓤錂霗鲮鯪鴒齡燯霛靇酃鯪霻蘦齢櫺醽靈欞爧麢龗

602. lev 领岭令岺呤衿領嶺

603. lel 另令炩

604. lw 喽搂嘍瞜摟瞜

605. lwc 娄楼髅偻喽溇蒌窭寠婁僂嘍廔慺蔞遱樓熡耧螻耬艛螻謱鞻髏漊

606. lwv 搂篓嵝塿嶁摟甊簍

607. lwl 漏陋露瘘镂屚瘺瘻鏤

608. lgc 龙聋笼隆珑砻胧咙泷茏昽栊眬窿屸竜湰隆瀧癃篭龍嚨巃巄瀧蘢礱蠪曨朧櫳爖瓏矓礱礲襱龒籠聾蠬蠪龓礲蠪鑨霳鸗龒儱滝

609. lgv 拢笼陇垄垅篢儱隴壟攏竉徿巃

610. lgl 弄哢梇硦衖儱徿矓

611. lu 擼噜嚕擼護

612. luc 卢炉庐芦鲈鸬泸舻颅栌胪轳垆枦罏鲈盧嚧壚廬攎瀘獹璷蘆櫨爐瓐臚矑籚纑鑪艫蠦轤鑪顱髗鱸鸕黸蘆爈

613. luv 鲁虏掳卤硵镥橹芦撸鹵虜塷滷蓾樐澛魯擄磠澛櫓氇艣鐪艪鏀

鏀氇

614. lul 路陆禄鹿璐逯琭稑露录碌赂戮潞辘甪蓼辂六渌箓醁簏鹭麓绿蜧僇翏圥坴彔峍勎陸娽淕淥硉菉椂禄剹勠盝睩賂輅塶廘摝漉蔍粶槐熝膔觮趢踛穋蕗錄録錴騄簶蹗轆騼簬簵鏕鯥騄鵦鏴騼籙鱳虂鷺綠綠侓

615. loc 驴闾榈瞜瘘瘺瘻閭馿氀膢櫚鷜驢

616. lov 吕屡缕旅铝侣捋褛膂稆履膢抸挔呂郘侶梠焒祣絽屢膐鋁褸儢穭縷穭偻

617. lol 率绿律虑滤葎氯录嵂菉膟濾垏綠緑慮箻勴繂櫖爈鑢垒

618. lr 略掠锊擽寽畧稤圙鋝鋢擽剠

619. lrc 栾峦滦孪娈挛鸾脔銮臠鸾圞欒孌戀攣樂㝈羉㬎圝灤藥䜌㿆癵鷰鸒

620. lrv 卵孌覶

621. lrl 乱釠亂薍

622. lp 啰落咯捋孚頱囉囖

623. lpc 罗逻萝椤猡锣箩骡镙螺啰胨腡囉囖羅覶鏍儸覼騾玀蘿邏欏蠃籮钃饠蠃蠃蝸

624. lpv 裸蓏蠃倮瘰猓倮砢腂蠃攭擭曪癳猓

625. lpl 落骆洛络摞硌烙跞珞雒漯蛞躒硌泺峈荦猣答絡犖駱鮥鵅濼玀猓

626. ld 抡掄

627. ldc 轮抡沦伦仑论囵掄侖倫陯圇婨崘崙惀淪菕棆腀綸蜦踚輪磮錀鯩稐論

628. ldv 睔磩蜦稐稐埨

629. ldl 论論埨磩淪

G 字母开头的

630. g （个给过更共国桂）哥歌割搁鸽胳咯戈疙仡圪纥饹袼犵或肐牫紇浛戨馸擱謌鴿鎶格扢

631. gc 革隔格镉搁阁骼膈嗝蛤滆鬲塥挌胳弆佮匌挌茖愅狢蛒祾骼槅閣䩍䪲輵鮥槅鎘韐轕鞷骾鮯獦佮假鮥鴿閤

632. gv 葛盖舸哿鲄各个合蓋個嗝鲄

633. gl 各硌铬个虼個箇鉻吤

634. ga 胳旮夹嘎咖伽嘎夾呷

635. gac 噶轧钆尜嘎釓鈉軋

636. gav 尕嘎尘嘎

637. gal 尬尲

638. gs 该垓陔晐赅荄侅郂姟峐畡祴絯隑該孩賌胲閡

639. gsv 改忋絠

640. gsl 盖概钙丐溉芥屻勾匄杚摡葢鈣蓋槩概漑瑎阣

641. gh 甘干肝酐杆竿柑尴矸坩泔苷疳玕忏芉迁攼玕粓乾鶃尲篊澉鳱魐尴魐虷乾

642. ghv 敢感赶杆秆擀澉橄芉仟奸衦桿笴稈赶簳鱤鱤簳扞鹹

643. ghl 干赣骭绀澉旰竿泬旰矸赣紺䇞幹榦檊贛灨䵋

644. gk 刚罡钢冈缸纲肛槓搁江岗抗疘矼剛堽釭犅堈綱鋼鎠鏜岗杠笐頏

頑扛亢碙掆枫

645. gkv　港岗崗犺

646. gkl　杠钢戆箕鋼焵槓戇焹戇

647. gb　高皋糕羔篙膏睾槔羙皐髙臯滜槹槔餻櫜韟鶮礉鶮篝

648. gbv　搞稿镐缟槁杲藳斉菒槀槀槀縞檼藁鎬暠

649. gbl　告郜诰锆膏劤峼祮祮筶禞誥鋯

650. gtv　给給

651. gn　跟根

652. gnc　哏

653. gnv　艮

654. gnl　亘艮茛拫拫咁

655. gy　耕更庚賡羮鶊刯畊浭庚梗焿綆緪緪賡鶊緪

656. gyv　耿埂梗哽鯁綆颈郠哽埂萸緪骾鯁頸

657. gyl　更亙堩

658. gg　宫龚供工公功攻躬恭弓肱蚣觥红厷杛紭宮觥塨幊慐躳觥碽簽髺韅韎龔薨紅

659. ggv　巩汞拱珙拳栱軮鞏蛬

660. ggl　供贡共唝貢煩嗊

661. gw　缑勾沟钩佝枸篝韝姁鈎溝鉤緱褠篝韝芶拘句鞠

662. gwv　苟狗岣枸笱岣耇耉耇蚼豿

663. gwl　够构购诟垢媾觏毂遘勾姤縠袕均苟篝夠訽搆訽雊構煹覯購傋呴

664. gu　辜姑咕估孤沽菇蛄轱鸪箍菰觚骨葃酤泒柧哈罛笟軱軱縠鴣嬯簂樟鮕鴣橭苽呱鴣嚯

665. guv　股古谷骨鼓汩蛊贾縠瞽羖诂钴牿楈鵠蝦鶻縠臌牯啹蛄縠鶻廅僪岲蛄榾愲罟詁鈷鼓縠皷緄鼓濲濲餶鹽鵠蠱抇賈皷

666. gul　故顾固雇锢痼崮梏堌牿鯝涸崓梱裀桾顧僱錮鯝顧志

667. gf　瓜刮呱胍鸹栝緺騧苽焪焪赾劀錊颳鴰咶楛蹓歄

668. gfv　寡剐冎冎剮冎冎

669. gfl　挂卦诖袿啩掛罣絓罫註桂

670. gm　乖

671. gmv　拐罫枴枴箉

672. gml　怪夬攴恠

673. gr　关官观冠纶倌棺瘝莞矜開观苋蔻寋関瘝觀関關鰥觀鰥琯矜綸

674. grc　笎

675. grv 管馆莞苋琯痯筦輨舘館鳤璭

676. grl 贯惯灌冠观罐鹳掼盥婠躀卝毌卵盉悹涫貫悺祼慣摜潅遦樌鏆蘿鑵爟瓘瓘礶鑵鸛鱹

677. gi 光咣胱桄洸炗侊茪吪夵垙姯茪奀珖硄俇軠銧黋趪抋

678. giv 广犷廣獷獟

679. gil 逛桄俇皿撗

680. gj 瑰妫归龟圭规硅皈闺珪邽鲑鳺茥帰胿亀桂規媯槼甀嫛摫閨嬀寯槻槼瓌瞡鮭龜襘歸鬶騩璝鬹櫷槶鳺欮虇眭庪䉚攰寶傀

681. gjv 鬼轨诡癸匦宄皮晷氿簋佹陒垝姽佹軌庋祪匭滧蛫簨詭屭蠣攱朹

682. gjl 贵桂炅柜跪桧刽刿鳜规獥茥規劮妓桾笜貴溎荟瞆劊劌摜檟瞆檜櫃檜鱖鱥檜赽跇巌匱匱硊鞼

683. gdv 滚磙辊绲衮鲧悃衮袞捲滚緄袞緄輥鮌鯀丨

684. gdl 棍琯睔暉讙

685. gp 郭锅埚蝈聒咶呙嗃呙啯埚楇钀堁瘑啯過鍋蟈鐹过曠涡渦蜗埻

686. gpc 国帼虢腘馘掴簂囯国囶囻國幗慖摑漍蔮膕膕

687. gpv 果裹蜾馃椁猓椁惈渪菓褁槨粿綶輠餜鐹錁

688. gpl 过過腂

K 字母开头的

689. k （可看口课块）棵颗科柯珂苛颏瞌磕嗑蝌窠髁轲匼圶胢轲疴趷钶痾薢搕牁鈳榼牁藒軻龕頦醘顆磕砢窼

690. kc 壳咳颏殻搕頦翋

691. kv 渴坷轲可岢碣碣軻礚炣竭骰渴問

692. kl 课克氪刻客嗑尅恪骒缂锞蚵祠峈欦勀峇妶尅堁窛溘硞緙課鍨磬騍恪硞騳

693. ka 咖喀咔呋

694. kav 卡咯咔佧胩鉟

695. ks 开铓揩亥開鐦

696. ksv 凯慨楷剀恺垲锴铠闿嘅凯剀菧塏愷輆瞆鐒鎧闓颽嘅

697. ksl 忾欬劢忾炏炫勘憵鎎愒欯

698. kh 刊勘堪戡看龛栞嵁龕

699. khv 砍坎侃槛莰冚侃垎塪惂欿槛歁鞎韐顑竷轗衎凵

700. khl 看阚瞰墈磡衎崁闞轗闞矙轞

701. kk 康慷糠穅鱇忼砊秕嫝嵣槺躿鏮邟

702. kkc   扛損
703. kkl   亢炕抗钪伉匞囥犺闶閌
704. kb   尻甋嶨
705. kbv   考拷栲烤尲熇丂攷洘
706. kbl   靠銬犒鮳銬鮳鮚炣
707. kt   剋勀
708. knv   肯垦恳啃硁顷肎肯狠艮墾銵懇頇豤齦
709. knl   掯裉褃珢
710. ky   坑吭鏗硁阮炕脛踁劥坈摼牼硜磬誙銵鎑鏗摼搄
711. kyv   磬
712. kg   空崆箜倥悾涳銎鵼桱
713. kgv   孔恐倥
714. kgl   空控硿輁控
715. kw   抠扤軀眗勖彄摳瞘刳彀
716. kwv   口劶
717. kwl   寇叩扣蔻筘彀佝怐敂宼宼釦窛滱蔻彀簆
718. ku   哭枯圐矻窟骷刳胐胐撘扝邬栲堀崫跍鮬挎窋
719. kuv   苦楛狜
720. kul   库酷裤绔訔姁挎侉袴秙焅庫绔瘔褲嚳硞跬
721. kf   夸姱悇絓晇誇
722. kfv   垮侉咶銙
723. kfl   跨挎胯骻
724. kmv   蒯擓扝
725. kml   快块筷脍鲙刽侩哙狯郐浍澮璯駃巜甴塊儈鄶噲廥獪膾旝鱠黄蕡
726. kr   宽髋寬寛髖膁
727. krv   款歀梡欵欵歀
728. ki   匡筐诓哐洭勋邟硄匡恇誆軭
729. kic   狂诳抂狅軭軖誑駻忹
730. kiv   夼儣懭爌
731. kil   况邝矿旷眶贶圹扩壙卝磺岘況眖絖貺軦鈩鄺壙爌廬曠爌礦穬纊鑛応
732. kj   亏盔窥尲封悝聧窺虧闚顝巋蘬頍
733. kjc   奎夔逵櫆戣魁葵馗暌喹騤揆暌蛜眭郲頯楏楑鐼鍨鍨夔蘷蹞犪

734. kjv 傀跬煃頍磈頯尣

735. kjl 愧溃馈喟匮愦蒉篑禬聩瑰璯归塍殨膭瞆尯蒉匮嘳嫨憒潰蕢櫃殨餽餽簣瓆籄鐥餽鑎禬

736. kd 堃锟坤昆焜琨媆鹍鲲髠裈崑狠猑堒崐崑猖裍髠鲲褌髡焜瑻醌锟騉鯤鵾鶤

737. kdv 捆悃梱壸阃裍碅稇裍壸稇綑閫閫鵾

738. kdl 困涃睏

739. kpl 扩括阔廓蛞薊獷扩挄栝楛筈萿菝噋頢髺擴濶闊鞟鞟簏霩鞹鬠适煪

H 字母开头的

740. h （和或还后化好会红很）喝呵嗬诃抲欥訶蠚

741. hc 河何盒荷合核阖郃禾颌菏劾阁涸纥曷靷盍貉翮饸蚵餄紇閤挌害咊妎峆柇狢盇籺啊菏秴苬龁龁訸格骺詥貈鉌爀閡鶡澕頜篕蟄礉闔齕覈鵽嚯鑉穌饸輅輅蝎

742. hl 贺赫鹤褐寉荷壑吓熇鬵喝和訸垎訶寉烚賀嗃燋碋瘝燺爀鹤䲮鸖鵱嚇謞愒

743. ha 哈铪蛤鉿

744. hac 蛤虾蝦

745. hav 哈奤

746. hal 哈

747. hs 咳嗨咍

748. hsc 孩骸还噽還

749. hsv 海胲醢烸酼

750. hsl 害骇氦亥嗐拸絯妎餀駭鑑褦猲

751. hh 酣憨骭蚶顸犴佄啥預嫨谽豃歛

752. hhc 含韩寒函涵邯焓邗晗鮖肣函虷晗姶洽嵌梒崡魺含虷濫鉿韓汗琀馯械

753. hhv 喊罕阚肣厈浐薃谶闞闞㘚啊

754. hhl 汉旱汗悍捍瀚憾撼翰撖颔焊菡闲鴅仠旰含罕屽扞埻晘汗狠荅浛釬閈晘睅僩蛤駻漢蜭暵熯銲銲輎頷頤斁譀騿灪鶾

755. hk 夯

756. hkc 行航杭远绗吭颃魧妧芫舡䀪䘕䘕頏䘕

757. hkl 沆巷桁酐颃頏

758. hb　薅蒿嚆茠蓶

759. hbc　毫豪嚎嗥壕蚝号貉濠猢氂槔獋嗥嘷獔儫蠔譹虢毻呺

760. hbv　郝好

761. hbl　号淏鄗浩皓昊晧灏颢好耗镐鎬屌昦耗峼怒恄晧傐滈聕虢澔皓薃皞暤暭皥皡顥鰝灝鼸蔰

762. ht　黑嘿嗨黒潶

763. hn　噷

764. hnc　痕捝痕

765. hnv　很狠佷詪

766. 恨

767. hy　亨哼悙渟脝

768. hyc　横衡恒姮桁鸻珩蘅恆烆胻横鴴鑅

769. hyl　横啈横埑

770. hg　轰吽烘哄訇薨叿灴揈淘烚箜輷嚝鍧轟訇嶝吰

771. hgc　红洪宏弘鸿虹泓红竤纮闳簧玒荭掶磹仜奵吰泓蕻宖玒葒垬娂紅浤紭翃耾碵紭汯渱竑茳葓鈜闳紘翃衳澋銗鞃舡篊鉷玒鐄霐霟鴻鬨屸葒玒

772. hgv　哄唝

773. hgl　哄讧虹澒蕻訌閧撔澋録闀閧鬨

774. hw　齁

775. hwc　侯猴喉瘊篌骺糇鍭葔睺鍭猴猴餱鯸餱鳰

776. hwv　吼吽犼呴

777. hwl　厚候后邱逅侯鲎垕垕洉狗鲘鮜鱟

778. hu　呼乎烀忽惚昒轷嚄滹糊淲囫垀昬泘芐恗匫涃虖軤嘑寣虍幠歔膴譹戏戯戱

779. huc　胡湖弧壶狐核糊葫猢煳鹕鹄囫斛鹕蝴槲醐縠鹕楜縎鹄和雀扣瓳壺焀咕壺媩揋喖螜蒛瓳餴螜鹕餲鬍魱鶦鵟鵠

780. huv　虎唬浒琥滹俿庍汻虙虝滸箎鯱

781. hul　户互沪护扈戽祜嫭鄠峔怙沍笏瓠毂忥雽糊弖戶戸冱芐帍沍旷枑婟絾嫭摢滬蒠槴熩鳸簄鋈嚛嚛護鳠韄韄鷨摦頀楛冴

782. 花哗苍茏嘩化

783. 华滑猾划哗铧骅搳姡華嘩撵磆華螖鋘譁鏵驊劃釪鸹

784. hfl　化华话画桦划鮖腪華枠婳畫嫿畵鮭話劃摦樺嬅澅諙譮蘳繣磥譮峇

785. hm　划

附录1 汉字同音字字汇

786. hmc 淮怀槐徊踝糠裹懷裹懷瀤檴檴徊
787. hml 坏咶壊壞
788. hr 欢酄獾鹳鹳吙犿歓鹠鸿嚾懽貛謹驩狟獾蜎
789. hrc 环还桓郇澴寰缳镮鬟圜锾萑洹萑峘狟萱覓寏緩萑綄桓狟阛還環獂鍰鹮糫繯轘闤鐶瓛裻嬛垸
790. hrv 缓睆缓擐
791. hrl 换幻唤患涣焕痪宦浣皖奂漶豢擐逭桾嚾綄轘肒奂灸唤嗳嵈悇换涣焕瑍瘓梭漧薆皖鯶鰀圂
792. hi 慌荒肓朚巟衁萴
793. hic 黄皇簧凰磺惶锽瑝煌媓潢遑偟徨隍蝗黃喤堭崲揘湟葟楻墴犿熿璜篁艎癀積諻蟥鍠餭鳇趪諻鐄皝鰉鱑鵟
794. hiv 谎幌晃恍謊怳烷完晄奟熿愰詤熀櫎攩爌芒
795. hil 晃溴覞榥曂跳鎤
796. hj 辉徽晖珲咴灰挥诙恢麾翽隳堕墮虺勽扷洃烠祎炢姊㨖挥犟陸暉楎煇璍褘詼黴睢褘嗁㒻撝翬煇瘣睢炜㯏軌
797. hjc 回蛔洄茴徊囘囬廻迴徊炢虺迴痐蛕蛔鮰藱碅
798. hjv 悔毁虺炢虺毇殻燬譭毀
799. hjl 慧惠汇秽晦绘卉翙槵讳海贿会荟彗篲桧烩蕙喙阓缋恚蟪檅屶嬒奶㴉哕浍芔惠湏匯彚彙會毁滙詯賄儳嘒瘨誨闠憓瞶澮噦徻澮獩蕙葳誨頮檅橞燴璯篲薉餯嚖瞺磓繢櫘繪翽譓僡鏸嬒鐬醀譓顪沬頮庻更禬襘
800. hd 昏婚荤惛阍昬湣惽楿殙葷睔督闇溍焄煮
801. hdc 魂浑馄混珲焜怌渾餛緄軘鼲棞混餫
802. hdl 混诨溷棍浑渾俒倱圂掍焝恩䰟諢娳焜顠眃
803. hp 擭嚄豁秴劐騞锪吙鍃
804. hpc 活和姡佸秴秳活
805. hpv 火伙钬夥灬灬炴鈥㷀
806. hpl 霍获祸豁惑货和或藿镬蠖嚯货毂猢朘膗烾瓠擭沎咊俰抾䦗門剨掝隿湱祸夓嚄龤攉濩獲檴謋臛矐穫濩臒嚯曤臄矆矐鑊霩靃礐籱

J 字母开头的

807. j （就即叫暨）击饥鸡激积基几姬嵇箕稽机缉圾叽讥肌畸咭唧犄赍
芨矶敧期稘跻踑其奇萁跂棋跻屐笄勣齑刉乩匀玑枅馶敼嘰丌剞唭墼筓飢唧鸡僟
觳鞳饑擊枅畿缉觙贲躸機璣機積鎼隮磯稘績羁賫鄿隮機雞譏鳌諅鐖饑癪蹟犠雞
齌羇齏鳭齎鶏齌羈鶿驥躋飢擊

808. jc 及集吉级急极亟姞墍籍藉疾辑棘汲蒺瘠即猤笈挜圾岌脊诘鹡楫嫉皀砎岋革伋彶佶垍圾抑馻偮卙庴柳炈㹸喈觭萐瓵戢極𣪩㵐堉㥎赺椵秸膌鿎冣㵤篹蒺㦸鞊機濈㵘輯襋踖鍓臔鐖鏶霵鶺鵖蹐儠㸈詌芨赺亽卽帛亼
809. jv 纪挤己几戟给济脊虮掎麂狘泲虮給刉改幾嵴𥳑撠擠�蟣紀济濟
810. jl 既計继季冀忌霁暨稷骥记绩迹伎纪妓寄际技剂济寂祭悸髻薊鲫剴跡禝鯚齐系芰祺幊茍亟機无愳荠嚌㙮坖洎茍計剤紒記偈倚既檍済荠㥢㠱葪蔇冀瘠继裓際墍湀㴗稭概記諅暕薺劑暨穄縘薊禝嚌檕濟繫䯽觊㴺檵濟鲫鶏齋懠癠穧繫䴘鯦灡繼繫鰵鱀鱭驥櫅骰𥇦魕齌跽薺㚣殨鱭
811. jn 家佳嘉加夹挟袈枷傢镓茄伽浃筴葭珈迦痂枷椵跏猳筴驾夾宊𢪙㧖㧜𥑇埉浹梜祫猳鞂䩐鉫猳鎵㢈挾搄
812. jnc 夾頰莢㚒铗郏㥾㞟𦃺拮价夾袷𡊨扴郏陿莢脥㞢㞟跲鋏頰頬鵊䳒揳
813. jnv 甲假贾钾岬胛槚瘕枷椵犌叚玾㚞嫁徦賈鉀檟檟
814. jnl 架价驾嫁稼假枷嫁㯀價駕
815. jz 兼间坚菅尖歼奸箋搛韂肩艰煎监渐笺犍缄溅津戔玲戋鹣鳒鞯熸縑械榐腱开姦奸堅愆狷肓豜湔牋兼间軒磏鎌矼黚僣豜監箋樫煔緘荫菺鶼縑艱馢虀縑殲礛覸鵳濺鹹椷殲謇鰜鶼箋韉鰹霋瀸韱韉揃閒蕲
816. jzv 减简拣检剪碱捡柬蹇茧锏俭睑跈戩剪筧硷祖㵾㦸簻团枧俭捥帵枧湕揀揃検減詃寋崃瑐筧絸諓戩俭撿检搴襇襇謇睑繭譾髻鰎蠒鐧鐧鷼讉襇鹻襉鏽鋄鋄
817. jzl 见件建键舰箭溅鉴渐贱剑健锏践荐饯涧间监谏健腱湔硻侟洊伒俴梋玴袸剣劍建腱楗荐葥僭楺揵蹇艦借晋鐧諫見閒賤漸剑劍瀾糨餞賎趗践劍劎薦鍵餞瞷睍碊蜤鍳搛櫼濺䌑蕳覵鐧蕇艦輇鑑鋻纜鑳壏錬錬鑑釰譖
818. jj 将姜江疆缰浆僵茳豇橿畺韁葁瑲漿䖌壃薑橿殭螿䲑䵖缰鱂將畺
819. jjv 讲蒋奖桨耩傋奖奖蒋糨奖讲颡
820. jjl 降匠将酱犟绛强浆虹弴洚漿彊勥匞弜糨將袶绛漒彊糨醤醬䜅強虹
821. jx 交焦姣娇教郊浇骄胶椒蛟跤礁鲛膠礁桥蕉鹪挍挢芃芁峧茭苳僬嘂犨嬌㠐溇燋膲穚鮫鵁鷦簥穚轇雡骄𪅹搅燋嘹
822. jxc 嚼竟
823. jxv 角缴敫皎脚矫饺剿璬曒绞搅佼僥狡铰湫筊挢㮟憿亂捔晈炂筊絞勦黎揪腳皎僥臬脚鉸餃儌剿搞徼敽皦矯蟜繳謞攪灚鱎蹺侥
824. jxl 较叫教皭轿觉校窖嚼醮徼峤醆斠噍滘噭叫挍訆玸窌教較䡹晈潐嶠潐嫐獥藠覐轎警醮敫趐潐

附录1 汉字同音字字汇

825. jf 皆阶接揭街节结嗟秸湝疖腈价痎菨噚哜嚌價階喈堦揭婕媉楷煯稭蟼擷瘕鶛茚結楷

826. jfc 节杰结捷婕睫截洁竭诘拮桔孑劫羯猲頡刼碣鮚潔蛣趌鞊衱挗孑祫杢阝尐讦刔刧呌岊刧絜軴衭造倢桀茆訐偼嵥祮傑媫結蛣嶱楬槢瀄節蚗詰鈋劎樾萐諽踕頡幯擳巀戳礏鍻鮚巆櫍簅蠘嚲阶嵑搩㔾

827. jfv 解姐檞馳姏鲜鉏

828. jfl 届介界借戒芥诫疥暋解藉蚧葪曁乥吤忦庎届鎅妎妎昦砎衸悈蚧借堺楐瑎骱犗誡褯鮥鵉巀嗭

829. jm 斤今金津巾禁肂筋矜衿玪觔劤觔垽紟悇津瑽礸瑹齢黅筠矝釿

830. jmv 仅尽紧谨锦巹廑堇饉槿瑾巹董厪嫤漌紧堇僅錦謹饉伒儘坚錚

831. jml 进近晋尽禁靳琎瑨劲噤浸烬賮祲妗縉荩殣觐莶楢紟仅堇僅嬧盡仦劤勁浕晉進燼寖搢堩懂僸濅歕浸縉賮噷壚瀞蓋燼瑨覲賮驎靳唫䀴鄑

832. je 经京晶荆精晟惊睛兢鲸茎泾旌菁伶蜻箐荆狞腈粳杭鵛鶁浕坙亰杭涇茎婛旍梗經腈鯨鶁麖鵛鷩廘

833. jev 景井警儆璟璟颈阱憬幏胼刭曔埅穽汫菱到穽璟憼井睛鶄頸螫頚撉

834. jel 竟敬静婧靖净靓㣫倞痉径迳镜陉競经婞弪竞俓净胫劲經勁净弪徑迳婞桱氼凈胫痙竧儆獍誩踁靚皾静瀞鏡競殑勍檠陘靖賾睛

835. jk 冋垌冋扃絅駉駫顈霱䕦

836. jkv 窘炯迥泂冏炅煚冋熋僒㷀蛪吞絅冏侰迥洞烱颎絅颎褧煛褧潁

837. jq 纠鸠揪究赳阄啾鬏湫繆蟦黎噍纠掔丩匀朻牞糺揪鸠摎樛圞繆

838. jqv 九玖久酒灸韭汓韭宄奾糺刦紤久欨

839. jql 旧救舅就厩枢鹫僦臼咎疚区柾佝廐匓廄庮愁殧舊鮂麔匶鵫樞捄

840. jo 居拘驹锔据娵疽车狙岨苴俱掬鋦疴眗砠沮罝雎駒臄且蛆蜛鋸拘勼陶娵崌鞠掬椐泇椐腒赹跔裾鋦駒鮈鵙鞫鵙俱鋸搹車俥

841. joc 局桔焗菊橘锔啹洇侷臭毱淘椈椈毱湨犑僪椈蓻跼趜鞠闃娰跼鋦欘駶蹫鵴韄蘜鵙騆鶪驧趜蹯鵴

842. jov 举沮矩咀莒枸疽榉龃踽椇蒟椇筥踽齟弆舉欅齟櫸萬耶

843. jol 据距句巨具剧惧聚拒遽秬俱炬锯踞讵苣怛鉅姖烥蒩萹秬刞莡岠鉅俱苢柜秬粔岠粗坥墅詎愳岨鉅颶虡豦窭怘窭駏劇勮屦鮔墟憠據濾窭鋸屦颶瞿窭蹻醵懼鐻鄹

844. jh 娟鹃捐涓镌圈脧鐫鵑婤裭勬瓹焆䏮棞銷鐫鎸鵑

845. jhv 卷锩撌吷希埍捲菤鬈錈埢卷

303

846. jhl 卷倦眷券绢圈隽桊狷鄄裷寯藆查夸勌港甀睊絭隽餋睠罥絹惓薗餋獧鄡婘惓脵卷鵮謆菤养縳棬

847. jr 撅噘撧屩屩繘

848. jrc 绝决觉抉诀掘倔谲珏爵攫崛钁噱孒獗蕨角蹶橛鐝瞿珏觖厥桷劂瘚傕脚垈嚼桔鱖熦较趫較爑孒刔乶妜决芵沊玨挼砄蚗捔欮蚗竟赽赻毃巌嶡懊潏熦甋绝鱖脛覐訣鈌馸蔰鳩鴃懕礊鼰膫蠞蠥爑譎歴鷢覺鐍鐝瀿饋彏憍彏鷢櫪襫鱊蒦趯钁崫褏蹻璚匷蠼闕闚蛙疦繘

849. jrv 蹶

850. jrl 倔撅

851. jd 均军君钧筠菌莙沟姁衻軍龟龜蚓桾鞙鈞硄皸皹覠鈎垔鲪麏鏚鮶麏麚扚

852. jdl 俊竣郡峻隽骏珺晙焌隽棞薗昀菌陖埈捃浚馂晙箘筠蜠僑窩憏皴餕熸濬駿鵔鵕鶊擜攟狻筊

Q 字母开头的

853. q （请却且去前全其）七期戚妻漆凄柒欺沏栖蹊桤缉喊郪萋敧攲槭緝迉倛娸悽接桼凄菁棲紪僛慼檱綪感諆踑靅魌鏚鶈碕鶌蟿僛

854. qc 齐琪奇琦亓祁綦蕲锜棋骑旗畦歧脐崎鳍麒其岐圻衹衹祈肵顑耆淇骐芪荠祺蛴蜞俟碕丌隑棊伎技荠忯鱼齐疷竒剘耆蚑蚔蚚埼掑猉其跂斻斊軝釮萁崎譬惎碁頎鯕駇粸綨綨蠶齊瑅禥錡麒愭瀳蓁榩檨臍騎騏蘄鯕麒綪臍螲璣饑鰭獮麎庍鮨

855. qv 起启岂企乞屺杞婍绮玘芑稽攲跂碕邔杏盇启豈啓啟啟棨棨祶綮棨闙槪齮

856. ql 气契弃汽迄泣砌器磩葺憩讫汔跂亟鐾扱抁磊煭踖揭妻乞刐芞唭忔屹叀栔氣訖唭欫猰愒棄湆湆擦甈甈罨憇磩碱罄螫趌跂滊忔

857. qn 掐荨裕拘搯佉搩

858. qnc 抌

859. qnv 卡峠跒醛

860. qnl 恰洽髂楬坅冾帢狹硈礚

861. qz 千谦骞签仟牵迁钎搴铅阡羟芊扦佥岍搴牵悭汘杄汧荓欦汧挸岍豽竪堅忓圲奷釺揅鈆雅佥惉鉛慳摼撁箞謇遷謙顅攑攗櫏簽鵮摼骞鬜鬝籖轐脛枔孅贒

862. qzc 钱钳潜乾前拑钤箝虔黔荨揵捐暜犍荊伶岭怜拎朁歬偂玲軒黔嫙鈐鈷鉗塹榩錢葴蕁楮錢黬騝潛騚灊鲣潛蚙玷

304

863. qzv　浅遣谴肷缱胲凵淺嗛慊槏縑撤唊竖繾譴壛

864. qzl　欠茜倩嵌芡歉纤堑蒨倪搷鏘刋傔椠倪俔椪晴塹綪清儙槧箷輤篟壥㜎縴

865. qj　枪锖呛锵腔羌戕戗玱锖蜣跄抢矼将將控斨羗猐唴桛猐嗆浅將戧槍牄瑲羥锖蹡蹌鎗鏘謒搶啌

866. qjc　强墙蔷樯嫱彊強漒蘠墻廧蘠檣牆艢蘠

867. qjv　抢强羟襁锖彊劈鏹強搶羟壁摪繈繈

868. qjl　呛跄炝戗撽嗆戧蹌蹡鎗唴熗纕

869. qx　敲锹劁悄跷硗雀橇缲碻搞磽敫劋鄡踥墝磽頝骹墩幒橋磽鍫鍬繑繰趬蹺蹻鍒塙殼槮樔梟

870. qxc　瞧桥乔谯憔侨荞翘樵轿硚峤嶠酺鄡鄡劁茮苕喬睄僑嶠嫶荞樵橋瘒磽藮譙趫鐈轎頯翹墝招

871. qxv　巧悄愀雀鈔韒

872. qxl　俏窍峭翘诮壳鞘撬愀磽殼墩跷谯嶠陗悄殼誚骹俲撽鞘窱翹鞘蹺箾踃顠境

873. qf　切脞

874. qfc　茄伽迦乩璚

875. qfv　且

876. qfl　切郄窃怯妾挈惬锲趄慊箧朅篋硻砌嗛厒医怢挈浹笡慊緁鮣踥稧褐鍥鯜鍇竊愜

877. qm　亲侵钦骎衾欽䉒嫅綅諝嶔親頾駸鰹窺欽

878. qmc　秦覃琴勤禽擒嗪芹芩懃噙檎螓矜黅廑蘄扲釜垏芺矝聆荶捦釤雂嫀溱黔鵒懃澿癗懃螓鵭釳斳

879. qmv　寝锓坅吣笉梫赾寑寢鋟螼

880. qml　沁唚吣撳扖搇窴㤈敧撳溮藽顣

881. qe　清青卿轻倾氢圊鲭蜻鶄靑鄁埥氫淸輕傾廎輕鯖鑋廎殸青鶄

882. qcc　晴黥情氰勍擎檠殅甠剠殑梵勍暒撠樈晴腈䞗

883. qev　顷请苘庼謦茼廎頃檾請褧

884. qel　庆罄磬亲綮箐清掅殸碃艶慶儬濎

885. qkc　穷琼穹茕銎跫笻邛蛩卭筇桻䟃悙熍箞邼蛩甇焭煢袈敻傹憌璚藑瓊窮藭瑲嬛藭

886. qq　秋邱丘蚯龟湫楸鳅鞦鹙棃北坵恘烋娖萩篍螑趥蝵鞦蒛緧鳅鰍鷲鰌龜穐檓鰌

887. qqc　求球仇璆俅逑遒觩裘犰囚酋虬泅馗賕蠤魤钆艽捄䟓叴扎孔杕汓

肌蚓觓訉哂汷絖菨迺梾毬嶓渞洒羰盇煾觓蛷釓釚絉毻赇鰲鮈鯍蠱鱛厸

888. qqv 糘摸

889. qo 区屈蛆趋曲驱岖袪麹躯黢蛐麷诎肤焌赺趨跙鷐殴佢佉匡陟坥岨岵扗油祛區笛釉詘嶇趣驅慮毆諨駆鼊鮍趨軀麴驅鰸鱸絋呿戌

890. qoc 渠瞿藁璩蘧鸲朐蠖衢臞磩坸齁氍癯蚼跼爠佢蚚朐菧衐淙猗萠鞠璖蠱鐻鴝鵝螏礶灈戲欋籧蠷躍鐲鷗絇

891. qov 取娶曲苣蝺姁姁絉訹踽蜗齲

892. qol 去趣觑阒敓蜡厽则耶粗聞麩閴覰覷黿觑

893. qh 圈俊斳棬夸粂坕恮圈駓駸鏍脵夯

894. qhc 全权泉拳佺轻姥琼诠鹳筌蜷痊荃铨醛鲸颧婞泬牷啳埢惓硂潫棬絟脵菒捧簘鲸瞳鸛詮硂軨銓榷踡源闎鬈孏欋奝蠸顴仝譶狅

895. qhv 犬畎绻刪炔綣藒

896. qhl 劝券勏拳勧犫勸

897. qr 缺炔阙蚗菽闕

898. qrc 瘸赽

899. qrl 确雀鹊阙阕却榷搉埆悫攲撁瑴碻却峳碏塙敲碏愨墝愨碻趞燋闋礐闋鵲礭狢烏

900. qd 逡困竣歡箘夋峮輇

901. qdc 群裙麋廲窘帬羣裘

X 字母开头的

902. x （下小向性想型）奚希熙西郗茜昔吸羲曦夕蹊悉息析栖淅晞溪惜兮犀锡矽蜥熄嬉稀膝牺唏晳螅嘻翕熙蜇扱晳樨睎烯傒愄熻焬戏寯觿腊螫恓磎磶撕嘶裼邜他汐扸鹵夃肸肦傒狶忥娭依娭屖悕氪浠狶荇唽桸欷炎燨琋硒蒶欶鈢睎粞翖舾郋卻崼溪莻楒熙緆僖誒稀餏嘑嬉瘜灗楈歙熺燨窸螇鍚爔曈磶蟋豀謑貕謑釐餙騩譆醯鎴螇爔犧酁艖黸蠵灉觿鏱𩡩盻戱濧戲嫛羕徯

903. xc 习席袭檄媳熄隰鳛觋击喺膝郎习樤蒵蓆熠覡赹榴蔽謵媳霫飁瑹騽襲鰼騽謵

904. xv 洗喜玺禧铣徙枲葸葈螪囍鳃壐鉨鈢鳃杫枲鉢屣漇铣愯熹曬歖諰壐縰謏跣壐囍矖纚躧奰

905. xl 系郤细戏隙饩咥屃阋舄楔歙椒蒠繫繋傒蒵亼卌呬忥郤係恄欯绤細鈢墍栔赽傒舄綌虩陳爔㣎稧戯潟鴗葸舺戱黖觑碬虢餏閲㘉覤盡屓屭

906. xo 胥须需嘘虚吁戌盱袖谞墟魆眴晇姁耂圩吁疞欿訏项媮虚葿繻娿幁揟欨虚嬃須楈盦項虛歔緒蕦蝑欨諝譃魖鑐鬚諤

附录1 汉字同音字字汇

907. xoc 徐徐荶
908. xov 许诩栩溆浒糈姁玗昈滸諿訏稰呴俆許昫詡鄦醑盨煦翊
909. xol 续序叙绪旭勖昫垿洫恤畜蓄酗婿絮煦溆汿湑旮鹹摙肐聓釯伵侐卹杼欰殈灿珬琢壻勗勛賉瞁詘慉槒敍敘潊潬盨緒聟鉥獝稸緖萸矎藚續鱮蓿怴淢喬芧
910. xd 熏勋埙醺窨獯薫曛筼姁坃炷勛塤勳勲薰駒嚑壎燻臐矄蘍壎爋纁
911. xdc 寻旬询循巡恂郇洵浔栒鲟响矧拹昫巡杊峋紃栒咆珣循尋揗詢鄩燖逡橍桻燋珺禂鱏鱘蠚燖蟳
912. xdl 讯汛迅训逊殉驯徇浚巽熏嘤蕈阠咆馴哭乳甸侚狥迿訊訓汛奞殳遜憅駿畢鐮稄
913. xr 薛靴削辥韢瘧薛薛韢
914. xrc 学穴噱苶袎鸴跾壆峃敩斅孝哲岇祆學嵒槸爕鷽鸒鷽
915. xrv 雪鳕鱈
916. xrl 血谑决泬矐坑哾怴狘疦柚趐謔灪
917. xh 宣轩瑄嫙谖萱咺暄揎喧煊儇褤翧蝖矎愃狟擐轘暔昍叩昍昍軒楦塤媗悇愃萲蕿暄箮蘐誼諼鋗駽矎薏蔆蠉諠弲
918. xhc 悬旋玄漩痃璇县玹琁瞚炫蜁嫙檈璿懸兹
919. xhv 选癣吅烜啙晅選癬撰
920. xhl 炫绚眩旋琄衒昡渲泫券铉楦镟夐夐瞚玹恮袨絢楥鉉琄眩鞙靬縼繏鏇贙泫煊
921. xq 修羞麻咻休脩饈狝髹鸺庥鯱脩蓚恷烋脙馘樢鉨修髹鏉鵂饈鎀鱐
922. xqc 茵
923. xqv 朽宿潃洒滫糔
924. xql 秀绣袖锈溴臭宿琇岫嗅疛嗅珛绣琇裦褎銹蜏繡鏥鏽魖
925. xk 兄凶胸匈汹讻芎哅恟恟匂貹兇洶胷詾訩
926. xkc 雄熊夐烚
927. xkv 敻敻
928. xkl 讻敻訩敻
929. xe 兴星瑆腥惺狌猩垶煋蛵觧篂興諹鮏星鮮鼊鯹嫈
930. xec 行邢形刑陉钘饧硎铏型荥垩巠㙓餳俐邢洐陘娙鈃鉶鈃鋞縈
931. xev 醒省擤箵睲
932. xel 姓性兴幸杏婞悻荇倖興睲莕涬緈嬹觲
933. xm 辛鑫心新馨锌忻歆薪欣芯莘昕邥妡杺昕俽䜣訢鈊廞鋅娎矗骍駓訢

307

934. xmc   镡柠鼍镡

935. xmv   伱

936. xml   信衅芯囟仪忎炘軐朕訫烌豐顙霻憝懯愗

937. xf   些歇蝎揳楔蠍猲

938. xfc   鞋偕勰攜挾协胁邪斜谐擷頡纈叶頁獬鮭鲑囕襭鮭歇劦叶協垿叜椰恊拹挾聓脇聓裦絜翓嚐憎偕綊熁膝攜寥頓諧燲擷轌襭攜纈講齰揳頁

939. xfv   写血寫寫鷖

940. xfl   谢解械泄卸泻屑邂燮亵榭卨懈廨澥獬瀣蟹灺绁榍薤炧薢契齛硵寫偰佡洩炧炨媟偞徢炪卨绁媟屧烌瘧硳寧蒄掣絼嘐齛踊潚嘵憢獢销彌膮蕭鸮稴簫歎蠍蟎鶅簫蟵髇踂嚻檞髐鷄蠮驍馨繭烌獟鴳攂

942. xxc   淆崤洨撓郩訤誵殽

943. xxv   晓筱筿小鳋晓皛曉篠謏皢

944. xxl   笑校效啸孝肖哮敩教嘐俏譑効咲恔偮涍倄詨嗃嘨誟嘯歗爃敩鷍

945. xj   乡湘箱香相瓖廂襄驤艼緗靡儴勷蠰纕鄉鄊鄕廂葙鄉薌緗腳儴欀鑲驤

946. xjc   详祥翔降庠夅瓨佭栙絴详跭羏

947. xjv   想响享饷飨鲞氙亯曏鉶餉蠁鯗鯗響饗纕鱌晌

948. xjl   像项象巷橡向蟓相乡珦閧閜鉥香礃姠蚢蒧項勷巆曏襐鎟鱌堫

949. xz   仙先鲜掀锨氙酰纤袄忺籼苆跹暹鲜芟饫绶姗姺銛銨亼仚伖杴籼苮枮珗铦僊僲嗎銛截毶憸鍁襳縴鶱孅攕嬐孅籤讖躚纎鱻揨跹齤仚

950. xzc   咸贤闲嫌弦娴舷涎衔痫挦鹇咁閒睍娀稴臤贃慊嗛昡伭咥胘娖婋絃痃啣誸閑衔甁衔嫺嫺憪撏潛誸賢諴醎癇痫賮覵磏賢鵬鷴鷳廞

951. xzv   显冼鲜铣狝险猃洗跣櫶猃蚬筅燹銑鲜崄毨烍趤趈趻磫蜆筅險嶮獫獮薟幰攇薟玁韅顯灦

952. xzl   县限现线宪陷馅献羡腺见綖霰蚬筧筧見硍垷鐱縑俔倪韅呹憪蚬蚬苋臽娞県呪垷娫婣峴晛睍涀莧現砚線糮羨倜徦缐誢撊鋧憲襉縣銘餡賺覸濦膸獻糮皣鎌軐綖

953. xn   瞎虾呷煆谺偣閑颬蝦鰕閜岈

954. xnc   霞侠峡狭黠遐瑕暇辖匣狎柙欱蜭埉葭徦假侠炠陜峡恰狭狢袷硤笚辄胛陜硤筪碬鎋遐緆椵舺辖锻镪騢鹖押

955. xnl   夏唬吓厦罅下苄昰鏬丅疜廈暇諕嚇憖嬰鏵

Z 字母开头的

956. z　（在再则最做罪）兹訾资姿孜吱仔滋咨赀呲辎擎赽锱淄缁谘仔菑棻觜貲鼒龇鯔髭鎡次齐齊苴娿茲槡兹犾枀赽嗞嵫椔湽菑葃禌賌秶緇錾輜濨諮趑輺鎡鎡鎡鼒頾鯔鷀鼊鰦齜芓

957. zc　蕀

958. zv　子啙紫渻梓秄仔姊茈籽秭秄吇姊杍矷秄胏呰妖笫舿訾訿榟

959. zl　自字渍恣眦胾戠牸薋荢薋佽刾眥瀆

960. za　扎匝咂拶臜沛紥鉔臢迊魳

961. zac　砸杂雑帀奓匝碴襍囋靐嚾

962. zav　咋

963. zs　栽灾哉甾畠灾菑洃溨赃賊戈

964. zsv　载宰崽载仔

965. zsl　载再在栽赿载扗洅儎韯儎縡

966. zu　租菹砠葅菹

967. zuc　族卒足辠镞伜呞崒箤踤踀鏃

968. zuv　组祖阻诅咀俎唨姐组詛靻譴

969. zr　钻躜劗鑽躦鑚

970. zrv　纂缵篹藅纉篹繤

971. zrl　钻攥赚赚鑽鑚揝

972. zj　羧胲嗺屘胲樶蟕繀

973. zjv　嘴咀觜摧嚌濢璀嶊

974. zjl　罪醉最晬蕞槯晬檇稡橇絉醉晬皋醉鋷錊槯欈

975. zd　尊遵樽鳟墫竣僔罇縛罇鐏鳟鷷

976. zdv　撙僔噂譐

977. zdl　拵桲祽撥錪

978. zp　嘬作咗

979. zpc　昨筰秨柮秨莋捽棒筰鈼

980. zpv　左佐撮纙ナ

981. zpl　作座坐做作柞祚胙唑酢醋莋阼岞岝侳祚莋酢繫

982. zw　邹驺诹陬鄹鯫偢諏耶掫菆椰㮍鄒鞦緅諏鯫麀騶鯫

983. zwv　走赱

984. zwl　奏揍棷

985. zg　宗综鬃踪棕骔腙枞偬鬷緵鍐堫嵏嵕惢豵葼腙樅㚇稯綜縱糉綜糭驄

螋踨磫豵蹤騌鬷鬉鯮鮻鏒

986. zgv　总偬揔摠熜緫捴惣傯蓗摠総緿爜總鏓鍯

987. zgl　纵粽疭糉緵緵昜倧猔碂糭瘲縦錝縱

988. zy　曾增憎缯罾熷縡曽増鄫橧燸璔磳繒譄

989. zyl　赠锃缯甑综嶒繒鋥贈綜

990. ztc　贼鲗戝賊蠈鰂鱡

991. zec　泽择责啧帻则笮迮箦赜舴柞咋責措滜啫択沢泎則唶溭稓嘖嫧幘樍嫧諎擇澤皟瞔簀積礋襗讀賾蠌齚齰鸅葃

992. zel　仄侧昃側夨庂汄昗捑崱稄譖

993. zk　脏赃臧牂匨蔵臓戕牂賍脏臟臟髒

994. zkv　驵駔

995. zkl　藏葬臧奘脏弉塟銺臟

996. zb　遭糟傮蹧醩

997. zbc　凿鑿

998. zbv　早枣蚤澡藻缲璪繰缫繅枣棗璪藻

999. zbl　造灶皂唣燥噪躁簉慥梍艁譟趮譟阜唕梟煰竈

1000. zh　簪糌檝咱鵤鐕先簭鐕喒撍

1001. zhc　咱偺喒

1002. zhv　昝拶趱攒噆攅桚寁撍儹儹攢趲

1003. zhl　暂赞酂錾瓒穳鏩暫賛鄼濽蹔瓚贊鏨酇囋灒讚瓚禶穳讚饡

1004. znv　怎

1005. znl　谮譖

C 字母开头的

1006. c　（从才曾次错促草）呲玼跐疵刺差趍偨縒骴螆髊嵯嵳蠢呰

1007. cc　词茨辞慈雌磁瓷祠鹚糍兹茈玼垐柌詞辝甆辞辝嵳姕嬨濨賫鶿礠辭鶿鴜荠荠柌兹嵳

1008. cv　此跐佌玼紫泚呲姕

1009. cl　次刺赐伺束佽刺庛莿朿莿欶截螆賜蚝棟趀

1010. ca　擦嚓拆攃

1011. cav　礤礸

1012. cal　遪

1013. cs　猜偲倸

1014. csc　财材裁才財纔

1015. csv 采彩睬踩俫埰婇寀採跴綵毢啋

1016. csl 菜蔡寀埰棌縩

1017. ch 参餐骖參湌糁喰滄傪嬠驂熸殐

1018. chc 残蚕惭殘慚蝅慙蠶殘戔嫢蹔

1019. chv 惨黪穇嶜慘憯黲穆

1020. chl 灿璨粲屦儏漅蘌燦謲掺

1021. ck 苍仓沧舱鸧伧仺倉傖滄嶆滄獊蒼濸艙螥鶬玱篬

1022. ckc 藏匨蔵钀臧

1023. ckl 賜

1024. cb 操糙撡

1025. cbc 曹嘈漕槽艚螬曺嶆蓸褿鏪僋

1026. cbv 草艸懆慅騲愺

1027. cbl 肏鄵襙鼛

1028. cel 册侧测策厕側冊拺萴敇屶側厠筞栅祡廁惻測萴筴筞萗城觢懀簎婍齰

1029. cn 参参參篸穇

1030. cnc 岑涔梣筌

1031. cy 噌

1032. cyc 层曾嶒層增驓曽增

1033. cyl 蹭

1034. cwl 凑辏腠棇湊輳蔟簇揍族

1035. cg 葱聪聰匆囪苁枞驄瑽囱怱芲怱恖棇焧樅漗聡苁蒽瞛摐樬熜堫聦瞛筴聰蟌總縱驄從謥総熜

1036. cgc 丛淙从惊琮賨潀從従嵕琮徖憻漎潨潀諑賩叢藂叢灇欉爜碂

1037. cgl 憁愡

1038. cu 粗觕麁麄麤怚莋麠

1039. cuc 殂徂蒩

1040. cul 醋促簇蹴蔟猝蹴蹙酢踧媨瘄諫趉嘁憱瘯䌷黿蹵顣趆趗趣卒

1041. cr 佘锴蹿撺擹躥鑹鋑

1042. crc 攒攢巑欑穳攢襸

1043. crl 爨窜篡熮殩篹窢

1044. cj 崔催摧衰缞榱凗堆催惟榷猚碓縗鏙漼佳啀

1045. cjv 璀漼趡皠熣縗

1046. cjl 脆粹翠啐悴萃痤淬毳膵伜忰疼倅綷翠嵽焠綷臃竁頛膵琗粋

脺崪崪踤澤梓

1047. cd 村皴蟹郴蒪

1048. cdc 存蹲溥拵踆佇

1049. cdv 忖刌

1050. cdl 寸吋

1051. cp 搓撮蹉磋襊瑳蓌醛

1052. cpc 矬瘥嵯蹉瘥鄭虘塟脞莝蹉鄜鄭

1053. cpv 脞

1054. cpl 错措挫厝锉埊剉縒劗夎茬遳楱蓌銼錯

S 字母开头的

1055. s 所岁算扫司思斯丝锶嘶厮私撕偲螄鸶颸渐縂唑虒糸愢簁厶伺伒恖鰓傂楒禗銅橌襹罳螦鼼廝澌磃繐鍨燍螄鎟螄蜇颸駟鍶鸶巂蕬蝛傂

1056. sv 死

1057. sl 四似肆寺伺姒笥司泗駟俟嗣巳饲氾祀耜饴柶竢柟食三伵呬汜価孴姒枱涖涘飤飴釲竢觍貄鉰襀駟轌僿駛潵杫飴佀逘牭

1058. sa 撒仨挲薩

1059. sav 撒洒澈靸撵訷灑纚蘁

1060. sal 萨卅飒鈒蔡薩脎鈒掇馺颯薩檞汱

1061. ss 腮塞噻鳃毢愢撍毸顋顋鳃嗮

1062. ssl 赛塞僿賽簺

1063. sh 三叁散参毿毵参叄弎斜毸慘髟亖

1064. shv 伞散糁糂馓糤橵糝傘毿繖鏒馓

1065. shl 散潵俕幓閐

1066. sk 桑丧桒槡喪

1067. skv 搡嗓磉褬顙鎟顙

1068. skl 丧喪

1069. sb 骚掻臊繰溞繰鳋螦懆鄵繰繅颾鰠鰠繆

1070. sbv 扫嫂掃埽

1071. sbl 臊扫掃瘙氉瞧臊梢燥

1072. sel 色涩啬瑟塞瑟棟穡铯霋涑澀揀粣垐嗇鉐澁憉揌濇瘷澀濇穑繬穑轖鏩譅颾

1073. sn 森椮襂槮

1074. sy 僧鬙

附录1　汉字同音字字汇

1075. sg　松嵩凇淞蚣忪枀娀枀伀窼崧槮菘硹蚣憽樬潃鬆

1076. sgv　耸怂悚竦捒㧐㥨㧐慫嵷㥛聳駷㩳

1077. sgl　送宋讼诵颂訟頌誦餸吅

1078. sw　艘锼搜嗖馊蒐廈溲獀蔓颼搜螦搜敂㨗颼鎪涑鄋廀醙鎪餿颼駷摗

1079. swv　叟擞薮荽叜嗾瞍椒籔擻藪檆

1080. swl　嗽欶擞瘶

1081. su　苏酥稣甦窣蘇鯂蘇蒣槡噕

1082. suc　俗

1083. sul　速诉素宿肃塑夙粟愫溯谡僳嗉遬鷫涑缩榡膆蓿觫愬埣趚遨慄㯩殀榱樕椚王泝溯瑂肅骕俗訴嗉嗉溹肅潚碿鍊餗潚縤橚璛簌遫謖蹜驌鷫鷫縮茜

1084. sj　虽荽眭尿毸芛倠眭瀢㛐浽荾荽滾熣輇夊雖

1085. sjc　随遂绥隋陏婋遃綏隨瓍

1086. sjv　髓膸雟膸濉

1087. sjl　遂碎穗祟隧燧岁璲穟邃脺燨睟誶憓轊㟜砕㾕歳歲嬘濢誶晬檖檖穗繀檖旞繐繸鐩譢鐩

1088. sd　孙狲荪喰孫飧損猻荪殧槂蓀蓀

1089. sdv　损笋隼筍榫枸損篿篨鎨鶽

1090. sdl　潠撶

1091. sp　缩唆梭嗦挲蓑娑羧簑抄莎袞嗍莏佽杪睃揱趖牺缩髿鮻

1092. spv　锁索唢琐所鎖褨縒娑㪽嗩睉溑璅鎍鎖鎖鏁

1093. spl　蟀迖溹

1094. sr　酸狻痠

1095. srv　匴

1096. srl　算蒜算标筭䈚

Y 字母开头的

1097. y　（这正指者）之只支芝枝知吱肢织汁蜘氏厄栀衹脂梔肢汦呮媞楮卮汥衹肒衹䜴伿疷䈯衹隻梔皻陟揥禔絷楮駃鳷鵳織藢鼁

1098. yc　直侄值职执植跖摭絷殖稙踯贽姪洎埶郦酈植妷樀敊坧值戠釞埴㮈瓡塠嬂埶犙橶臓縶職蟙蹢踋蹠

1099. yv　指止纸只址旨衹祉枳咫趾疷茞斋酯沚枳茝垁坻坻沑阯耆杫徵夂劯阯坻㫌坻扺茋恉洔砥沚紙訨軹絺薇襧筫

1100. yl　至智制志郅治帜挚致置质桎滞栉秩炙豸掷痔窒痣峙鸷知桎铚识滞疐锧雉骘贄陟抷迣蹛腟䐉柳擳軽崻識虒鉄剬陦鑕阰芖㤳扷堎帙峙庢挃秩

泾袂陟娃徉胜狝袂贽轻氚俦值猁時侍秷袟揪袤舣僦崻蛭寅鷹潍稚筫時軽墹湦寋瘦製覡誌銔幟憓摯燸稤脛觧質銕黬漰墅鴶僩劕憈擲摘櫛稈蛵懎贇橍瑱觶驚鯯碩醚鵊鵞躓鷔鐟醚

  1101. ya 查扎喳渣揸楂吒咋査拃髁軆齟紮囃薦齟紮挃狚哳偨溠劄皻笝樝觰毈諸擖譇

  1102. yac 炸闸札铡扎腊轧剳喋溠積劄笝軋蚻煠閘霅鍘諎

  1103. yav 眨拃鲊砟苲鲝扠厊摪蹅鮓鮺

  1104. yal 炸乍诈榨夎砟吒痄咤栅柞蜡鲊啙筰齰鮓炸柵砟蚱詐搾醡

  1105. yu 朱邾猪株诸珠洙硃诛茱蛛铢楮藷矴侏袾絑誅跦潴蠩鉒橥諸豬駯鮢犓豬櫫橾黿蠩

  1106. yuc 竹逐烛竺舳术蠋躅瘃筑邎葍鸀尣泏烛竺苼窋笜篴蔟燭囑瘮斀鰂劚嬳濁厲櫩燭蠾钃斀

  1107. yuv 主嘱瞩煮麈渚属拄枓熰宔柱砫罜陼麈貯渚屬囑矚

  1108. yul 住祝驻助注柱铸筑著贮纻苎伫纛疰除尉伫柠澍砫芋竚杼苎柷玨炷貯袾竚莇秼紓絑紵崒註貯跓鞋蛀筯銐斝箸桂鑄駐築篫霔廜鑄櫧

  1109. yw 周州舟粥洲诌㤇侜輈鵃賙焸诪烐珘鄒婤徊週舟翢輈銂賙輖霌嚋鼇諏鵃輖譸

  1110. ywc 轴妯柚軸碡

  1111. ywv 肘帚疛箒睭篅鯞

  1112. ywl 昼骤宙绉咒纣伷軸荮皱箍胄甃酎詋繇軸呪咮紂冑晝軸荮詋偢皺馴啁縐𥬇籀驟僽伮僽怞

  1113. yg 中忠钟终衷盅舯忪锺螽鍾柊螅鉵夂伀汷刣妐彸汵炂鬆終鈡蝩蔠鉥躳籔鐘籦

  1114. ygv 种肿冢踵徸穜喠燸塜歱燀腫瘇種

  1115. ygl 重众中仲种茽穜種緟妉狆神神蚛僮眾埵媑笧眾種

  1116. yy 争征铮挣睁狰伀钲筝蒸正症幀政嶒膋鯖鯖鮏征妌爭妌烝眐埩靖崢掙猙𩑇媜徰睜鉦徴箏徴踭簑錚𢡛癥糽幀

  1117. yyv 整拯氶扨紒掟㠥憼撜

  1118. yyl 症郑证政挣徎怔正埕証鄭諍鴧證鬨阐

  1119. yn 贞珍甄真针祯瑧臻箴偵斟榛砧幀浈桢溱枮胗酙蓁琛貞帪枬眞針偵桭滇葴遉搸楨猺祯蒖鉁靖瑧碪潧樼湞甄鑫轃鍼箴鱵媜侲

  1120. ynv 诊枕缜疹轸眕衿鬒稹槇竧槙辰抌姫弬眕胗胗紾疹裖覙診轸媜駗繗縝敒鬒

  1121. ynl 镇振阵朕赈鸩震鵳圳纼陈臁酖椷抎宼侲抌謓陣棯紖朕墜揕紖

314

蜄誫賑鎮鎭黰埻

1122. ye 着遮蛰折嗻嫬

1123. yec 折哲辄蛰谪摺喆詟蜇磔辙輒讁毟杔扥厑夘砿硳粍虳埑粎祏晢悊晣晰㝵輙鈩蛰嚞讁鱰禇聾慹

1124. yev 者锗褶褚堵鍺

1125. yel 浙蔗柘这嗻鷓這淛樜蟅鷓潪

1126. yb 招钊昭嘲朝啁着窼晁侶妱钯鵰皽盀釗鉊駋錩鼌鼌

1127. ybc 着

1128. ybv 找沼爪㖒炤瑤

1129. ybl 赵照召昭兆诏笊棹罩肇曌炤柗垗狣庨旐詔旐趙熖鮡櫂曌羄

1130. yk 张章璋彰獐漳鄣樟蟑嫜張弡偤慞粀葦達暲餦驔鱆麞

1131. ykv 长掌涨仉磩夫長涨漲幛

1132. ykl 丈涨账帐仗长杖胀障嶂嶂瘴扙鄣長漲帳脹痕墇賬瘴暲

1133. yh 詹粘沾毡旃谵栴霑鸇占瞻鱣㶒枬怗蛅飦㳞詀赸閚噡嶦薝亶氈氊旜譫饘驙虇鱣鸇譾覽

1134. yhv 展盏斩崭辗颭搌斬琖盞嶄崭颭嫸醆橵踺輾

1135. yhl 占战站栈绽蘸湛醮襢佔榆磛嶃嵁㱿站跕偡㠭栈綻棧輚驏戰虥虩覧輾驏

1136. ys 摘斋侧侧牴齐亝齊条捰斋榩齋

1137. ysc 宅翟择檡撑

1138. ysv 窄抧鈘

1139. ysl 债寨豸柴砦瘵祭債

1140. yp 桌捉拙倬焯涿鐲蝃棹灼棳椓稡稡鐯鐯

1141. ypc 卓啄酌茁浊著叕琢灼濯镯着擢梲缴斲泜椓篤槠诼芈趠剢缴捔狫勺聎焣汋噣躅箸琸均彴犳妁灼啅娖梲斳晫斵砾穱罬擆擆斵劅諑鋜濁箊皵斱檤鸀鸀灂鐲籗

1142. ypl 籗謯

1143. yd 谆肫屯迍窀諄啍宅忳

1144. ydv 准埻纯準準綧稕

1145. ydl 旽綧稕沌

1146. yj 追佳锥椎骓隹雔錐騅雔

1147. yjl 缀赘坠惴膇縋醊腏槌队隊㩟醉笍娷甄畷硾墜綴縋諈錣餟磭贅轛鑆

1148. yi 庄装妆桩妝壯庒奘莊湷粧裝椿粻壯枑

1149. yiv 奨

1150. yil　狀撞壯僮戇幢潀戇壯狀獞壵奨戇

1151. yr　专砖颛湍抟剸塼篿叀專鄟嫥塼甎膞磚璕磚喘蠑顓鱄胉尙

1152. yrv　转轉膞胉夯塼

1153. yrl　赚转传撰篆僎啭沌塚僎俆傳脨抟轉夯塚豙縛禒賺譔饌嚩簷

1154. yf　抓髦挓擖摣樕膒薝

1155. yfv　爪

1156. ym　拽

1157. ymv　跩转

1158. yml　拽眫艣頮捶

V 字母开头的

1159. v　（成处差产船长场）吃痴虫眵鸥嗤答媸甑妿哧螭魑离抬蚔脝摘忒彫粝喫訑絺嚁瞔誎鸱鶄癡髻攡糷彲鶅鴉

1160. vc　迟池持篪驰茌弛匙漦跐墀峙垁竾茎傂秕蚳赿箎裎泜迡芪簬坻踶跱篪治貾遲趍遲馳遲諈徲谸

1161. vv　尺耻齿豉褫呎侈眵叺胣匁垑侈胣恥迻欼裦鉹齒扡杝侈

1162. vl　赤斥勑翅叱敇饬炽彳啻呎尿杘夌抶忕坴痓捚尌竔眙佁浛勅飭僚瘌脭胵飾霩瘛瘈鶒憏遫翜憗翨熾潪袳翾趐糦饎鶩

1163. va　插叉捸喳嚓偛碴差钗权扠扱攴朊艖臿挿訍偛嗏挿鉏鍤鎈鈒

1164. vac　查茶察茬搽嵖叉碴垞猹槎秅查敠詧檫苴擦槎椊楂

1165. vav　衩踏镲叉镲土

1166. val　差岔诧刹姹叉权衩汊侘刹紁妊詫仛岔

1167. vs　拆钗差芟螴釵

1168. vsc　柴豺侪查查犲紫喍儕茈

1169. vsv　苢

1170. vsl　虿瘥差訍裂蠆囆

1171. vh　掺搀觇梴觍袩袩掺鋿幨攙襝鉆

1172. vhc　缠婵禅蝉馋谗孱潺澶蟾单廛瀍巉鑱葴辿梴渐爀僝獮儃潹撣嬋謅綖碏禪毚酁蟬儳剗繵罾囌瀍檅纏艬讒鐫饞單撣蔪

1173. vhv　产闡谄铲浐辗划圿啴梴刬弗剗產剷嵼搟滻幝葴諂闡燀篅繟鏟闡幰灛謴嘽葴

1174. vhl　颤忏划羼韂袩剗碫幨幨颤僝撕

1175. vk　昌锠娟伥猖倡鲳菖阊涫唱珵裮倀錩閶鯧鬯閶

1176. vkc　常长肠偿尝苌徜裳场嫦倘仕夫厎長髟甀蓚甞腸嘗塲璐膓鏑償

316

嚐鲿鋿鱨塲

1177. vkv 厂昶敞氅惝场場僘廠塲廞鋹

1178. vkl 唱畅倡怅玚焻鬯瑒暘誯悵暢韔

1179. vb 超抄吵绰弨摷怊钞焯欩訬鈔綽

1180. vbc 朝潮晁巢嘲鄛牊巣鼂漅樔窲罺轈鼌謿

1181. vbv 吵炒曌燭麨巐眧趫粆

1182. vbl 耖仯仦觘趠

1183. ve 车俥砗車俥唓莗硨蛼

1184. vev 扯偖撦尺伬

1185. vel 撤彻掣澈坼瞮烢剫迠联蜇頙徹𡗾爡搋呫烢詀

1186. vn 嗔琛抻郴瞋伧瘨䀼拺棽傖綝誺賝謓

1187. vnc 陈晨臣尘沉忱辰宸煁塵谌迧莀莀莐趻愖捵梣桭陳敐訦軙鈂蔯樄瘎霃蟁諶䢅麎曟鷐敶

1188. vnv 碜眈踸跈碜碜墋醦磣瞜

1189. vnl 趁衬称龀榇疢谶趂稱齓齔儭嚫櫬襯讖疹

1190. vy 称撑柽瞠铛赬蛏朾秤偁鏿琤憕撐竀噌玱阷浾爯枨浾牚撐䞓樘赬赬樘竀穪蟶鏳鏿鐺稱僜瞸鎗樘橖鏿

1191. vyc 呈承城诚晟珹珵乘橙丞惩程成盛澄铖枨裎塍宬埕郕乗娍峸洆荿挰裖窚脭塖棖朾椉筬郢撜塖溗琤緎脅誠睖酲鋮憕澂棦瀓懲騬

1192. vyv 逞骋裎侱徎悜庱睈騁

1193. vyl 秤称稱爯牚

1194. vg 充冲舂忡茺翀琉憧艟涌桩沖沖啂揰徸惷衝罿蹖樁

1195. vgc 虫重崇种宻隀漴褈緟蟲爞痋種

1196. vgv 宠埫寵揰喠

1197. vgl 冲铳衝銃蹱

1198. vw 抽瘳紬搊犨媰细酋篘篘犫犫

1199. vwc 愁仇畴俦帱绸酬稠筹紬惆踌梻菗梼皗裯酧綢儔雔嬦幬懤薵燽讎疇籌躊醻讐梼檮怞嚋讎紬詶絒

1200. vwv 丑瞅醜吜杽侴偢媿杻矁醜

1201. vwl 臭臰遚殠

1202. vu 初出樗岀摴貙齣摢

1203. vuc 除厨滁锄蜍刍雏橱蹰蹰助蒢芻犓耡蒭趎鉏犓廚篨鋤櫥雛櫥鶵躕耝跦蒣蠩媰櫥

1204. vuv 楚处褚础杵储楮柠楚濋儲楚璴礎齭齼処處

1205. vul 处怵绌触亍搐黜矗畜琡憷处凯抾豖欻殁俶孾埱珋绌處俶都滀踀闅僦諔屩歜膃觸俑鸀櫄灻

1206. vm 揣撪

1207. vmc 腨腄

1208. vmv 揣

1209. vml 踹啜膪嘬欼揣闯闖

1210. vr 穿川氚剶猭

1211. vrc 传船椽舡遄篅瑏舩圌傳傳輲楍

1212. vrv 喘舛歂舛傑塼踳膞胯

1213. vrl 串钏剑弗洲玔眗鷭

1214. vi 窗疮刱刅窓偬摐膧窻瘡創

1215. vic 床幢噇牀橦

1216. viv 闯傱硙闖

1217. vil 创怆剏剙剏創愴

1218. vj 吹炊歘

1219. vjc 搥垂陲棰槌錘椎圌倕垂柛菙搥腄箠錘鎚傾磓鬌

1220. vd 春椿蠢瑃堾婼晴鰭莟杶楒簚櫄轀櫄鰆鷤萅

1221. vdc 纯唇淳莼醇鹑派純陙脣渟犉滣莼漘尊醕鐏鰆鶉膞胯

1222. vdv 蠢埨倬萫惷瞤賰

1223. vp 戳踔

1224. vpl 绰辍惙啜婥惙捑齪躇辵娖涰脮醊婥娖哾綽趠輟擉磭嚽齱鏃鐝孎齽歜

1225. vf 欨

W 字母开头的

1226. w （是上谁说受水事） 诗师施湿嘘失匙虱狮尸浉醑鸤鳂敓哃郱鳾屍師絁釶漶溮溼獅葹詩鈰璹蓰蝨溼鏴鳂鰤䍁醹铊鉈嘘鰤鸤箸

1227. wc 时石拾十实识食什蚀祏湜寔坿炻鲥宲囸卙峕妶峕莳遈埘溡蒔鉐實榯蝕鼫識鰣鰣熗

1228. wv 使史始驶矢屎豖耆乿祂柡笑鈶駛疹

1229. wl 市士事世氏视室轼奭铈媞示试势饰拭恃柿侍舐逝弑适谥释嗜噬仕似殖筮贳蓍莳商峕鈰峕螫弒丗古怀事叓阤庝柿宣㥁昰柿眂弒眎眡视崼徥澨帹貰勢睗翼試弑鉽飾湜誓適鉽嫷溢諡遾餙檡謚簭襫釋齛䝉箷埶醳啫駇跇

1230. wa 杀沙纱砂刹莎痧裟鲨铩挲煞杉刹桬掺吵抄殺狖纱砟菝椴樧魦

𦄳鎩鯊魦

1231. wac 啥

1232. wav 傻儍

1233. wal 煞霎厦歃箑唼啑萲倽帹萐喢翜翣閯廈霅

1234. ws 筛篩簁簛籭

1235. wsv 色繳

1236. wsl 晒曬攦

1237. wh 山姗珊杉删衫钐舢烻煽搧跚潸膻扇栅羶苫彡芟穇襂邖埏挻剼姍狦攕痁脡軕笘釤剼嘇幓蔪潸𣝔縿綖羴柵𨨙葠穇

1238. whv 闪陕睒閃掺摻覢炶陝煔睒熌覢頬

1239. whl 善单赡鳝蟮钐讪疝汕骟嬗鄯膳苫剡扇缮擅敾锎鐥掞僐撣禅嶦蟺篅赸傓樿僐墠墡樿磰謆繕蟺譱贍鐥饍騸灗鱓鱔鱣鐥禪單撣僤釤訕

1240. wk 商伤熵墒殇觞慯傷慯滴湯蔏殤螪觴謪䲃禓

1241. wkv 赏晌垧上埫扄賞鑜鳿贘

1242. wkl 尚上蠰裳绱丄尙恦緔鞝

1243. wb 烧稍捎梢艄鞘筲蛸弰莦焼旓輎蕱燒颵髾鮹娋绡莂綃

1244. wbc 勺杓芍苕韶柖玿萔

1245. wbv 少

1246. wbl 邵绍少哨稍召潲劭睄捎艄柖卲娋袑紹綤佋

1247. we 奢赊畲猞輋賒賖檨畬賒奓

1248. wec 蛇折佘舌阇揲虵蛥磼闍

1249. wev 舍捨

1250. wel 设社涉射舍赦摄慑麝滠歙拰涻涉馃拾厍蔎蠂韘騇懾攝灄欇舍厙設慴摵

1251. wn 申深身伸呻屾甡珅燊娠砷参莘绅诜糁参抻綝蓁曑扟侁妽籸罙姺柛氠宷粎莘眒堔紳兟葠裑訷蕿詵蓡蓡駪鯵鰺鵢鯵胂莘僠

1252. wnc 神什鰂鉮

1253. wnv 沈审婶哂矧谂瞫淰渖邥弞矤宷谉訠審諗頣魫瞫嬸瀋覿讅吲

1254. wnl 慎肾渗甚蜃葚瘆胂椹罧侺昚㴰脊裖脤腎愼滲鋠瘮蜄

1255. wy 生升声牲甥笙昇陞殸阩呏殅泩殅珄竔陹湦焺聲狌鉎鍟鼪鼪

1256. wyc 绳渑縄憴澠繩譝

1257. wyv 省眚偗渻

1258. wyl 胜剩圣盛乘晟嵊乗娍椉晠剰勝聖貹聖墭縢賸賸

1259. ww 收収

1260. wwc　熟

1261. wwv　手首守圩艏

1262. wwl　受售兽授寿狩绶瘦膄浸瘦罟壽綬壽獸鏉

1263. wf　刷唰

1264. wfv　耍

1265. wfl　刷誜

1266. wu　淑书叔输姝枢陈殊菽梳舒抒疏倏蔬殳纾摅毹毺倏書尗倐疎毻卡捈疋忬璱毶疎樞樑輸紓毅鄃練鮛鯈攄瀭鵨

1267. wuc　熟孰赎秫塾术姝璹贖荗孋

1268. wuv　属署暑鼠薯曙黍蜀漆数睹蜀瘯藷糬蟕鸀數屬籔

1269. wul　树数恕庶术戍束述竖墅漱沭腧杼佭响恋茿庹紨荗術尌榁竖鈢潡數澍豎樹澤鈢鑠鷞艫櫣㨂野鶐鶦讑

1270. wm　摔衰

1271. wmv　甩

1272. wml　率帅蟀帥縪

1273. wi　双霜媚骦鹴礵泷漴瀧漜雙孀騻樉鷞艭驦鸘鋷

1274. wiv　爽塽溹鹙愯楤縿

1275. wil　灀

1276. wr　拴栓闩閂

1277. wrl　涮腨

1278. wjc　谁脽誰

1279. wjv　水

1280. wjl　税睡说帨涗涚祱税祱說说挩挩娷

1281. wdv　吮楯

1282. wdl　顺舜瞬順蕣瞚瞤鬊眴

1283. wp　说呚說説

1284. wpl　烁朔铄硕蒴搠妁数槊數欶稍碩獥箾鎙爍鑠爚

R 字母开头的

1285. r （人如日让仍任然荣瑞柔）

1286. rl　日氜驲囸釖鈤馹

1287. rhc　燃髯然蚺柟呥肰袇祄蚦衻髥嘫繎酟

1288. rhv　冉染苒燩冄姌珃燃橪

1289. rk　嚷

1290. rkc 瓤蘘禳穰勷孃穣儴瀼獽躟鬤

1291. rkv 嚷壤蠰攘爙纕

1292. rkl 让瀼攮懹譲讓

1293. rbc 饶荛桡娆蕘橈襓饒犪嬈

1294. rbv 扰娆陾嬈擾

1295. rbl 绕遶繞

1296. rev 惹喏若

1297. rel 热熱

1298. rnc 任仁壬人忎朲忈秂芢釪魜鈓鵀

1299. rnv 忍稔荏栠荵荵秹棯

1300. rnl 认任妊刃纫讱仞韧饪叒仭岃扨衵衽纴肕轫姙紉袵紝訒靭栶袵絍腍靭靷飪認餁鈓靱

1301. ry 扔

1302. ryc 仍礽芿迺陾

1303. ryl 扔礽

1304. rgc 容荣融绒蓉榕瑢镕嵘熔溶茸戎蝾螎俗颂嫆肜狨茙嵷毧髹媶羢搈揈楁榮穁裕氄絨緈駥髶爃嶸燿鎔融鳙蠑頌嶸

1305. rgv 冗緟宂偅軵

1306. rgl 緝鵀

1307. rwc 柔揉糅踩鞣粗媃渘莽瑈腬蝚厹内輮錉璱騥鰇鶔楺煣

1308. rwv 鞣

1309. rwl 肉楺宍

1310. ruc 茹儒铷孺濡嚅薷蠕颥如呶挐獳伽帤架衸渪笟擩鉰葇鴽嬬鴽曘燸襦醹顬鱬便蝡鑐

1311. ruv 辱汝乳擩胍廍

1312. rul 入褥蓐溽缛洳嗕媷縟

1313. rrc 堧挕壖

1314. rrv 软阮朊瑌爇檽礝偄婑瑌軟腝硬緛輭礝

1315. rjc 蕤甤桵綏荽婑

1316. rjv 蕊蕋橤蘂蘃蕊

1317. rjl 瑞芮锐睿汭枘蚋蜹叡壡笍鋭銳桅枻

1318. rp 润闰閏閠潤橍膶

1319. rpc 挼捼撋

1320. rpl 若弱偌婼鰙芮叒䣝婼焫楉蒻篛爇鰙鶸

附录 2　常用多音字字汇

常用多音字，是指在普通话中出现频率较高的一字有两个以上读音的汉字。将这些多音字汇集起来以相对读音音调组单词和短语的形式对这些多音字进行读写和录入应用，目的是让书记员在掌握速录技能的同时，能够准确使用这些多音字，以便在信息采集中应对语音信息源的非标准语音。也就是说，犯罪嫌疑人或当事人在描述事物时把某些汉字读错了音，书记员必须能够用准确的汉字来对应，而不能将错就错。

读音首字母是"A"的多音字

呵 a（是呵）、呵 h（笑呵呵）
阿 a（阿哥、阿曼、阿尔巴尼亚）、阿 e（阿弥陀佛、阿胶、阿谀）
腌 a（腌臜）、腌 ih（腌菜、腌咸菜、腌制食品）
唉 as（唉声叹气）、唉 hs（咳！干什么呢？）
嗳 as（嗳！你说什么呢？）、嗳 asl（嗳，真可惜！年轻轻的就这么走了？）
熬 ab（熬菜）、熬 abc（熬汤、煎熬、熬鸡汤、熬时间）
敖 abc（敖包）、敖 abl（敖女士、敖汉旗）
拗 abl（拗口、拗口令）、拗 nql（执拗、拗不过）
艾 asl（艾蒿、艾滋病）、艾 il（自怨自艾）

读音首字母是"E"的多音字

哦 ec（吟哦）、哦 uel（哦！这么辽阔的草原！）
恶 el（恶人、凶恶、恶毒）、恶 ev（恶心）、恶 ul（可恶、厌恶）

读音首字母是"I"的多音字

尾 iv（尾巴、马尾筝）、尾 utv（尾随、尾追、尾气排放）
奄 ih（奄奄一息、奄奄）、奄 ihv（奄然）
殷 ih（殷红）、殷 in（殷实、殷切、殷小姐）

燕 ih（燕山、燕国、燕赵大地）、燕 ihl（燕子、海燕）
鞅 ik（商鞅）、鞅 ikl（牛鞅）
应 iy（应重视、应该、应得）、应 iyl（应用、回应、应声倒下）
要 ib（要求、要挟）、要 ibl（机要、重要、要注意、要协助）
约 ib（约约、约重量）、约 oe（大约、约旦国）
饮 inl（饮牛、饮羊、饮马）、饮 inv（饮食、饮用、饮水思源）
轧 ial（轧道机、碾轧）、轧 yac（轧钢、轧钢厂）
咽 iel（呜咽）、咽 ih（咽喉、咽炎、咽喉要道）、咽 ihl（吞咽、咽气）
钥 ibl（钥匙、密钥）、钥 oel（钥钩）
疟 ibl（疟子、发疟子）、疟 nrl（疟疾、疟原虫）
荽 ihc（荽荾）、荽 ohc（荽花）
铅 ihc（铅山县）、铅 qz（铅笔、铅锌矿）
柚 iwc（柚木）、柚 iwl（柚子、柚子树）
荥 iyc（荥经县） 荥 xec（荥阳市）

读音首字母是"U"的多音字

为 utc（人为、不可为）、为 utl（为了、为此）
瓦 ual（瓦工、瓦匠）、瓦 uav（砖瓦、瓦房、一砖一瓦）

读音首字母是"O"的多音字

吁 ol（呼吁、吁请）、吁 xo（气喘吁吁）
尉 ol（尉迟）、尉 utl（上尉、中尉）
蔚 ol（蔚县）、蔚 utl（蔚蓝、蔚然、蔚然成风）
晕 on（晕倒、晕头转向、头晕脑胀）、晕 onl（晕车、月晕、日晕）
员 ohc（成员、社员、人员、员工）、员 onl（员先生）
媛 ohc（婵媛）、媛 ohl（名媛淑女）

读音首字母是"B"的多音字

卜 b（萝卜）、卜 buv（卜卦）
剥 b（剥离、剥削、剥夺）、剥 bb（剥花生）
伯 bc（伯父、大伯、伯母、伯乐、伯爵）、伯 bsv（大伯子）
柏 bc（柏林）、柏 bsv（柏树、苍松翠柏）
扒 ba（扒皮、扒拉）、扒 pac（扒手）

323

瘪 bf（瘪三）、瘪 bfv（瘪谷、瘪瘪的）

背 bt（背包、背包袱）、背 btl（后背、背部）

绷 by（绷带、绷紧）、绷 byv（绷脸、绷着脸）

奔 bn（奔跑、飞奔、奔腾、奔流）、奔 bnl（有奔头儿、奔命）

别 bfc（离别、分别、生离死别、别怕）、别 bfl（别扭、别别扭扭）

把 bal（刀把儿、镐把）、把 bav（把持、把握、把事办好）

耙 bal（耙地）、耙 pac（耙子、钉耙）

扁 bzv（扁担、扁圆形、扁豆）、扁 pz（扁舟）

便 bzl（随便、便溺、便失去了方向）、便 pzc（便宜、大腹便便）

屏 bev（屏退、屏除）、屏 pec（荧屏、屏风）

薄 bbc（薄薄的、薄薄一层）、薄 bc（稀薄、薄膜）、薄 bl（薄荷）

泌 bil（泌阳县）、泌 mil（泌尿、泌尿系统）

秘 bil（秘鲁共和国）、秘 mil（秘密、秘书）

臂 bil（臂膀、臂力）、臂 bt（胳臂）

辟 bil（复辟）、辟 pil（开辟、辟谣、鞭辟入里）

刨 bbl（刨花、刨子、刨花板厂）、刨 pbc（刨除、刨根儿、刨根问底）

瀑 bbl（瀑河）、瀑 pul（瀑布）

曝 bbl（曝光）、曝 pul（曝晒）

膀 bkv（肩膀、膀臂）、膀 pk（膀肿）、膀 pkc（膀胱）

堡 bbv（碉堡、堡垒）、堡 buv（吴堡、柴家堡、瓦窑堡）、堡 pul（七里堡、十里堡）

傍 bkl（傍晚）、傍 pkc（傍观、冷眼旁观）

蚌 bkl（鹬蚌相争、蚌病生珠）、蚌 byl（蚌埠市）

磅 bkl（磅秤、过磅）、磅 pkc（磅礴、气势磅礴）

埔 bul（埔县）、埔 puv（柬埔寨）

不 buc（不对、不是、不让、不怕、不大）、不 bul（不能、不好、不成、不小）

读音首字母是"P"的多音字

朴 p（朴刀）、朴 puv（朴素、简朴）、朴 pxc（朴先生、朴女士）

迫 pl（压迫、被迫、迫不得已）、迫 psv（迫击炮）

仆 pu（前仆后继）、仆 puc（仆人、奴仆）

铺 pu（铺盖、铺盖卷、平铺直叙）、铺 pul（店铺、商铺）

喷 pn（喷泉、喷雾器、喷洒）、喷 pnl（喷香、喷香喷香的）

片 pz（片子、制片、电影制片厂）、片 pzl（片面、药片、一大片）

泡 pb（泡子、水泡子）、泡 pbl（气泡、泡沫、燎泡）

劈 pi（劈开、刀劈、劈波斩浪）、劈 piv（劈叉、劈开、一劈两半）

澎 py（澎了一身水）、澎 pyc（澎湖列岛）

撇 pf（撇弃、撇开）、撇 pfv（撇嘴、撇在一边、一撇一捺是"人入八乂"）

漂 px（漂流、漂浮）、漂 pxl（漂亮、漂漂亮亮）、漂 pxv（漂白）

炮 pbc（炮制）、炮 pbl（炮火、炮弹）

读音首字母是"M"的多音字

模 mc（模范、模块、模式）、模 muc（模样儿、模子）

磨 mc（研磨、磨练、折磨）、磨 ml（石磨、磨不开、磨成粉末）

嫚 mh（大嫚、二嫚）、嫚 mhl（嫚侮）

嘛 ma（喇嘛）、嘛 mac（干嘛）

吗 ma（是吗、有问题吗）、吗 mac（干吗）、吗 mav（吗啡）

摩 ma（摩挲）、摩 mc（摩托、观摩）

抹 ma（抹布）、抹 ml（抹不开）、抹 mv（抹子、泥抹子）

万 ml（万俟）、万 uhl（万岁、万人、千千万万）

没 ml（沉没、埋没、没落）、没 mtc（没脸、没事、没完没了、没大没小）

脉 ml（脉脉含情、脉脉）、脉 msl（脉络、号脉、一脉相承）

眯 mi（眯缝、眯缝着眼睛）、眯 mic（眯眼）

闷 mn（闷气、闷热、闷得慌）、闷 mnl（纳闷儿、闷闷不乐、闷雷）

蒙 my（蒙人、蒙头转向）、蒙 myc（蒙蔽、启蒙、启蒙教育）、蒙 myv（蒙古、蒙古族）

蚂 mal（蚂蚱）、蚂 mav（蚂蟥、蚂蚁、蚂蜂）

氓 mkc（流氓）、氓 myc（氓獠户歌）

埋 mhc（埋怨）、埋 msc（埋没、埋葬、掩埋、埋头苦干）

蔓 mhc（蔓菁）、蔓 mhl（蔓草、蔓延、不蔓不枝）、蔓 uhl（瓜蔓、蔓儿）

缪 mql（谬论、荒谬）、缪 mwc（绸缪、缪种相承、未雨绸缪）、缪 mxl（姓氏：缪大妈）

糜 mic（糜烂、姓氏：糜夫人）、糜 mtc（糜子）

靡 mic（靡费、奢靡）、靡 miv（风靡、风靡一时、披靡、所向披靡）

325

读音首字母是"F"的多音字

佛 fc（仿佛）、佛 fuc（佛祖、阿弥陀佛）

发 fa（发展、发言、开发）、发 fal（理发、头发）

番 fh（番茄、三番两次）、番 ph（番禺市）

菲 ft（菲律宾）、菲 ftv（菲薄、不菲）

坊 fk（作坊、街坊）、坊 fkc（染坊、油坊）

分 fn（分析、分明、分子）、分 fnl（身份、成分、过分）

服 fuc（服务、服服帖帖、服装）、服 ful（一服药、几服药）

脯 fuv（果脯）、脯 puc（胸脯）

否 fwv（否则、是否、否认）、否 piv（否极泰来）

房 fkc（房产、房屋、病房）、房 pkc（阿房宫）

缝 fyc（缝补、缝缝补补）、缝 fyl（裂缝、缝隙）

读音首字母是"D"的多音字

得 d（好得很、拿得动）、得 dc（得失、得体、怡然自得）、得 dtv（得完成任务、你得听话）

的 d（你的、大家的）、的 dic（的确）、的 dil（目的）

地 d（全面地、认真地）、地 dil（地方、地址、大地）

提 di（提防）、提 tic（提高、提示、提拔）

嘀 di（嘀嗒）、嘀 dic（嘀咕）

疙 da（疙瘩、疙瘩汤）、疙 dac（疙背、疙背病）

答 da（答应、答理）、答 dac（答复、回答、答题、对答如流）

单 dh（单位、单独、形单影只）、单 vhc（单于）单 whl（单县）

担 dh（担任、担当、担保）、担 dhl（担子、重担、担担子）

叨 db（叨教）、叨 dbc（叨咕、叨叨咕咕）、叨 tb（念叨、叨念）

当 dk（当代、当然、当兵）、当 dkl（当铺、典当、上当）

钉 de（钉子、钉锤）、钉 del（钉钉子、钉合页、板上钉钉）

待 ds（待会儿、待着）、待 dsl（待遇、招待、等待、待见）

都 du（首都、成都、都市）、都 dw（都是、都不是）

铛 dk（铛铛响）、铛 vy（电饼铛）

大 dal（大地、大事、大大咧咧）、大 dsl（大夫）

打 dac（成打、一打、每打）、打 dav（打击、打架、打打闹闹）

驮 dpl（驮子）、驮 tpc（驮着）
肚 dul（肚子、肚量、肚皮、肚皮舞）、肚 duv（毛肚、肚儿）
囤 ddl（囤子、圆囤）、囤 tdc（囤积、囤聚、囤货、囤粮）
度 dpc（忖度）、度 dul（制度、度过）
洞 dgl（洞口、山洞）、洞 tgc（洪洞县）
斗 dwl（斗争、斗气、打斗）、斗 dwv（一斗、斗笠）
峒 dgl（田峒、麻峒、中峒）、峒 tgc（峒冢）
沓 dac（一沓、两沓子）、沓 tal（杂沓、纷至沓来）
倒 dbl（倒立、倒背如流、倒水）、倒 dbv（倒伏、压倒、倒头便睡）
调 dxl（调查、调离、调虎离山）、调 txc（调解、调整、空调、调戏）
澄 dyl（澄清、澄沙、澄清过滤）、澄 vyc（澄清、澄清事实）
弹 dhl（炮弹、子弹、弹道导弹）、弹 thc（弹指、弹簧）
翟 dic（翟摩帝寺）、翟 ysc（姓氏：翟大哥）

读音首字母是"T"的多音字

踏 ta（踏实）、踏 tal（踏步、踏青、大踏步）
体 ti（体己）、体 tiv（体制、身体、身强体壮）
苔 ts（舌苔）、苔 tsc（青苔、苔藓、苔藓植物）
挑 tx（挑拣、挑担子、百里挑一）、挑 txv（挑逗、挑拨离间、挑衅）
趟 tk（趟河、趟地）、趟 tkl（赶趟、两趟）
帖 tf（帖耳俯首）、帖 tfv（帖子、请帖）
吐 tul（吐血、上吐下泻）、吐 tuv（谈吐、吐痰）
同 tgc（同志、同心、志同道合）、同 tgl（胡同）
拓 tal（拓片、拓本）、拓 tpl（拓展、开拓、拓荒）
褪 tdl（褪套儿、褪掉、褪裤子）、褪 tjl（褪色、褪毛）

读音首字母是"N"的多音字

呢 n（干吗呢）、呢 nic（呢绒、呢子大衣）
南 na（南无、南无阿弥陀佛）、南 nhc（南方、南欧、西南）
那 na（那先生、那女士）、那 nal（那里、在那）
哪 nav（哪里、哪能、去哪儿）、哪 nc（哪吒）、哪 ntv（哪边、哪本书）
娜 nal（姓李名娜）、娜 npc（婀娜多姿、袅娜）
尿 nxl（撒尿、尿尿）、尿 sj（尿脬）

327

拧 nec（拧耳朵、拧一拧、拧腮）、拧 nev（拧劲儿、弄拧了、拧成一股绳）

宁 nec（安宁、宁夏、列宁）、宁 nel（宁可、宁死不屈、宁缺勿滥）

泥 nic（泥土、泥泞、泥牛入海）、泥 nil（拘泥、泥古非今、泥古不化）

难 nhc（难度、难受、困难）、难 nhl（遭难、受苦受难、有难）

喏 npl（喏、唯唯喏喏）、喏 rev（唱喏）

粘 nzc（粘合、粘度计）、粘 yh（粘连、粘住）

读音首字母是"L"的多音字

了 l（好了、知道了）、了 lxv（知了、了结、不了了之）

乐 ll（乐趣、快乐、乐不可支）、乐 oel（乐队、音乐）

勒 ll（勒令、希特勒）、勒 lt（勒死、勒紧、勒紧裤带）

拉 la（拉动、拖拉、拉美）、拉 lac（拉口、拉开）

搂 lw（搂扳机、搂草打兔子）、搂 lwv（搂抱、搂搂抱抱）

抡 ld（抡刀）、抡 ldc（抡）

溜 lq（溜冰、溜走、溜滑、溜光、溜边儿）、溜 lql（一溜儿、冰溜儿、随大溜）

咧 lf（大大咧咧、咧咧）、咧 lfv（咧嘴、咧开）

令 lec（令狐）、令 lel（命令、下令、司令）

弄 lgl（23 弄）、弄 ngl（弄懂、弄明白）

丽 lic（丽水市）、丽 lil（美丽、靓丽、丽人）

蠡 lic（管窥蠡测）、蠡 liv（蠡县、范蠡）

络 lbl（络子）、络 lpl（络绎不绝、络腮胡子）

唠 lbc（唠叨）、唠 lbl（唠嗑）

馏 lqc（蒸馏水）、馏 lql（馏馒头）

六 lql（六月、周六）、六 lul（六安）

陆 lql（陆千、陆万、陆佰）、陆 lul（陆地、大陆、陆海空）

论 ldc（论语）、论 ldl（议论、谈论）

碌 lql（碌碡）、碌 lul（碌碌无为、碌曲县）

擂 ltc（擂鼓、擂响、大吹大擂）、擂 ltl（擂台、打擂、擂台赛）

累 ltc（累累、累赘）、累 ltl（受累、不怕累）、累 ltv（硕果累累、伤痕累累）

笼 lgc（鸟笼、笼子）、笼 lgv（笼络、笼统、笼络人心）

率 lol（效率、机率、死亡率）、率 wml（率领、草率、率先）

棱 lec（穆棱县）、棱 ly（红不棱登）、棱 lyc（棱角、窗棱、有棱有角）

落 lal（落下、丢三落四）、落 lbl（落枕、落套）、落 lpl（落日、降落、落日余晖）

淋 lmc（淋浴、淋巴、淋湿）、淋 lml（过淋）

凉 ljc（凉水、冰凉、凉白开）、凉 ljl（凉一凉）

量 ljc（量程、量尺寸、丈量、量体裁衣）、量 ljl（力量、重量、量力而行）

俩 ljv（伎俩）、俩 lnv（俩字、哥儿俩）

露 lul（露水、白露）、露 lwl（露面、露头儿）

读音首字母是"G"的多音字

搁 g（搁置、搁浅、搁放）、搁 gc（搁不住折腾）

饹 g（饹馇）、饹 l（饸饹）

咯 g（咯咯地笑）、咯 kav（咯痰）

葛 gc（葛布、葛根）、葛 gv（姓氏：葛大夫）

蛤 gc（蛤蜊）、蛤 hac（蛤蟆）

个 gl（个儿矮、几个、各个）、个 gv（自个儿）

嘎 ga（嘎嘎叫、嘎巴硬脆）、嘎 gac（嘎调儿）、嘎 gav（嘎小子）

伽 ga（伽马刀、伽马线）、伽 jn（伽利略）

咖 ga（咖喱）、咖 ka（咖啡）

干 gh（干净、干杯、毫不相干）、干 ghl（干部、干工作、干好事）

骨 gu（骨朵儿、花骨朵）、骨 guv（骨骼、骨头、头骨）

冠 gr（衣冠、弹冠相庆、冠冕堂皇）、冠 grl（冠军、冠名）

观 gr（观看、观察）、观 grl（道观、回龙观）

纶 gr（纶巾）、纶 ldc（纶音佛语、晴纶）

钢 gk（钢铁、炼钢）、钢 gkl（钢刀）

更 gy（三更半夜、五更、自力更生）、更 gyl（更美、更好、更重要）

杆 gh（栏杆、竹杆）、杆 ghv（枪杆子、笔杆子、杆状、杆秤）

龟 gj（乌龟、龟甲）、龟 qq（龟兹国）

供 gg（供应、供给、供不应求、供参考）、供 ggl（翻供、谎供、诱供、招供）

勾 gw（勾结、勾连、衣勾）、勾 gwl（勾当）

呱 gf（呱呱叫、呱叽、呱叽呱叽）、呱 gfv（拉呱儿）呱 gu（呱呱坠地）

给 gtv（给出、付给、还给）、给 jv（给养、供给）

芥 gsl（芥菜、芥蓝）、芥 jfl（芥菜、芥菜疙瘩）

枸 gwv（枸杞）、枸 jov（枸橼、枸橼酸氯米芬）

刽 gjl（刽子手）、刽 kml（市侩、市侩阶级）

莞 grv（东莞）、莞 uhv（莞尔一笑、莞尔）

贾 guv（商贾）、贾 jnv（贾老师）

盖 gsl（遮盖、盖房子、概括）、盖 gv（姓氏）

颈 gyv（脖颈儿）、颈 jev（颈椎、颈部）

戆 gkl（戆头戆脑）、戆 yil（戆直）

读音首字母是"K"的多音字

嗑 k（唠嗑）、嗑 kl（嗑瓜子）

看 kh（看紧、看家、看守所）、看 khl（看望、看见、好看）

空 kg（空中、空军、太空、空中楼阁）、空 kgl（空格、空缺、空闲、有空儿、没空儿）

卡 kav（卡车、卡丁车）、卡 qnv（关卡、卡住）

读音首字母是"H"的多音字

喝 h（喝水、吃喝、吃吃喝喝）、喝 hl（大喝、大喝一声）

荷 hc（荷花、荷包、荷叶）、荷 hl（是荷、荷枪实弹）

核 hc（核查、核对、原子核、结核）、核 huc（枣核儿、樱桃核儿）

和 hc（和平、他和她、战与和）、和 hl（一唱一和）、和 hpc（和面）、和 hpl（洗一和、和稀泥）和 huc（和牌）

吓 hl（恐吓、恫吓、威吓）、吓 xnl（吓唬、吓一跳）

哈 ha（哈哈大笑、哈气、哈尔滨、点头哈腰）、哈 hal（哈巴狗）、哈 hav（哈达）

糊 hu（眵目糊）、糊 huc（糊涂、糨糊、糊里糊涂）、糊 hul（糊弄）

化 hf（叫花子、花子）、化 hfl（化解、文化、化肥）

哗 hf（哗哗作响、哗哗地流）、哗 hfc（哗众取宠、喧哗）

哄 hg（哄传、哄然大笑）、哄 hgv（哄人、哄骗、哄孩子）、哄 hgl（起哄、哄抬物价）

咳 hs（咳声叹气、咳！干什么呢？）、咳 kc（咳嗽、干咳）

豁 hp（豁口、豁嘴）、豁 hpl（豁达、豁亮）

华 hfc（中华、华侨、华丽）、华 hfl（华山、华女士）

行 hkc（行业、银行）、行 xec（行动、行为）

会 hjl（会议、会见）、会 kml（会计、财会）

汗 hhc（可汗）、汗 hhl（出汗）

划 hfc（划船、划拳、划算）、划 hfl（计划、整齐划一）

还 hrc（还款、归还、还愿）、还 hsc（还是、还不能）

好 hbl（爱好、嗜好）、好 hbv（好人、真好）

虹 hgc（长虹、彩虹）、虹 jjl（出虹）

侯 hwc（王侯、侯门深似海、侯小姐）、侯 hwl（候车、候机、候补、等候）

珲 hdc（珲春、珲春市）、珲 hj（瑷珲县）

晃 hil（摇晃、晃荡）、晃 hiv（晃脸）

横 hyc（横行、横亘、横行霸道、"十"由"横"和"竖"构成）、横 hyl（横暴、横财）

横 hyc（横行、横杆、横行霸道）、横 hyl（横暴、横财、专横跋扈）

罕 hhl（塞罕坝、穆罕默德）、罕 hhv（罕见、罕有）

浑 hdc（浑蛋、浑厚、浑身、浑然不知）、浑 hdl（浑水摸鱼）

混 hdc（混蛋）、混 hdl（混乱、混淆、混事）

巷 hkl（巷道）、巷 xjl（大街小巷、街谈巷议）

读音首字母是"J"的多音字

奇 j（奇数）、奇 qc（奇迹、好奇、奇观）

丌 j（姓氏）、丌 qc（姓氏）

几 j（茶几）、几 jv（几时、几个）

系 jl（系鞋带、系扣）、系 xl（系列、关系、中文系、法学系、一系列）

纪 jl（纪律、党纪国法）、纪 jv（纪晓岚）

间 jz（之间、人间、彼此间、间不容缓）、间 jzl（间谍、间断、间接、间隔）

监 jz（监督、监视、监狱）、监 jzl（国子监）

车 jo（丢卒保车）、车 ve（汽车、火车、车辆）

据 jo（拮据）、据 jol（据说、根据、据查、依据、据理力争）

浆 jj（船桨、豆浆、豆浆机）、浆 jjl（浆糊般）

济 jl（救济、接济、济困扶危）、济 jv（济南、人才济济）

将 jj（将军、将来、将就）、将 jjl（大将、将士、将领）

教 jx（教书、教课、教书育人）、教 jxl（教育、教化、教师）

禁 jm（禁脏、禁受、禁穿、不禁、禁不起）、禁 jml（禁止、禁毒、监禁、软禁、令行禁止）

茄 jn（雪茄烟、胡笳十八拍）、茄 qfc（茄子、番茄）

迦 jn（瑜伽）、迦 qfc（伽蓝、伽南香）

挟 jn（挟着、挟起）、挟 xfc（要挟、挟持、挟天子以令诸侯）

夹 jn（文件夹、夹缝、发夹）、夹 jnc（夹克、夹袄、马夹）

圈 jh（圈猪、圈起来）、圈 jhl（羊圈、牛圈、猪圈）、圈 qh（圆圈儿、花圈）

节 jf（节骨眼）、节 jfc（节日、春节）

结 jf（结巴、结结巴巴）、结 jfc（结论、结婚、结果、了结）

苣 jol（莴苣）、苣 qov（苣荬菜）

劲 jel（劲敌、劲松）、劲 jml（有劲、劲道）

校 jxl（校对、校正、三审三校）、校 xxl（校园、校长、学校）

卷 jhl（上卷、下卷、四卷）、卷 jhv（卷帘、卷烟、卷曲）

降 jjl（降落、降临、天降大任）、降 xjc（投降、降伏、降龙伏虎）

觉 jrc（觉悟、感觉、不知不觉）、觉 jxl（睡觉、睏觉）

倔 jrc（倔强）、倔 jrl（倔脾气、倔头倔脑）

假 jnl（假日、假期、放假）、假 jnv（真假不分、假惺惺、假的）

强 jjl（倔强）、强 qjc（强大、强调、强盗、富强）

嚼 jrc（咀嚼）、嚼 jxc（嚼子、马嚼子、嚼碎）、嚼 jxl（倒嚼）

角 jrc（角色、角逐）、角 jxv（角落、角膜、五角星、二角钱）

尽 jml（尽力、尽本分）、尽 jmv（尽管、尽量）

见 jzl（见识、见面、意见）、见 xzl（遍地见牛羊）

卷 jhl（上卷、下卷、开卷）、卷 jhv（花卷、卷铺盖、卷帘）

读音首字母是"Q"的多音字

曲 qo（曲直、曲折、曲别针）、曲 qov（歌曲、谱曲、曲调）

区 qo（区别、区间、灾区）、区 ew（区师傅）

切 qf（切开、刀切、切西瓜）、切 qfl（一切、切实、确切、切不可）

呛 qj（呛水、呛饭）、呛 qjl（够呛、呛鼻子）

悄 qx（静悄悄、悄悄的）、悄 qxv（悄无声息、悄然抵达）

茜 qzl（茜草、茜纱）、茜 x（多用于人名）

纤 qzl（纤夫）、纤 xz（纤维）

券 qhl（证券、国库券）、券 xhl（拱券）

亲 qel（亲家、亲家公）、亲 qm（亲人、亲戚、可亲可爱）

雀 qrl（雀斑、麻雀）、雀 qxv（雀子、家雀）

仇 qqc（仇女士、仇先生）、仇 vwc（仇敌、仇恨、冤仇）

覃 qmc（姓氏：覃先生）、覃 thc（姓氏：覃女士）

翘 qxc（翘首、翘盼、翘首远望）、翘 qxl（翘辫子、翘大拇指、翘起二郎腿）

读音首字母是"X"的多音字

兴 xe（兴旺、兴盛、兴起）、兴 xel（兴趣、高兴）

肖 xx（肖邦、肖先生）、肖 xxl（肖像、肖像权）

芯 xm（芯片、笔芯）、芯 xml（芯子、蛇芯）

相 xj（相助、相对、相信、互相）、相 xjl（照相、相片、首相）

削 xr（削发为僧、剥削）、削 xx（刀削面、削皮）

鲜 xz（鲜血、海鲜、鲜活）、鲜 xzv（朝鲜、鲜为人知）

旋 xhc（旋涡、旋转、盘旋）、旋 xhl（旋风）

解 xfl（解数、浑身解数、姓氏：解先生）、解 jfv（解题、解决、不解、解释不通）

血 xfv（出血、流血）、血 xrl（血液、鲜血）

读音首字母是"Y"的多音字

吱 y（吱扭、吱吱嘎嘎）、吱 z（吱声、有事吱声一声）

只 y（三只鸡、五只羊）、只 yv（只要、只是、只能）

查 ya（姓氏）、查 vac（查收、查验、调查）

咋 ya（咋呼）、咋 zav（咋了、咋样）、咋 zec（咋舌）

吒 ya（哪吒、木吒、金吒）、吒 yal（叱咤风云、叱咤）

扎 ya（扎堆、扎针）、扎 yac（挣扎、扎挣）、扎 za（扎辫子、扎紧、扎口袋）

挣 yy（挣扎、挣地盘）、挣 yyl（挣钱、挣断、挣脱）

症 yy（症结）、症 yyl（症状、病症）

怔 yy（愣怔）、怔 yyl（怔了怔）

正 yy（正月）、正 yyl（正直、正确、正人君子）

中 yg（中间、中央、中层、中国人民）、中 ygl（中标、一语中的）

占 yh（占卜、占卦）、占 yhl（占百分之八、占便宜）

拽 ym（拽石头）、拽 yml（拽紧、向两头拽）

轴 ywc（轴心、车轴）、轴 ywl（压轴、压轴大戏）

炸 yac（油炸、炸麻花）、炸 yal（炸弹、爆炸）

333

种 ygl（种地、种植）、种 ygv（种子、种族、杂种）
择 ysc（择菜）、择 zec（选择、择日宣判）
转 yrl（转悠、转椅、旋转、转来转去）、转 yrv（转移、转业、翻转）
赚 yrl（赚钱、赚了）、赚 zrl（赚人）
着 ybc（着火、着魔、着急）、着 ye（听着、记着、想着点）、着 ypc（着装、着重点）
爪 ybv（爪牙、鹰爪）、爪 yfv（鸡爪、爪子）
召 ybl（召开、号召）、召 wbl（姓氏：召先生）
涨 ykl（头晕脑涨、涨红脸）、涨 ykv（涨价、涨潮、水涨船高、涨工资）
奘 yiv（粗奘）、奘 zkl（玄奘、玄奘法师）

读音首字母是"V"的多音字

匙 vc（羹匙）、匙 w（钥匙）
喳 va（喊喊喳喳）、喳 ya（喳喳叫、叽叽喳喳）
杈 va（杈子）、杈 val（树杈）
叉 va（叉子、刀叉）、叉 vac（叉死、叉住）、叉 val（劈叉、叉开两腿）
吵 vb（吵吵）、吵 vbv（吵架、吵嘴、吵个没完）
绰 vb（绰起、绰家伙）、绰 vpl（绰号、绰绰有余）
创 vi（创伤）、创 vil（创业、创造）
冲 vg（冲锋、冲刷、气冲冲）、冲 vgl（冲着、冲南）
畜 vul（畜生、牲畜）、畜 xol（畜产品、畜牧业）
处 vul（处长、处处被动）、处 vuv（处理、处罚、相处）
衩 val（衩儿）、衩 vav（裤衩、褂衩）
刹 val（一刹那、刹那间）、刹 wa（刹车、刹车失灵）
盛 vyc（盛饭、盛菜）、盛 wyl（盛大、茂盛、昌盛）
传 vrc（传说）、传 yrl（传记）
场 vkc（打场、场院）、场 vkv（牧场、林场、场地）
长 vkc（长长的、长征、长城）、长 ykv（长大、成长、长大成人）
重 vgc（重复、重新、重阳节、困难重重）、重 ygl（重量、重要、头重脚轻）
刹 val（刹那、刹时）、刹 wa（刹车、刹风）
臭 vwl（臭气、臭不可闻）、臭 xql（乳臭未干）
称 vnl（称心、称职、称心如意）、称 vy（称赞、称呼、称霸、称霸一方）
朝 vbc（朝鲜、朝着）、朝 yb（朝阳、朝气、朝气蓬勃）

禅 vhc（坐禅、禅杖）、禅 whl（禅让、禅位）

读音首字母是"W"的多音字

嘘 w（嘘！小声点！）、嘘 xo（嘘气、嘘寒问暖、嘘声四起）

殖 w（骨殖）、殖 yc（殖民、生殖期）

什 wc（素什锦、什锦）、什 wnc（什么）

石 wc（石块、石头、铁石心肠）、石 dhl（一石是十斗）

识 wc（识字、识相、认识、识别）、识 yl（标识、标识符）

氏 wl（姓氏、氏族）、氏 y（月氏、大月氏、小月氏）

杉 wa（杉篙）、杉 wh（云杉、杉树）

煞 wa（煞尾、煞行李、煞威风）、煞 wal（脸色煞白、煞有介事、凶神恶煞）

说 wp（说话、诉说、听说）、说 wjl（游说、说客）

捎 wb（捎信、捎脚儿、捎带）、捎 wbl（捎车）

稍 wb（树梢儿、杨柳稍、稍微、稍矮一点）、稍 wbl（稍息）

栅 wh（栅极管）、栅 yal（栅栏）

扇 wh（扇风、扇扇子）、扇 whl（扇子、扇面儿）

术 wul（算术、心术、术语）、术 yu（苍术、金兀术）

数 wul（数字、数学、数码、数理化）、数 wuv（数数儿、数一数二、数得着）

折 wec（折本）、折 ye（折腾、折跟头）、折 yec（打折、折尺、百折不挠）

舍 wel（宿舍）、舍 wev（舍弃、舍不得、恋恋不舍）

省 wyv（省市、省事、各省）、省 xev（反省、省悟）

厦 wal（大厦、高楼大厦）、厦 xnl（厦门）

熟 wuc（熟悉、熟练、成熟）、熟 wwc（熟菜、熟人、熟食）

上 wkl（上级、上海、上上下下）、上 wkv（上声）

少 wbl（少年、老少皆宜、不分老少、少壮派）、少 wbv（少数、多少、不多不少）

读音首字母是"R"的多音字

嚷 rk（嚷嚷）、嚷 rkv（大嚷大叫）

任 rnc（任老师）、任 rnl（任务、任重道远）

读音首字母是"Z"的多音字

訾 z（姓氏：訾小姐）、訾 zv（訾议）
作 zp（作坊）、作 zpl（工作、作用、作业、做作）
钻 zr（钻研、钻空子、钻牛角尖）、钻 zrl（钻石、钻头）
脏 zk（脏兮兮、脏衣服）、脏 zkl（心脏、肝脏、脏器官）
仔 zsv（靓仔、牛仔裤）、仔 zv（仔细、仔仔细细）

读音首字母是"C"的多音字

刺 c（刺拉）、刺 cl（刺刀、刺杀、刺绣）
呲 c（呲了他一顿、挨呲）、呲 z（龇牙咧嘴、龇牙）
差 c（参差不齐）、差 va（差距、差别）、差 val（差劲、差生）、差 vs（出差、开小差）
伺 cl（伺候）、伺 sl（伺机、伺机作案）
参 ch（参加、参赞）、参 cn（参差、参差不齐）、参 wn（人参、党参、参汤）
撮 cp（撮口呼、一小撮）、撮 zpv（一撮儿毛）
曾 cyc（曾经、曾被盗过）、曾 zy（姓氏）
侧 cel（侧面、两侧、辗转反侧）、侧 ys（侧歪、侧歪着身子）

读音首字母是"S"的多音字
似 sl（似乎）、似 wl（似的）
撒 sa（撒手、撒欢儿、撒手人寰）、撒 sav（撒了、撒播种子、撒豆成兵、撒胡椒面）
挲 sa（摩挲）、挲 sp（摩mc挲）
臊 sb（臊气、臊味、腥臊）、臊 sbl（害臊、没羞没臊）
丧 sk（报丧、丧事）、丧 skl（丧失、丧生、丧命、命丧黄泉）
扫 sbl（扫帚、扫帚柄）、扫 sbv（扫除、打扫、扫地出门）
色 sel（色情、颜色）、色 wsv（色子、掉色）
宿 sul（宿舍、归宿、宿敌）、宿 xql（星宿、二十八宿）、宿 xqv（一宿没合眼）
散 shl（散步、散心、吹散）、散 shv（散兵、散兵游勇）
遂 sjc（半身不遂）、遂 sjl（遂心、遂愿、遂心如意、强奸未遂、遂不成罪）
塞 sel（堵塞、充塞）、塞 ss（塞住、塞车、瓶塞）、塞 ssl（塞外、塞北、塞罕坝）